新 史 学

观 古 今 中 西 之 变

仇鹿鸣 著

长安与河北之间

中晚唐的政治与文化

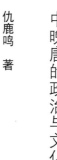

北京师范大学出版集团
BEIJING NORMAL UNIVERSITY PUBLISHING GROUP
北京师范大学出版社

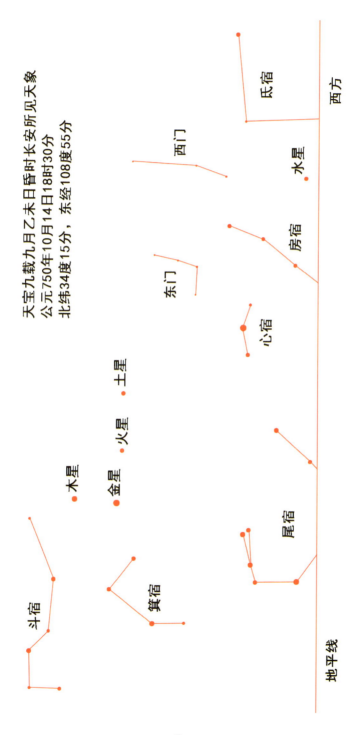

天宝九载九月乙未日昏时长安所见天象
公元750年10月14日18时30分
北纬34度15分，东经108度55分

木星

金星 ·火星 ·土星

斗宿

箕宿

尾宿

心宿

东门

西门

房宿

水星

氐宿

地平线

西方

图一　天宝九载九月乙未 五星会聚天象，其中四星聚于尾，水星距其他四星稍远（程少轩绘制）

I

图二（1）　陈景仙墓志盖，志盖署大燕，志题题大唐

图二（2）　陈景仙墓志

图三　王光庭墓志 志文中先后出现安庆绪、史思明、唐代宗三朝的年号

图四　程庄及妻孟氏墓志　志文中出现后燕国号

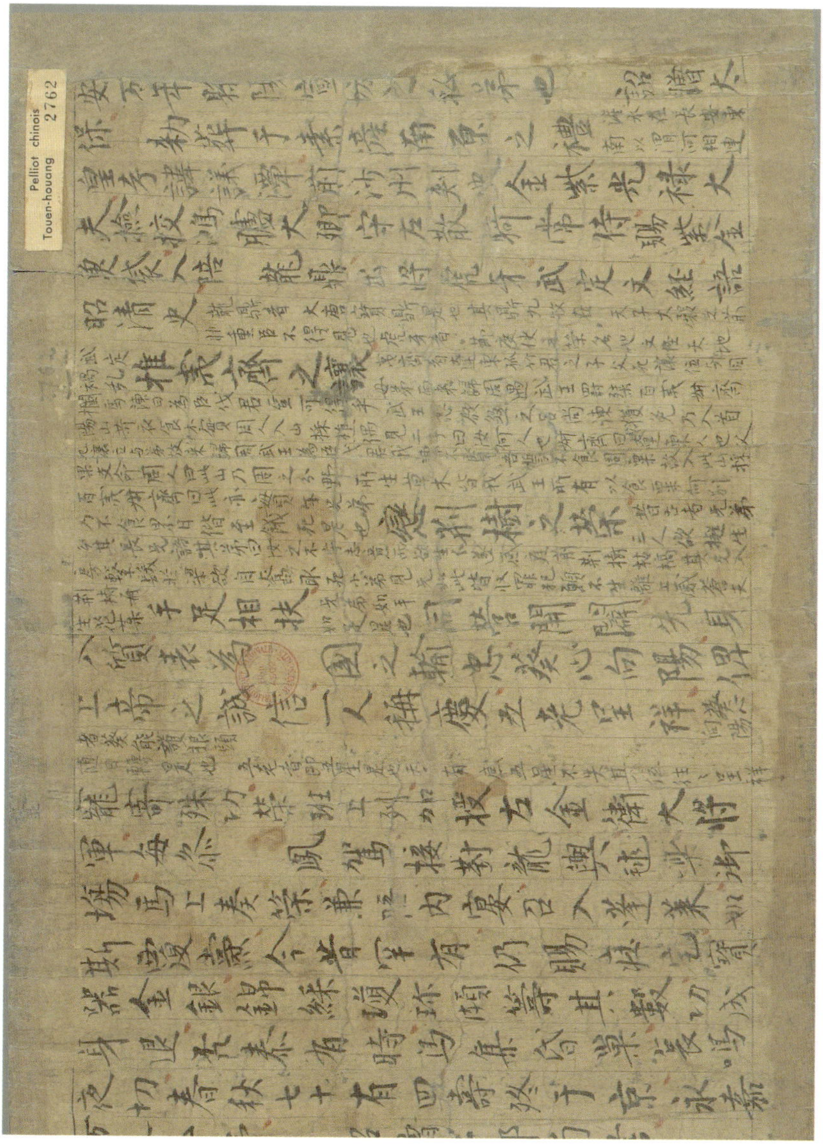

图五　P.2762 张淮深德政碑（局部）

图六（1）　安重荣德政碑赑屃，仇鹿鸣摄

图六（2）　安重荣德政碑残石，存有"敕撰"二字，仇鹿鸣摄

图七　罗让碑现状，魏大帅摄

图八　罗让碑拓本，原系柯昌泗旧藏，现藏中国国家图书馆

序

陈尚君

韩愈名文《送董邵南序》，学者知之详矣。古文家见其波澜曲折，一气流注，二处"董生勉乎哉"，深情绵邈，情见乎辞。历史学家读出安史乱后河北与朝廷之对立，失意文人连败于科选，不免移就河北诸镇。韩愈值德、宪之间，河北游离局外，已近五十年，声气渐阻，真况难知，用几句熟典，希望宣达皇风，教化豪杰，出而拥戴明天子，自是文章家之愿望。董生行矣，再无声讯，韩愈晚出使河北，官民隔绝，未必得深入民间。"风俗与时移易，吾恶知其今不异于古所云邪"之问，终无人能清晰回答。

今人治隋唐史，就基本文献言，即史籍与诗文。史籍虽有公私撰著之异，诗文亦各有撰写缘起，然经千年汰选，存者多近官方立场，异端多湮没于时间与公识，而敦煌文书与石刻文献能存当日之真迹，故尤为可贵。安史之乱起自胡将拥兵强盛，野心者欲窥取大宝，未半年席卷北中国，其战力之强，可以想见。虽大乱稍定，河北旧部拥兵自守尚逾百五十年。其间战守攻取，崛强示弱，无数反复，史籍虽有存载，皆唐廷及其臣僚之言，至如安史举叛之宣言与目标、内部人事之组织与冲突，河北叛镇能长期存在，其内部之管理与权力分合，则因彼方立场文献之完全缺失，难以作客观公正之认识，史家每以为憾。尚君近年颇喜读近代史论著，至若中外冲突，各方档案具在；朝廷党争，涉事诸君日记及来往信件具在；民变及战端，公私记录具在：因此而可作客观之研读与深入评析。中古无此幸运，学者所见多断片，立说能不细究而审慎欤！

本书存旧文七篇，利用唐京畿与河北石刻文献，讨论与安史叛乱及河北割据有关之诸问题，颇多特见。诸文发表时，曾先后获读。本次结集，作者多有增订，并新撰结论一章，总括其对中晚唐历史变迁的思考，成一较有系统的论说。因作序而再读，更多欣会，以下略述所知。

《五星会聚与安禄山起兵的政治宣传》是以洛阳藏家齐运通先生所藏严复墓志为主要依据写成。严复为鼓动安禄山谋反的重要策士严庄的父亲，安举兵后为唐军所杀。墓志撰书者皆负一时重名，刊刻之精良也堪称精品，更特别的是内容完全站在伪燕政权之立场来加以论述，并托严复之口传达其子，谓时四星会聚，为"帝王易姓之符"，为叛乱提供天兆。志中更有安禄山"功纪华戎，望倾海内""义旗南指""遂帝天下""金土相代，果如公言"。鹿鸣从中读出这些不仅是严氏父子之妄言休咎，并以充分的论证说明此为严庄替安禄山营造改朝换代合法性，即新朝应合天命，有符瑞谶兆助扶国运的谋略。此文发表后，鹿鸣更进一步发现玄宗天宝时期改制承汉统，更定德运次序，也曾掀起不小的波澜，以致诗人杜甫亦迎合风习，附会献赋，获授官职。这些分析，层层深入，可以看到宋以后严禁谶纬之合理原因，同样的事由可以为朝野不同立场作根本对立的解读。从孙猛《日本国见在书目录详考》之论列，唐传入日本的图籍，方术、星占、堪舆类著作约占总数之三分之一，似乎大多还没有进入研究者之视野，大约与现代学术没有这些学科有关。

《一位"贰臣"的生命史：王伷在安史之乱中的沉浮》发表于最近一期《文史》，撰成不久。王伷出身琅邪王氏，天宝末仅任采访支使，地位不高，但在乱中一陷于安禄山，从降臣萧华到河北安抚州郡；二在相州依安庆绪，更与另一以名节知闻的邵说往附史思明于幽州；三则在史再叛，唐九节度兵溃邺下时，以"死无所益"的理由再度从逆；四则从思明子朝义，据说在朝义弃保河阳时，他因"矫陈利害"有功，归唐后不但未受追究，反获任用。在叛乱八年中，先后追随伪四帝而得安全归唐，王伷之浮沉太富有传奇色彩了。鹿鸣敏锐地发现此方墓志之价值，清晰梳理出王伾经历的所有事件与涉及人物，揭出许多沉晦的真相。鹿鸣之讨论并没有终结于此，他从王伾个案分析唐对贰臣人物从最初之严厉处置，到稍后之网开一面，以及对旧臣与叛军之区别对待，受胁迫与守忠义之道德评价，围绕惩治叛臣、追复官爵、赠予谥号等事件之反复争议，从唐宋时期的家国忠义观念逐次变化过程来讨论个案的典型意义。就墓志文本研究来说，自有特殊的意义。

《墓志书写与葬事安排：安史乱中的政治与社会一瞥》一篇，研究安史叛乱时期墓志中涉及伪朝年号所见叛军对占领区域的实际掌控以及伪朝治下的墓志书写，前此已经有多篇论文加以分析。鹿鸣此文后出有新意，一是他掌握的涉伪朝年号墓志多达 60 篇，类型也更为丰富，远超前此各家之所见；二是他特别关注伪号行用与正朔认同关系之辨析，不赞成用宋人方特别强调的正统观来对部分墓志隐微寄意加以拔高，分析各类墓志叙事兼及唐、燕国号之真实状态，承认许多仅是据实记录，并无深意。他从墓志中读出安、史两家先后政权的正伪之争，发现一些家族因依附伪朝而得改善经济，并乘乱完成先人之归葬，都可见到他读书的细心。

《权力与观众：德政碑所见唐代的中央与地方》所论不限于河北，所引大多也是传世名碑，但论述与考察的则是在市镇中心或四达通衢建立德政碑的政治寄意。其中论述重点则在于中唐后河北一带不断出现的远逾规制的巨大石碑，不断挑战立碑之极限。鹿鸣认为占据城市中心的大碑，既表彰德政，更宣示权力，显示中央对地方治理之认可，更是节度使权力合法性的外在展示。

《政治的表达与实践：田氏魏博的个案研究》承续上一篇的思考，做一个案考察，研究魏博前期田氏家族掌控半个多世纪的军政往事，以史籍与碑刻互参，从反复多次的叛附变化中解读朝廷与魏博之冲突角力，双方政治默契的形成与运作，揭示君臣合作表象下的各取所需。

《刘广之乱与晚唐昭义军》以新出李裔墓志为依据，分析乾符四年发生在昭义军的刘广之乱，揭示在李德裕平泽潞三十多年后，早已被彻底诛除的刘稹家族，在昭义仍然有很大的号召力。鹿鸣梳理刘氏三代经营昭义时期的权力结构，认为这一时期军众享用丰厚的给赐，成为以此维系忠诚的自利团体。会昌伐叛后的善后，中心是遏制节帅自立的行为，但无法抑制骄兵欲壑难填的贪求，因而骚乱不断，进而揭载中晚唐藩镇内部普遍"骄兵化"的演变过程及影响，较以往仅从中央与藩镇关系入手的观察，开辟一新的研究取径。

《唐末魏博的政治与社会——以罗让碑为中心》是本书七篇中最早写成的一篇。罗让是文德元年靠兵变夺取魏博帅位的罗弘信之父，兵变发生时已死13年，碑的作者则是晚唐著名文士公乘亿。《全唐文》收此碑残缺不足200字，我早年编《全唐文补编》时从正德《大名府志》辑出者逾3000字，抄出时亟感重要。鹿鸣得友人之助在河北大名访得原碑，并搜寻善拓与多种方志所载录文，文本校录胜于我之初录。他从唐末变局的大背景下来梳理魏博一镇的几次换帅风波，特别是韩简之败亡与乐彦祯之上台，继而从碑中读出牙军与乐氏父子的矛盾，并在数日内两度废立之隐情。在碑文解读方面，鹿鸣用功极深，从罗氏之种族、罗氏先世在军中的地位，以及罗氏在军乱中的冒险行为来解读其最后之胜利。为亡故多年的父亲竖立穹隆巨碑，鹿鸣也从罗氏掌军之合法宣传及内外宣白的立场来解释其政治意味。

港台新史学代表人物杜正胜曾在《什么是新社会史》一文中说明旧史学以王朝更替、政事兴废、人物褒贬为研究重点，新史学则应更多关注民众生活、民族群体、思想宗教、礼仪风俗，对此我十分赞同。然而展开几十年，曾经新颖的课题经过许多人反复论讲，也不免会变成老生常谈。鹿鸣之上述诸文，从严格的限定来说，仍属于唐代政治史的课题，没有完全走出传统史学的格局；但如果仔细斟酌，又不难发现他对于新发现唐代文献之全面细密的把握，并在利用这些文献发现问题、探求传统史学无力解决的历史重大事件真相等方面，迈出了很大的一步。他的学术视野与研究方法显然得益于对新史学十八般武艺的全面理解与掌握。他的这些探索和进取正符合我近年的基本主张，即无分文史，无分新旧，取资新文献，发现新问题，掌握新方法，得出新结论。在这些方面，我虽乐见年轻人之开拓，但自感衰惫，难与诸君上下颉颃，仅能写写随感，助兴而已，不知鹿鸣能见谅否。

仇鹿鸣博士生长上海，早读群籍，在复旦历史系完成本科到博士学业，得韩昇教授指导，26岁以论文《魏晋之际的政治权力与家族网络》获博士学位。此书增订后至2012年由上海古籍出版社出版，稍得中外学者好评。从2008年起，他在复旦大学汉唐文献工作室协助我校理二十四史中的《旧唐书》《旧五代史》《新五代史》三史，因工作需要详读正史文本，并掌握文献研究细读诠解文本的能力，研究领域下移到中古后期，学术视野与研究业绩也与日俱进，探求务能追根穷底，气象更为端庄冲融。

我始终觉得，中国百年剧变，在动荡与波澜间学术数绝而得存续，其内在生命力完全得益于民族文化生生不息的精神。时稍升平，年轻一代学历完整，学接域外，视野开阔，方法娴熟，倘能继武传统，立足当代，精进不已，自会人师辈出，成就臻盛。复旦有这样一群年轻人，坚持读书，长期共习，不受时风所左右，不因权威而盲从，自取新路，各成风貌，我拳拳有待，知其间必有能大成者。鹿鸣亦其一也，读者于其已刊专著与论文，当可体会其心气，是毋庸我多言。

权为序。

2018年8月13日于复旦大学光华楼

目　录

第一章　五星会聚与安禄山起兵的政治宣传

一、小引

安史之乱公认是唐王朝盛衰的转折点，一直为学者所瞩目。但目前传世文献中关于安史之乱的记载，大体本自唐王朝的立场，将安史政权斥为叛伪，论述带有鲜明的尊唐贬燕色彩。中国古代史籍的撰述，本来就带有建构政治合法性的目的，采取尊某一王朝为正统的立场本属常态。① 但对于当代史家而言，王朝正统观念笼罩下的史学编纂无疑是一种选择性的记忆，通过对史料有意识地择别、剪裁，构建出有利于唐王朝的历史叙事，这在一定程度上妨碍了我们深入理解安史之乱的社会背景。正如陈寅恪早已指出的那样，在安史之乱平定之后，河朔三镇如何

---

① 关于中国古代王朝正统的建构及相关思想的争论与演变，饶宗颐《中国史学上之正统论》通论部分做了简要的勾勒（上海，上海远东出版社，1996 年，第 1～80 页）。秦至宋之间王朝正统的形塑往往与五德终始的观念密不可分，最早系统揭示出这一问题的是顾颉刚的长文《五德终始说下的政治与历史》（《古史辨》第 5 册，《民国丛书》第 4 编，上海，上海书店出版社，1992 年，第 404～617 页）。魏晋南北朝时期由于政权间的对峙，加之国祚不长，正统次第与承续问题显得尤为突出，近来学者多有讨论，参见罗新：《十六国北朝的五德历运问题》，载《中国史研究》2004 年第 3期，第 47～56 页；吕博：《唐代德运之争与正统问题——以"二王三恪"为线索》，载《中国史研究》2012 年第 4 期，第 115～141 页；刘浦江：《南北朝的历史遗产与隋唐时代的正统论》，见《正统与华夷：中国传统政治文化研究》，北京，中华书局，2017年，第 1～34 页。

得以长期自立于唐廷之外，形成长安与河北之间的政治对立，以及"俗谓禄山、思明为'二圣'"的社会心态①，所反映出的文化风貌及背后的社会基础究竟为何②，若要解释这些关涉中晚唐政治、文化变迁的重要问题，仍需上溯至对安史叛乱爆发时基本支持力量的构成、河北地区的社会结构及民众心理等问题的探讨。

因此，使用安史年号的墓志，作为"当时性"的材料，其表述的内容是否可以在一定程度上被视为安史政权立场的反映，成为我们研究新的切入点，值得思考。③ 冻国栋较早注意到这一问题，探讨了行用安史伪号墓志所反映出的吏民心态④，但较为遗憾的是早年发现与安史有关的墓志，志主基本是中下层的官民，其间并无涉及安史之乱的重要人物。新近发现的安禄山谋主严庄之弟严希庄墓志在一定程度上弥补了这一缺憾，赵君平、张忱石等先后撰文考释⑤，引起了学界的关注。最近，笔者蒙中华书局徐俊先生惠示严庄之父严复墓志的拓片⑥，内容涉及安史之乱的不少重要问题，恰可与严希庄墓志相发覆，故不揣浅陋，撰文考释，以求正于方家。严复墓志长、宽各90厘米，32行，满行32字，为讨论方便，先据拓片录文如下：

---

① 《新唐书》卷一二七《张弘靖传》，北京，中华书局，1975年，第4448页。

② 陈寅恪：《唐代政治史述论稿》，上海，上海古籍出版社，1997年，第25～28页。

③ 黄宽重曾以伪齐将领孟邦雄墓志为例，谈及此类史料的特殊价值，参见《宋代的家族与社会》，"墓志史料的价值与限制——以两件宋代墓志资料为例"，北京，国家图书馆出版社，2009年，第51～58页。

④ 冻国栋：《墓志所见唐安史乱间的"伪号"行用及吏民心态》，见《中国中古经济与社会史论稿》，武汉，湖北教育出版社，2005年，第259～277页。关于这一问题的进一步辨析，参见本书第三章。

⑤ 赵君平、赵武卷：《大燕〈严希庄墓志〉三考》，载《河洛春秋》2008年第2期，第19～24页；张忱石：《〈大燕严希庄墓志〉考释》，载《中华文史论丛》2008年第3期，第393～405页。

⑥ 严复墓志，拓本刊齐运通编《洛阳新获七朝墓志》，北京，中华书局，2012年，第270页。

大燕赠魏州都督严府君墓志铭并述」

宣义郎守中书舍人襄陵县开国男赵骅撰」

公讳复，本冯翊人。大父承构，仕唐为沧州司户参军，因官而迁，今为渤海人也。烈考」亮，州察孝廉，未仕而殁。公特受淳气，生而有知，方为儿时，旨趣即异。七岁遭家闵凶」，孺慕之哀，伤于邻里，孝思之感，发于动植。及长受业，见《易象》与《鲁春秋》，曰："《易》本隐以」之显，《春秋》推见以至隐。夫子文章，性与道合，微言久绝，吾将学焉。"曾未数年，遂通大」义。异时邑人有陈寡尤、王迥质者，皆高世之士也。专经领徒，闻于河朔，二贤既殁，公」又继之，升堂者无不抠衣，及门者为之舍瑟，岂渤碣之气，变邹鲁之风欤。自后牧守，」屡致礼命，欲表公署职，以显儒林，公以为鱼贪饵而触纶，鸟善惊而远害，苟知所避，」夫有何患乎？竟以疾辞，不求其达。玄虚静默，养浩然之气，几杖琴书，有终焉之志，尚」矣哉。天宝中，公见四星聚尾，乃阴诫其子今御史大夫、冯翊郡王庄曰："此帝王易姓」之符，汉祖入关之应，尾为燕分，其下必有王者，天事恒象，尔其志之。"既而」太上皇蓄初九潜龙之姿，启有二事殷之业，为国藩辅，镇于北垂，功纪华戎，望倾海」内，收揽英俊，而冯翊在焉，目以人杰，谓之天授。及十四年，义旗南指，奄有东周，鞭笞群凶，遂帝天下。金土相代，果如公言，殷馗之识，无以过也。于时冯翊以不世之才，遇」非常之主，当帷幄之任，翼经纶之初，万姓注其安危，一人同其休戚。夫公之葆光」也，守箕颖之志；冯翊佐命也，迈伊吕之勋。立德立功，济美于一门矣。属孟津始会，函」谷犹封，天下匈匈，人心未定，既服又叛，衅结兵连，公遂与少子希庄圣武元年春二」月戊子，夫人王氏夏四月庚申，俱在本州相随及难，公享年六十二，夫人六十三。义」士闻之，莫不陨涕。夫君子有煞身以成仁，无求生以害仁。呜呼，我公为不朽矣。二年春，寇党平殄，讣至洛阳，冯翊仰天而呼，勺饮不入。恩深父子，义极君臣，毁家成国，近」古未有。皇帝于是下哀痛之诏，申褒崇之典，赠公魏州都督，夫人齐国夫」人，备礼饰终，加于常等，迁神于故乡，合祔于北邙。是岁冬十月己酉，乃克葬也。严氏」其来，与楚同姓，始则若敖、蚡冒，启土于南荆，后则青翟、彭祖，显名于西汉。至若门风」世德，积行累仁，王业之本由，臣节之忠孝，已见于中书侍郎范阳公府君神道碑」矣。纷纶汪洋，徽烈昭彰，则小子何述焉，故略而不载也。铭曰：」

楚庄霸世，祚及后裔。蜀严沈冥，实曰炳灵。我公是似，亦不降志。师孔六经，鄙齐千驷。」栖迟衡泌，戴仁报义。昊穹有命，命燕革唐。公之令子，预识兴王。翼佐龙战，时惟」鹰扬。皇运之初，天保未定。河朔携贰，海隅逆命。祸及举宗，哀哉斯横。公之所贵，德」名为几。以家殉国，自古所稀。伍员之父，王陵之母。事各一时，俱垂不朽。帝谓」忠烈，宜加饰终。荣襄大邦，恩感元功。崇邙北峙，清雒南通。刊石表墓，永代无穷。」

朝议郎守太子左赞善大夫彭城县开国男刘秦书　丁玩、李谊等刻字」

二、四星聚尾与玄宗朝的德运之争

首先值得注意的是志文记载的"四星聚尾""金土相代"之说[1]，这关涉安史政权如何利用传统的五德终始学说建构政权合法性这一重要问题。四星聚尾这一异常天象发生在唐玄宗天宝九载（750）九月[2]：

---

[1]　严希庄墓志对此也有简略提及，云严复"审天明象，昌言季运"，拓本刊赵君平、赵文成编：《秦晋豫新出墓志蒐佚》，北京，国家图书馆出版社，2011年，第751页。

[2]　此事在当时影响甚大，《旧唐书》《新唐书》《资治通鉴》《唐会要》《册府元龟》《太平御览》《封氏闻见记》等皆有记载，其中以《册府元龟》卷四及《太平御览》卷五九五引《唐书》所叙最详，当出自实录。各书所记惟系时多有不同，《资治通鉴》卷二一六系其于八月辛卯，《旧唐书》卷九《玄宗纪》系于九月乙卯，《唐会要》系于六月六日。按八月无辛卯，《资治通鉴》前或脱"九月"二字，九月辛卯为六日，九月乙卯为三十日。《唐会要》系此事于六月显误，然若《唐会要》系日不误，则此事或在九月六日。

初崔昌上封事，推五行之运，以皇家土德，合承汉行。自魏晋
至隋，皆非正统，是闰位。书奏，诏公卿议，是非相半。时上方希
古慕道，得昌疏，甚与意惬。宰相（李）林甫亦以昌言为是，会集贤
院学士卫包抗疏奏曰："昨夜云开，四星聚于尾宿。又都堂会议之
际，阴雾四塞，集议之后，晴空万里，此盖天意明国家承汉之象
也。"上以为然，遂行之。①

这是玄宗朝关于王朝正统的一次大争论，唐承隋为土德，所谓"国家承隋
氏火运，故为土德，衣服尚黄，旗帜尚赤，常服赭赤也"②，所承续的是
北朝系统，以北魏、北周、隋为正统。由于之前南北朝的分立，这一次
序并非毫无争议。隋唐之际的王通便曾提出过远绍周、汉之说③，其孙
王勃承其所论④，著《大唐千岁历》，"言唐德灵长千年，不合承周、隋短
祚"⑤，主张直承汉之火运为土德，把魏晋南北朝各政权都黜为闰位。

---

① 《册府元龟》卷四，北京，中华书局，1960 年，第 46 页。
② 封演撰、赵贞信校注：《封氏闻见记校注》卷四，北京，中华书局，2005 年，
第 27 页。另见《资治通鉴》卷一八五，北京，中华书局，1956 年，第 5791 页；《通
典》卷五五，北京，中华书局，1988 年，第 1546 页。颇为蹊跷的是唐初德运所承，
新旧《唐书》皆阙载，据正史、实录等官方文献纂集而成的《册府元龟》卷四辑录历代
帝王运历，但唐代部分自玄宗开始，原书注：臣钦若等言唐初事阙（第 46 页）。尽管
《旧唐书》卷八四《裴光庭传》云"国家符命久著史策"（北京，中华书局，1975 年，第
2807 页），但宋人所见实录中已无这一部分，由于唐前期分别经过了武周代唐和神龙
复辟两次政权更迭，不知是否累及唐初及武周的相关材料遭删削。
③ 王通撰、张沛校注：《中说校注》，北京，中华书局，2013 年，第 257 页。
按王通事迹及《中说》所述多有夸大之词，参见余嘉锡：《四库提要辨证》卷十，北京，
中华书局，2007 年，第 565～575 页。因此王通是否见过隋文帝，当面提出"必绍周、
汉，以土袭火"之议，值得怀疑，但参考王勃《大唐千岁历》的论述，可知此说确为王
通所主张。
④ 杨炯《王勃集序》云："君思崇祖德，光宣奥义。续薛氏之遗传，制诗书之众
序"（祝尚书笺注：《杨炯集笺注》，北京，中华书局，2016 年，第 287 页），则王勃曾
整理补缀王通之遗著。另《新唐书》卷二〇一《王勃传》云其从长安曹元习推步之术（第
5740 页），两者结合，或成为《大唐千岁历》学说的来源。
⑤ 《旧唐书》卷一九〇《王勃传》，第 5006 页。

虽然封演讥王勃此说迂阔，未为当时所许。① 事实上，这种黜隋承汉的正统观在初唐颇受时人重视，并对唐前期实际的政治运作发生过影响。②

武周革命前夕，改立二王三恪，"以周、汉之后为二王后，封舜、禹、汤之裔为三恪，周、隋同列国"③，武后改制从李嗣真之议，具体的思想渊源尚不清楚。④ 唐代的二王三恪，例取杜预之说，以二王兼三恪⑤，武后改制则从郑玄之义，分立二王、三恪，显示出除旧布新、与唐之旧轨决裂的气象，可以视为周唐革命之际一系列具有政治象征意义改制举措的一环。⑥ 直至中宗神龙元年(705)五月复唐之初，方才"制依旧以周、隋为二王后"⑦，改归旧辙。⑧ 以此言之，承汉或是承隋虽然表面上看起来仅是一个礼制上的争论，事实上有着标识周、唐两个政权分野的象征意味。

---

① 《封氏闻见记校注》卷四，第 27 页。笔者颇疑所谓"未为当时所许"一语，乃是封演基于中唐人的后见之明所做的按断，或由于是说先后为武周及安史所利用，故在中唐以后不复盛行。

② 汪文学：《"唐承汉统"说的理论意义和实践意义》，载《西南民族大学学报》2004 年第 2 期，第 141～145 页；刘浦江：《南北朝的历史遗产与隋唐时代的正统论》，见《正统与华夷：中国传统政治文化研究》，第 21～25 页。

③ 《新唐书》卷四《则天皇后纪》，第 89 页；《唐大诏令集》卷四《改元载初赦》，北京，中华书局，2008 年，第 19 页。

④ 《新唐书》卷九一《李嗣真传》，第 3797 页。按《新唐书》卷二○一《王勃传》后附记李嗣真"请以周、汉为二王后"事，暗示其受王勃学说的影响，但此条系《新唐书》所增，具体依据不明。据新旧《唐书·李嗣真传》，李嗣真亦颇谙谶纬之学。另吕博《唐代德运之争与正统问题——以"二王三恪"为线索》一文对改制的背景有所讨论(《中国史研究》2012 年第 4 期，第 123～126 页)；夏婧则据柳怀素墓志发现永昌初改立二王三恪时，因去古已远，竟欲以柳姓为周后(《柳怀素墓志所见武周改立"二王三恪"史事考》，《中国史研究》2017 年第 1 期，第 73～89 页)。

⑤ 《通典》卷七四，第 2029～2030 页。

⑥ 至武后晚年，圣历二年改以隋、唐为二王后，但具体情况不详(《新唐书》卷四《则天皇后纪》，第 100 页)。

⑦ 《旧唐书》卷七《中宗纪》，第 139 页。

⑧ 关于这一问题的系统讨论，参见孙正军：《二王三恪所见周唐革命》，载《中国史研究》2012 年第 4 期，第 97～113 页。

尽管在初唐，一直存在着远绍周、汉的思想潜流，并在武周期间有过具体的制度实践，但众所周知，玄宗时代的真正开启乃是通过先天政变消灭太平公主等渊源自武周的政治势力，他本人对武周政权的态度恐怕相当复杂。① 至天宝年间，虽承平日久，号为盛世，也曾有关于德运承续的讨论。② 但时距武周甚近，故老犹在，而崔昌以区区处士身份上书，请求玄宗改承周、汉正统，并能在集议中舌战群臣，"负独见之明"，重新挑起这一敏感的话题，恐怕并不是一起孤立的事件，背后可能蕴含着复杂的政治背景。因此，虽然"诏下尚书省，集公卿议"③，却难以形成共识，最终援以天象之变，才得以定谳。

就目前史料所知，此次关于王朝德运所承的争论，至少有双重背景。首先是玄宗本人确实有制礼作乐、改易制度名号的偏好，"希古慕道"并非浮泛之言。早在开元十六年（728）八月颁行僧一行所纂《大衍历》时④，张说所上《开元正历握乾符颂》中便将改定历法与承受天命相联系，云："自尧典命，羲和修重黎之旧，理颛顼之历，上元甲子千五百余岁，得孔圣而《春秋》之历序，暨开元十二年甲子，凡三千四十岁，遇圣上而《大衍》之历兴。是时也，土德入生数之元，天命当出符之会，信矣。"虽仍主唐为土德，但所云"其间距王而兴，不能复大禹九州之迹，及胜残百年之命者，皆五神之余气也"⑤，意在否定南北朝各政权的正统地位，将唐之

---

① 陈寅恪《记唐代之李武韦杨婚姻集团》一文强调玄宗在人事特别是政治核心层与武周时代的沿袭关系（《金明馆丛稿初编》，北京，生活·读书·新知三联书店，2001年，第266~295页），但事实上，玄宗对于武后时代的政治遗产另有审慎去取，保持距离的一面。

② 开元中，"有上书请以皇室为金德者，中书令萧嵩奏请集百僚详议"（《旧唐书》卷八四《裴光庭传》，第2807页），为裴光庭所沮。刘浦江认为主张唐为金德者，大约是受王通《中说》的影响，改魏承晋统为魏承宋统（《南北朝的历史遗产与隋唐时代的正统论》，见《正统与华夷：中国传统政治文化研究》，第15~16页）。

③ 《册府元龟》卷一七三，第2095页。

④ 《旧唐书》卷八《玄宗纪》，第192页。

⑤ 张说：《开元正历握乾符颂》，见熊飞校注：《张说集校注》，北京，中华书局，2013年，第595~596页。

德运远祧汉朝的火德①，此外"皇唐复兴，土精应王，厚德载物，生数五百，成数千年"，"得皇家天命，成数千年，古今祥兆，若合符契"云云更与王勃持论相近②，可知这一思想潜流一直生发着影响。同时开元十二年(724)甲子，被玄宗赋予了特别的政治意义，玄宗封禅泰山的计划便议定于是年，经过一系列准备后，于次年十一月告成③，而此时距高宗麟德元年(664)七月下诏于次年封禅，正好间隔一甲子，"孰若致美我高宗，勒岱甲子正六十"④。

其次，大约与玄宗朝的政争，特别是李林甫与杨国忠之间的矛盾有关。天宝七载(748)之后恰好是李杨矛盾激化，杨国忠势力上升的时期。⑤ 李林甫作为朝廷重臣中改承周、汉一说的主要支持者，崔昌上书或由他在背后策动，有投玄宗所好，借机邀宠固位之意。此议通过后，支持此说的崔昌、卫包等人也随之加官受赏。⑥

需要指出的是德运次序的改定，涉及正朔、服色诸方面的变化，牵扯甚广，因此历来都是议论纷纭而付诸实践者寡。特别是玄宗天宝七载方才下诏访求后魏子孙，以填补三恪之数，至次年七月立孝文帝十世孙元伯明为三恪，袭封韩国公。⑦ 仅过了一年，便欲改弦易辙，显得相当突兀。另一方面，天宝九载的改制同样是昙花一现。三年之后，李林甫去世，杨国忠取而代之，随即罗织李林甫案，追夺封赠，兴起大狱，贬斥李林甫之党。此时，所谓改承周、汉正统一事便成为杨国忠攻讦李林甫的一条罪状：

> 及是杨国忠根本(李)林甫之短，乃奏云："周汉远，不当为二王

---

① 吕博《唐代德运之争与正统问题——以"二王三恪"为线索》一文中已指出此点，(载《中国史研究》2012 年第 4 期，第 129～131 页)。

② 张说：《开元正历握乾符颂》《贺大衍历表》，《张说集校注》，第 595、769 页。

③ 《旧唐书》卷二三《礼仪志》，第 891～903 页。

④ 苏颋：《大唐封东岳朝觐颂并序》，《唐文粹》卷一九下，四部丛刊本。

⑤ 丁俊：《李林甫研究》，南京，凤凰出版社，2014 年，第 457～492 页。

⑥ 《册府元龟》卷四，第 46 页。

⑦ 之前仅立周、隋二王后，参见《册府元龟》卷一七三，第 2095 页。

后。卫包助邪，独与林甫计议，大紊彝伦。"上疑之，下包狱案鞠。遂贬为夜郎郡夜郎尉，崔昌为玉山郡乌雷尉，并员外置。①

杨国忠主张复用魏、周、隋后为三恪，或许是与其自承隋宗室之后的身份有关，但更值得关注的是玄宗本人的态度反复。最初，"上方希古慕道，得昌疏，甚与意惬"，似乎改承周、汉正统一事颇合玄宗本人的心意，李林甫等人不过希旨逢迎而已。仅仅三年之后，经杨国忠的一番挑拨，玄宗大改初衷，反疑卫包等党于李林甫，其间或有隐曲，玄宗态度一百八十度的转变颇耐人寻味。

事件中的另一位主角卫包事迹目前所知寥寥②，其中值得注意的是他于天宝九载初先后撰书唐华岳碑堂修饰记、唐金天王庙灵异述、唐灵台观修三方功德颂、唐华岳庙古松诗。③ 卫包本以书法名世，此次华州之行系奉旨修治庙宇、立碑颂德，"天宝中，诏颂功德于华山云台宫，并安御容，重饰金天王庙前御制碑而作此颂"④。不过此事更为重要的一个背景是天宝九载玄宗曾有封禅华岳的计划，是年正月"文武百僚礼部尚书崔翘等累上表请封西岳，刻石纪荣号"，凡三上表，上乃许之。⑤ 丁巳，

① 《册府元龟》卷四，第 46 页。

② 《元和姓纂(附四校记)》卷八卫包条下恰好脱去(北京，中华书局，1994 年，第 1245、1265 页)。卫包曾于天宝三载奉旨改古文《尚书》，系经学史上的重要事件(《新唐书》卷五七《艺文志》，第 1428 页)，以书法知名，开元十六年《石门汤泉记》署"太仆寺主簿文学直集贤殿修书院卫包八分书并篆额"，唐代直官一般出身不高(参见李锦绣：《唐代制度史略论稿》，"唐代直官制"，北京，中国政法大学出版社，1998 年，第 45～53 页)，《金石录》录其撰书碑志多种，不过他与李林甫的关系不明。

③ 赵明诚撰、金文明校证：《金石录校证》，桂林，广西师范大学出版社，2005 年，第 121～122 页。

④ 《宝刻丛编》卷十引《集古录》，丛书集成初编，北京，中华书局，1985 年，第 310 页。

⑤ 《册府元龟》卷三六，开元十三年东封泰山之后，虽然在开元二十三年、二十八年都有封嵩、华之议，但不过是仿效高宗、武后封泰山后，计划再封嵩山的先例，但天宝九载越过嵩山、封华山之议，无疑属自我作古，与玄宗的本命信仰密切相关。这点朝臣亦不讳言："况金方正位，合陛下本命之符；白帝临坛，告陛下长生之箓。"(第 403～405 页)

"诏以十一月封华岳"，并"命御史大夫王铣开凿险路以设坛场"，不过到了三月因"华岳庙灾，关内旱"而被迫中止。① 卫包九载的华山之行，最初的目的很可能是为胎死腹中的封禅计划做准备，或可推断他是当时受玄宗信任的文士，并于谶纬灾异之说颇有造诣。② 玄宗生于乙酉岁，以华岳当本命，因此玄宗一朝华山在国家祠祀中的地位得到显著提高③，之前两个标志性的事件是先天二年（713）封华岳为金天王与开元十年（722）立华岳庙碑④，而天宝九载未及施行的封禅之议，本当是玄宗晚年自我作古，借助封禅进一步提升华岳地位，进而告成天下的重要政治举措。这一未获施行的计划与改定德运次序之间是否存在内在联系，值得进一步思考。

玄宗改承汉统之后采取的一系列举措，皆与改制相呼应，在当时掀起了不小的波澜。是年十一月己丑制："承前宗庙，皆称告享。自今已后，每亲告献太清、太微宫，改为朝献，有司行事为荐献。亲告享宗庙改为朝享，有司行事为荐享"⑤，在制度上明确了皇帝亲祀与有司摄事之间的区别。天宝十载（751）正月，"壬辰，朝献太清宫。癸巳，朝飨太庙。甲午，有事于南郊，合祭天地"⑥，亲自完成太清宫、太庙、南郊祭祀三大礼。三大礼的成立标志着玄宗时代礼制改革最终完备定型，并在唐后期一直得到遵行。⑦

---

① 《旧唐书》卷九《玄宗纪》，第 224 页；卷二三《礼仪志》，第 904 页；《新唐书》卷五《玄宗纪》，第 147 页。

② 窦臮《述书赋》注云其"兼象纬之术"，参见张彦远：《法书要录》卷六，上海，上海书画出版社，1986 年，第 166 页。

③ 雷闻：《郊庙之外：隋唐国家祭祀与宗教》，北京，生活·读书·新知三联书店，2009 年，第 39～50 页。

④ 《旧唐书》卷二三《礼仪志》，第 904 页。按华岳庙碑高五十余尺，是见诸记载唐人所立最高大的石碑，是典型的政治景观，相关讨论见本书第四章。

⑤ 《旧唐书》卷二四《礼仪志》，第 927～928 页。

⑥ 《旧唐书》卷九《玄宗纪》，第 224 页。

⑦ 金子修一：《中国古代皇帝祭祀の研究》，東京，岩波書店，2001 年，第 362～369 页。

众所周知，诗圣杜甫因献三大礼赋为玄宗所赏识，授京兆府兵曹参军。① 杜甫在赋中透露举行三大礼的目的便是将改定德运次序的举措郑重地呈告祖宗天地：

冬十有一月，天子既纳处士之议，承汉继周，革弊用古，勒崇扬休。明年孟陬，将摅大礼以相籍，越彝伦而莫俦……上穆然，注道为身，觉天倾耳。陈僭号于五代，复战国于千祀。曰：呜呼！昔苍生缠孟德之祸，为仲达所愚。凿齿其俗，窾窬其孤。赤乌高飞，不肯止其屋；黄龙哮吼，不肯负其图。伊神器桌兀，而小人呴喻。历纪大破，创痍未苏。尚攫挐于吴蜀，又颠踬于羯胡。纵群雄之发愤，谁一统于亨衢。在拓跋与宇文，岂风尘之不殊。比聪廆及坚特，浑貔豹而齐驱。愁阴鬼啸，落日枭呼。各拥兵甲，俱称国都。且耕且战，何有何无。唯累圣之徽典，恭淑慎以允缉。兹火土之相生，非符谶之备及。炀帝终暴，叔宝初袭。编简尚新，义旗爰入。既清国难，方睹家给。窃以为数子自诬，敢贞乎五行攸执？而观者潜晤，或喜至于泣。②

上方采厖俗之谣，稽正统之类，盖王者盛事。臣闻之于里曰：昔武德已前，黔黎萧条，无复生意，遭鲸鲵之荡汩。荒岁月而沸渭，衮服纷纷，朝廷多闰者，仍亘乎晋魏。臣窃以自赤精之衰歇，旷千载而无真人。及黄图之经纶，息五行而归厚地。则知至数不可以久缺，凡材不可以长寄。故高下相形，而尊卑各异。惟神断系之于是，本先帝取之以义。③

---

① 《旧唐书》卷一九〇《杜甫传》，第5054页。关于杜甫献赋的时间，历来多取天宝十载说，张忠纲《杜甫献〈三大礼赋〉时间考辨》一文据《朝献太清宫赋》"冬十有一月，天子既纳处士之议，承汉继周，革弊用古，勒崇扬休。明年孟陬，将摅大礼以相籍"定为天宝九载冬（《文史哲》2006年第1期，第66～69页）。

② 杜甫：《朝献太清宫赋》，谢思炜校注：《杜甫集校注》，上海，上海古籍出版社，2016年，第2869～2871页。

③ 杜甫：《朝享太庙赋》，《杜甫集校注》，第2892页。按"闰"，原作"门"，据《文苑英华》《唐文粹》改。

改易正统所承是杜甫《朝献太清宫赋》《朝享太庙赋》叙事的中心，强调由于魏晋以降各政权都未能混一宇内，完成统一，于是皆被置于闰位，因此，自汉亡以来，正统暂绝，直至唐再受天命，阐释了唐承汉统的理论依据。另一方面，将"炀帝终暴"与"叔宝初袭"对举，进而强调"先帝取之以义"，否定之前根据五行相生的原则，唐因受隋禅，继隋为土德的旧有德运次序，进而将隋唐易代的性质视为"革命"而非"禅让"，取消了隋的正统地位。"或曰今太平之人，莫不优游以自得。况是蹴魏踏晋，批周抉隋之后，与夫更始者哉"①，新的德运成了万象更新的象征。

杜甫《有事于南郊赋》中虽未再用大篇幅铺陈此事，但亦有"端策拂龟于周汉之余，缓步阔视于魏晋之首"等语述及改制。事实上，玄宗《天宝十载南郊赦》中对改制的意义已有明确的表述："然则上稽历象，傍采舆议，爰以土位，承汉火行，是凭大《易》之辞，用绍前王之烈，祯祥累应，正闰攸分，不改旧章，惟新景运。"②值得注意的是《有事于南郊赋》又强调了早先颁行《大衍历》对塑造正统的意义："宜其课密于空积忽微，刊定于兴废继绝。而后睹数统从首，八音六律而维新；日起算外，一字千金而不灭。"③正如上文已述及的那样，《大衍历》自上元甲子之岁，至开元十二年甲子，合三千四十岁，同样具有除旧布新、接续周汉的意义。④

事实上，杜甫此前举进士不第，其献三大礼赋时的身份与崔昌相若⑤，

---

① 杜甫：《朝献太清宫赋》，《杜甫集校注》，第 2872 页。
② 《唐大诏令集》卷六八《天宝十载南郊赦》，第 381 页。
③ 杜甫：《有事于南郊赋》，《杜甫集校注》，第 2914 页。
④ 甲子作为干支之始，往往被赋予了革新的政治象征意义，参见孙英刚：《神文时代：谶纬、术数与中古政治研究》，上海，上海古籍出版社，2014 年，第 334～342 页。历代术士发挥其意义者不乏其人，《泊宅编》卷五："道士王裕，福唐人，术数颇工，常云：'天运四百二十年一周，而七甲子备，谓天、地、人、江、河、海、鬼凡七。今正行鬼元，后十八年复行天元，当有太平之应。'又云：'唐明皇时，正行天元故也。'"（北京，中华书局，1983 年，第 27 页）此处王裕所云玄宗时正行天元，即指开元十二年甲子，或与《大衍历》之编纂有关。
⑤ 杜甫曾描述自己当时的困窘"年过四十，经术浅陋，进无补于明时，退尝困于衣食，盖长安一匹夫耳"（《进封西岳赋表》，见《杜甫集校注》，第 2938 页）。

这种野人献曝式的上书，之所以能为玄宗赏识，关键不在于文辞的雅正，而在于能贴合现实政治的需求。杜甫在三篇赋中皆热情讴歌改定德运次序的意义，已足窥见当时的政治氛围。除举行三大礼外，玄宗于是月己亥下诏，"改传国宝为承天大宝"①，这一更名无疑也与再受命的意图有关。

新的德运作为盛世的象征符号，很快也被纳入科举考试的题目，要求士人为之鼓吹。"后是岁，礼部试天下造秀，作《土德惟新赋》，则其事也"②。是年取士以"土德惟新"为题，无疑是用"周虽旧邦，其命维新"之意，也契合《天宝十载南郊赦》中"不改旧章，惟新景运"的蕴意，强调玄宗再承天命的正当性。同样，在天宝十载五月，玄宗又下诏改诸卫旗幡队仗，之前用绯色，现在改用赤黄，以符土德③，进一步强调了土德的正统地位。

三、金土相代：安禄山起兵的政治宣传

不过蹊跷的是这一次对德运所承大张旗鼓的变更，为何在不久之后，又被视为"易姓之符，汉祖入关之应"，成为安史起兵时号召天下的符应。笔者以为欲索解其中的谜团，需将崔昌上书、杨国忠对李林甫的攻讦、安史以为四星聚尾作为易姓之符的政治宣传这三件事放在一起考虑，这一连串政治事件的发生，都与如何来理解四星聚这一天象变化背后的政治蕴意有着密切的关系。

首先需要说明的是这一天象变化的具体内容及时间，史料所记并不一致。两唐书《天文志》未载四星聚一事，《新唐书·天文志》则另记有：天宝九载八月，五星聚于尾、箕，荧惑先至而又先去。尾、箕，燕分也。

---

① 《旧唐书》卷九《玄宗纪》，第224页。
② 《封氏闻见记校注》卷四，第27～28页。
③ 《旧唐书》卷九《玄宗纪》，第225页；卷四五《舆服志》，第1954页。

占曰："有德则庆，无德则殃。"①两者显系一事，惟系时于八月，在具体星象描述上亦有四星聚与五星聚的差别。因此，我们首先试图确定这次四（五）星聚的天象记录能否被现代天文学计算所证实，进而判断哪一种记载更契合实际的天象状况。江晓原、钮卫星曾作推算：此次天象当发生于天宝九载八月庚申，结束于九月乙未，约持续三十五天时间。② 但江晓原、钮卫星的计算对五星聚持较为宽泛的定义，将五星聚于 60 度内皆视为五星聚，黄一农则认为二十八宿中范围最大的井宿，其黄道广度亦不过大约 30 度，以 30 度之内作为推算五星聚的条件是较为稳妥的。③若此，此次天象在天宝九载八月庚申发生时，五星相距约 59 度，但其中惟水星距离其他四星较远，金、火、木、土四星则分布在约 26 度的范围内，至九月乙未天象结束时，五星之间的距离更近，分布在约 33 度的范围内，特别是除水星外的金、木、土、火四星紧密地分布在赤道经度 242 度至 253 度的区间内，恰好与尾宿的位置颇为接近（图一）。④ 因此，四星聚尾这一天象无疑是确实出现过的，甚至人们出于某种政治上的需要，略作夸大，将其宣传为五星会聚亦无不可。

另一方面，古人对五星聚或四星聚之间的不同意义区分得并不十分清楚，《宋书·天文志》已云：五星聚有不易行者，四星聚有以易行者。⑤严复墓志又云："公见四星聚尾，乃阴诫其子今御史大夫、冯翊郡王庄曰：此帝王易姓之符，汉祖入关之应，尾为燕分，其下必有王者，天

---

① 《新唐书》卷三三《天文志》，第 865 页。
② 江晓原、钮卫星：《回天：武王伐纣与天文历史年代学》附录三《古今"五星聚"一览表》，上海，上海人民出版社，2000 年，第 277 页。
③ 黄一农：《中国星占学上最吉的天象——"五星会聚"》，见《社会天文学史十讲》，上海，复旦大学出版社，2004 年，第 51 页。
④ 尾宿的宽度约 18 度，其大约位置在 245 度至 263 度之间，参见陈遵妫：《中国天文学史》上册，上海，上海人民出版社，2006 年，第 216～222 页。
⑤ 《宋书》卷二五《天文志》，北京，中华书局，1974 年，第 736 页。另参顾炎武著、黄汝成集释：《日知录集释》卷三〇，上海，上海古籍出版社，2006 年，第 1681 页。

事恒象，尔其志之。"志文将此次四星聚的天象比拟为汉高祖入关之应。而高祖入关，五星聚于东井，为受命之符，是世人熟知的典故，此方墓志的撰者赵骅是当时著名文士，当不至于混淆。若此，则是五星聚还是四星聚在时人眼中似乎区别不大，皆可视为天下大乱、易代革命的先兆。

中国古代的天文历法星占之术，往往与现实的政治斗争有密切的关联，天象记载往往也因政治需要而被删改、附会。如西汉丞相翟方进因荧惑守心这一天象异变而被逼自尽，但根据黄一农的推算，当时根本未曾发生过这一天象变化，此事乃出于政敌的伪造，便是一个著名的例子①，唐代类似的案例亦不罕见。② 如果以较为严格的标准来检验古代关于"荧惑守心""五星会聚"这两种最重要的天象变化，也可以发现其中大多数的记载并不可靠。③ 与其认为古人关心天象变化本身，还不如说更在意天人感应模式下投射在世间的政治纷争，因此天象记载本身的精确性并不是最重要的，关键在于时人如何理解、诠释、应对天象的变化。④ 关于四（五）星聚这一天象对世间政治的意义，《宋书·天文志》提供了详尽而明晰的解释：

> 《星传》曰："四星若合，是谓太阳，其国兵丧并起，君子忧，小
> 人流。五星若合，是谓易行。有德受庆，改立王者，奄有四方；无
> 德受罚，离其国家，灭其宗庙。"今案遗文所存，五星聚者有三：周

---

① 张嘉凤、黄一农：《中国古代天文对政治的影响——以汉相翟方进自杀为例》，见王健文主编：《台湾学者中国史研究论丛·政治与权力卷》，北京，中国大百科全书出版社，2005 年，第 177～190 页。

② 赵贞《唐宋天文星占与帝王政治》一书第五、六两章以彗星见与五星凌犯为例，对星象与政治斗争的关系做了梳理（北京，北京师范大学出版社，2016 年，第195～285 页）。

③ 参见黄一农：《中国星占学上最凶的天象——"荧惑守心"》《中国星占学上最吉的天象——"五星会聚"》两文（《社会天文学史十讲》，第 24～71 页）。

④ 韦兵《五星聚奎天象与宋代文治之运》一文曾述及宋初五星聚奎这一天象如何在两宋间不断地被重新诠释并赋予新解（《文史哲》2005 年第 4 期，第 27～34 页）。

汉以王齐以霸，周将伐殷，五星聚房。齐桓将霸，五星聚箕。汉高
入秦，五星聚东井。齐则永终侯伯，卒无更纪之事。是则五星聚有
不易行者矣。四星聚者有九：汉光武、晋元帝并中兴，而魏、宋并
更纪。是则四星聚有以易行者矣。昔汉平帝元始四年，四星聚柳、
张，各五日。柳、张，三河分。后有王莽、赤眉之乱，而光武兴复于
洛。晋怀帝永嘉六年，四星聚牛、女，后有刘聪、石勒之乱，而元皇
兴复扬土。汉献帝初平元年，四星聚心，又聚箕、尾。心，豫州分。
后有董卓、李傕暴乱，黄巾、黑山炽扰，而魏武迎帝都许，遂以兖、
豫定，是其应也。一曰："心为天王，大兵升殿，天下大乱之兆也。"韩
馥以为尾箕燕兴之祥，故奉幽州牧刘虞，虞既距之，又寻灭亡，固已
非矣。尾为燕，又为吴，此非公孙度，则孙权也。度偏据僻陋，然亦
郊祀备物，皆为改汉矣。建安二十二年，四星又聚。二十五年而魏文
受禅，此为四星三聚而易行矣。蜀臣亦引后聚为刘备之应。案太元十
九年、义熙三年九月，四星各一聚，而宋有天下，与魏同也。①

据《宋书·天文志》所引《星传》之说，无论是四星聚还是五星聚都是王朝革
命的重要预兆，如周武伐殷、五星聚房；汉高入关、五星聚东井；四星三
聚而曹魏受禅都是历史上著名的例子。唐代官方编定的《开元占经》引《海中
占》亦云："五星若合，是谓易行，有德受庆，改立天子，乃奄有四方，子
孙蕃昌。无德受罚，离其国家，灭其宗庙，百姓离去满四方。"②由此可
知，《新唐书·天文志》所引"有德则庆，无德则殃"一占，便是这一占词
同源文字的节略。③需要强调的是，即使所谓的"有德受庆"，也是与改立天

---

① 《宋书》卷二五《天文志》，第 735~736 页。

② 《开元占经》卷一九，北京，中国书店，1989 年，第 152 页。

③ 这一占词是关于五星聚常见而权威的表述，《史记》卷二七《天官书》云："五
星合，是为易行，有德，受庆，改立大人，掩有四方，子孙蕃昌；无德，受殃若
亡。"（北京，中华书局点校修订本，2014 年，第 1575 页）其后历代正史《天文志》大都
沿袭此说。

子联系在一起的，绝非当朝天子的吉兆①，对此唐人有清晰的认识。

> 唐咸通中，金、水、土、火四星聚于毕、昴，太史奏："毕、昴，赵、魏之分，其下将有王者。"懿宗乃诏令镇州王景崇被衮冕摄朝三日，遣臣下备仪注、军府称臣以厌之。②

这一四星聚毕、昴的天象异动，在半个世纪后作为后唐李存勖承受天命、即位于邺的符应而被载入史册，这当然是出于后人的附会。但唐懿宗的乖张应对，无疑证明四星或五星聚对于当朝天子而言是需要攘除的灾异，而非吉兆。

因此无论是有德还是无德，"五星若合，是谓易行"，无疑是王朝革命的重要征兆，这也是安史起兵以此为号召的缘由所在。③ 尽管《宋书·天文志》云"五星聚有不易行者，四星聚有以易行者"，提出五星聚未必一定是易代之兆，但即使齐桓将霸，五星聚箕之符，亦意味着皇权失驭，霸者迭兴，四星聚则至少预示着兵丧并起的大乱之象。因此，这一重大天象变化的出现，无论是四星聚还是五星聚，无疑都是对玄宗本人权力正当性的重大挑战。

---

① 黄一农《中国星占学上最吉的天象——"五星会聚"》一文以为五星聚乃是吉兆，预示着明主将出，但所谓的吉凶是相对而言，五星聚房，于周武为大吉，于商纣则为大凶。五星聚东井，于汉高为吉，于嬴秦则为凶。而关于星聚，《史记》卷二七《天官书》的经典解释为："三星若合，其宿地国外内有兵与丧，改立公王。四星合，兵丧并起，君子忧，小人流。五星合，是为易行，有德，受庆，改立大人，掩有四方，子孙蕃昌；无德，受殃若亡。"（第1575页）按"三星合"至"五星合"呈一种递进关系，三星合、四星合都是兵丧并起的凶兆，则五星合也不能被理解为吉兆，特别是对当朝天子而言。

② 《旧五代史》卷二九《唐庄宗纪》，北京，中华书局点校修订本，2016年，第459～460页。

③ 因此时人论及四星聚、五星聚，皆将其视为新朝受命的依据，例如《旧五代史》卷一一〇《周太祖纪》叙受命之符："时议者曰：'昔武王胜殷，岁集于房，国家受命，金、木集于房。文王厄羑里，而卦遇明夷，帝脱于邺，大衍之数，复得明夷，则周为国号，符于文、武矣。'先是，丁未年夏六月，土、金、木、火四星聚于张，占者云，当有帝王兴于周者。故汉祖建国，由平阳、陕服趋洛阳以应之，及隐帝将嗣位，封周王以符其事。而帝以姬虢之胄，复继宗周，而天人之契炳然矣。昔武王以木德王天下，宇文周亦承木德，而三朝皆以木代水，不其异乎。"（第1699页）因此这种天象容易成为叛乱者号召起兵的借口。

天象异动带来的危机直接推动了改制。根据以上考述，或许可以对整个事件的演进过程做一更大胆的推测。天宝九载八月，在司天台官员报告五（四）星聚的天象发生之后，如何应对、攘除这一对当朝皇帝合法性构成重要挑战的天象异动，便成了玄宗、李林甫所需面对的一件棘手之事。九月崔昌上《五行应运历》，请求改承周、汉正统一事便是在这一特殊背景下发生的，崔昌的行动或许是受到了李林甫的操纵，但其背后更有着玄宗的默许与支持。因此玄宗很快接受了崔昌的意见，下诏求殷、周、汉后为三恪，废韩、介、酅公。①

不管如何，在天变的驱迫下，改制被迅速付诸实践。玄宗改承周、汉正统一事的实质是通过再受天命的仪式，自居有德者之位，以应明君将出之兆，从而化解五（四）星聚这一天象对于现实政治秩序的冲击。整个举动与西汉哀帝因赤精子之谶、行再受命事的举措颇为相似②，所谓"上方希古慕道"，直接指涉的大约就是汉家故事。而上文所引"会议之际，阴雾四塞，集议之后，晴空万里，此盖天意明国家承汉之象也"云云，实际上是在宣示玄宗改承周、汉之后，即刻得到了天象的回应，顺利度过了政治合法性的危机。③ 不过这一改承周、汉正统的举措，起初

---

① 《资治通鉴》卷二一六，第6899页。按韦英墓志署三恪韩国公元伯明书并篆额（《西安碑林博物馆新藏墓志汇编》，北京，线装书局，2007年，第475页），凑巧的是韦英卒于天宝九载八月十二日，葬于十一月十七日，制作墓志时元伯明很可能已被废，但在志文中仍自署为三恪。

② 《汉书》卷一一《哀帝纪》："侍诏夏贺良等言赤精子之谶，汉家历运中衰，当再受命，宜改元易号。诏曰：'汉兴二百载，历数开元。皇天降非材之佑，汉国再获受命之符，朕之不德，曷敢不通！夫基事之元命，必与天下自新，其大赦天下。以建平二年为太初元将元年。号曰陈圣刘太平皇帝，漏刻以百二十度为度。'"（北京，中华书局，1962年，第340页）另参顾颉刚：《五德终始说下的政治与历史》，《古史辨》第5册，第477～483页；杨向奎：《西汉今文经学与政治》，见《中国古代社会与古代思想研究》，上海，上海人民出版社，1961年，第279～290页。武则天专权时，亦有唐再受命之谶，可知此种学说对唐人而言并不陌生，参见《新唐书》卷三五《五行志》，第918～919页。

③ 根据江晓原、钮卫星的推算，五星聚的天象结束于九月乙未，所谓"集议之后，晴空万里"的天象变化或许是指五星聚的天象恰好在集议后的几日内消失。

虽然声势浩大，但不久之后，随着李林甫的去世，招致杨国忠的攻讦，引起了玄宗的猜忌，旋即遭到废止。① 而那位出身寒微的元伯明再次幸运地被立为三恪，并且其家族地位一直得以保持。②

　　值得注意的是，在杨国忠清算李林甫、独揽大权，恢复以周、隋为二王后之后不久，天宝九载因故中辍的封禅华山之议再次被提出。天宝十三载(754)，杜甫投匦献《封西岳赋》③，积极为之鼓吹：

　　　　惟时孟冬，百工乃休。上将陟西岳，览八荒，御白帝之都，见金天之王，既刊石乎岱宗，又合符乎轩皇。兹事体大，越不可载已。④

赋中引时议云"国家土德与黄帝合，主上本命与金天合"，按历代封禅皆告成于岱宗，华山虽作为五岳四渎之一，历代受到崇祀，但除了传说中的黄帝外，历代无封华岳者。⑤ 当时反复被提出的封禅华岳动议，无疑是为了迎合玄宗本人以华山为本命的信仰，"予小子之生也，岁景戌，月

---

　　①　武周一朝的故事作为重要的当代史背景对于我们理解玄宗朝的政治具有特别的意义，上文已经指出，由于武周革命时曾经改承周、汉正统，使之成为周、唐不同的重要标志。因此，尽管所谓再受命之说或许是玄宗认可的办法，但操作这样一个敏感的话题，在当时的知识背景下，还是非常危险的举动。例如从杜甫所献三大礼赋来看，玄宗改承周、汉的理论依据与武后载初改制接近，容易落人口实(参见《唐大诏令集》卷四《改元载初赦》，第18～20页)。因此一旦当玄宗对李林甫失去信任之后，这个问题很容易成为杨国忠攻讦李林甫的借口。

　　②　新刊元伯明之子元份墓志为我们提供了其家族的情况，元伯明的父祖皆仅仕至县令、县丞，"皆抗迹高人，栖迟下位"。元份则在其父元伯明卒后袭爵，继为三恪，拓片刊《风引蕤歌：陕西历史博物馆藏墓志萃编》，西安，陕西师范大学出版社，2017年，第112页。

　　③　杜甫献赋的具体时间不明，杜甫《进封西岳赋表》中云"克生司空"，杨国忠天宝十三载二月守司空，历代注杜者系于天宝十三载，可从。参见《杜甫集校注》，第2940～2941页。

　　④　杜甫《封西岳赋》，《杜甫集校注》，第2943页。

　　⑤　杜甫《封西岳赋》："虽东岱五岳之长，足以勒崇垂鸿，与山石无极。伊太华最为难上，至于封禅之事，独轩辕氏得之。七十二君，罕能兼之矣"(《杜甫集校注》，第2942页)。

仲秋。膺少昊之盛德，协太华之本命"①，杜甫亦不讳言这一动机，"维岳固陛下本命，以永嗣业"。此次封禅之议背后的推动者大约是杨国忠，杜甫表中除了颂扬玄宗之德外，亦特别将其表出，"维岳授陛下元弼，克生司空"②。值得注意的是几乎与此同时，朝臣给玄宗新上尊号曰"开元天地大宝圣文神武证道孝德皇帝"③。在前一年刚刚恢复旧有德运次序后，杨国忠主导之下给玄宗加尊号，并再次推动封禅华山的种种举措，恐怕不无"拨乱反正"的意味。

这一封禅倡议最终无果而终，具体原因尚不清楚，不过当年五六月间曾发生荧惑守心、日蚀等天变④，入秋之后又遇霖雨饥馑⑤，封禅的取消大约与这一系列天象人事上的不协有关。《新唐书·天文志》将"荧惑守心五旬余"占验为"主去其宫"⑥，目之为玄宗奔蜀的先兆。"主去其宫"的占词当然出于后见之明，但这一天象恐怕也会成为安禄山叛乱重要的号召。值得注意的是，肃宗后来为灵武自立构拟的合法性叙事中，天宝十三载也成为关键的时间节点，"往十三载冬，已有传位之意，属水旱年饥，左右劝朕，且俟丰岁"⑦。

毫无疑问，天宝九载至天宝十四载(755)安史之乱爆发前一系列天象异动及其应对策略是观察玄宗晚年政治一个重要的角度，较之于其他帝

---

① 玄宗御制《西岳太华山碑》，《唐文粹》卷五十，四部丛刊本。值得注意的是，玄宗的华岳信仰是杂糅的，带有道教及民间祠祀色彩，如开元十年，于岳上置道士观，修功德(《旧唐书》卷二三《礼仪志》，第 904 页)，而唐人诗文中，华岳多巫女，如元稹的名篇《华之巫》(周相录校注：《元稹集校注》，上海，上海古籍出版社，2011年，第 763 页)，这与儒家的封禅学说并不完全一致。

② 杜甫：《进封西岳赋表》，见《杜甫集校注》，第 2939 页。

③ 《旧唐书》卷九《玄宗纪》，第 227 页；《册府元龟》卷八六，第 1027 页。

④ 从天象来看，影响较大的还是荧惑守心，日蚀尽管也是常见的灾异，但至唐代已发展出了一套成熟的日蚀救护礼仪来应对，参见陈侃理：《儒学、数术与政治：灾异的政治文化史》，北京，北京大学出版社，2015 年，第 243～257 页；赵贞：《唐宋天文星占与帝王政治》，第 176～189 页。

⑤ 《旧唐书》卷九《玄宗纪》，第 229 页。

⑥ 《新唐书》卷三三《天文志》，第 856 页。

⑦ 《册府元龟》卷一一一，第 117 页；《旧唐书》卷一〇八《韦见素传》，第 3277 页。

王，玄宗本人无疑对天象征验有着更多的敏感。尽管睿宗为何突然传位玄宗的真相仍笼罩在迷雾中，但至少表面上是以"传德避灾"，攘除星变为借口的，"帝座及前星有灾，皇太子合作天子，不合更居东宫矣"①。可以说相隔近半个世纪的两次天象异动，映照了玄宗时代的开场与落幕，此时距将要动地而来的"渔阳鼙鼓"已不遥远，仅仅一年多后，盛世的幻景便被击碎。事实上，做了几十年太平天子的玄宗，在其晚年一方面醉心于自我作古、超迈前王，通过制礼作乐、封禅改制塑造圣王的形象，另一方面，面对异常天变造成的危机，又仓促推行改制，攘除灾异，可以说玄宗晚年的政治氛围既有帝业永昌的自负，同时也夹杂着盛世表象下的虚弱与不安。

改制背后隐藏着的李林甫与杨国忠的争斗，导致天宝九载之后，玄宗在短短三四年间竟两次改易正统所承，其间造成的混乱，对于当时的社会心理恐怕有相当的冲击，这无疑在一定程度上削弱了唐王朝的政治合法性。而且尾确属燕分②，上文所引《宋书·天文志》便记汉末韩馥以尾箕为燕兴之祥，试图拥立刘虞称帝，这也在客观上有利于安禄山利用这一天象变化大做文章，宣扬天命改易之说，笔者怀疑安史政权之所以选择"燕"为国号，除了地域因素之外，"尾为燕分，其下必有王者"之谶也是一个重要的因素。③

如果说上文讨论的四（五）星聚尾这一天象是安史乱军宣扬唐王朝天命已尽的有力武器，侧重于破，那么"金土相代"云云则是安史运用五德

---

① 《旧唐书》卷八《玄宗纪》，第 168 页。

② 《旧唐书》卷三六《天文志》："尾、箕，析木之次也。寅初起尾七度，中箕星五度，终斗八度。其分野：自渤海九河之北，尽河间、涿郡、广阳国，及上谷、渔阳、右北平、辽东、乐浪、玄菟，古之北燕、孤竹、无终及东方九夷之国，皆析木之分也，尾得云汉之末流，北纪之所穷也。"（第 1316 页）

③ 或因此史思明称帝后，尽管自居于正统，"以禄山为伪燕"，但并没有放弃燕的国号（姚汝能：《安禄山事迹》卷下，北京，中华书局，2006 年，第 110 页）。关于这一问题的详细讨论可参见本书第三章。

终始学说对其政权合法性的正面诠释，侧重于立。① 所谓五德终始之说，自秦汉以来便是中国古代帝国建构正统观念与王朝政治合法性的主要工具，一般而言，带有胡化色彩的政权在建立之初，往往对这一学说了解有限，待到其汉化程度较深之后，方才会运用这一理论工具来建构王朝正统论，展开与对峙汉族政权关于正统地位的争夺。② 但安史政权则显得有些不同，尽管史云安禄山目不知书，表面上看来对于汉文化的了解颇为有限，但他在立国之初，便能熟练地运用五德终始之说为自己造势，除了与其本人入仕唐朝多年，身边又有严庄、高尚这样的汉人谋士为他出谋划策等因素之外③，或许与当时特定的社会环境有密切关联。

早在安史之乱发生的半个多世纪前，武则天便已上演过一出"金土相代"的戏码，"武氏革命，自以为金德王"④。作为女主，武则天想要登上

---

① 尽管目前很少有关于安史政权如何制造"金土相代"社会舆论的记载，但唐末黄巢与朱温这两个同样以金德自命政权的事例或许有一定的参考价值，黄巢建号大齐后，陈符命曰："唐帝知朕起义，改元广明，以文字言之，唐已无天分矣。'唐'去'丑''口'而安'黄'，天意令黄在唐下，乃黄家日月也。土德生金，予以金王，宜改年为金统。"（《旧唐书》卷二〇〇下《黄巢传》，第 5393 页）朱温"自谓以金德王，又以福建上献鹦鹉，诸州相继上白乌、白兔洎白莲之合蒂者，以为金行应运之兆"（《旧五代史》卷三《梁太祖纪》，第 54 页）。唐哀帝禅位诏书中亦提到："今则上察天文，下观人愿，是土德终极之际，乃金行兆应之辰。况十载之间，彗星三见，布新除旧，厥有明征，讴歌所归，属在睿德。"（《旧唐书》卷二〇下《哀帝纪》，第 811 页）五代割据的政权中亦是如此，王建玉册云"金承土运，开国于坤"，并叙及"禾生九穗，麦秀两歧"等祥瑞（冯汉骥：《前蜀王建墓发掘报告》，北京，文物出版社，2002 年，图版陆贰、陆叁）。

② 唐之前的十六国、北魏，之后的辽、金皆是如此，参见罗新：《十六国北朝的五德历运问题》，载《中国史研究》2004 年第 3 期，第 47～56 页；陈学霖：《大宋"国号"与"德运"论辩述义》，见《宋史论集》，台北，东大图书公司，1993 年，第 31～40 页；陈学霖：《"大金"国号之起源及释义》，见《金宋史论丛》，香港，中文大学出版社，2003 年，第 1～32 页；刘浦江：《德运之争与辽金王朝的正统性问题》，见《正统与华夷：中国传统政治文化研究》，第 88～115 页。

③ 《资治通鉴》卷二一六："孔目官严庄、掌书记高尚因为之解图谶，劝之作乱。"（第 6905 页）

④ 《新唐书》卷二五《五行志》，第 913 页。另吕博《唐代德运之争与正统问题——以"二王三恪"为线索》一文据陈子昂《大周受命颂》，认为武周一度自居火德，之后才改为金德（《中国史研究》2012 年第 4 期，第 125～126 页）。

帝位很难在传统的儒家典籍中寻找到可资凭借的政治资源，因此主要利用佛、道等宗教力量，造作符瑞，为其上台制造舆论，此点前辈学者论述甚多。① 但武则天并未放弃运用传统的、同时也是最具有影响力的五德终始理论，造金代土德之说，为她革唐命之举增添合法性。② 而在玄宗时代，武周革命尚是人们耳熟能详的当代史，安禄山之辈对于所谓金土相代之论或许并不陌生。此外，在武则天时代曾有大量的胡人参与符瑞造作，其中不乏粟特胡人的身影，可知粟特人虽来自西域，但他们本身对于运用宗教、谶纬等各种方式制作符瑞的知识并不陌生③，甚至我们可以注意到在粟特人本身的思想体系中，并不排斥有关"天命""终始"之类的谶言。开元七年(719)，康国王乌勒伽遣使入唐求援的上表中便提到："其大食只合一百年强盛，今年合满，如有汉兵来此，臣等必是破得大食。"④

安禄山本人便是出自营州的粟特聚落，部属中有大量粟特及西域胡人⑤，

---

① 陈寅恪：《武曌与佛教》，《金明馆丛稿二编》，北京，生活·读书·新知三联书店，2001年，第164～169页；饶宗颐：《从石刻论武后之宗教信仰》，载《历史语言研究所集刊》第45本第3分，第397～412页；Antonino Forte：*Political Propaganda and Ideology in China at the End of the Seventh Century*，Italy School of East Asian Studies，Kyoto，2005；古正美：《从天王传统到佛王传统：中国中世佛教治国意识形态研究》第五、六章，台北，商周出版社，2003年，第223～324页；雷闻：《郊庙之外：隋唐国家祭祀与宗教》，"岳渎投龙与武周革命的政治宣传"，第153～166页。

② 如上文所述《册府元龟》卷四帝王运历唐代玄宗以前部分，宋初已佚失，使我们对武后具体宣传金土相代的举措几无所知。进而值得反省的是过去我们研究武周革命的政治宣传，往往以武则天为女主，难以从儒家理论中寻获支持为基本的研究前提，因而多侧重于对佛道等宗教因素的讨论，但这种研究进路本身是否又受到了史料分布多寡的遮蔽？

③ 荣新江：《胡人对武周政权之态度——吐鲁番出土〈武周康居士写经功德记碑〉校考》，见《中古中国与外来文明》，北京，生活·读书·新知三联书店，2001年，第204～221页。

④ 《册府元龟》卷九九九，第11723页。按《册府元龟》此卷所收安国、康国表文，文辞稍欠雅驯，或系自粟特文翻译而来，更有可能直接反映了粟特人本身的思想观念。

⑤ 荣新江：《安禄山的种族、宗教信仰及其叛乱基础》，见《中古中国与粟特文明》，北京，生活·读书·新知三联书店，2014年，第274～282页。按本文原题作《安禄山的种族与宗教信仰》，收入《中古中国与外来文明》，增订后复收入《中古中国与粟特文明》，今据增订本。

其中或许有不少人对于造作符瑞一事颇为擅长。已有不少学者指出，安史乱军多利用佛教、祆教等方式团聚部众，进行政治动员①，但笔者想要指出的是，这种动员方式往往需要依托某种特定的宗教信仰，其涵括的对象不免受限。特别是如祆教这样带有鲜明胡族色彩的宗教，对于汉人社会的辐射力恐怕不宜高估，因此只能被运用于团聚叛军的核心力量，甚至在起兵过程中过度凸显这种胡神夷教的特质，反而会激起汉族士人的夷夏正统之辨。因此，安史政权在利用祆、佛等宗教凝聚内部的同时，亦必须寻找一适当的方法，争取以尊奉儒学为基本文化底色的汉族吏民的支持，构造其政治意识形态上的内外两面，安史政权的这种两面性我们在过去的研究中注意得尚不多。现从严复墓志可知，利用五德终始的理论，以四（五）星聚的天象变化作为易代革命的先兆，宣扬金土相代之说，是安史政权争取人心，特别是笼络推重儒家正统之辨的士大夫阶层的重要方式。

事实上，安史政权利用华夏传统的思想文化资源构筑王朝正统性的举措并不少，例如安禄山建立燕政权后，将唐代的官方道观开元观更名为圣武观②，封安立墓志中提及其担任住持的景州明德寺，在史思明称帝后避讳改名为顺德寺③，这些举动都显示出熟练操纵相关政治象征符号的技巧，透露了与既往认知不同的一面。

---

① 荣新江：《安禄山的种族、宗教信仰及其叛乱基础》，见《中古中国与粟特文明》，第 282～290 页；尤李：《〈悯忠寺宝塔颂〉考释——兼论安禄山、史思明宗教信仰的多样性》，载《文史》2009 年第 4 辑，第 107～132 页；沈睿文：《安禄山服散考》，上海，上海古籍出版社，2016 年，第 1～62 页。

② 马凌虚墓志，周绍良主编：《唐代墓志汇编》圣武 001，上海，上海古籍出版社，1992 年，第 1724 页。按圣武元年马凌虚墓志记其为"大燕圣武观故女道士"，而马凌虚"天宝十三祀，隶于开元观"，推测圣武观系开元观改名而来。彭文峰《大燕马凌虚墓志考释》一文中已指出了这点（《唐代墓志中的地名资料整理与研究》，北京，人民日报出版社，2015 年，第 438 页）。

③ 封安立墓志云："因寺连帝讳，因改为顺德寺焉，则和上又为顺德寺之高僧也。"（邓文华编著：《景州金石》，北京，中国文史出版社，2004 年，第 212～213 页）

四、严复的死亡与哀荣

关于志文中所涉及的史事，之前赵君平、张忱石两位学者在讨论严希庄墓志时已有所探讨，今笔者复据两方墓志，就所论未详之处，试作补正。据严复墓志可知，其家族自祖严承构仕为沧州司户参军，因官移籍，至严复时已经定居河北三代，早已完成了土著化。严亮、严复父子皆未出仕，可知其家族只是一个低级士人家庭而已，但严希庄墓志云严亮曾举明经高第，严复本人则通晓《易》《春秋》之学，并收徒授业，可见家族在经学上有一定的传习与造诣。安禄山本人虽是一介武夫，但却颇注意笼络河北当地士人为其所用，据学者研究，在安禄山主政期间，幽州的文职官吏存在着土著化的趋向①，严庄为安禄山所信用，与此背景颇为契合。

尽管近来学者的研究多瞩目于安史集团中的胡人及胡化色彩，事实上，安禄山对于延揽汉族士人为其所用，亦不遗余力。如崔夷甫墓志云："于时，安禄山为河北采访使，虽内苞凶慝，而外奖廉平，精择能吏，唯曰不足。遂奏公摄魏州魏县令。"②陆据墓志也提及，"范阳节度使、尚书左仆射兼御史大夫、东平郡王安禄山奏充节度判官"，不过陆据未及赴任便病故于长安，天宝十四载五月归葬于洛阳，此时安禄山尚未起兵，故在志文中还是一派礼贤下士的模样。但是在安禄山幕府中，扮演重要角色的汉族谋士，一般并不是像陆据这般进士及第，名动天下，"凡六徙官而十交辟"，活跃于两京政治舞台的人物③，而是如严庄一样，出身河北

---

①　吴光华：《唐代幽州地域主义的形成》，见淡江大学中文系编：《晚唐的社会与文化》，台北，学生书局，1990年，第218~223页。

②　《唐代墓志汇编》大历072，第1811~1812页。

③　吴钢主编：《全唐文补遗（千唐志斋新藏专辑）》，西安，三秦出版社，2006年，第236页。

本地或因失意游于河北，属于帝国文化版图上的边缘人①，高尚便是其中另一个典型：

> 高尚，幽州雍奴人也，本名不危。母老，乞食于人，尚周游不归侍养。寓居河朔县界，与令狐潮邻里，通其婢，生一女，遂收之。尚颇笃学，赡文词。尝叹息谓汝南周铣曰："高不危宁当举事而死，终不能咬草根以求活耳！"……六载，安禄山奏为平卢掌书记，出入禄山卧内。禄山肥多睡，尚执笔在旁或通宵焉，由是浸亲厚之。遂与禄山解图谶，劝其反。②

这些宦途失意又谙熟王朝制度及政治文化的士人投入安禄山阵营后，成为其文职幕僚的主要来源，"于是张通儒、李廷望、平洌、李史鱼、独孤问俗等在幕下，高尚掌奏记，严庄主簿书"③。这些谋臣与胡人将领一起，构成了支持安史之乱的中坚力量，当然也是金土相代这类政治宣传的幕后策划者。

若严复墓志的记载没有夸饰成分的话，严庄入安禄山之幕，当在天宝九载四星聚天象出现之后不久。安禄山于天宝九载五月受封东平郡王，开唐代节度使封王的先例，十载二月又兼领河东节度使④，权势达于顶点，恐怕也是其个人野心日趋膨胀之时。严庄恰在此时为安禄山所用，不过三四年间，在安史集团中的地位迅速蹿升，成为安禄山的心腹谋士，专居左右以画筹⑤，可以推知严庄的得宠与安禄山谋反的野心有着密切

---

① 中唐以后河北士人大都自外于两京士大夫社会，多以刀笔之才仕于藩镇幕府，因唐末五代之乱世，方得以崛起于政治舞台，其中以冯道最为知名（参见陆扬：《论冯道的生涯——兼谈中古晚期政治文化中的边缘与核心》，见《清流文化与唐帝国》，北京，北京大学出版社，2016 年，第 166～174 页）；不过河北士人这一边缘化的倾向，或可上溯至安史乱前。

② 《旧唐书》卷二〇〇上《高尚传》，第 5374～5375 页。

③ 《安禄山事迹》卷上，第 83 页。

④ 《旧唐书》卷九《玄宗纪》，第 224～225 页。

⑤ 《安禄山事迹》卷中，第 94～95 页。

关系，因此天宝十载前后可以被视为安禄山开始筹划叛乱的一个重要时间节点。此外，尽管严庄身为安史集团的核心人物，但其父严复、其弟严希庄实际上并未出仕于燕，"守箕颍之志"，依旧居于沧州乡里，仍与安史政权保持了一定距离，这点颇耐人寻味。

另外值得关注的是严复墓志、严希庄墓志记载的严复父子死亡及景城再次沦陷的时间与传统文献颇有不同。据志文严复、严希庄父子死于圣武元年二月戊子，《资治通鉴》系景城长史李暤收严庄宗族诛之事于天宝十四载（755）十二月①，两者约有二月之差；《资治通鉴》系李暤被杀，景城沦陷事于至德元载（756）十月②，《旧唐书》又云至德元载十月，平原太守颜真卿以食尽援绝，弃城渡河，于是河北郡县尽陷于贼③，但据严复墓志所云"二年春，寇党平殄，讣至洛阳"，似乎暗示景城直至圣武二年（757）春方被安史军队夺回，两者亦有约两月之差。但《资治通鉴》排比安史之乱史实甚为详尽，叙事系时环环相扣④，现据《资治通鉴考异》所引可知司马光至少曾先后参酌了《旧唐书》《新唐书》《玄宗实录》《肃宗实录》《明皇幸蜀记》《唐历》《蓟门纪乱》《河洛春秋》《西斋录》《天宝遗事》《天宝乱离西幸记》《安禄山事迹》《颜鲁公行状》等十余种公私文献，可以说在这一问题上下了极大的功夫，除了《旧唐书》《新唐书》《安禄山事迹》《颜鲁公行状》外，其所据文献目前基本都已亡佚。存世的《安禄山事迹》《颜鲁公行状》叙事系时与《资治通鉴》略同，因此《资治通鉴》提供的系时框架当

---

① 《资治通鉴》卷二一七，第6941～6942页。

② 《资治通鉴》卷二一九，第7005页。

③ 《旧唐书》卷九《玄宗纪》，第231页。

④ 《资治通鉴》关于河北起兵的系时框架，以颜真卿天宝十四载十二月中起兵为最早，景城等六郡随即响应。其兄颜杲卿次年正月初在常山起兵呼应，由于常山扼井陉道，战略位置十分重要，起兵八日便遭安史军队围攻，于正月壬戌失陷。则颜真卿及景城的起兵不可能晚至次年二月。而至德元载十月安禄山重新平定河北后，军事压力已逐渐转向睢阳张巡方向，并无二年春景城仍在唐军手中的可能。关于颜真卿河北起兵的综合性讨论，参见李碧妍：《危机与重构：唐帝国及其地方诸侯》，北京，北京师范大学出版社，2015年，第251～261页。

是据可靠而且互相支撑的多种史料来源而形成，目前仅凭严复墓志的孤证，并不能轻易否定《资治通鉴》的系时。

目前所能提供的较为合理解释是景城在天宝十四载十二月起兵时，并未立即诛杀严复父子，仅将其扣为人质①，直至次年二月方行诛夷。至于为何选择在次年二月诛杀严复父子，有一个背景可以注意：在河北起兵之后，安禄山即遣史思明率大军前来讨伐，天宝十五载(756)正月常山失陷，随后史思明"引兵击诸郡之不从者，所过残灭，于是邺、广平、巨鹿、赵、上谷、博陵、文安、魏、信都等郡复为贼守。饶阳太守卢全诚独不从，思明等围之。河间司法李奂将七千人、景城长史李時遣其子祀将八千人救之，皆为思明所败"②。可知在这年一二月间，随着史思明的反扑，河北部分郡县重新倒向安史，形势有再度逆转的可能。此时邻近饶阳的景城无疑感到了特别的压力，李時遣其子李祀将兵援救饶阳之围的行动也遭受了失败。在此困境之中，人心摇动在所难免，选择在此时诛杀严复、严希庄父子，一方面显示与安史政权势不两立的决心，鼓舞士气，另一方面则可以杜绝部分军民首鼠两端之心。

至于志文云"二年春，寇党平殄，讣至洛阳，冯翊仰天而呼，勺饮不入。恩深父子，义极君臣，毁家成国，近古未有。皇帝于是下哀痛之诏，申褒崇之典"，并非景城被攻陷的十月。这或许可以从两方面来加以解释，一方面从客观条件而论，在战乱期间确认严复父子的死讯，消息往来传递本身就需要比平日更多的时间。另一方面，更可能是与安史政权内部的动荡有关。严庄与安庆绪合谋暗杀安禄山一事恰好发生在圣武二年正月，安庆绪继位之后，兄事严庄，"以为御史大夫、冯翊王，事无大

① 但据严希庄墓志所述："公乃□列刃，挺出重围，剑及于通衢，弓及于近郊之外，望所天不至，投兵而呼，君子记其词曰：从父之死，孝也，临难不避，勇也，吾兄能报吾死。遂束身就擒，享年卅。与魏州府君同日并罹冤酷。"从墓志的行文来看，似乎当理解为被俘后即刻被杀。

② 《资治通鉴》卷二一七，第 6953 页。

小，皆取决焉"①，严庄个人的权势达到了顶点，而厚赠严复父子的"哀痛之诏，褒崇之典"恰好在这个时间节点上发布，从另一侧面凸显出严庄此时在安史政权中的显赫地位。不无可能的是，安禄山在位时，已对严复父子进行过褒赠，但所赠的规格自然不及安庆绪。从当时的政治形势而论，撰于安庆绪时代的这篇志文，更需要强调今上对于严复父子优渥追赠，因而"二年春"一句，所关注的重点是安庆绪的褒赠及严复父子的哀荣，而非景城真正陷落的时间。

另外值得注意的是，墓志中依旧称安禄山为太上皇，严复、严希庄葬于圣武二年十月己酉，志文撰写当在之前不久，根据《资治通鉴》《旧唐书》《新唐书》的记载，安禄山在是年正月遭安庆绪、严庄谋杀，安庆绪继位后改元载初，尊安禄山为太上皇，然后发丧。② 现据严复墓志透露的情况，事实上直至是年十月前后，安庆绪都还没有正式公布安禄山的死讯，依然尊其为太上皇，出自安史官方手笔的严复墓志、严希庄墓志此时仍书圣武年号，则安庆绪继位后亦未尝改元。③ 安禄山本人一直是凝聚安史集团的核心人物，安庆绪的篡弑实际上是一次依托宫中亲佞发动的政变，其本人在燕政权中的号召力与安禄山相去甚远，并无力取得属下蕃汉军队的广泛支持，如手握重兵的史思明便是他从来无法控制的人物。因此，为了维持帝位，安庆绪仍需乞灵于安禄山的威望，尊为太上皇而不发丧，沿用圣武年号而不改元，实际上是安庆绪袭位后稳定人心，特别是羁縻史思明的一项重要举措。

唐代士人仕宦显达之后，大都有迁居、迁葬于两京的习惯，学者一般将这一现象称为唐代士族的中央化。④ 严庄虽然出身于唐代士大夫社

---

① 《资治通鉴》卷二一九，第 7012 页。

② 《旧唐书》卷二二〇上《安禄山传》，第 5371 页；《新唐书》卷二二五《安禄山传》，第 6421 页；《资治通鉴》卷二一九，第 7011～7012 页。按改元载初事，仅见于《新唐书》。

③ 根据现已发现的使用安史年号墓志来看，可以判断载初年号并未实际行用，关于这一问题的详细讨论可参见本书第三章。

④ 毛汉光：《从士族籍贯迁移看唐代士族之中央化》，见《中国中古社会史论》，上海，上海书店出版社，2002 年，第 234～333 页；韩昇：《南北朝隋唐士族向城市的迁徙与社会变迁》，载《历史研究》2003 年第 4 期，第 49～67 页。

会的边缘，但在战乱期间，仍选择"迁神于故乡，合祔于北邙"①，不惜千里迢迢将严复夫妇、严希庄夫妇迁葬洛阳，而不是就近安葬于定居已三世的景城，无疑是对这一传统的模仿②，亦从侧面证明燕与唐在政治文化上的延续性。另一方面，逝者的葬礼往往是生者社会权力的展现，优厚的褒赠、耗费巨大的迁祔、规模宏大的葬礼，无不凸显了严庄显赫的权势与地位。至德二载(757)十月，唐军已克复长安，取得了战争的主动，对于安史政权而言，可以借助葬礼这一具有表演性的政治仪式，公开表彰为其政权牺牲的"烈士"，凝聚叛军的人心。

另外志文中提到，"至若门风世德，积行累仁，王业之本，由臣节之忠孝，已见于中书侍郎范阳公府君神道碑矣"，此处提及神道碑与墓志两者之间有互文的关系，过去我们在研究中更多地将墓志仅仅作为一种新史料来使用，对于埋藏在地下的墓志与竖立在墓旁的神道碑两种书写逝者生平的文献之间的关联与差异关注得不多。一般以为墓志埋藏于地下，是一种具有私密性的文献，神道碑竖于墓侧，更具有公共性。但已有学者指出名家撰写的墓志往往具备一定的公开性，或会通过传抄、文集等手段得到广泛流布，与一般出自亲朋好友之手私密性墓志有所不同。③由于此方墓志的作者赵骅具有燕中书舍人的官方身份，表明这篇志文绝不是一篇私密性的文献，而是一篇反映安史政权意识形态的官方追悼文。④

---

① 据严复墓志，严氏以冯翊为郡望，著籍于渤海，其家族之前与洛阳毫无干系，所谓"迁神于故乡"云云颇显不经，不过是作为燕朝新贵，效仿当时士大夫的风尚，改贯东都罢了。

② 这种模仿包括了从文化到物质形态的各个方面，例如在墓志的制作中体现等级制，由词臣与著名的书法家撰文、书丹等。严复墓志是目前所见规格最高的燕政权墓志，长、宽达90厘米，在礼制较为严格的初唐，仅少数三品以上的高官才能使用。其子严希庄的墓志尽管也制作精美，但规格稍逊，长、宽各60厘米，基本与父子两人赠官的官品相合。参见赵超：《古代墓志通论》，北京，紫禁城出版社，2003年，第150~152页。

③ 卢建荣：《北魏唐宋死亡文化史》，台北，麦田出版社，2006年，第49~50页。

④ 严希庄墓志的作者房休也是燕中书舍人，可见这一葬礼所具有的浓重官方色彩。

可知志文并不会随着葬礼的结束而被封存于地下，而是与竖立的神道碑一样，作为一份证明安史政权合法性的政治宣传品，被广泛而刻意地传播。

历代德运之争大约可以归入两条主线，一是在分裂时期对峙的王朝之间如何竞逐正统，唐之前的魏晋南北朝各政权多贬斥对方为"岛夷""索虏"便是典型的案例，稍后宋、辽、金三朝的正闰之辨，亦集矢于此。二是结束分裂时期的大一统王朝，如何定位之前那些或分裂或短祚的政权，确定德运所承。唐继南北朝之后，所面临的就是后一种情况①，尤其是至承平日久的玄宗时代，如何通过创制或改制来塑造正统，告成天下，进而上升为王朝盛世与玄宗个人功业的象征，成为一个活跃的政治议题，于是德运承自再次被提上了议事日程。② 本章所揭示的天宝晚期一系列的制度、礼仪上的争论与改易，混杂着政治上的算计与争斗，集合了德运、灾异、封禅、玄宗个人的本命信仰等各种或新或旧的意识形态道具，或可视为汉唐间"天人感应"思想所塑造政治文化的一次集中展现。可惜玄宗的左右弥缝，不但使改制本身变得短命而可笑，并被黄雀在后的安禄山所利用，成为叛乱的号召。

----

　　① 北宋也面临类似的问题，宋最初承周为火德，但后来对于是否要越过五代，直接绍唐之正统，曾有数次争论。参见陈学霖：《大宋"国号"与"德运"论辩述义》，见《宋史论集》，第1～23页。学者多认为欧阳修《正统论》中提出的"绝统"之说，否定了五行相生的连续性，是正统论转变的关键。参见饶宗颐：《中国史学上之正统论》，第39～44页；陈学霖：《欧阳修〈正统论〉新释》，见《宋史论集》，第125～174页。但值得留意的是唐越南北朝而承汉、宋越五代而承唐这些关于德运所承的具体议论，已包含了正统暂绝的意味。欧阳修"绝统"说的提出，或许折射的正是政治实践层面的困境对观念的反馈。

　　② 唐初承隋与宋初承周一样，都是在较为仓促的情况下确定德运。李渊初受禅，未必逆料到不仅能削灭群雄，而且开辟盛世。因此在国运昌祚之后，早先所承的或短命或偏于一隅的政权便显得不能匹配，导致了德运之争的再起。《唐大诏令集》卷四《改元载初敕》对此有准确的描绘："我国家创业，有意乎改正朔矣。所未改者，盖有由焉。高祖草创百度，因循隋氏；太宗纬地经天，日不暇给。"（第19页）

　　另一方面，五德终始这一具有神秘主义色彩的学说尽管自秦代以来便成为塑造王朝正统、宣扬天命的重要工具，无论是在思想上还是具体的政治实践上都影响巨大，但至北宋中期之后，随着宋学的兴起，出现了一个"祛魅"的过程。与之相关的谶纬、灾异、封禅等论题皆渐渐失去了既往的地位，尽管之后历朝仍不乏正统之辨、德运之议，但已不再包蕴于五德终始、谶纬灾异这样庞大而玄虚的思想体系中，而是基于对大一统、华夷之别等更为实在的道德观念与历史事实的辩诘，从"天命"落实到了"世间"，对于实际王朝政治影响日减，更多地变为一种缘饰性的话语，这无疑是中国古代政治文化之一大变。① 事实上，唐人总体而言对德运次序已兴趣不大②，不过因循旧轨而已，武后、玄宗两次改承周、汉之举，与特定的政治背景与君主个人好尚有关。因此，若从更长的时间维度来观察这一系列事件，或许也可以将此视为一个日渐失去魅力的政治文化传统的余音。

────────────

　　① 这方面学者讨论甚多，较有代表性的论述可参见刘复生：《宋朝"火运"论略——兼谈"五德转移"政治学说的终结》，载《历史研究》1997 年第 3 期，第 102～106 页；陈学霖：《欧阳修〈正统论〉新释》，见《宋史论集》，第 125～174 页；刘浦江：《"五德终始"说之终结——兼论宋代以降传统政治文化的嬗变》，见《正统与华夷：中国传统政治文化研究》，第 61～87 页；陈侃理：《儒学、数术与政治：灾异的政治文化史》第五章"灾异政治文化的转变"，第 259～304 页；邱靖嘉：《天文分野说之终结——基于传统政治文化嬗变及西学东渐思潮的考察》，载《历史研究》2016 年第 6 期，第 34～35 页。

　　② 如《旧唐书》卷三七《五行志》记永徽四年陨石落于同州冯翊县，高宗问，"此何祥也？当由朕政之有阙"，于志宁答曰："自古灾变，杳不可测，但恐物之自尔，未必关于人事。"（第 1350 页）显示出摆脱天人感应思想的理性主义精神，更有名的例子大约是姚崇驱蝗，参见《旧唐书》卷九六《姚崇传》，第 3023～3025 页。

第二章　一位"贰臣"的生命史：
王仙在安史之乱中的沉浮

一、赵骅：《忠义传》中的"贰臣"

本书第一章以严复墓志切入，探讨了天宝九载的天象异动如何变为安禄山起兵的号召。不过这方墓志仍有一可发覆之处，志文的撰者赵骅时任燕中书舍人，是天宝间有名的文士，颇受时人推重①，不过此刻却投降安史，做了贰臣。

关于赵骅陷伪的经过，本传云："陈留采访使郭纳复奏晔为支使。及安禄山陷陈留，因没于贼"②。安禄山自天宝十四载（755）十一月起兵南下后，一路势如破竹，十二月渡黄河而南，至陈留。但对于陈留失陷的原因，《资治通鉴》与《旧唐书》《新唐书》的记载略有不同：

> 河南节度张介然死之，陈留太守郭纳初拒战，后出降。③
>
> 张介然至陈留才数日，（安）禄山至，授兵登城，众怵惧，不能守。庚寅，太守郭纳以城降。禄山入北郭，闻安庆宗死，怵哭曰：

---

① 《旧唐书》卷一八七下《赵晔传》，第 4906~4907 页。《新唐书》将其事迹附见于其子《赵宗儒传》（第 4826 页）。按"赵骅"，《旧唐书》误作"赵晔"，今据严复墓志可知当以"骅"为正。

② 《旧唐书》卷一八七下《赵晔传》，第 4906 页。

③ 《旧唐书》卷二〇〇上《安禄山传》，第 5370 页。

"我何罪，而杀我子!"时陈留将士降者夹道近万人，禄山皆杀之以快
其忿；斩张介然于军门。①

按照《资治通鉴》的说法，由于郭纳的主动投敌，才导致陈留迅速陷落，
据《考异》可知司马光这一记载主要援据实录。等到唐军收复两京后，至
德二载十二月，郭纳与陈希烈、张垍等七人作为附逆之臣，于大理寺狱
赐自尽②，可见郭纳附逆的罪行相当严重，则《资治通鉴》云其主动投降
以至陈留沦陷一事当得其实。

赵骅大约是在陈留陷落时随郭纳一起降于安禄山。《册府元龟》叙其
事云"骅因胁于贼"③，似乎赵骅出仕伪职，乃是出于被迫。但据严复墓
志所题结衔，其仕燕为"宣义郎守中书舍人襄陵县开国男"，中书舍人在
唐前期专掌诏诰侍从，号为文士之极任，朝廷之盛选，诸官莫比④，地
位十分显赫。赵骅虽然在开元二十三年(735)便已进士及第，天宝四载
(745)又登博学宏词科⑤，但一直宦途不达，安史乱前仅仕至陈留采访使
支使这样的微末之职，入燕遽至中书舍人之要任，受封襄陵县开国男。
可知他在安史政权中颇受重用，官运亨通，掌诏诰之任，为乱军文胆，
本篇墓志的撰作便是一个极好的例子，所谓胁从之说，并不可信。

另外可以注意的是赵骅题署的文散官仅为宣义郎，以从七品的宣义郎守正
五品上的中书舍人，其间相差六阶，在官制上不合常理。唐代以散官为本品⑥，

---

① 《资治通鉴》卷二一七，第 6937~6938 页。

② 《旧唐书》卷一〇《肃宗纪》，第 249~250 页；卷五〇《刑法志》，第 2151~
2152 页。

③ 《册府元龟》卷八〇四，第 9557 页。

④ 《通典》卷二一，第 564 页；另参《唐六典》卷九，北京，中华书局，1992 年，
第 275~276 页。

⑤ 徐松撰、孟二冬补正：《登科记考补正》，北京，北京燕山出版社，2003 年，
第 323、355 页。

⑥ 王德权从法制史的角度对散官的本品地位有详细讨论，参见《唐代律令中的
"散官"与"散位"——从官人的待遇谈起》，见《中国历史学会史学集刊》第 21 期，第
39~90 页。

一个较为合理的推测是，安史政权吸纳唐朝降臣，当也有一定的制度，选择以原有的散官阶为标准，宣义郎这一文散官当与赵骅仕唐时的散官阶有关。但由于他在安史政权中极受重用，被超擢为中书舍人，因而出现了散官与职事官相距较远的异常情况。

除了严复墓志之外，目前所知赵骅撰文的墓志还有四方，分别为开元二十九年(741)李虚己墓志，署天水赵骅铭①；天宝元年(742)韦衡墓志，时署左领军卫仓曹参军②；大历十三年(778)李昂墓志，时署朝议郎守仓部郎中③；大历十四年(779)赵益墓志，时署祠部郎中④。结合传世文献的记载，我们可以对赵骅的仕宦经历有更多的了解。⑤本传云其"早擅高名，在宦途五十年，累经贬谪，蹇踬备至。入仕三十年，方沾省官，身在郎署，子常徒步"⑥。观察赵骅的仕宦生涯，我们不难发现在安史乱后，他虽在乾元中因仕伪廷，一度被贬为晋江尉，但毫不影响之后的仕途，甚至可以说有了仕伪遭贬的不光彩记录后，赵骅的宦途反而畅达起来，最终仕至秘书少监。《旧唐书》《新唐书》皆为其作佳传，称他"敦重交友，虽经艰危，不改其操"，无一语因其曾出仕伪廷而鄙薄其行。《旧唐书》甚至因赵骅在朱泚乱中出逃避难而亡，将其列入了《忠义传》中。⑦于是，曾深深卷入安史政权的"贰臣"赵骅最终却以"忠义"的形象被定格在史籍中，像是开了一个不大不小的玩笑，这也与唐廷严厉处分降臣的一般印象不符。进而我们可以注意到赵骅的情况并非孤例，严复墓志的书

---

① 拓本刊赵文成、赵君平编：《秦晋豫新出墓志蒐佚续编》，北京，国家图书馆出版社，2015年，第701页。

② 吴钢主编：《全唐文补遗》第8辑，西安，三秦出版社，2005年，第40～42页。

③ 李昂墓志，拓本刊《洛阳新获七朝墓志》，第282页。

④ 《唐代墓志汇编》大历081，第1818页。

⑤ 陶敏《全唐诗作者小传补正》对赵骅生平已有考订(沈阳，辽海出版社，2010年，第310页)。

⑥ 《旧唐书》卷一八七下《赵晔传》，第4906页。

⑦ 《册府元龟》卷四一三记李晟平定朱泚之乱后，"表举守节不为泚所迫胁者程镇之、刘乃、蒋沇、赵骅、薛犮等数十人"(第4914页)。或缘此赵骅被视为死于王事者，得以最终被列入《忠义传》。

丹者刘秦经历与之类似。

刘秦是当时有名的书法家，宋人曾著录其所书丹碑志多通，其妹马家刘氏亦以擅书知名，窦臮《述书赋》中存录事迹。① 葬于天宝十三载闰十一月的李氏是玄宗的孙女，墓志由刘秦书丹，所署结衔为"朝议郎行太子宫门郎翰林院供奉刘秦书"，知其系以书法才能为翰林供奉，不过仍属方伎一流，地位并不高②，而他三年后所书的严复墓志结衔题作"朝议郎守太子左赞善大夫彭城县开国男刘秦书"③。其中散官阶与唐时同，证明上文所云入燕唐臣仍凭原先散官阶叙用的推论不误，但职事官则自从六品下的太子宫门郎跃迁至正五品上的太子左赞善大夫，并受封彭城县开国男，可知他与赵骅一样，在燕政权中颇受重用。上元二年（761）所书刘奉芝墓志题"从侄朝议郎行卫尉寺丞翰林院待诏秦书"，则刘秦在乱平后亦未受到太多的追究，仍旧返回翰林院供奉，而他从六品上的卫尉寺丞虽较所仕的伪职有所下降，但仍高于乱前的职事官。葬于建中二年的张少悌妻刘鸿墓志云"故秘书监秦之女弟也"④，可知刘秦的官位在此之后仍获进一步的擢升。这两个与常情不符的案例提示我们进一步去考索"贰臣"这一隐藏在史籍角落中的群体。

二、四易其主：安史乱中的王伷

近年来随着不少与安史之乱有关碑志的刊布，学者对于安史集团的

---

① 张彦远：《法书要录》卷六，第 168 页。关于刘秦生平的考证参见王楠、史睿：《洛阳九朝刻石文字博物馆藏唐志书家丛考》，载《书法丛刊》2017 年第 2 期，第 73～74 页。

② 毛蕾《唐代翰林学士》一书中曾对书待诏的人选与地位有简要讨论（北京，社会科学文献出版社，2000 年，第 159～163 页）。

③ 严希庄墓志所题结衔除未书"彭城县开国男"外，余皆同。

④ 李氏墓志、刘奉芝墓志，分见《唐代墓志汇编》天宝 258、上元 001，第 1711、1747 页。张少悌妻刘鸿墓志，见周绍良、赵超主编：《唐代墓志汇编续集》建中 005，上海，上海古籍出版社，2001 年，第 726 页。

构造及叛乱所造成的社会动荡有了更加清晰的认知。另一方面，在安禄山攻占两京前后，有大批唐廷重臣投附安史，而在安史之乱平定前夕，同样也有大量安史将领归降唐廷，这批依违于两方之间"贰臣"的向背不但对于叛乱的扩大或平息具有重要的催化作用①，同时对安史降将的安置失当也被视为中晚唐藩镇问题形成的滥觞。相对而言，此前我们对于降臣翻覆双方之间的具体过程及其政治影响所知不多。新出的王伷墓志提供了重要的线索，本章以此为中心②，探究这一群体在安史之乱中的作用。王伷墓志长、宽各 56 厘米，31 行，满行 30 字，为便于讨论，先据拓本校录志文如下：

志盖：大唐故王府君墓志铭
唐故太子赞善大夫赐绯鱼袋琅邪王公墓志铭并序

　　　　　　　　河阳主簿刘复撰　恒王府参军张文哲书」
　　维大历十四年，太子左赞善大夫王公终于东都私第，春秋六十有六。嗣子河」南府参军素以建中元年二月廿五日葬于洛阳三川乡之南原，夫人河东」氏祔焉。③ 公讳伷，字敬祖，琅邪临沂人也。族茂山东，世多才贤。曾祖迪，有隋骠骑」大将军。祖弘，皇朝散大夫、洪州司马。考崇古，中大夫、深州长史。公虔奉先德，炳」其元贞，高陵深源，瑰宝以生。天宝初，进士登科，署宋州襄邑县尉。天朝

---

　　① 需要说明的是清乾隆编修国史时首设《贰臣传》记载降清诸臣的事迹，寓褒贬之义，唐代本无"贰臣"之说，而且时人对于忠于一姓的观念亦不如宋以后那么强调。本文使用"贰臣"一词主要为了行文方便，并不认为当时已明确将依违安史与唐廷之间的臣僚视为"贰臣"。事实上，正如下文所讨论那样，唐廷内部对如何看待及处分这群人，存在着明显的分歧。

　　② 拓本刊《秦晋豫新出墓志蒐佚续编》，第 904～905 页。

　　③ 志文第四行最后一个字为"氏"字，又在第五行起首重抄了"氏"字，这一类情况在敦煌文献中不乏其例，学者一般称之为"提行添字例"。第二个重抄的字应不读，在墓志中也能发现类似的例子，如齐运通编《洛阳新获墓志二〇一五》收入的樊偫墓志（北京，中华书局，2017 年，第 162 页）。整理者因不明此例误作樊偪偫墓志，据《文苑英华》卷四一四《授樊偫益州司马制》知当作"樊偫"（北京，中华书局，1966 年，第 2099 页）。

以此官」为士之初袟。采访使李公彦允，奏充支使。以优选授左领军卫胄曹参军。后使」郭纳表请如前职，其奉事以广平称。十四年，禄山叛于幽都，兵及二京。胡臣衣」冠，辱戮寇庭。公逃居陆浑南山，凶徒大搜山泽，不从逆命者诛无遗类。公慷慨」激愤，陷于迫胁，勒充萧华判官、河北道宣慰。后元凶殪于都城。其明年，大司徒、」汾阳王奉肃宗皇帝，龚行天罚，克清关中，暨于东夏。禄山子庆绪走保相州，」又为所胁受职，乃与友人邵说间行诣史思明于幽州。时史思明以所部归降，而」公得以投焉。朝庭嘉其忠节，诏拜东官文学。后思明潜谋大逆，引兵趣邺城」杀庆绪。遂惊王师，济河而南。公苍黄于戎马之间，不得走去，卒为所执。胡人以」专杀为威，而公以死无所益，不若受职而图之。外虽缨縻，内守忠鲠，奋行阴谋，」潜表国朝。其欲有所攻取，无不沮议。宝应初，大军临东都。思明子朝义将保河」阳，决谋于公。公虑其凭险守固，矫陈利害，贼竟奔走，而官军整行。上闻，召至」阙下，拜襄王友。又除侍御史。汾阳王表授尚书司门郎兼河东县令，迁金部郎」中，领河东少尹。莅官多能，诏居中朝，累升驾部、考功、吏部三郎中。佐于天官，肃」其权衡。公鉴孔明，九流以平。及大臣权政，以公亮直多悟，移左赞善大夫。无何」为风疾所中。有诏赐归，竟以疾终。乌虖！守忠不谅，才不极用，骨鲠无所告，以」至于没齿。哀哉！夫人故安州刺史炜之长女，以淑德归于我，显修内职，叶于国」风。性至孝，太夫人源氏居陆浑，以春秋高，每岁归宁，视寝膳不如常，其忧见于」色，竟以勤劳遘疾。十四年五月五日终于太夫人之内寝，享年五十有三。权厝」于伊阙县南界之西山，及今而返葬焉。尝受微言于释氏之师，及终，如师旨。公」亦学于弘正大师。故道蕴于内，才显于外。既没，如夫人，然莫知其极焉。公一子」八女，四适人，四在室。闵凶号天，闾里感伤。子素多病，苦居杖行，与从父弟兄奉」营窀穸，迁神而归焉。命同师之友，志于贞石。铭曰：

于穆琅邪，淑灵英姿。」遭世明夷，或洁或淄。运开中兴，五登省闱。清芬葳蕤，命服有晖。宜秉台衡，移替」官司。降龄不永，殂于清。① 僚友殄瘁，邦人涕洟。彼洛之湄，与室同归。

　　王伷其人在史籍中仅留下寥寥数笔，但借助新出墓志所提供的详尽生平，足以还原这一人物在乱中四易其主的诡谲人生，同时也涉及安史之乱双方实力消长的多处关节，值得做进一步分梳。王伷云出自琅邪王氏，"族茂山东"，妻出身河东裴氏，系定州刺史裴炜之女。② 王伷之女复嫁入裴家，可知其与河东裴氏有世婚的关系③，从婚对情况而言大体可以确认出自山东旧门。王伷天宝初进士及第，历任宋州襄邑县尉、左领军卫胄曹参军，先后受到两任河南道采访使李彦允、郭纳的赏识④，得领支使。究其经历而言，属于玄宗以来在政治中扮演越来越重要角色的吏干型的官员⑤，但擢升的速度并不算快。

　　天宝十四载十一月，安禄山起兵范阳，变起突然，河北郡县未及防备，望风而降。十二月，安史叛军自灵昌渡河，兵锋进抵河南。此时玄

---

①　此处志文疑脱一字。

②　王伷墓志未及其妻姓氏，仅记"夫人故安州刺史炜之长女"，王伷子王素墓志亦发现，云"先夫人河东裴氏，定州刺史炜之子"，拓本刊《洛阳新获七朝墓志》，第288页。裴炜，《文苑英华》卷四一〇收孙逖撰《授裴炜等诸州刺史制》载"前守安定郡太守裴炜等"（第2078页），《唐代墓志汇编》天宝078王同人妻裴夫民墓志记"舅炜万年县令泾州刺史"（第1587页），即其人。

③　裴君妻王氏墓志(按王氏系王伷之女)亦于近年在洛阳出土，后辗转入藏通州区博物馆，拓本刊北京市通州区博物馆编：《记忆——石刻篇之一》，北京，北京出版社，2010年，第7页。

④　李彦允天宝元年被列入宗室属籍(见《唐会要》卷六五、《唐大诏令集》卷六四《许凉武昭王孙绛郡姑臧等四房子孙隶入宗正属籍敕》)，先后历殿中侍御史、河南道采访使、刑部尚书等职。安史乱中，亦陷伪职，表女婿崔圆以官当赎之，免死流岭外，此事见《太平广记》卷一四八引《逸史》(北京，中华书局，1961年，第1069页)。李彦允的生平另参劳格、赵钺：《唐尚书省郎官石柱题名考》卷一五"金部郎中"条下，北京，中华书局，1992年，第723页。

⑤　对于吏干型官员的讨论，参见汪篯：《唐玄宗时期吏治与文学之争——玄宗朝政治史发微之二》，见《汪篯隋唐史论稿》，北京，中国社会科学出版社，1981年，第196～208页；卢建荣：《聚敛的迷思：唐代财经技术官僚雏形的出现与文化政治》，台北，五南图书出版公司，2009年，第103～143页。

宗已从最初的慌乱中冷静下来，着手调整人事安排，试图组织有效的抵抗，选派出身陇右的张介然为河南道采访节度使①，负责陈留防御②。由于此前封常清已"斫断河阳桥，于东京为固守之备"③，迫使安禄山只能从滑州方向渡河，迂回至洛阳④，陈留之役便成为整个河南得失的关键。张介然到任之前，见任的河南采访使便是郭纳，正是由于两人仓促交接，导致了陈留的陷落。

> 张介然至陈留才数日，（安）禄山至，授兵登城，众恼惧，不能守。庚寅，太守郭纳以城降。禄山入北郭，闻安庆宗死，恸哭曰："我何罪，而杀我子！"时陈留将士降者夹道近万人，禄山皆杀之以快其忿；斩张介然于军门。以其将李庭望为节度使，守陈留。⑤

正如上文所论郭纳的出降是导致陈留迅速失陷的关键。关于此时郭纳的官职，史籍所载不一。《考异》云："《实录》以介然为汴州刺史；《旧纪》以介然为陈留太守。按是时无刺史，郭纳见为太守，介然直为节度使耳。"⑥《考异》试图折中各说，恐有未的，目前所见《册府元龟》卷一二二

---

① 关于张介然的官职，各处记其为河南道采访使、节度使、防御使不一，按此事最原始的记录见《册府元龟》卷一二二："玄宗天宝十四年十一月……卫尉卿员外置同正员张介然为汴州刺史、河南采访节度使。"（第1457页）今从之。

② 关于张介然的出身及出镇河南的背景，可参见李碧妍：《危机与重构：唐帝国及其地方诸侯》，第18~21页。但李著未论及陈留之役。

③ 《旧唐书》卷一〇四《封常清传》，第3209页。起兵之初，安禄山"先令将军何千年领壮士数千人，诈称献捷，以车千乘，包藏器械，先俟于河阳桥"，封常清此举扼杀了安禄山奇袭洛阳的图谋（《安禄山事迹》卷中，第94页）。另据《资治通鉴》卷二一七《考异》引《肃宗实录》，知《安禄山事迹》的记载出自实录，但司马光未采信此则（第6935页）。另《旧唐书》卷二〇〇上《安禄山传》将断河阳桥归功于李憕等，"东京留守李憕、中丞卢奕、采访使判官蒋清烧绝河阳桥"（第5370页）。

④ 李碧妍：《危机与重构：唐帝国及其地方诸侯》，第195页。

⑤ 《资治通鉴》卷二一七，第6937~6938页。另参《旧唐书》卷一八七下《张介然传》，第4892页。

⑥ 《资治通鉴》卷二一七，第6937页。

与《考异》所引《实录》同，亦云张介然兼任"汴州刺史"①，《册府元龟》所记本自《实录》。《旧唐书·玄宗纪》已注意汴州刺史的不词，改写为陈留太守，《新唐书·玄宗纪》仍之。② 按《玄宗实录》系代宗时编定，时属大乱之后，"名臣传记十无三四，后人以漏落处多，不称良史"③，或用当时之官名追叙前事，以致疏失。④ 郭纳恐未有自河南采访使转为陈留太守之命，只是在交接后滞留前线而已。

郭纳为高宗时宰相郭待举之孙，开元二十六年(738)举文词雅丽科⑤，本系文官，将略非其所长，"(萧)颖士往见河南采访使郭纳，言御守计，纳忽不用"，感慨他"以儿戏御剧贼"。⑥ 这本是玄宗调整人事布局的原因所在，孰料反起到了负面作用。郭纳的投降或许有失职后抑郁不得志的因素，但值得注意的是郭纳投敌之后，不少故吏随之投向安史，包括上文提及的赵骅。

> 累至大理评事，充河南采访使郭纳判官。尹子奇围汴州，陷贼，拘(李)承送洛阳。承在贼庭，密疏奸谋，多获闻达。两京克复，例贬抚州临川尉。⑦

> 陈留采访使郭纳复奏(赵)晔为支使。及安禄山陷陈留，因没于贼。⑧

因此，尽管志文自述王伷在洛阳沦陷后，"逃居陆浑南山，凶徒大搜山

---

① 《册府元龟》卷一二二，第1457页。

② 《旧唐书》卷九《玄宗纪》，第230页；《新唐书》卷五《玄宗纪》，第151页。

③ 《旧唐书》卷一四九《令狐峘传》，第4011页；杜希德：《唐代官修史籍考》，黄宝华译，上海，上海古籍出版社，2010年，第124页。

④ 这种情况并不少见，如《旧唐书》卷一九○下《李华传》："陷贼，伪署为凤阁舍人。"(第5047页)按凤阁之名系武后所改，李华所受伪职为中书舍人，盖亦承实录之误。

⑤ 关于郭纳生平的考订参见《元和姓纂(附四校记)》，第1550~1551页。

⑥ 《新唐书》卷二○二《萧颖士传》，第5769页。

⑦ 《旧唐书》卷一一五《李承传》，第3379页。

⑧ 《旧唐书》卷一八七下《赵晔传》，第4906页。

泽，不从逆命者诛无遗类"①，在威逼下方才被迫出仕安史，但考虑到郭纳及其旧僚的动向和志文惯常的掩饰之词，未必足以凭信。

安禄山攻克陈留后，洛阳成为叛军的下一个目标，洛阳发生的故事如同是陈留的翻版，只是主角换成了河南尹达奚珣：

> 玄宗遣安西节度封常清兼御史大夫为将，召募于东京以御之。(李)憕与留台御史中丞卢奕、河南尹达奚珣，绥辑将士，完缮城郭，遏其侵逼。②

玄宗同样派遣久历疆场的封常清负责编练新军，组织洛阳防御。在此非常时期，封常清的地位无疑凌驾于原来留守东都的官员之上，或因此在不经意间引发了双方的矛盾。大敌当前之际，封常清与达奚珣发生了激烈冲突，"常清欲杀珣，恐应贼，憕、奕谏止之"③。关于两人不和的起因，史籍中并未记载，新出达奚珣墓志揭示了其中的原委：

> 安禄山叛逆，或称河尹之拜，出自禄山……陈状于御史大夫封常清，请诣阙待罪。常清不然其言，遂以所陈状奏闻。不逾信宿，俄有制称达奚珣此拜，简在朕心。如闻东京官僚妄云禄山荐用，是何道理，宜即依旧知事。④

尽管志文中对封常清与达奚珣关系的描述恰好与正史记载相反，但达奚珣因与安禄山有旧谊而遭猜忌一事当属无疑。事实上，达奚珣不久前才沮破安禄山以献马为名奇袭长安的图谋⑤，很难说他最初就与安禄山暗中款曲。事实上，玄宗这种叠床架屋的人事安排导致了文武、主客臣僚

---

① 据墓志可知，王仙外家居于陆浑，这或许是他洛阳城破后避居于此的原因。
② 《旧唐书》卷一八七下《李憕传》，第4888页。
③ 《旧唐书》卷二○○上《安禄山传》，第5370页。
④ 达奚珣墓志，拓本刊洛阳市文物考古研究院：《洛阳唐代达奚珣夫妇墓发掘简报》，载《洛阳考古》2015年第1期，第40页。
⑤ 《安禄山事迹》卷中，第93～94页。

间的矛盾激化①，不但恶化了河南战场的局势，多少也最终驱使如达奚珣之辈彻底投向安禄山一方。

洛阳陷落后，王伷出仕伪职，表现相当活跃，"勒充萧华判官、河北道宣慰"。萧华系玄宗开元时宰相萧嵩之子，萧嵩父子深受玄宗眷顾，萧嵩另一子萧衡尚新昌公主。萧华为给事中，天宝末为兵部侍郎，长安陷落，从驾不及，受安史伪职。关于萧华陷伪的情况，本传仅叙其在魏州刺史任上，欲反正一事，未及其他②，塑造他心怀唐室的形象，甚至在大中二年(848)，萧华还获得了图形凌烟阁的荣誉。③ 不过据志文可获知萧华形象的另一面，他在仕伪之初表现积极。天宝十五载六月，长安陷落，十月，平原太守颜真卿以食尽援绝，弃城渡河，于是河北郡县尽陷于贼。④ 萧华河北宣慰之行当在此前后，安禄山或借其新附唐廷贵胄的身份来安抚顽强抵抗了近一年的河北诸郡⑤，其后伪授魏州刺史，任职河北，或与此行有关。

至德二载正月，安史政权发生内讧，安庆绪伙同严庄谋杀安禄山自立，唐军借机渐渐夺取了战场上的优势。九月，迭经苦战后克复长安，十月，大败严庄、张通儒于陕，进而收复洛阳。安庆绪仓皇出奔

----

① 战时文武臣僚之间的协作往往因权责不清而产生矛盾，甚至在协力坚守睢阳的张巡、许远之间亦曾见端倪，后因许远的谦退而化解。《资治通鉴》卷二一九："远谓巡曰：'远懦，不习兵，公智勇兼济；远请为公守，公请为远战。'自是之后，远但调军粮，修战具，居中应接而已，战斗筹划一出于巡。"(第7016~7017页)

② 《旧唐书》卷九九《萧华传》，第3095页。

③ 《唐会要》卷四五，上海，上海古籍出版社，2006年，第950页；《新唐书》卷一九一《李彭传》，第5512~5513页。

④ 《旧唐书》卷一〇《肃宗纪》，第244页。

⑤ 萧华、王伷宣慰河北的具体举措如何虽无记载，但其情形大约与安禄山攻克洛阳后，"遣段子光传李憕、卢奕、蒋清首徇河北"相仿，事见《新唐书》卷一五三《颜真卿传》(第4855页)；另参殷亮：《颜鲁公行状》，《颜鲁公文集》附录，四部丛刊本。对于萧华这样两代深受玄宗恩顾的唐旧臣而言，陷伪之后立刻积极效命新主，确实是难以洗刷的政治污点。

相州①，"从骑不过三百，步卒不过千人"，但安庆绪设奇计击败屯驻滏阳的李光弼，收辑余部，稍获喘息，"众至六万，军声复振"。②志文云王伷"又为所胁受职"，由于其之前受命在河北宣慰，推测时正在相州，或因此再次被卷入安史政权。关于安庆绪在相州稳定局面后，征召士人，重整政权的举措，邵说《让吏部侍郎表》中有较为详细的描述：

> 适会老母弃背，服丧河洛。及禄山之至，礼制当终，臣愚不脱缞麻，更逾再岁。而贼中言议，往往纷然，臣惧凶党不容，寓游洛魏。值庆绪奔遁，保于相城，大搜词人，胁为己用。以凶威责臣，不至，以驿骑逼臣，遂行。与潘炎始陷凶逆。③

邵说为相州安阳人④，居丧退避乡里，反而阴差阳错地被安庆绪挟制。王伷的遭际或与之相仿，而他与邵说在相州的相遇也成为其在安史政权后期活动的一大转机。不久之后，拥兵范阳的史思明宣布归顺唐廷⑤，内外交困的安庆绪政权处于风雨飘摇之中。在此背景下，邵说、王伷等唐旧臣竟与张献诚这样的叛军骨干暗中联络，结成同盟，密谋摆脱安庆绪的控制。据张献诚墓志记载：

> 顷者禄山乱常，庆绪有毒。公所悲侯印犹在虏庭，乃于邺中与王伷、邵说、崔涗等相约而言曰：潜归圣代，贤人之节；耻饮盗泉，

---

① 安庆绪奔相州或因其地驻有安阳军，可以为用。《资治通鉴》卷二一九，第7019页。

② 《资治通鉴》卷二二〇，第7042页；《安禄山事迹》卷下所叙更详，第108～109页。

③ 《文苑英华》卷五七七《让吏部侍郎表》，第2979页。按与邵说一起陷伪的潘炎为刘晏之婿，反正后仕至翰林学士，其生平考订见傅璇琮：《唐代翰林学士传论》，沈阳，辽海出版社，2005年，第244～247页。

④ 《旧唐书》卷一三七《邵说传》，第3765页。

⑤ 《资治通鉴》卷二二〇，第7048页。安禄山虽定都洛阳，但在范阳仍保持了可观的力量，李泌云："臣观贼所获子女金帛，皆输之范阳。"（《资治通鉴》卷二一九，第7008页）因此失去了范阳的军事、经济支持，安庆绪便难以支撑。

高士之志。今请逃于寇难，誓比骨肉。①

张献诚乃故幽州节度使张守珪之子，而张守珪是安禄山得以飞黄腾达的
恩主。天宝中，安禄山奏授张献诚为檀州刺史，后张献诚追随安禄山一
路南下②，无疑属于安史集团中的核心人物。在安庆绪政权危如累卵时，
背景迥异的"贰臣"与"元从"竟然联合起来，暗自谋划如何自保。

"遽闻思明款附，燕赵服从，欲取黄沙岭路，因此得归阙下。"③史思
明以所部十三郡八万人归唐后，受封归义王④，但仍保持独立地位，同
时积极扩展实际控制的地盘，招徕首鼠两端的安史旧将⑤，进一步挤压
安庆绪的势力范围：

> 先是，(安)庆绪以张忠志为常山太守，(史)思明召忠志还范阳，
> 以其将薛萼摄恒州刺史，开井陉路，开太原兵自井陉出常山之路。
> 招赵郡太守陆济，降之；命其子朝义将兵五千人摄冀州刺史，以其
> 将令狐彰为博州刺史。乌承恩所至宣布诏旨，沧、瀛、安、深、德、
> 棣等州皆降，虽相州未下，河北率为唐有矣。⑥

因此，当邵说、王伷、张献诚等人北上至赵州时，便进入了史思明的势
力范围。但这批脱离安庆绪的文武臣僚北上的目的到底是投奔史思明，

---

① 张献诚墓志，拓本刊洛阳市文物工作队编：《洛阳出土历代墓志辑绳》，北京，中国社会科学出版社，1991年，第580页。录文见吴钢主编：《全唐文补遗》第6辑，西安，三秦出版社，1999年，第92~93页。
② 范阳节度使下辖威武军，在檀州城内，管兵万人，马三百匹(《旧唐书》卷三八《地理志》，第1387页)，张献诚很可能兼任威武军使。直至晚唐，论博言仍以檀州刺史充威武军使(吴钢主编：《全唐文补遗》第7辑，西安，三秦出版社，2000年，第14页)。安禄山起兵后，张献诚曾伪授博陵太守，参与平定河北诸郡的起义，参见《资治通鉴》卷二一七，第6936、6941页。
③ 《文苑英华》卷五七七《让吏部侍郎表》，第2979页。
④ 《资治通鉴》卷二二〇，第7048页。
⑤ 《新唐书》卷二二五上《安庆绪传》云："然思明外顺命，内实通贼，益募兵。"(第6429页)
⑥ 《资治通鉴》卷二二〇，第7048页。

还是借道归阙，中路遭史思明拦截，各种文献所述不一：

> 乃与友人邵说，间行诣史思明于幽州。时史思明以所部归降，而公得以投焉。朝庭嘉其忠节，诏拜东官文学。

> 属思明数万之众南镇赵州，送臣于范阳。抗疏以闻奏，肃宗特降中旨，授臣左金吾卫骑曹将军。宣恩命云：闻卿远来，可且于思明处憩息。①

> 及随肩之时，为追骑所困，遂縶于思明之众也。然肃宗清华夏之岁，思明蓄横猾之谋，有诏遥授公卫尉少卿，旌其善也。②

除王侁墓志直承此行目的本就是投奔史思明外，邵说《让吏部侍郎表》、张献诚墓志皆将未能归阙的原因，归咎于史思明从中作梗。不过需要注意的是，正如下文将详细讨论的那样，唐肃宗在收复长安之后，对于陷伪官员处分严厉，"于是河北将吏，人人益坚，大兵不解"③。在此背景下，这些自知为唐廷所不容的"贰臣"与"元从"恐怕绝无自投罗网的可能④，而归唐后保持了独立地位且正在积极招兵买马的史思明，则成为他们最好也是唯一的庇护人。⑤ 这几位新附者之后在史思明阵营中颇为

---

① 《文苑英华》卷五七七《让吏部侍郎表》，第 2979 页。

② 张献诚墓志，《全唐文补遗》第 6 辑，第 93 页。

③ 《旧唐书》卷五〇《刑法志》，第 2151～2152 页。

④ 史思明再次起兵前亦以此来煽动叛军："陈希烈辈皆朝廷大臣，上皇自弃之幸蜀，今犹不免于死，况吾属本从安禄山反乎。"（《资治通鉴》卷二二〇，第 7058 页）另《新唐书》卷二二五上《安庆绪传》云："然承庆等十余人送密款，有诏以承庆为太保、定襄郡王，守忠左羽林军大将军、归德郡王，从礼太傅、顺义郡王，蔡希德德州刺史，李廷训邢州刺史，符敬超洺州刺史，杨宗太子左谕德，任瑗明州刺史，独孤允陈州刺史，杨日休洋州刺史，薛荣光岐阳令；自裨校等，数数为国间贼。"云此时安庆绪部下有大量与唐廷暗通款曲者，但此事仅见于《新唐书》，未知史源，也有可能系唐廷有意招抚或纵反间之计（第 6423 页）。

⑤ 若真心归唐，当选择南下，进入唐廷的控制区，例如同被困于安阳的康阿义屈达干一家便选择冒死南奔，历经艰险至广平王大军行营。参见颜真卿：《特进行左金吾卫大将军上柱国清河郡开国公赠开府仪同三司兼夏州都督康公神道碑》，《颜鲁公文集》卷六，四部丛刊本。

活跃，如邵说"为史思明判官"①，至于所谓唐廷许其革新，授予官爵云云，不过遥授朝官以寄禄，实际则是留在史思明幕下任职。

因此当史思明再次起兵叛唐时，这批"贰臣"与"元从"皆再次扮演了相当重要的角色：

> 后思明潜谋大逆，引兵趣邺城杀庆绪。遂惊王师，济河而南。公苍黄于戎马之间，不得走去，卒为所执。胡人以专杀为威，而公以死无所益，不若受职而图之。外虽缨靡，内守忠鲠，奋行阴谋，潜表国朝。其欲有所攻取，无不沮议。

> 留滞未几，忽遇乌承恩事彰。由是井陉路绝，再陷凶盗。而思明、朝义负恩之际，臣亦累达款诚。伏蒙肃宗皇帝赐臣敕书云：卿志士苦心，王臣励节。艺成俎豆，迹陷豺狼。顷年邺中，策马归命，出于万死，臣节尤彰，忠诚若兹，不负于国。②

> 乾元二年，思明攻孟津，盗鼎邑，公陷身增叹，无翼高飞，而朝义继逆，疑公携贰，遂污公为兵部侍郎、汴州节度使。③

李光弼为彻底消除史思明复起的隐患，暗自诱使史思明亲信乌承恩图之。乾元元年(758)六月，乌承恩之谋败露，成为史思明再次反叛的导火索。十月，唐廷命九节度使会攻相州，以鱼朝恩为观军容使，意欲一举消灭安庆绪。此时，再次起兵的史思明率军南下，以为应援。史思明先攻取魏州，自称大圣燕王，乾元二年(759)三月，又在安阳河北大破缺乏统一指挥的唐军，战场形势再度恶化。④ 史思明进入相州后，诛杀安庆绪，兼并其部。由于史思明仍以范阳为根本之地，因此率军北返，留其子史

---

① 《旧唐书》卷一三七《邵说传》，第3765页。

② 《文苑英华》卷五七七《让吏部侍郎表》，第2979页。

③ 张献诚墓志，《全唐文补遗》第6辑，第93页。《旧唐书》卷一二二《张献诚传》云其"为思明守汴州，统逆兵数万"(第3497页)。

④ 《资治通鉴》卷二二〇、卷二二一，第7057~7075页；《安禄山事迹》卷下，第109~110页。

朝义守相州。邵说、王伷、张献诚皆参与了史思明南下，但由于记载的讳饰，对于三人具体的职任尚不十分清楚，不过仍可据一些草灰蛇线略作钩稽。

相州之败后，唐廷借机免去郭子仪朔方节度使、兵马元帅之任，改以李光弼代之。九月，史思明再次南下，兵锋直指汴州：

> 李光弼方巡河上诸营，闻之，还入汴州，谓汴滑节度使许叔冀曰："大夫能守汴州十五日，我则将兵来救。"叔冀许诺。光弼还东京。思明至汴州，叔冀与战，不胜，遂与濮州刺史董秦及其将梁浦、刘从谏、田神功等降之。思明以叔冀为中书令，与其将李详守汴州。①

负责汴州防务的是新任命的滑汴节度使许叔冀。许叔冀属于在安史乱中渐渐坐大的河南地方实力派人物，常拥兵自重，之前正是由于他与贺兰进明不和，互相推诿，无人援救张巡，导致睢阳失守。② 前任河南节度使张镐对其颇怀戒心，曾密奏"滑州防御使许叔冀，性狡多谋，临难必变，望追入宿卫"③，唐廷自然谈不上对他指挥裕如，恐怕也不见得有太多的信任。但略有蹊跷的是相州败后，许叔冀的地位反而获得了擢升。许叔冀在相州之役中为滑濮节度使，此时又增领汴州④，而在增领汴州同时，许叔冀也被授权统一指挥南下的平卢军余部。⑤ 这样一个常持两

---

① 《资治通鉴》卷二二一，第7082页。按赵钺、劳格《唐御史台精舍题名考》将其与中宗时李详比定为同一人，疑误（北京，中华书局，1997年，第6页）。

② 参见李碧妍：《危机与重构：唐帝国及其地方诸侯》，第30～31页。

③ 《旧唐书》卷一一一《张镐传》，第3326页。

④ 《资治通鉴》卷二二一，第7077页。

⑤ 杜甫撰于乾元元年七月《为华州郭使君进灭残寇形势图状》云："臣伏请平卢兵马及许叔冀等军，从郓州西北渡河，先冲收魏，或近《军志》避实击虚之义也。"（《杜甫集校注》，第3032页）可知在相州之役前，许叔冀便与平卢军一起活动，但董秦时以平卢军兵马使的身份名列九节度之一。至相州之役兵败后，董秦改授濮州刺史，变成了许叔冀的属下，后он随许叔冀一起投降，但董秦所率平卢军余部很快再次反正，参见《旧唐书》卷一〇《肃宗纪》，第253、256页。

端的人物之所以被委以重任，盖为时事所迫，唐廷倚重他在河南当地的势力，希望借此延滞史思明南下的步伐，为扭转战局争取时间，因此才有李光弼与其坚守十五日之约。① 但志在保存实力的许叔冀本非纯臣，他的轻易出降②，不但大大加强了史思明一方的力量，"节度使许叔冀合于思明，思明益振"③，同时也使史思明完全掌握了河南战场的主动权，李光弼被迫主动弃守洛阳。④

或为了安抚新附的许叔冀，史思明除了授予中书令的高位外，仍命他驻守汴州，并未触动其势力。上元二年二月，史思明于邙山击败李光弼，进逼陕。正在形势大好之际，叛军内部再次发生内讧，其子史朝义谋杀史思明，自立为帝。参与史朝义密谋的便有许叔冀之子许季常，"令许叔冀之子季常召曹将军，至，则以其谋告之"，而此时许叔冀与周挚"将后军在福昌"⑤。周挚是史思明最倚重的将领，他南下自称燕王时，便以周挚为行军司马，称帝后，复以其为相。⑥ 故史朝义政变成功后，"恐挚贰于己"，将他一并诛杀⑦，许叔冀父子的地位则在政变后有进一步的上升。

正如之前学者已有所注意的，尽管史思明承安禄山之余绪而起，史籍中也惯以安史并称，但先后两个叛军集团的构造已有所不同。史思明

---

① 许叔冀之前曾坚守灵昌达一年之久，当有善于守备之名，参见《旧唐书》卷一八七下《张巡传》，第4900页。

② 《旧唐书》卷一四五《李忠臣传》："节度使许叔冀与忠臣并力屈降贼。"（第3941页）然此说盖为之后反正的董秦讳饰，连带述及许叔冀，揆之当时形势，许叔冀恐谈不上曾竭力坚守。《新唐书》卷二二四下《李忠臣传》已注意到此问题，加以改写，"许叔冀以汴下史思明，秦力屈，亦降"，但不知是否另有史料依据。

③ 《旧唐书》卷二〇〇上《史思明传》，第5380页。

④ 据载因形势骤变，肃宗一度欲幸河东，因元结劝谏才放弃。事见颜真卿：《容州都督兼御史中丞本管经略使元君表墓碑铭》，《颜鲁公文集》卷五，四部丛刊本。

⑤ 《旧唐书》卷二〇〇上《史思明传》，第5381页；《资治通鉴》卷二二二，第7107～7108页；《安禄山事迹》卷下，第111～112页。

⑥ 《旧唐书》卷二〇〇上《史思明传》，第5380页。

⑦ 《安禄山事迹》卷下，第112页；《资治通鉴》卷二二二，第7108页；《旧唐书》卷二〇〇上《史思明传》，第5382页。

称帝后，急于举行郊天大典，有一系列整备礼制的计划，崇重佛教，军队中也不再以蕃将占据主导，显示出了较强的汉化倾向。① 这一变化除了史思明本人的意图外，也与蕃将蕃兵在战争中的大量消耗②，以及史思明在兼并安庆绪过程中的大肆屠戮有关：

> 当时，(史)思明将士或谋杀思明而附(安)庆绪，盖怀禄山旧恩。事临发，庆绪降，众人皆恨之。庆绪官健六千余人，大半饿不能行立，并令安太清等养育之，数内三千三百人是随从庆绪者，亦杀之，食后方移入城。自是禄山之种类歼矣。③

此外，尽管史思明本人在乱前便仕至平卢兵马使，但与安禄山部下胡族将领多领有部落的情况不同，其出身孤寒，"思明少贱，乡里易之"，因

---

① 李碧妍：《危机与重构：唐帝国及其地方诸侯》，第285～293页。

② 除了战争中的死亡，蕃兵因各种原因，奔逃北归者亦不少。重要的事件有二：首先，安禄山攻克长安后，"同罗、突厥从安禄山反者屯长安苑中，甲戌，其酋长阿史那从礼帅五千骑，窃厩马二千匹逃归朔方，谋邀结诸胡，盗据边地"(《资治通鉴》卷二一八，第6986页)。陈寅恪指出同罗本出自朔方阿布思部下，隶于安禄山本非情愿，故入长安后，借机奔回旧巢(《书杜少陵哀王孙诗后》，《金明馆丛稿二编》，第60～64页)。而原属朔方军系统的康阿义屈达干，此时"欲与诸子逃归国家"亦与此有关。参见颜真卿：《特进行左金吾卫大将军上柱国清河郡开国公赠开府仪同三司兼夏州都督康公神道碑》，《颜鲁公文集》卷六，四部丛刊本。其次，安庆绪败走洛阳后，激起了蕃人逃亡的高潮，"其大将北平王李归仁及精兵曳落河、同罗、六州胡数万人皆溃归范阳……史思明厚为之备，且遣使逆招之范阳境，曳落河、六州胡皆降。同罗不从，思明纵兵击之，同罗大败，悉夺其所掠，余众走归其国"(《资治通鉴》卷二二〇，第7047页)。尽管这批北归的蕃人多为史思明所吸纳，但似乎未再长期投入南方的战场，史思明南下后，多用降人，如"遣梁浦、刘从谏、田神功等将兵徇江淮"(《旧唐书》卷一一〇《李光弼传》，第3307页)。这批归附史思明的蕃人则多死于蓟门内乱中。

③ 《安禄山事迹》卷下，第110页。《新唐书》卷二二五上《安庆绪传》的记载却正好与此相反："思明进屯邺南。庆绪收官军余饷，尚十余万石。召孝哲等谋拒思明，诸将皆曰：'今日安得复背史王乎？'"但史思明对安庆绪余部的屠戮是造成安、史两个叛军集团构造发生改变的重要原因，这点当无疑问。

娶乡里大豪辛氏之女而得以发迹①，辛氏可能出身于汉人或胡化汉人，史思明本人也更具胡汉杂糅的背景。② 因此与安禄山以胡族部落兵为中坚不同③，史思明集团的构造更为分散与多元。④

由于安、史更替期叛军内部构造的变化⑤，如许叔冀这样的降将得以扮演更重要的角色。特别是在史思明、周挚被杀之后不久，史朝义命张通儒等杀其弟史朝清等人，引起了留守范阳将领之间的火并，大量蕃人在内乱中被杀，"于是羯、胡俱殪，小儿皆掷于空中，以戈承之，高鼻类胡而滥死者甚众"⑥。蓟门之乱中的屠戮，蕃汉矛盾的激化，大大削弱了史朝义统治的基础，"时洛阳四面数百里，州、县皆为丘墟，而朝义所部节度使皆安禄山旧将，与思明等夷，朝义召之，多不至，略相羁縻而已，不能得其用"⑦。在此背景下，许叔冀的地位反而得到了凸显。

---

① 《新唐书》卷二二五上《史思明传》，第 6426～6427 页；另参吴光华：《唐代幽州地域主义的形成》，见《晚唐的社会与文化》，第 231～233 页。吴光华进而推测史籍中提到的辛万年、辛万宝是辛氏的戚属，妻族在史思明集团中占有重要地位。

② 蒲立本也指出安禄山生前与史思明关系谈不上亲厚，史籍中对两人成长经历相近的描述有"虚构"的成分（《安禄山叛乱的背景》，上海，中西书局，2018 年，第18～19 页）。目前学者已认识到北方草原出身的君主在塑造英雄神话时，往往运用类似的"故事模块"，参见钟焓对安禄山、李继迁、努尔哈赤三人早年"孤儿逃难"传奇性事迹的分析（《失败的僭伪者与成功的开国之君——以三位北族人物传奇性事迹为中心》，载《历史研究》2012 年第 4 期，第 69～84 页）。

③ 关于安禄山部下的蕃将蕃兵，很早就为学者所关注，如陈寅恪早年对柘羯的考订（《唐代政治史述论稿》，第 28～32 页）；芮传明《曳落河、柘羯的含义和由来》对各家之说皆有所介绍（见《丝路古史散论》，上海，复旦大学出版社，2017 年，第232～248 页）。近年学者结合新出墓志对此有进一步的讨论，参见森部丰对幽州辖下羁縻府州及安禄山军队来源的研究（《ソグド人の東方活動と東ユーラシア世界の歴史の展開》，大阪，関西大学出版部，2010 年，第 78～121 页）。

④ 蓟门内乱的起因便是史朝义篡位后，欲杀辛氏及其子史朝清，显示出史思明集团中的复杂构造。参见《资治通鉴》卷二二二，第 7108～7112 页。

⑤ 事实上当时人有明确的前燕与后燕之分，进一步的讨论参见本书第三章。

⑥ 《资治通鉴》卷二二二《考异》引《蓟门纪乱》，第 7110 页。

⑦ 《资治通鉴》卷二二二，第 7112 页。

许叔冀最后一次出现在史籍中是与王伷一起，宝应元年（762）十月，唐与回纥连兵，会攻洛阳，于昭觉寺大破史朝义：

> （仆固）怀恩乃进收东京及河阳城，封其府库，伪中书令许叔冀、王伷等，承制释之，悉皆安堵。①

唐中书令例置两员②，燕之置官当与之相仿，则王伷与许叔冀同为中书令，地位等夷，无疑是安史政权后期的重要角色。

在唐军进逼洛阳时，阿史那承庆曾建议史朝义退守河阳以避锋芒，但遭史朝义拒绝。③ 阿史那承庆之谋盖仿李光弼在许叔冀以汴州降敌后，主动弃守洛阳，据守河阳与史思明周旋之故伎，欲使唐军在占据洛阳一座空城后，无法取得稳定的立足，同时避免轻率地与唐军决战。史籍中将此谋不行归功于王伷、邵说两人的劝阻：

> 宝应初，大军临东都。思明子朝义将保河阳，诀谋于公。公虑其凭险守固，矫陈利害，贼竟奔走，而官军整行。

> 比朝义将败，谋守河阳。臣知回纥利于野战，沮破其计。及朝义奔走，臣得西归，伏死于阙庭，献状于先圣。④

值得注意的是王伷、邵说能阻挠此议，足以说明汉臣已能在史朝义政权的决策中起到关键作用。邵说本传更云"历事思明、朝义，常掌兵事"，"且说与史思明父子定君臣之分，居剧官，掌兵柄，亡躯犯顺，前后百战，于贼庭掠名家子女以为婢仆者数十人，剽盗宝货，不知纪极"⑤。其替史思明父子冲锋陷阵，扮演的不只是谋臣的角色。而如阿史那承庆这

---

① 《旧唐书》卷一二一《仆固怀恩传》，第3480页。另《旧唐书》卷一三七《邵说传》："历事思明、朝义，常掌兵事。朝义之败，说降于军前。"（第3765页）则其大约与王伷同在洛阳出降。
② 《旧唐书》卷四三《职官志》，第1848页。
③ 《资治通鉴》卷二二二，第7134页。
④ 《文苑英华》卷五七七《让吏部侍郎表》，第2979页。
⑤ 《旧唐书》卷一三七《邵说传》，第3765页。

样的蕃将也将避免与回纥野战视为首要之务，亦证明了安史后期军队构成的改变。① 这与安禄山时代"今独虏将或为之用，中国之人惟高尚等数人"②相较，恰好折射出安史政权前后期的变化。

另一方面，关于王伷、邵说在史朝义败亡前已暗自输忠唐廷的记载，当有所凭依。唐廷在两人投降后，对其所进之状进行了详细勘验甄别：

> 中使特宣进旨云：卿之状迹多肃宗时事，三数日内即授卿官当。蒙除臣延王府功曹参军。宣进旨云：卿所进状，见今在院及翰林检勘。至其年六月十九日，与王伷同时召见。先圣谓臣及王伷曰：卿所进状，朕一一已令检，卿之诚节，可谓著明。寻除王伷侍御史，除臣殿中侍御史。③

志文云王伷"拜襄王友，又除侍御史"，所授官职与邵说相当，证明唐廷认可两人劝阻史朝义退守河阳有功，因此不但赦免两人附逆之罪，而且授予官爵。从《让吏部侍郎表》透露的情况来看，这一套甄别陷伪之臣的流程在当时应有普遍推行。

在史朝义一方，代替许叔冀驻守汴州的则是张献诚，"而朝义继逆，疑公携贰，遂污公为兵部侍郎、汴州节度使"。史朝义兵败洛阳后，奔逃汴州，张献诚闭门不纳，以汴州降唐，被授予"汴州刺史、充汴州节度使"④。

---

① 阿史那承庆曰："唐若独与汉兵来，宜悉众与战；若与回纥俱来，其锋不可当，宜退守河阳以避之。"（《资治通鉴》卷二二二，第7134页）可资比较的是哥舒翰守潼关时，极力避免与安禄山军队野战，被杨国忠催逼不已，被迫出战，以致大败。而降将安思义也曾对李光弼言："不如移军入城，早为备御，先料胜负，然后出兵。胡骑虽锐，不能持重，气沮心离，于时乃可图矣。"（《资治通鉴》卷二一七，第6954页）两相比较，可谓攻守之势异也。

② 《资治通鉴》卷二一九，第7008页。

③ 《文苑英华》卷五七七《让吏部侍郎表》，第2979页。

④ 《旧唐书》卷一二二《张献诚传》，第3497页。

及天兵收洛邑，朝义走浚郊，公使坚壁者善守，衔枚者出战，皆愿挺剑翯翼，挥戈舂喉。是以巨寇奔北而受毙，官军自东而势，公之力也。上嘉其忠亮，授特进、试太常卿、兼汴州刺史、防御等使。①

与王伷、邵说一样，张献诚在反正之前便已与唐廷密有联络，"是时宝应之初也。公每与从事田偰等仰天望日，裂帛题表，募间道入秦之使，申潜谋破虏之策"②。这批在安史叛军中位居高位文武臣僚的临阵倒戈，无疑加速了史朝义的覆亡，但是否若文献所云，他们早就"身在曹营心在汉"，恐怕则未必，大约更多地基于对双方实力消长的判断，意图左右逢源而已。真正值得关注的是何种因素推动大量叛军高层与朝廷暗自疏通，预留退步，最终倒向唐廷。可以说，这与唐廷在平叛过程中及时调整了处置"贰臣"的策略有密切关系。

三、唐廷处置"贰臣"政策的形成与转变

至德二载十月，唐军收复两京之后，如何处置俘获的"贰臣"，便被提上议事日程：

初，汾阳收东都后，差人送伪朝士陈希烈等三百五十余人赴京，兼奏表请从宽恕以招来者三表。上皇以朝官不扈从，其恨颇深，遂下敕云："初陷寇逆，忽被胁从，受任数年，得非同恶，戴天履地，为尔之羞，宜付三司详理处分。"后三司谳刑奏曰："达奚珣、珣子挚、薛雄、韦恒、韩澄、井大通、丹大华、刘子英罪当大辟。陈希烈、张均、门用之、郭纳、许彦蕳并赐自尽。许房、宇文班、卢自励、达于□、萧克济、陈□、柳芳、李彦光、何昌裔、郝处俊、崔

---

① 张献诚墓志，《全唐文补遗》第 6 辑，第 93 页。按"势"下疑脱一字。
② 张献诚墓志，《全唐文补遗》第 6 辑，第 93 页。

肃等流于徼外，勿齿。"帝曰："珣、挚父子同刑，人所不忍。"降挚一等，因于所司。太师房琯曰："张均欲往贼所，望五陵涕泣而不忍去也。"遂减死一等，流于崖州。①

在光复之初，对陷伪官员处分的轻重，便已激起朝野争论。作为率军收复两京的前线统帅，郭子仪从一开始就力主怀柔，"初闻广平王奉宣恩命，释放陈希烈已下"②，所谓广平王恩命，无疑是由军队实际的统帅郭子仪承制下达的，同时郭子仪也上表请求从宽处分陷伪之臣，但他的主张并未得到朝野上下的普遍支持。几乎与之同时，"关东献俘百余人，敕皆斩之"，虽赖监察御史李勉的进谏，得以获免③，无疑透露出肃宗本人的态度。

至于严厉惩处贰臣政策的缘起，史文所述不一，或认为肇因于玄宗，"上皇以朝官不扈从，其恨颇深"；或归咎于吕谭、崔器等朝臣的深文周纳及肃宗的方用刑名，"而执事者务欲峻刑以取威，尽诛其族，以令天下"④。考虑到玄宗、肃宗之间的微妙关系，特别是克复长安后，肃宗已完全掌控朝政⑤，此事秉承玄宗个人旨意推行的可能性不大。所谓"器、

---

① 《安禄山事迹》卷下，第101页。另参《旧唐书》卷五〇《刑法志》，第2151～2152页。按此段文字讹误颇多，目前尚难一一校正，引用时标点有所调整，除李彦光系上文讨论过的李彦允之误外，丹大华为冉大华之讹。

② 《旧唐书》卷一一五《崔器传》，第3374页。

③ 《资治通鉴》卷二二〇，第7037页；《旧唐书》卷一三一《李勉传》叙事稍详（第3634页）。唯《李勉传》将其事系于克复长安前，与《资治通鉴》稍异。

④ 《旧唐书》卷五〇《刑法志》，第2151页。从唐律而言，刑罚的轻重主要取决于以何种罪名来惩处"贰臣"，崔器、吕谭等所主张的当是以谋叛加以惩处，"诸陷贼官，背国从伪，准律皆应处死"（《资治通鉴》卷二二〇，第7049页）。据唐律"诸谋叛者，绞。已上道者皆斩。妻、子流二千里；若率部众百人以上，父母、妻、子流三千里。所率虽不满百人，以故为害者，以百人以上论"，因此才有尽诛其族之说。另参刘俊文笺解：《唐律疏议笺解》，北京，中华书局，1996年，第1253页。

⑤ 任士英：《唐代玄宗肃宗之际的中枢政局》，北京，社会科学文献出版社，2003年，第275～287页。

谲多希旨深刻"，考崔器、吕谔两人行迹，皆从肃宗于灵武①，为其所亲任②，而与玄宗缺乏渊源，他们所希之旨无疑本自肃宗。或者说对于之前缔构了开元、天宝盛世的李唐皇室而言，在经历了安史乱中颠沛流离的惨痛之后，忿于原本深受国恩臣僚们的反复，决意严惩，应该是玄宗、肃宗父子共同的主张，而且代表了朝廷中的主流意见。在此背景下，虽经过李岘的斡旋，未如初议"尽诛其族，以令天下"，仍以六等定罪，详加甄别，严厉处分"贰臣"：

> 重者刑之于市，次赐自尽，次重杖一百，次三等流、贬。壬申，斩达奚珣等十八人于城西南独柳树下，陈希烈等七人赐自尽于大理寺；应受杖者乏京兆府门。③

值得注意的是在所谓六等定罪中，前三等实际上都处以死刑。其中达奚珣、韦恒遭腰斩更溢出了《唐律》规定的范围，依据《唐律》，死刑仅有绞、斩两种④，而"重杖一百"表面上是代替极刑，存君主恩赦之意，但执刑的结果则是"达奚挚、张岯、李有孚、刘子英、冉大华二十一人，于京兆府门决重杖死"⑤。除陈希烈等七人赐于大理寺自尽外⑥，达奚珣等十八

---

① 《旧唐书》卷五〇《刑法志》，第2151页；《旧唐书》卷一八五下《吕谔传》，第4824页。另崔器亦曾陷伪，后自拔归于肃宗，《旧唐书》卷一一五《崔器传》，第3373～3374页。

② 吕谔父吕藏元及妻张氏墓志已出土，两人合葬于乾元二年十月，"改赠先君鸿胪卿，褒赠太夫人卫国太夫人"，哀荣备至（《唐代墓志汇编续集》乾元008，第680页）。而肃宗于是年十月壬戌，立即起复吕谔，以上两事足见肃宗对其恩宠与寄任之深（《旧唐书》卷一〇《肃宗纪》，第257页）。

③ 《资治通鉴》卷二二〇，第7049页。

④ 刘俊文笺解：《唐律疏议笺解》，第47页。

⑤ 《旧唐书》卷五〇《刑法志》，第2152页。按《唐会要》卷二〇引开元十二年四月敕："比来犯盗，先决一百，虽非死刑，大半陨毙。"（第841页）

⑥ 按唐《狱官令》规定，"五品以上犯非恶逆以上，听自尽于家"（《天一阁藏明钞本天圣令校证（附唐令复原研究）》，北京，中华书局，2006年，第420页），据此若以谋叛之罪惩处，陈希烈等不当被赐自尽，或肃宗有法外施恩处，但赐于大理寺自尽而非于家，似又有保留。

人斩于独柳树下，"集百僚观焉"①，达奚挚等二十一人杖毙于京兆府门，皆属在公众场合行刑②。而且在此之前，已令这些贰臣"免冠徒跣，抚膺号泣，以金吾府县人吏围之，于朝谢罪"③，当众的羞辱及公开而严厉的惩罚，无疑皆为了收取"与众共弃"效果。除了惩处贰臣本人之外，更带有以儆效尤的目的。

较之于对"贰臣"的严厉追究，唐廷对于安史政权降将的态度则称得上宽宏大量，优遇有加：

> 张万顷、独孤问俗、张休，并复旧官。禄山令问俗坏太庙，问俗迁延，终以获全。令万顷捕杀皇支，万顷多所脱免。休数面谏禄山。此二三人者，本禄山宾佐。④

这三人都是安史叛军中的要角，独孤问俗出自安禄山幕府，伪授御史中丞⑤；张万顷本为博陵太守，投降安禄山后，伪授河南尹⑥；张休为安禄山范阳节度使判官⑦。三人中仅张万顷为唐旧臣，因有"全活宗枝"之功而获宽宥⑧，

① 《册府元龟》卷一五二，第1846页。
② 关于公开行刑的政治宣传效应，参见侯旭东：《北朝村民的生活世界》，北京，商务印书馆，2005年，第209～218页。事实上自开元以后，玄宗已基本停止了刑人于市的做法，参见《唐六典》卷六："古者，决大辟罪皆于市。自今上临御以来无其刑，但存其文耳。"（第189页）
③ 《旧唐书》卷五〇《刑法志》，第2151页。
④ 《安禄山事迹》卷下，第101页。另参《旧唐书》卷五〇《刑法志》，第2151～2152页。
⑤ 《旧唐书》卷二〇〇上《安禄山传》，第5369页；司马垂墓志："御史中丞独孤问俗，公所亲重，经营丧事，归葬河南府。"（陈尚君辑校：《全唐文补编》，北京，中华书局，2005年，第2281页）
⑥ 《册府元龟》卷一四九，第1808页。
⑦ 崔祐甫：《唐卫尉卿洪州都督张公遗爱碑颂并序》，《唐文粹》卷二一，四部丛刊本。按张休在伪燕政权中具体任职不详。
⑧ 安禄山为报复留质于长安的安庆宗被杀，攻破长安后，立刻对李唐宗室展开屠戮，"杀霍国长公主及王妃、驸马等于崇仁坊，剐其心，以祭安庆宗。……己巳，又杀皇孙及郡、县主二十余人"（《资治通鉴》卷二一八，第6984页）。张万顷"全活宗枝"之功或许是阻止了这场屠杀的进一步扩大。

授濮阳太守，后转广州刺史、岭南节度使。① 其他两人皆系安禄山元从，独孤问俗归唐后授鄂岳沔等州团练使②，张休反正后历仕豪、舒、润三州刺史，卫尉卿、洪州都督，广州刺史、岭南节度使③，皆获得重用。张万顷、独孤问俗、张休等多少有立功唐室的表现，或至少自述曾有反正之谋，李史鱼墓志自云"公与张休、独孤问俗密结壮侠，志图博浪之举，间遣表章，请固河潼之守"④，允予革新。如果说这些人获重用尚有一定的理由，那么厚遇兵败来降的安禄山谋主严庄则显得相当突兀了。

严庄本为安禄山谋主，后又伙同安庆绪谋杀安禄山。安庆绪继位后，以其为御史大夫、冯翊郡王，"兄事严庄，每事必咨之"⑤，权倾一时，是伪燕政权中的核心人物。严庄与张通儒率领的叛军主力在新店被郭子仪击败后，安庆绪出奔相州，在逃离洛阳之前，仍命严庄尽诛囚于客省的被俘唐臣哥舒翰、程千里、许远等。⑥ 严庄奔至河内，又虑及本与孙孝哲不合⑦，在走投无路之下，才被迫投唐。

---

① 《册府元龟》卷一四九，第1808页；《旧唐书》卷一〇《肃宗纪》，第253页。按《旧唐书·肃宗纪》："以濮州刺史张方须涉广州都督、五府节度使。"其中的"张方须"即"张万顷"之讹。参见陶敏：《全唐诗人名汇考》，沈阳，辽海出版社，2006年，第422页。

② 常衮：《授独孤问俗鄂岳等州团练使制》，《文苑英华》卷四〇九，第2076页。

③ 崔祐甫：《唐卫尉卿洪州都督张公遗爱碑颂并序》，《唐文粹》卷二一，四部丛刊本。

④ 梁肃：《侍御史摄御史中丞赠尚书户部侍郎李公墓志》，《文苑英华》卷九四四，第4965页。但此说恐有矜饰的成分，若循上文所论王伾、邵说等人惯例，当需依据朝廷所存档案，勘验所言真伪，但安禄山占领长安后，坟籍无存，已无此可能。又志文云李史鱼："河北首乱，公胁知围中……朝廷雅知公忠，迁侍御史，充封常清幽州行军司马。隔于凶盗，诏不下达。"此亦不可靠，若此，李史鱼为何能在安禄山政权中仕至刑部侍郎之高位。按圣武元年正月马凌虚墓志署"刑部侍郎李史鱼撰"（《唐代墓志汇编》圣武001，第1724页）。

⑤ 《旧唐书》卷二〇〇上《安庆绪传》，第5372页；《安禄山事迹》卷下，第108页。

⑥ 《旧唐书》卷一八七下《许远传》，第4902页。

⑦ 《旧唐书》卷二〇〇上《孙孝哲传》，第5376页。按《资治通鉴》卷二一八："孝哲为禄山所宠任，尤用事，常与严庄争权。"（第6980页）

　　后（安）庆绪奔相州，军事蹙，遂令妻薛氏假称永王第十一女，诣怀镇。时遏将李建，将请归顺，及见元帅代宗及汾阳告之，遂云："是严庄妻薛氏，恐在道留滞不达，故假称永王女。今严庄已背庆绪，见在获嘉，若许归投，请给铁券在军前，如可招者，填名以付之。"与汾阳议曰："若严庄招到，则余党可招，特许奏闻，必大用。"便将铁券兼赐衣，差官领妻薛氏招庄，仍差衙前魏羽奉状奏闻，便令庄及妻乘传诣阙，到京之明日除司农卿。①

　　这样一个元凶首恶之徒在穷途末路之际，唐廷仅欲因其进一步招徕安史余党，便轻易赦免其罪，赐予铁券，授以高官②，唐廷对于"贰臣"与"元从"的宽严有别，于此可见一斑。因此，之后史思明、高秀岩等相次归降，各获致高官厚禄以为酬庸便不足为奇了。

　　可知唐廷收复两京之后，对曾仕宦于安史政权伪臣的处置，虽斟酌其陷伪期间是否有立功唐室的表现，但先前是否为唐旧臣，沾霖国恩，则成为考虑处分轻重的一个重要因素。例如，唐廷对在安史政权中与严庄地位相若的张通儒，态度便有相当不同。张通儒祖父张仁愿是武后时名臣，世受唐恩，因此收复长安后，"发韩公张仁亶之墓，戮其尸，以张通儒故也"③。在此背景下，从上至下，大量陷伪官员陷入了惶惶不可终日的局面，诗人王维或许是其中最有名的一位。

　　　禄山陷长安，（王）维在贼中，佯狂失音久之。贼重其名，追赴

---

　　① 《安禄山事迹》卷中，第94页。

　　② 上元二年，严庄因康谦暗通史朝义事牵连而下狱，但不久即被释，可见安史旧臣的身份并未使其受到更多的猜忌。参见《资治通鉴》卷二二二，第7117页。

　　③ 《安禄山事迹》卷下，第101页；另参《新唐书》卷七二下《宰相世系表》二下，第2707页。当然唐廷这一态度并不是僵化的，会因人事、形势而有所调整。比如上文所举对张万顷的宽赦。特别是在收复两京之前，唐廷曾于至德二年正月发布《谕西京逆官敕》，招抚"西京应被逆贼安禄山胁从官张通儒、田乾真、邓李阳、安神威及诸官吏等"（《唐大诏令集》卷一一八，第617页），希望这些在安史政权中身居高位的唐旧臣能及时反正，但在收复两京之后，唐廷对于"贰臣""元从"执行区别对待的方针相当明显。

洛阳，伪授给事中。至德二年冬，收东京。三司类例，陷贼官六等定罪。时弟缙为刑部侍郎，抗表请以官爵赎兄之罪。上元元年，特宥之。责授太子中允，后为尚书右丞。①

安禄山反，遣张通儒劫百官置东都，伪授（郑）虔水部郎中，因称风缓，求摄市令，潜以密章达灵武。贼平，与张通、王维并囚宣阳里。三人者，皆善画。崔圆使绘斋壁，虔等方悸死，即极思祈解于圆，卒免死，贬台州司户参军事。维止下迁，后数年卒。②

郑虔、王维等皆属陷伪安史的中层官员，以文学、艺术名世，虽然本传对他们在安史政权中的活跃程度多少有所讳饰③，但总体而言，此类文臣在战乱中不过与世浮沉，起不了多少作用。唐廷对于这一数量庞大的人群进行了严格甄别，分别予以不同的处分。④ 王维所受处分较郑虔为轻，盖是缘于他有心怀唐室的《凝碧诗》行于世，为肃宗所知，更关键的是其弟王缙"削己刑部侍郎以赎兄罪"，方得以仅责授太子中允⑤，未遭远贬。

事实上，唐廷清查范围要广泛得多，不仅包括曾任伪职的官员，至德二载十一月壬申诏中对此有巨细靡遗的罗列：

其诸色行人因阵没，并坊市百姓及诸色蕃胡召募，并元恶凶党昨因破败，所在潜藏，并仰于府县及御史台陈首，一切原其罪。如有被人言告捉获者，并从军令。其京城内外文武官，有受贼补署，

① 《安禄山事迹》卷下，第106页。按"六等"，点校本所据的底本藕香零拾本作"三等"，与下文引《旧唐书·王维传》合，盖是指罪不及死者依后三等定罪。
② 《新唐书》卷二〇二《郑虔传》，第5766页。
③ 据郑虔墓志，在安史政权中先后历兵部郎中、国子司业，较本传所云官位更高。参见陈尚君：《〈郑虔墓志〉考释》，见《贞石诠唐》，上海，复旦大学出版社，2016年，第218页。
④ 《旧唐书》卷一九〇下《王维传》："贼平，陷贼官三等定罪。"（第5052页）按如上文所述六等定罪的前三等都是死罪，此处"三等定罪"盖指罪不至死的陷伪官员依后三等进行甄别，加以处分，这一群体的人数无疑要大大超过前三等。
⑤ 《旧唐书》卷一九〇下《王维传》，第5052页。

馨其心腹，自祖及父皆承国恩，就逆背顺，顿忘臣节。或有守旧官者，请俸料为贼判官；或判官之际，中间得替，并有摄贼伪官，兼知职掌。其中有京官及私白身，皆受擢用；其中有隐迹不出，固辞疾病，色类既广，人数又多。宜令御史台、宪部、大理三司据状勘责，条件闻奏。其外官充使，及先有职掌，并事故及隔绝未赴任在京者，亦委三司勘责奏闻。又贼中台府坊市所由人等，比与逆贼追捕，造事之端，损害忠良，仍夺财物，为蠹尤甚，情不可容。宜令崔光远禁身，切加推勘，一一状奏，勿令漏网。其内侍省及左右龙武羽林军，并闲厩飞龙诸武官，应先合从驾人等，其中临行潜避，遂受贼驱使，并各委本司使括责，量情状轻重奏闻。其隐盗仓库及偷劫逆贼家钱物，或受贼寄附，并与贼请料禄等，因此隐没者，并限敕到十日内，各于所由陈首，其物便准数送纳，本色并还，不须科罪。虑已有破用，征纳艰辛，仍十分放三，以示弘贷。其近日逆人及隔绝人庄宅，宜即括责，一切官收。又闻人家子女，多被侵逼，且非本情，宜一切不须寻问。或与逆贼居住邻近，及作义故往来，情非切害，一时之事，有殊逆党，亦宜释放。其有受贼伪度人，宜令所司括责，并勒还俗。其僧及道士各收本色，所在寺观，勿许居止。[1]

诏书秉持对安史逆臣较为宽容的态度，"并元恶凶党昨因破败，所在潜藏，并仰于府县及御史台陈首，一切原其罪"，而集矢于曾有陷伪经历的旧臣。依据他们在乱中的不同表现，逐一分类清查，并委三司勘验奏闻。除内外官外，禁军、内侍未及从驾人中，凡与燕政权有所纠葛者，亦各委本司括责。而在乱中与安史合作、参与劫掠的普通民众，则命京兆尹

----

[1] 《册府元龟》卷六四，第 713～714 页；另参《资治通鉴》卷二二〇，第 7043 页。另据《册府元龟》卷六四乾元二年三月诏，知对"贰臣"的处分还包括没收财产，"其受贼伪官人庄宅不合收纳者，一切并还；如有已将借赐，即准估量还价直，仍委所由勘会处分"（第 715 页）。例如收复两京后，司天台取承宁坊张守珪宅置（参见《旧唐书》卷一〇《肃宗纪》，第 251 页）。

崔光远拘禁推勘。其他因各种缘故与安史政权有所干系者，亦在诏书中一一说明处分或赦免的条件，甚至燕政权所度的僧尼，亦被勒令还俗，可谓法网严密，惩治苛酷。正是在这一肃杀的氛围中，连被俘后殉国者，亦遭另眼相看，如上文提及在安庆绪逃离洛阳前被仓促杀害的程千里，便因"终以生执贼庭，不沾褒赠"。① 而与张巡共守睢阳而闻名天下的许远之所以横遭非议，或也与当时对被俘者猜忌的风气有关。②

其至可以说这一系列烦琐的甄别程序运作得相当有效，结果也堪称细致准确，这从李收、李昂伯侄的不同遭际中便可窥见一斑。李昂墓志云："属边将构逆，兵入洛阳，乃与族父收携手逃难，窜伏山谷。寻逢贼骑，竟陷虏庭。皇运中兴，贬虔州南康尉。"③志文讳言李昂在安史政权中的具体经历，仅述及他与伯父李收同陷伪，后循例遭贬。不过比对李收墓志的叙述，便不难推知伯侄俩在乱中的表现颇有差异：

> 其后燕将于诛，周京弛固。少师府君沦铺于寇，盛忧以薨。剧贼炽威，劫公从政，乃折臂自勉，奉身获归。朝廷褒之，特降优诏，拜右补阙，历秘书郎。避齐兖佐戎之请，退居洛下。属北胡嗣凶，东夏仍覆，公默明毁色，伏莽匿端。逆徒大搜，祸机潜及。伪书累至，假病自辞。舆至贼庭，胁临兵刃。合瞑于一篑之内，誓死于万载之中。神实保持，虏亦宽纵。国朝重嘉大节，超拜司勋郎中。④

志文中的"少师府君"指的是李收之父李彭年，李彭年本党于李林甫，后因贪腐而遭贬，天宝末复起为吏部侍郎，声名并不佳。安禄山起兵后，

---

① 《旧唐书》卷一八七下《程千里传》，第4903页。按程千里未获褒赠的原因大约是安庆绪曾伪署其为特进，尽管本传云其一直被囚于客省，未接受伪官，但在收复两京，严格甄别陷伪官员的背景下，恐怕难免遭到猜疑。

② 《新唐书》卷一九二《许远传》，第5541页。韩愈：《张中丞传后叙》，刘真伦、岳珍校注：《韩愈文集汇校笺注》，北京，中华书局，2010年，第295~296页。

③ 关于李昂的生平与家世，参见徐俊：《敦煌唐诗写本仓部李昂续考》，见《鸣沙习学集》，北京，中华书局，2016年，第302~311页。

④ 吴钢主编：《全唐文补遗》第9辑，西安，三秦出版社，2007年，第376页。

李彭年曾出任冯翊防御使，长安失陷后，未及从驾而被胁授伪官，但不久即忧愤而卒。因此，克复两京后，唐廷仍追赠其为礼部尚书。① 根据李收、李昂的墓志，我们可以推知长安陷落时，李彭年家族曾有多人陷伪，其中以李收的经历最为传奇，先后两次被俘。但他守节不挠，不惜折臂自残，成功地脱离安史政权。史思明再次攻陷洛阳，李收再陷敌手，亦坚贞不仕，因此两次获得唐廷褒奖，"往属时难，保兹艰贞。事君之节，足以存劝"②，大约可以算是"为贼所污者半天下"黯淡时局下的稍许亮色。③ 而李彭年家族中的三代人，虽曾一度同陷伪庭，最终或获追赠、或被拔擢、或遭贬谪，他们的不同命运无疑是唐廷仔细检核各人在乱中不同表现后的结果。

除了对陷伪臣僚在乱中的作为详加甄别外，唐廷同时大力表彰守节不挠的官员。除李彭年、李收父子外，如原安禄山掌书记甄济在胁迫之下，仍坚拒伪官，收复东都后，"表送上都。肃宗馆于三司，使臣于贼者瞻望以愧其心"，授秘书郎。④ 国子司业苏源明也因称病不受伪职，被擢升为考功郎中、知制诰。⑤ 即使一度被迫仕伪者，如韦斌因被俘伪授黄门侍郎，后忧愤而卒，因奖其大节无亏，亦获赠秘书监。⑥

这种将"贰臣""元从"区别对待的措施，体现出唐廷在战乱之后，强调以"忠义"为标准来检核群臣在动乱中的政治表现，进而整顿官僚队伍，重塑帝国正统的努力。这在肃宗至德二载十二月庚午制中表述得很清楚：

① 《旧唐书》卷九〇《李彭年传》，第 2921 页；《册府元龟》卷四五〇，第 5334 页。
② 常衮：《授李收谏议大夫制》，《文苑英华》卷三八一，第 1945 页。
③ "为贼所污者半天下"一语出自李勉奏议（《资治通鉴》卷二二〇，第 7037 页）。
④ 《册府元龟》卷一四〇，第 1691 页。按《资治通鉴》卷二二〇胡注："时令三司按受伪官爵者，因馆济于三司署舍，使受贼官爵者罗拜之。"（第 7043 页）关于甄济的生平另参元稹：《与史馆韩郎中书》，《元稹集校注》，第 848 页。
⑤ 《资治通鉴》卷二二〇，第 7043 页。
⑥ 《旧唐书》卷九二《韦斌传》，第 2963 页。

人臣之节，有死无二；为国之体，叛而必诛。况乎委质贼廷，宴安逆命，耽受宠禄，淹延岁时，不顾恩义，助其效用，此其可宥，法将何施？达奚珣等或受任台辅，位极人臣；或累叶宠荣，姻联戚里；或历践台阁，或职通中外。夫以犬马微贱之畜，犹知恋主；龟蛇蠢动之类，皆能报恩。岂曰人臣，曾无感激？自逆胡作乱，倾覆邦家，凡在黎元，皆含怨愤，杀身殉国者，不可胜数。此等黔首，犹不背国恩。受任于枭獍之间，咨谋于豺虺之辈，静言此情，何可放宥。①

此制强调君臣间的"恩报关系"及人臣所需承负的道德义务，孰料这一举措当时在现实与意识形态层面都招致了强烈的反弹。从现实层面考虑，陷伪官员数量庞大，时人云："属逆贼安禄山屠陷洛阳，窃据宫阙。天降鞠凶，人罔不从，东周之人，谁非王臣。"②若要做大范围的清查甄别，施以处分，不但工作量巨大，更会导致人人自危的局面，进而摇动人心，所谓"今悉诛之，是驱之使从贼也"③。主张从宽处分陷伪旧臣的官员，大体皆以此执论，其中以李岘所言最具代表性：

夫事有首从，情有轻重，若一概处死，恐非陛下含弘之义，又失国家惟新之典。且羯胡乱常，无不凌据，二京全陷，万乘南巡，各顾其生，衣冠荡覆。或陛下亲戚，或勋旧子孙，皆置极法，恐乖仁恕之旨。昔者明王用刑，歼厥渠魁，胁从罔理。况河北残寇未平，官吏多陷，苟容漏网，适开自新之路，若尽行诛，是坚叛逆之党，谁人更图效顺？困兽犹斗，况数万人乎。④

这些物议最终促成肃宗在乾元元年六月下诏，"敕两京陷贼官，三司推究

---

① 《旧唐书》卷一〇《肃宗纪》，第250页；《唐大诏令集》卷一二六《处置受贼伪官陈希烈等诏》，第680页。
② 蒋锐墓志，拓本刊《秦晋豫新出墓志蒐佚续编》，第898页。
③ 《资治通鉴》卷二二〇，第7037页。
④ 《旧唐书》卷一一二《李岘传》，第3345页。

未毕者皆释之；贬、降者续处分"①，停止了进一步的清算行动。

　　事情进一步的转折出现在乾元元年十月九节度会攻相州之役时，先前与王伷一起为安禄山巡抚河北的萧华时任伪魏州刺史，他先与唐廷暗通消息，意图反正，事觉被囚，所幸崔光远不久之后便攻下魏州，救出萧华。萧华短暂留任魏州刺史后入朝②，功罪相抵，降授试秘书少监。③史载萧华归阙后，所述安史阵营中的情况对肃宗颇有触动：

　　　　后萧华自相州贼中仕贼官归阙，奏云："贼中仕官等重为安庆绪所驱，胁至相州，初闻广平王奉宣恩命，释放陈希烈已下，皆相顾曰：'我等国家见待如此，悔恨何及。'及闻崔器议刑太重，众心复摇。"肃宗曰："朕几为崔器所误。"④

当然更具决定性的因素是战争形势的陡变，史思明在兼并安庆绪后，再次攻取洛阳，叛军气焰转炽，重新占据了主动。在此背景下，这一彻底清算"贰臣"的政策已无继续推行的可能，到了必须改弦更张的时候。⑤

　　在此之后，唐廷对于无论是"贰臣"还是安史"元从"都采取怀柔绥服的政策，以期尽快结束战争，重致太平。宝应元年十月，唐军再次收复洛阳，史朝义奔亡河北，代宗立即于十一月辛巳下制："东京及河南、北受伪官者，一切不问。"⑥次年七月，因重致太平，上尊号曰"宝应元圣文武皇帝"，改元广德，大赦天下⑦，赦文中对此做了进一步重申："应授伪官等并已昭洗矜才宥过、宜有甄收。委所由勘会本官名衔资历闻奏。

----

　　① 《资治通鉴》卷二二〇，第7056页；《旧唐书》卷一〇《肃宗纪》，第252页。
　　② 《册府元龟》卷四六六，第5551页。
　　③ 《旧唐书》卷九九《萧华传》，第3096页。
　　④ 《旧唐书》卷一一五《崔器传》，第3373页。按萧华归国之初，正处于政策的转变期，故仍有颇为惶恐的一面："许归故国之田园，退守先人之坟墓，则在臣之志愿荣望毕矣。"参见萧华：《谢试秘书少监陈情表》，《文苑英华》卷六〇二，第3125页。
　　⑤ 《册府元龟》卷六四引乾元二年八月乙卯诏则进一步减轻了对陷伪官员的处分："宜令中书门下类例三司先所贬官，各据科目，均平改拟。"（第715～716页）
　　⑥ 《资治通鉴》卷二二二，第7136页。
　　⑦ 《旧唐书》卷一一《代宗纪》，第272页。

量才处分。"①不但不予处分，还要量才擢用。前后对比，恍若隔世，不免让人有宽严皆误之讥。②

而如王伷这样辗转于安禄山、史思明、唐廷之间的反复之臣，无疑正是受益于这一策略的改变，得以在战乱平定后，毫发无损地继续其在唐廷的仕宦生涯。累历驾部、考功、吏部三郎中，晚年因卷入党争，左迁左赞善大夫，于大历十四年五月去世。和他同在安史政权中的两位同僚，归唐后仕途更加畅达，萧华在上元二年二月入相，肃宗去世前，因与李辅国不睦，而遭罢相，代宗继位后遭贬，卒于贬所。③邵说降于军前，郭子仪爱其才，留置幕下。④累授长安令、秘书少监，迁吏部侍郎，一度甚至有入相之望，因严郢得罪而遭贬。⑤宦海沉浮，得失无常，但无论是腾达还是贬谪，陷伪的经历都没有成为他们仕途上的妨碍。

另外值得进一步申论的是传统观点认为安史之乱后，河朔藩镇割据局面形成的直接原因在于仆固怀恩在平叛时怀有贰心，将薛嵩、田承嗣、张忠志、李怀仙等安史旧将复置为节度使，最终形成了尾大不掉的局面。⑥

---

① 《唐大诏令集》卷九《广德元年册尊号赦》，第57页，除此之外，还赦免了安禄山、史思明的戚属，"其安禄山史朝义亲族、应在诸道一切原免"。

② 《新唐书》卷五六《刑法志》："代宗性仁恕，常以至德以来用刑为戒。及河洛平，下诏河北、河南吏民任伪官者，一切不问。得史朝义将士妻子四百余人，皆赦之。仆固怀恩反，免其家，不缘坐。剧贼高玉聚徒南山，啖人数千，后擒获，会赦，代宗将贷其死，公卿议请为菹醢，帝不从，卒杖杀之。谏者常讽帝政宽，故朝廷不肃。"（第1416页）

③ 《旧唐书》卷九九《萧华传》，第3096页。按萧华拜相的时间，本传云在上元元年十二月，《旧唐书·肃宗纪》《新唐书·宰相表》《资治通鉴》皆系于上元二年二月。

④ 目前传世者有十余篇邵说为郭子仪代拟的表奏，包括著名的《代郭令公请雪安思顺表》，可知其颇受郭子仪信用。

⑤ 《旧唐书》卷一三七《邵说传》，第3765页。

⑥ 《旧唐书》卷一二四《薛嵩传》，第3525页；《资治通鉴》卷二二二，第7136页。另裴抗《魏博节度使田公神道碑》云，"初怀恩之讨朝义也，深结归命之帅，阴有将叛之心"，则归咎于仆固怀恩的说法或在其叛后不久便已流行（《文苑英华》卷九一五，第4816页）。

现代学者对此已多有辨析驳正，认同者渐少。① 若我们从更宽阔的视野来观察唐廷在整个安史之乱中处置"贰臣"政策的变化，便不难进一步确认，仆固怀恩所为不过因循唐廷的既定方针，以期尽快结束战事。薛嵩等人获得宽宥并非个案，之前仆固怀恩在洛阳释放许叔冀、王伷，稍后仍以张献诚为汴州节度使，前后作为一脉相承，大约可以从另一个角度为这一聚讼不已的问题定谳。

四、张巡、许远之外：唐人眼中的陷伪臣僚

"为张睢阳齿，为颜常山舌"，文天祥《正气歌》中将在安史之乱中壮烈殉国的张巡、颜杲卿作为唐代的表率加以拽出，放入诗歌织就的历代忠臣烈士谱系之中。但若我们仔细观察安史乱中唐廷臣僚的表现，则不难注意到如张巡、颜杲卿这样守节不挠的人物只是浮现在"为贼所污者半天下"这一庞大的"贰臣"群体之上几颗闪亮的星星。"彼邦畿之尹守，藩牧之垣翰，莫不光膺俊选，践履清贯。荣利溢乎姻族，繁华恣其侈玩。或拘囚就戮，或胥附从乱。曾莫愧其愚懦，又奚闻于殉难"②，正如萧颖士所描述的那样，在乱中与世浮沉、自保家门者占据了大多数，"世难无死节之帅"，士大夫阶层的自利与苟且导致了天下瓦解的局面。更值得玩味的是朝野舆论对此暧昧的态度：

> 唐肃宗收复两都，崔器为三司使。性刻乐祸，阴忍寡恩，希旨深文，奏陷贼官据合处死……陈希烈已下，定六等科罪。吕諲骤荐器为吏部侍郎御史大夫。器病脚肿，月余渐亟，瞑目即见达奚珣，

---

① 其中较为代表性的有黄永年：《论安史之乱的平定与河北藩镇的重建》，见《文史存稿》，西安，三秦出版社，2004 年，第 252～268 页；王寿南：《仆固怀恩与肃代时期的政治》，见《唐代人物与政治》，台北，文津出版社，1999 年，第 107～109 页；张国刚：《唐代藩镇研究》（增订版），北京，中国人民大学出版社，2010 年，第 24～26 页。

② 萧颖士：《登故宜城赋》，《文苑英华》卷一二八，第 586 页。

> 但口称："叩头大尹，不自由。"左右问之，良久答曰："达奚尹诉冤，
> 我求之如此。"经三月，不止而死。①

《太平广记》此则出自《谭宾录》，《谭宾录》多取材于国史②，《旧唐书·崔
器传》亦录此事，唯文字稍简，知两者同本自国史。③ 因此，此事虽涉及
因果报应，在现代人看来似有不经，但绝非一般小说家捏造的神异故事，
国史载录此事盖存诫鉴之意，指责崔器严酷好杀，故招致现世之报。④
崔器卒于上元元年(760)七月，时史思明气焰正炽，而唐廷处置陷伪臣僚
的政策则已转向，这一传说的流行大约与此背景有关。时议或将安史的
复起归咎于崔器等主张严厉处分陷伪旧臣的官员。

  吕谭同样也横遭非议，肃宗元年(761)建卯月，吕谭卒于江陵尹任
上，围绕着其谥号的议定引出了一场风波。吕谭故吏、度支员外郎严郢
上书反对太常拟定的谥号，以"国家故事，宰臣之谥，皆有二字"为由，
力主谥其为"忠肃"⑤，招致独孤及的驳议。⑥ 尽管独孤及以"三代以下，
朴散礼坏，乃有二字之谥，非古也"为凭据，主张"固知书法者，必称其
大而略其细"⑦，强调单字谥号并无针砭之意，不过其中的隐曲仍在于如
何评价吕谭在严厉处分"贰臣"一事中的表现。吕谭罢相后，出镇江陵，

---

① 《太平广记》卷一二二引《谭宾录》，第859页。
② 贾宪保：《从〈旧唐书〉〈谭宾录〉中考索唐国史》，见黄永年主编：《古代文献
研究集林》第1集，西安，陕西师范大学出版社，1989年，第156～165页。
③ 《旧唐书》卷一一五《崔器传》，第3374页。按《册府元龟》卷九四一所引文字
更近于《谭宾录》，可证《谭宾录》亦出自国史(第11091页)。
④ 《旧唐书》卷一一五史臣曰持论更显苛刻："自古酷吏滥刑，幸免者多矣，苟
无强魂为祟，沮议者惑焉。器深文乐祸，居官令终，非达奚诉冤，无以显其阴责
矣。"赞曰，"崔器深文，达奚作祟。七子伊何？李承为最"，认为同传七人中以李承
行迹最值称道，巧合的是李承亦曾有陷伪经历(第3380页)。
⑤ 《唐会要》卷七九，第1730页。
⑥ 崔祐甫所撰《常州刺史独孤及神(道)碑》中特别将此事揭出加以表彰："与严
河南郢酬答吕荆州谭谥议，博而正，当时韪之。"(《文苑英华》卷九二四，第4865页)
而如下文所论，崔祐甫尽管当时深受士林推重，但在乱中亦"智免"以保全家族。
⑦ 独孤及：《重议吕谭》，《文苑英华》卷八四〇，第4439页。

颇立事功，"及理江陵三年，号为良守。初郡人立祠，谭殁后岁余，江陵将吏合钱十万，于府西爽垲地大立祠宇，四时祠祷之"①，深受吏民爱戴，为朝野所共知。但对于其执政期间的表现，则乏定评：

> 至德中，与三司同鞫大狱，独引律文，附会经义而平反之。当时卒用中典，（吕）谭参其论。在台司齾齾，虽无匪躬之能，然平章法度守而勿失。②

> 乾元收复之际，两都衣冠多系于三司诏狱。御史中丞崔良器议事失入，时宰苗太师、崔赵公等虽廷诤之，然未坚决。公有犯无隐，引经正辞。上是其言，刑为之省，所全活者盖数百人。明主收霜电之威，圣朝行宽大之典者，系公之力也……今太常议荆南之政详矣，而曰在台司齾齾，无匪躬之能者，乃扶瑕掩德，非中适之言也。③

观察独孤及与严郢的交锋，则不难注意到当时朝野上下都已将至德中对"贰臣"严厉的制裁目为苛酷滥法之举，严郢的辩诬不过是巧辞令色，将全部责任推到已故的崔器头上，进而打造吕谭"全活数百人"的宽仁形象，为他求取美谥④，不免让人感慨政治风向转换之速。

另一反映当时舆论风向的记载见诸《旧唐书·刑法志》：

> 自明庆至先天六十年间，高宗宽仁，政归宫闱。则天女主猜忌，果于杀戮，宗枝大臣，锻于酷吏，至于移易宗社，几亡李氏。神龙之后，后族干政。景云继立，归妹怙权。开元之际，刑政赏罚，断于宸极，四十余年，可谓太平矣。及冢臣怀邪，边将内侮，乘舆幸

---

① 《旧唐书》卷一八五下《吕谭传》，第4825页。

② 独孤及：《丞相故江陵尹兼御史大夫吕谭谥议》，《文苑英华》卷八四〇，第4438页。

③ 严郢：《驳议吕谭》，《文苑英华》卷八四〇，第4438页。

④ 值得注意的是《新唐书》卷一四〇《吕谭传》便受此影响，杂糅《旧唐书》本传中"用法太深，君子薄之"的记载，改写为"谭于权宜知大体不及岘，而援律傅经过之，当时惮其持法，然以岘故，多所平反"（第4649页）。

于巴蜀，储副立于朔方。曾未逾年，载收京邑，书契以来，未有克复宗社若斯之速也。而两京衣冠，多被胁从，至是相率待罪阙下。而执事者务欲峻刑以取威，尽诛其族，以令天下。议久不定，竟置三司使，以御史大夫兼京兆尹李岘、兵部侍郎吕𬤊、户部侍郎兼御史中丞崔器、刑部侍郎兼御史中丞韩择木、大理卿严向等五人为之。①

这一段议论总括唐高宗至玄宗历朝刑名之宽严，特别将崔器等置于武后以来的酷吏传统中加以批判。由于行文尚避中宗李显讳，考虑其论述的时间断限，推测这一段文字或出自韦述国史。② 而崔器卒于肃宗朝，关于他因达奚珣冤魂作祟而亡的记载很可能出自《肃宗实录》，那么这两条记载形成的时间都在安史之乱结束之后不久，透露出朝野上下对于之前严厉处分"贰臣"举措的不满，足以见当时舆论之一斑。另一方面，之前被肃宗所表彰的忠臣楷模甄济的事迹最初却没有被国史存录，其子甄逢"每冤其父之名不在于史，将欲抱所冤诣京师告诉于司史氏"③，直到元和九年（814）经山南东道节度使袁滋的奏请，方才得以青史留名。④ 两相比较，意味深长。

因此，与一般印象不同，在安史之乱平定前后，朝廷中弥漫着对"贰臣"的同情。除了上文所举种种，在出土墓志中亦不乏其例，如由名臣崔祐甫撰文的寇锡墓志云："天宝季年，虏马饮于瀍涧，公拔身无地，受羁伪职，乘舆返正，以例播迁，迁于虔州，为法□屈也。"⑤同时舆论又将

---

① 《旧唐书》卷五〇《刑法志》，第 2151 页。

② 韦述国史最初以玄宗末为下限，后经柳芳、令狐峘等修订并增补了肃宗朝的史事。参见杜希德：《唐代官修史籍考》，第 157～165 页。

③ 元稹：《与史馆韩郎中书》，《元稹集校注》，第 848 页。

④ 《册府元龟》卷一四〇，按《册府元龟》系其事于元和元年，"元年"系"九年"之讹（第 1691 页）。

⑤ 《唐代墓志汇编》大历 064，第 1805 页。

崔器、吕谔等主张依法严惩的大臣目为酷吏，称"谔用法太深，君子薄之"①，而李岘表荐的详理判官李栖筠则因"推源其人所以胁污者，轻重以情，悉心助岘，故岘爱恕之，誉一旦出吕谔、崔器上"，为舆论所称誉。② 或受此影响，欧阳修等在编纂《新唐书》时将崔器置于《酷吏传》，与索元礼、来俊臣之流同列，而被列入《酷吏传》的崔器与进入《忠义传》的赵骅可谓形成了一对具有反讽意味的组合。

另一方面，我们也可以注意到正史传记对官员陷伪的经历多有讳饰或淡化。即使上文所云因称病不受伪职，被擢升为考功郎中、知制诰的苏源明，亦未如史传所表现的那样忠贞不贰，安史乱中葬于洛阳的苏颙墓志曾提及"工部侍郎预之□兄"③，苏源明初名预，知其亦曾仕伪。又如中唐名相苗晋卿，本传云"及朝廷失守，衣冠流离道路，多为逆党所胁，自陈希烈、张均已下数十人尽赴洛阳，潜遁山谷，南投金州"④，成功地自拔于乱中。但《通鉴考异》引《天宝乱离记》记载苗晋卿曾陷伪，只是此说未被司马光所取。⑤ 不过李华所撰苗晋卿墓志中早已隐晦地承认了这段经历，"天宝之末，胡羯乱常。公身在陷穽。心图辽廓"⑥，本传讳言其事罢了。值得注意的是这些传记基本上直接或间接本自国史、实录，或因此稍可窥见同出自士大夫阶层史官之倾向。

这种同情不但充溢于庙堂之上，士大夫私人往来唱和应酬的文字中亦不鲜见。如王维遭贬后，杜甫有《奉赠王中允维》云，"中允声名久，如

---

① 《旧唐书》卷一八五下《吕谔传》，第 4824 页。

② 《新唐书》卷一四六《李栖筠传》，第 4735 页。

③ 苏颙墓志，拓本刊毛阳光、余扶危主编：《洛阳流散唐代墓志汇编》，北京，国家图书馆出版社，2013 年，第 390～391 页。按天宝十五载二月高元珪墓志署"国子司业苏预撰"，可证工部侍郎之衔系燕所授(《唐代墓志汇编续集》天宝 113，第 664 页)。

④ 《旧唐书》卷一一三《苗晋卿传》，第 3350～3351 页。

⑤ 《资治通鉴》卷二一八，第 6987 页。

⑥ 李华：《唐丞相故太保赠太师韩国公苗公墓志铭并序》，《唐文粹》卷六八，四部丛刊本。

今契阔深。共传收庾信，不比得陈琳。一病缘明主，三年独此心。穷愁应有作，试诵《白头吟》"①，极力为其辩诬，认为王维非如陈琳反复于袁绍、曹操间，阳喑以全臣节。如果说王维确曾闻有"服药取痢，伪称喑病"之举②，不得已才受伪官，如陈希烈这样以唐旧相的身份在安史政权中表现活跃者，亦未在舆论上受到太多的非难。如王维《和宋中丞夏日游福贤观天长寺之作》："已相殷王国，空余尚父溪。钓矶开月殿，筑道出云梯。积水浮香象，深山鸣白鸡。虚空陈妓乐，衣服制虹霓。墨点三千界，丹飞六一泥。桃源勿遽返，再访恐君迷。"③天长寺系陈希烈舍宅所建，诗大约作于乾元元年，时陈希烈已被赐死，诗中以"空余尚父溪"感慨景物依然、人事变迁，有淡淡怀人忆旧的况味。

五、"忠"的观念强化与扩展：社会与思想层面的互动

这种公开地对"贰臣"抱以"同情之理解"的舆论氛围，对于生长于强调"忠臣不仕二主"思想环境中的宋以后各朝士人而言，无疑颇难理解，司马光在《资治通鉴》相关史事下特意撰写了一段评论，表达不满：

> 臣光曰：为人臣者，策名委质，有死无贰。(陈)希烈等或贵为卿相，或亲连肺腑，于承平之日，无一言以规人主之失，救社稷之危，迎合苟容以窃富贵；及四海横溃，乘舆播越，偷生苟免，顾恋妻子，媚贼称臣，为之陈力，此乃屠酤之所羞，犬马之不如。偿各全其首领，复其官爵，是谄谀之臣无往而不得计也。彼颜杲卿、张巡之徒，世治则摈斥外方，沈抑下僚；世乱则委弃孤城，斋粉寇手。何为善者之不幸而为恶者之幸，朝廷待忠义之薄而保奸邪之厚邪！④

---

① 《杜甫集校注》卷六，第 1612 页。
② 《旧唐书》卷一九〇下《王维传》，第 5052 页。
③ 王维撰、陈铁民校注：《王维集校注》，北京，中华书局，1997 年，第 499 页。
④ 《资治通鉴》卷二二〇，第 7050 页。

清人赵翼亦有同样的疑惑：

> 安禄山之变，唐臣贵如宰相陈希烈，亲如驸马张垍，皆甘心从贼，腼颜为之臣，此即处以极刑，岂得为过。乃广平王收东京后，希烈等数百人押赴长安，崔器定仪注，陷贼官皆露头跣足，抚膺顿首于含元殿前，令扈从官视之，并概请诛死。李岘争之，谓非维新之典，伪官内或陛下亲戚，或勋旧子孙，概处极法，恐乖仁恕，况残寇未平，尚多陷贼者，若尽行诛，是益坚其从贼之心。乃议六等定罪。器、岘等传旧书谓岘此奏全活无算，新书亦谓因此衣冠更生，贼亦不能使人归怨天子，皆岘力也。是皆以器为过当，岘为持平。按是时萧华自贼中归，奏云，仕贼官有为安庆绪驱至河北者，闻广平王宣恩命释放，皆相顾悔恨。及闻崔器议刑太重，众心又摇。器传李勉亦奏肃宗曰："元恶未除，点污者众，皆欲澡心归化，若尽杀之，是驱天下以资凶盗也。"由是全活者众。盖当日时势或有不得不从轻典者，然一时权宜，用以离携贼党则可，若竟以岘所奏为正论则非也。堂堂大一统之朝，食禄受官，一旦贼至，即甘心从贼。此而不诛，国法安在！乃当时无不是李岘而非崔器，何也？①

这种观念的落差当然可以从唐宋间思想文化上的变化加以索解，特别是中唐以后随着新《春秋》学的兴起②，加之宋代士大夫崇重气节，忠的观念较之于前代不但有了强化，而且渐渐演化成一项无限义务。冯道在新旧《五代史》中评价的逆转，便反映了这样的转变③，而欧阳修撰《新五代史》时，特别立《唐六臣传》，存录后梁受禅时，上劝进表、奉玺绶唐臣的

---

① 赵翼著、王树民校证：《廿二史札记校证》，北京，中华书局，2013年第2版，第434页。

② 在唐宋变革说的观照下，这方面的讨论尤多，概论性的梳理可参见葛兆光：《中国思想史》第2卷，上海，复旦大学出版社，2001年，第111～140页。

③ 路育松：《从对冯道的评价看宋代气节观念的嬗变》，载《中国史研究》2004年第1期，第119～128页。

事迹，寓褒贬之意，其实已开后世"贰臣传"之先河，"贰臣"这一概念大约也在宋代逐渐成形。与"贰臣"被打入另册相呼应的是，宋以后凡遇王朝鼎革都产生了数量不少的遗民，至明清易代之际达到顶点①。至清代编修国史时，将洪承畴等清初立下大功的降臣贬入《贰臣传》，此举虽有种种考虑，但无疑也是呼应了重遗民、轻贰臣的文化风尚。但落实到安史之乱后的舆论风向，还可以结合史实作进一步的分梳。

其中以肃宗为代表唐廷中主张惩治"贰臣"一方的政治逻辑无疑是简单而明确的，在《处置受贼伪官陈希烈等诏》中曾有清晰的表述："夫以犬马微贱之畜，犹知恋主；龟蛇蠢动之类，皆能报恩。岂曰人臣，曾无感激。"②即强调君臣之间的恩报关系及在此基础上缔结的道德义务，这也是传统意义上借助"忠"这一观念约束臣子政治行为的要义所在。但李岘的回应则显得相当微妙，某种意义上代表了士大夫的舆论，其核心在于"万乘南巡，各顾其生"③，暗喻玄宗抛弃百官，仓促离京，实际上率先背弃了君臣之间的契约，因此臣下可以自寻出路。而史思明所谓"陈希烈辈皆朝廷大臣，上皇自弃之幸蜀"④，其实不过是李岘之说更直白的翻版。对于玄宗狼狈出奔的前后，文献中并无太多讳饰：

> 既夕，命龙武大将军陈玄礼整比六军，厚赐钱帛，选闲厩马九百余匹，外人皆莫之知。乙未，黎明，上独与贵妃姊妹、皇子、妃主、皇孙、杨国忠、韦见素、魏方进、陈玄礼及亲近宦官、宫人出延秋门，妃主、皇孙之在外者，皆委之而去……是日，百官犹有入

---

① 遗民这一群体及其内部的复杂性，因赵园《明清之际士大夫研究》的出版而广受学界关注(北京，北京大学出版社，1999年)。近年学者复留意到民初遗民在新旧夹击下的状态，即历代遗民皆因气节而受士大夫推重，但至民初，清遗民转而成为"守旧"的象征，遭人讥笑，"遗民"变成了"遗老遗少"。参见林志宏：《民国乃敌国也：政治文化转型下的清遗民》，北京，中华书局，2013年。

② 《唐大诏令集》卷一二六《处置受贼伪官陈希烈等诏》，第680页。

③ 《旧唐书》卷一一二《李岘传》，第3345页。按此处司马光在《资治通鉴》中做了更加显豁的改写："天子南巡，人自逃生。"(第7049页)

④ 《资治通鉴》卷二二〇，第7058页。

朝者，至宫门，犹闻漏声，三卫立仗俨然。门既启，则宫人乱出，中外扰攘，不知上所之。①

在潼关兵败，平安火不至后，甲午当日已出现了"百官朝者什无一二"的景象，长安城中人心惶惶，士庶皆知大难将至。是夕，玄宗抛下臣民、仓皇出逃不过彻底激化了这一局面，但在唐人的观念中的确将此作为值得指摘的问题加以抉出：

> 唐张均为大理卿，均弟垍为太常卿。禄山之乱，玄宗幸蜀，次咸阳，谓高力士曰："昨日仓皇离京，朝官不知所诣。今日谁当至此。"力士曰："张垍兄弟，世受国恩，又连戚属，必当先至。"是日，房琯至，帝因问均、垍，曰："臣离京师时，亦过其舍，比约同行，均报臣云：已于城南取马。观其趣向，来意不切。"既而均弟兄果受禄山伪命。

> 薛兢为武功令，玄宗幸蜀，兢见于路隅。帝谓之曰："卿饰装便随朕行。"兢俯伏不对。帝曰："不愿行，亦听卿，且好养人。"及贼至京师，兢受伪官，颇失臣节。王师收京城，兢伏诛。②

玄宗本人也意识到在仓皇离京后，已不能要求百官尽数追随，所期待的不过是累受皇恩、与皇室关系最密切的那批臣子应该会追随而至。他对张垍兄弟的失望，对薛兢无意入蜀的宽纵，皆缘于此。以此而论，较之于后世，臣子对于皇帝的"忠"是一项无限责任的话，那么当时君臣之间的恩报关系则多少仍带有一定的契约性，即君主本身亦需在其中履行一定的义务。

体现臣下"忠"的责任有限性的另一个例子是围绕追谥卢奕引发的争

---

① 《资治通鉴》卷二一八，第6971页。尽管《资治通鉴》的叙事融汇各种公私记载，非直接出自唐人之手，但从保存的唐代文献来看，亦直言不隐，如《安禄山事迹》云："銮驾自延秋门出，百官尚未知。明日亦未有来朝者。"（第104页）

② 《宋本册府元龟》卷九二三，北京，中华书局，1989年，第3665页。按"垍"，原作"洎"，据明本改。

议。卢奕初以御史中丞留台东都，安禄山攻陷洛阳后，"人吏奔散，奕在台独居，为贼所执，与李憕同见害"①。乱平后，获赠兵部尚书。对于这样一位忠臣烈士，获得追谥本无可非议，孰料在谥号的选定上竟出现了争论，博士独孤及上言为其辩护：

> 或曰："洛阳之存亡，操兵者实任其咎，非执法吏所能抗。师败将奔，去之可也。委身寇仇，以死谁怼？"（独孤）及以为不然。勇者御而忠者守，必社稷是卫，则死生以之。危而去之，是智免也，于忠何有？昔荀息杀身于晋，不食其言也；仲由结缨于卫，食焉不避其难也；玄冥勤其官而水死，守位而忘躯也；伯姬待保姆而火死，先礼而后身也。彼四人者，死之日，皆于事无补，夫岂爱死而贾祸也，以为死轻于义，故蹈义而捐生。古史书之，使事君者劝。然则禄山之乱，大于里克、孔悝；奕廉察之任，切于玄冥之官。分命所系，不啻于保姆；逆党兵威，甚于水火。于斯时也，能与执干戈者同其戮力，挽之不来，推之不去，岂不以师可亏，免不可苟，身可杀，节不可夺。故全其特操于白刃之下，孰与夫怀安偷生者同其风哉！②

借助独孤及的议谥，我们隐约可以窥见反对者的观点，即洛阳的得失主要责任在于守城的将领，卢奕不过是以御史中丞留台东都，身为执法吏，并不承担军事上的责任，因此"师败将奔，去之可也"。若以此观念衡之，则"于时东京人士，狼狈鹿骇，猛虎磨牙而争其肉，居位者皆欲保命而全妻子。或先策高足，争脱羿彀；或不耻苟活，甘饮盗泉"③，似乎都变得可以理解甚至值得同情的了，反倒是卢奕自投死地的殉难，成了多此一

① 《旧唐书》卷一八七下《卢奕传》，第 4894 页；《资治通鉴》卷二一七，第 6939 页。
② 《旧唐书》卷一八七下《卢奕传》，第 4894～4895 页。另参《唐会要》卷八〇，第 1756～1757 页。
③ 《旧唐书》卷一八七下《卢奕传》，第 4894 页。

举的滑稽。"委身寇仇，以死谁怼"，并不特别值得表彰。独孤及作为古文运动的先驱，往往也被视为唐宋间思想变化谱系中的一员，这一背景或是他力主为卢奕争取美谥的原因。但值得注意的是，即使如独孤及也不得不承认"危而去之，是智免也"，尽管逃亡这一行为在他看来不能算真正履行了"忠"的义务，但在当时的舆论环境下，似乎也无法予以谴责。

　　这种对"智免"的推重，还可以从另外一些例子中得到印证。例如，当时舆论对张巡困守睢阳末期粮尽食人之举多有非议，"议者或罪张巡以守睢阳不去，与其食人，曷若全人"①。想要"全人"恐怕只能选择出降，这种怪责张巡坚守不去而未能"全人"的批评，无疑是"智免"的另一种翻版。而卢巽墓志云："属巩洛再陷，公守志弥固，誓节不回，言顺疾辞，时高智免当贼虐。"②志文虽然意在表彰卢巽拒受伪职的气节，但不难注意到他与安史政权的关系并非截然对立的，"言顺疾辞"，因此得以"智免"其祸。事实上，以种种方式"智免"的官员并非少数。李粲在安史乱前仕至濮州刺史，"及羯胡作乱，轶我河济，大梁已东皆下矣。公乃委城而南，吏人之丑逆从我者数十家，涉淮浮江，号失大荫"③。李颉墓志云其"次任邢州司仓参军，乾元初授此任，到官未几，避地江淮"，属于更常见的情形，在当时"多士奔吴为人海"避地江淮的浪潮中，弃官而走者恐非少数。④

　　另一方面，这也透露出在当时的观念中，臣子除了恪尽各自的职责之外，并无以身殉国的道德义务，这与明清易代之际频繁出现的官员城破自尽甚至举家殉难的场景，实有相当的不同。这种"忠"的义务的有限性，大约可以在魏晋以来士族社会的延长线上来加以观察，即在"君父"

---

① 《资治通鉴》卷二二〇，第 7046 页。
② 卢巽墓志，《洛阳流散唐代墓志汇编》，第 460～461 页。
③ 李粲墓志，《全唐文补遗》第 8 辑，第 76 页。
④ 《唐代墓志汇编》贞元 129，第 1932 页。

"家国"发生冲突时，士人往往并不以国家为先。① 李华在安史之乱中的
选择便颇具代表性：

> 时继太夫人在邺，初潼关败书闻，或劝公走蜀诣行在所。公曰：
> "奈方寸何，不若间行问安否，然后辇母安舆而逃。"谋未果，为盗所
> 获。二京既复，坐谪杭州司功参军。②

李华不选择追随玄宗入蜀，而是以奉母为名留在安史控制的区域中，多
少有主动附逆的嫌疑。③ 事实上，李华在燕仕至中书舍人，进入安史政
权中枢，目前已见到三方李华以燕中书舍人身份撰写的墓志④，可见其
有相当活跃的一面。乱平之后，李华循例遭贬官的惩罚，但当时人并没
有在道义上对他"先家后国"的选择予以谴责。李华晚年隐居江淮间，仍
因文名为时人所重，"惟天下士大夫家传、墓版及州县碑颂，时时赍金帛
往请"⑤，安史之乱中的经历对他在士大夫群体中的声望并无妨害⑥。

当时被目为"家以清俭礼法，为士流之则"的崔祐甫在安史之乱中的
表现则生动诠释了士大夫对"家国先后"的认识。崔祐甫出身博陵崔氏，
为天下盛门，乱前仕至河南府寿安尉，"安禄山陷洛阳，士庶奔迸，祐甫
独崎危于矢石之间，潜入私庙，负木主以窜"⑦。崔祐甫对自己及家族在
乱中的坎坷亦有详尽自述："顷属中夏覆没，举家南迁，内外相从，百有
余口。长兄宰丰城，间岁遭罹不淑。仲姊寓吉郡，周年继以鞠凶。呱呱

---

① 唐长孺：《魏晋南朝的君父先后论》，见《魏晋南北朝史论拾遗》，北京，中
华书局，1983 年，第 233～248 页。

② 独孤及：《赵郡李公中集序》，《文苑英华》卷七〇二，第 3618～3619 页。

③ 正如上文所论，《旧唐书》卷一九〇下《李华传》对此亦有所回护："玄宗出
幸，华扈从不及，陷贼"（第 5047 页）。

④ 这三方墓志分别是姚辟及妻郑氏墓志、吉光墓志、司马垂墓志，关于李华
所撰三方行用安史年号墓志的讨论，参见本书第三章。

⑤ 《新唐书》卷二〇三《李华传》，第 5775 页。

⑥ 建中二年李华弟李苕墓志中仍称颂其"以儒显焯于天下"（参见《洛阳流散唐
代墓志汇编》，第 430 页）。

⑦ 《旧唐书》卷一一九《崔祐甫传》，第 3437 页。

孤甥，斩焉在疚。宗兄著作，自蜀来吴，万里归复。羁孤之日，斯所依焉。岂期积善之人，昊天不吊，门绪沦替，山颓梁折。今兹夏末，宗兄辞代。顾眇眇之身，岿然独在。寡弱婴孺，前悲后泣。"①他在乱中历经艰险，保全家族，乱平后又耗费心思，经营葬事，将卒于南方的家族成员——迁祔洛阳②，故赢得士林称誉，之后宦途显达，位极人臣。恰巧由邵说撰文的崔祐甫墓志评价其"信仁智之两极也"③，唯独未提及"忠"。我们也不难注意到崔祐甫在乱中的选择无疑是将"家族"置于"国家"之上。事实上，在安禄山兵锋直指洛阳时，他选择了"危而去之"，抛弃了寿安尉的守土之责而举族南奔，这与自投死地的卢奕恰成对比。

上文亦曾论及收复两京之后，肃宗试图严惩"贰臣"，借助"刑人于市"的方式，收取惩戒劝勉之效④，但士大夫社会对此的反应则不尽相同：

> 达奚珣伪授宰相，置于徽纆，人惧法网，莫敢谒问。公感一言之重，径造圆扉，叙之以艰厄，赠之以缟纻。珣曰："仆托身非据，自陷刑典，知音扫迹，谁肯见哀？忽辱厚贶，死生佩服，虽奕向之报遇，何以加此？"兴平节度、中丞李公闻其风而器之，辟公授左金吾卫兵曹参军，以倅戎幕。⑤

卢巽明经及第后，应书判拔萃，达奚珣恰好以吏部侍郎身份主试，对他有奖掖之恩。因此，当达奚珣因附逆重罪，沦为待死之囚时，卢巽依旧

---

① 崔祐甫：《上宰相笺》，《文苑英华》卷六二七，第 3250 页。

② 由于崔祐甫一支墓志多有发现，这一案例较早就为学者所讨论，参见伊沛霞：《早期中华帝国的贵族家庭：博陵崔氏个案研究》，范兆飞译，上海，上海古籍出版社，2011 年，第 122~125 页。

③ 《唐代墓志汇编》建中 004，第 1823 页。

④ 韩愈《元和圣德诗》中对处斩刘辟及其诸子有一段写实而血腥的描写："周示城市，咸使观睹。解脱挛索，夹以砧斧。婉婉弱子，赤立伛偻。牵头曳足，先断腰膂。次及其徒，体骸撑拄。末乃取辟，骇汗如写。挥刀纷纭，争刌脍脯。"（方世举编年笺注：《韩昌黎诗集编年笺注》，北京，中华书局，2012 年，第 316~317 页）略可见"刑人于市"的惩戒意义。

⑤ 卢巽墓志，《洛阳流散唐代墓志汇编》，第 460~461 页。

不避嫌疑，前往探视。需要指出的是，卢巽因达奚珣对他曾有提携之恩，故不顾其大节有亏，仍以故主之礼待之，行为逻辑无疑秉承了两汉以降重视"门生—故吏"关系的遗风，这一仍在"二重君臣关系"笼罩下的士大夫社会无疑与宋以后有相当的不同。因此，卢巽之举获得士林称誉，兴平节度使李奂因此辟其为僚佐，可知肃宗"刑人于市"的严惩，恐怕并未收到"与众弃之"的效果。

当然，我们也可以注意到，安史乱中士人普遍的失节陷伪并非完全没有在舆论中激起反响。广德元年(763)，杨绾上书要求改革进士考试，恢复乡里选举，并得到了李廙、李栖筠、贾至、严武等不少士人的呼应，其中的核心便是指责进士取士重诗赋，造成行卷奔竞成风，败坏士习，导致安史乱中士人的失行：

> 四人之业，士最关于风化。近代趋仕，靡然向风，致使禄山一呼而四海震荡，思明再乱而十年不复。向使礼让之道弘，仁义之道著，则忠臣孝子比屋可封，逆节不得而萌也，人心不得而摇也。①

杨绾、贾至等人将批评的矛头指向诗赋取士，本身不过是将长期以来进士取士标准的争议在乱后求治的背景下重新加以提出。② 事实上，陷伪安史的臣僚中确实有不少如王伷、邵说、赵骅那样进士出身者，但对于唐廷而言，冲击更大的无疑是如陈希烈、达奚珣等当朝贵戚及张垍、萧华这些公卿子弟的大量附逆。③ 当时人对此有准确的描述："天宝之难，

---

① 《旧唐书》卷一一九《杨绾传》，第3430～3435页。另参吴宗国：《唐代科举制度研究》，沈阳，辽宁大学出版社，1992年，第155～158页。王德权曾注意到这一材料，将其纳入中唐之后士人自省风气形成的脉络下加以讨论，参见《为士之道：中唐士人的自省风气》，台北，政大出版社，2012年，第175～176页。

② 对于进士取士是否要以诗赋为标准是长期聚讼不已的话题，在唐前期曾有多次反复，参见吴宗国：《唐代科举制度研究》，第149～155页。

③ 除了传世文献的记载，借助出土墓志也能注意到唐名臣子孙活跃于安史政权中，如魏知古之子魏珏墓志中云其为史思明统治下河南少尹，拓本刊《秦晋豫新出墓志蒐佚续编》，第849～850页。娶新平县主的元璀亦"迹陷房庭"(元璀及妻新平县主墓志，《唐代墓志汇编续集》大历040，第719页)。

先朝勋德之胤，半仕穹庐"①，"朝廷簪绂，多受胁从"②。这除了对唐廷体面造成难堪外，更直接导致了玄宗一朝官僚集团的瓦解。尽管传统上对玄宗朝政治分野的讨论，注重文学与吏干两类官员的升降③，但由于玄宗一朝长达四十余年，大量贵戚公卿及其子弟与玄宗个人有密切的私人关系，这批人事实上构成了玄宗时官僚集团的核心。"是时均、垍兄弟及姚崇之子尚书右丞奕、萧嵩之子兵部侍郎华、韦安石之子礼部侍郎陟、太常少卿斌，皆以才望至大官，上尝曰：'吾命相，当遍举故相子弟耳。'"④虽然这些贵戚子弟最终未被提拔为宰相，但这种舆论及自我期许的存在反映了玄宗朝的政治特征。而对宦途的过高期望，或许导致了他们轻率地投向安史。⑤ 长安陷落后，随着杨国忠家族的被诛，大量公卿子弟的陷伪，这一官僚集团存在的基础不复存在，这也是玄宗入川后轻易交权予肃宗的重要原因。这些当然无论如何也不能推到进士词科的头上，杨绾等人所论不过是无的放矢，因而改革本身很快无疾而终。但杨绾等人的批评则透露出中唐之后士人通过自省来重建道德规约的文化转变，这与安史之乱的刺激不无关系。

李华晚年的转向便是一个典型的例子。⑥ 如王伷、萧华等人一样，李华遭贬之后，随着唐廷处置陷伪官员政策的转变，很快迎来了仕途上的转机：

> 公自伤悼以事君故，践危乱而不能安亲。既受污，非其疾而贻

---

① 魏系墓志，胡戟、荣新江主编：《大唐西市博物馆藏墓志》，北京，北京大学出版社，2012页，第638页。按"勋"，志石误刻为"动"。

② 元瓛及妻新平县主墓志，《唐代墓志汇编续集》大历040，第719页。

③ 汪篯：《唐玄宗时期吏治与文学之争——玄宗朝政治史发微之二》，见《汪篯隋唐史论稿》，第196～208页。

④ 《资治通鉴》卷二一八，第6982页。

⑤ 《资治通鉴》卷二一八："陈希烈以晚节失恩，怨上，与张均、张垍等皆降于贼"。（第6980页）

⑥ 王德权曾对李华的思想做过细致的梳理，参见《李华政治社会论的素描：中唐士人自省风气的转折》，载《政大历史学报》第26期，第2～24页。王德权指出，对于士人群体思想演变的考察不能简单地以安史之乱划界，不过具体到李华这一个案，安史乱中的陷伪经历直接导致了他人生的转向，不可轻忽。

亲之忧。及随牒愿终养而遭天不吊，由是衔闵极之痛者三。故虽除
丧，抱终身之戚焉。谓志已亏，息陈力之愿焉。因屏居江淮间，省
躬遗名，誓心自绝。无何，诏复授左补阙，又加尚书司封员外郎。
玺书连征，公卿已下，倾首延伫，至止之日，将以司言处公。公曰：
"焉有瘅节夺志者，可以荷君之宠乎。"遂称病请告。①

但与邵说、萧华、赵骅等重新在官场活跃的多数人不同，李华选择了退
隐自省的道路。作为当时文人群体中引领风气的人物，李华、萧颖士、
赵骅三人于开元二十三年同年登第，被目为一时之盛。② 开元天宝年间，
他们一方面往来唱和、互相标榜，同时又推崇儒学、反对浮华、激扬士
风，将文章视为阐明、发扬道德的承载物，以"文章中兴"自命，形成了
一个联系紧密的思想—文学群体，被后世学者视为古文运动的先声。③
李华《三贤论》对这一社会网络有详尽的描述，以下仅录其中一节以见
大概：

> 汝南邵轸纬卿词举标幹，天水赵骅云卿才美行纯，陈郡殷寅直
> 清达于名理，河南源衍季融粹微而周，会稽孔至惟微述而好古，河
> 南陆据德邻恢恢善于事理，河东柳芳仲敷该练故事，长乐贾至幼几
> 名重当时，京兆韦收仲成远虑而深，南阳张有略维之履道体仁，有
> 略族弟邈季退温其如玉，中山刘颖士端疏明简畅，颖川韩拯佐元行
> 备而文，乐安孙益盈孺温良忠厚，京兆韦建士经中明外纯，颖川陈
> 晋正卿深于《诗》《书》，天水尹征之诚明贯百家之言，是皆厚于萧者
> 也。尚书颜公重名节，敦故旧。与茂挺少相知，颜与陆据、柳芳最

---

① 独孤及：《赵郡李公中集序》，《文苑英华》卷七〇二，第 3619 页。
② 开元二十二、二十三年由孙逖知贡举，多取文儒之士，学者认为天宝年间
的复古思潮便是由这批人推动的，参见葛晓音：《盛唐"文儒"的形成和复古思潮的滥
觞》，见《诗国高潮与盛唐文化》，北京，北京大学出版社，1998 年，第 287～290 页。
③ 陈弱水：《唐代文士与中国思想的转型》，桂林，广西师范大学出版社，
2009 年，第 28～49 页。

善，茂挺与赵骅、邵轸洎华最善。天下谓之颜、萧之交。①

我们不难注意到，这些曾经志同道合、同气相求的至交，以及他们所标举的道德与士行，在安史之乱中遭遇外力胁迫时，面临着前所未有的考验，因此也出现了人生的分途。赵骅、李华、柳芳等先后仕伪②，其高唱道德的"知"与苟且偷生的"行"之间发生了冲突；颜真卿则成了忠臣义士的表率。③ 同样在安史乱后，如赵骅、柳芳等似乎并没有意识到这一内在的矛盾及仕伪经历的不妥，继续宦途沉浮；而李华则明显意识到了"知行合一"的必要，"一别凡十年，岂期复相从"④，虽仍怀念昔日的友情，但在思想上却走向了另外的道路。

　　尽管李华的选择在当时只是个案，并不代表士林的主流，但我们可以注意到无论是为卢奕请谥的独孤及，主张砥砺士行的杨绾，还是退隐自省的李华，以及为甄济入史而奔走的元稹、韩愈⑤，这些人后来都被或隐或显地列在了古文运动的谱系中。正如陈寅恪早已指出的那样，古文运动并不仅是一场单纯的文体革命，同时也是一场思想革新⑥，构成

---

　　① 李华：《三贤论》，《唐文粹》卷三八，四部丛刊本。按"河东"两字原阙，据《文苑英华》卷七四四补。

　　② 柳芳陷伪事，见《安禄山事迹》卷下，第101页。

　　③ 萧颖士是这一思想—文学群体中的核心成员，安史之乱中，避地江南，卒于扬州。李华乱后寄赠赵骅的《寄赵七侍御自余干溪行经弋阳至上饶山川幽丽思与云卿同游邈不可得因叙畴年之素寄怀于篇》云："茂挺独先觉，拔身渡京虹。"（《唐文粹》卷一五下，四部丛刊本）按李华诗中赞赏萧颖士之先觉，感伤自己受辱贼中，所推崇者似亦不过是"智免"而已，未对士大夫自身承负的道德责任有进一步的反省。

　　④ 李华《寄赵七侍御自余干溪行经弋阳至上饶山川幽丽思与云卿同游邈不可得因叙畴年之素寄怀于篇》诗中回忆了他们自少订交至安史乱中同陷于贼的经历（《唐文粹》卷一五下，四部丛刊本）。

　　⑤ 元稹：《与史馆韩郎中书》，《元稹集校注》，第848页；韩愈：《答元微之侍御书》，《韩愈文集汇校笺注》，第919页。

　　⑥ 陈寅恪：《论韩愈》，《金明馆丛稿初编》，第319～332页。由于学科的人为分割，古文运动成为文学史上一个论题，反而遮蔽了这一问题的多重性。对古文运动学术史批判性的回顾，可参见朱刚：《唐宋"古文运动"与士大夫文学》，上海，复旦大学出版社，2013年，第1～27页。

了中唐以后士大夫文化转变的重要一面。尽管最初这些不过是三三两两的声音，但最终映照出时代变革的先声。我们可以看到经过了约一两代人之后，这些三三两两的声音聚拢起来，慢慢汇聚成时代的主旋律。元和中，元稹在与韩愈的通信中，已将这些"贰臣"比附为"是以理平则为公、为卿、为鸘、为鹭，世变则为蛇、为豕、为獍、为枭者"①，显示出其间观念上的变化。至长庆二年（822），李德裕在表荐李源的上奏中公开抨击："自天宝之后，俗尚浮华，士罕仗义，人怀苟免，至有弃城郭委符节者，其身不以为耻，当代不以为非。臣恐风俗既成，纪纲皆废。此当今之急务，教化所宜先也。"②于是原本在安史之乱中，并不招致谴责的"弃城郭委符节"的"智免"之举，开始成为笔伐的对象。

李德裕表荐的李源是与卢奕一起壮烈殉国的东都留守李憕之子，其父被杀时李源年仅八岁，"为贼所俘，转徙流离，凡七八年"。安史之乱平定后，代宗曾授其河南府参军，但李源"以父死祸难，无心禄仕，誓不婚妻，不食酒肉"，隐居于洛阳北面的惠林寺。③ 在此之后，忠烈之胤似乎被士大夫们所淡忘，当李德裕再次"发现"这位"忠孝之美，并集憕门"的烈士遗孤，并请求将他的事迹载入国史时，当初的弱冠少年，已是八十多岁的垂暮老人。④ 半个多世纪以来，李源本人从"遗忘"到"重现"的遭际⑤，所透露的无疑是士风变化的消息。在此前后，获得重新表彰的不仅是李源一人。与卢奕、李憕一起殉难的采访使判官蒋清，虽在乱后获赠文部郎中、礼部侍郎，但"以秩卑不及谥"⑥。此后遗孀卢氏与孤女

---

① 元稹：《与史馆韩郎中书》，《元稹集校注》，第 849 页。
② 《册府元龟》卷四六八，第 5578 页。
③ 《旧唐书》卷一八七下《李源传》，第 4889 页。
④ 《册府元龟》卷四六八，第 5578 页；《唐会要》卷五五，第 1119 页。
⑤ 李冗《独异志》云李源被召是因为"宪宗读国史，感叹李憕、卢奕之事"（北京，中华书局，1983 年，第 82 页），这与李德裕上奏的时间不合。不过若将小说视为一种反映社会普遍观念的材料，那么大约在元和、长庆之际，在安史之乱中殉难的忠臣烈士开始被重新"发现"，上文所提到的甄济也是在此时被载入国史。
⑥ 《新唐书》卷一一二《蒋清传》，第 4181 页。

蒋氏相依为命，生活潦倒，"困饥馑，孀酷孤，横诚无告，然而恃念承颜，相保三纪"。卢氏去世后，"宫殡伊阙，余二十年。侍郎旅窆邙山，殆周甲子，而人无襄事"，因家庭缺乏财力，无力合祔。直至长庆三年（823），外孙王衮为度支郎中，感念"忠烈湮坠，垂七十年"，为之上表，蒋清才最终获谥曰"忠"，其孙蒋仲颁亦因封谥，获授华州参军。①

既往从思想史的角度考察唐宋之间士大夫文化变迁的学者，多将安史之乱视为重要的外界刺激②，但借助本章的考察，我们可以注意到这一影响并不是即时性的，而是回溯性的。即在安史之乱平定前后，士大夫阶层中依然笼罩着对"贰臣"的同情与回护，并无反躬自省的意识，直到半个多世纪之后，思想的风向才真正开始发生变化。

"忠"这一观念的产生自然可以追溯至战国以前，但在何时才成为规范臣子行为的唯一准则，进而推动皇权的绝对化，是值得思考的问题。③从安史之乱后的舆论反应来看，尽管唐代国家一统、皇权伸张，但魏晋以降士大夫"先家后国"的传统余响尤在，玄宗重视公卿子弟，多与名臣家族联姻，朝廷中依旧晕染"贵族"的色彩。但随着安史之乱的冲击，玄宗时代官僚集团的瓦解，新一代士人的登场所导致中唐以降思想文化上的种种变化，实为国史上的一大变局，学界讨论尤多。宋代之后"忠"从

---

① 王汶妻蒋氏墓志、王衮墓志记载此事较详（王汶妻蒋氏墓志，《唐代墓志汇编续集》大和 001，第 879 页；王衮墓志，《唐代墓志汇编》大和 054，第 2134 页）。关于蒋清的家世，可参见李豪：《唐蒋清史事考订》，见《唐史论丛》第 20 辑，西安，三秦出版社，2015 页，第 41～48 页。

② 包弼德：《斯文：唐宋思想的转型》第四章"755 年之后的文化危机"，刘宁译，南京，江苏人民出版社，2017 年，第 138～185 页；陈弱水：《唐代文士与中国思想的转型》，第 2～5 页。

③ 关于"忠"概念的产生与早期影响，可参见佐藤将之：《中国古代的"忠"论研究》，台北，台湾大学出版中心，2010 年；另参王子今：《"忠"观念研究：一种政治道德的文化源流与历史演变》，长春，吉林教育出版社，1999 年。值得注意的是，在这本通论性的著作中，对于历代"忠"的观念的传布影响皆有述及，唯魏晋南北朝着墨甚少。

一种普遍的观念渐渐上升为规制士大夫行为的绝对道德律令①，"师败将奔，去之可也"的智免之举已变得不可宽恕，以身殉城则成了臣子的义务。易代之际的任何"失节"的言行，都会被置于放大镜下详加审视，成为士人赢取身前身后名的关键。

但仍需指出的是，尽管"忠"的观念在此之后得到了强化与扩展，但士大夫在具体行动中依然存有犹疑与权衡，即使如文天祥这样的忠臣楷模，亦不例外。② 清军入关之后，本人坚守气节，遗民不仕，但允许子孙应举做官者更比比皆是，可知士人家族与国家之间的冲突与调和在整个历史时期都依旧存在。而我们在关注士大夫新面貌形成的同时，亦需要注意到中唐之后"国事既毕，家道乃行"③这一自觉产生背后的皇权膨胀阴影。④

---

① 这种"忠"的义务的绝对化，背后的思想背景尚有待廓清。若从社会史层面考虑，或许值得抉出的线索是唐代仍保有身份制社会的遗泽，门荫依然是官僚家族维系的重要保障，因此仕宦仍与门荫有关。宋以后平民兴起，故标举道德主义，"内圣"渐变为"治国平天下"的资格，官僚"忠"的道德义务因此得到强化甚至被苛求。

② 参见温海清：《文天祥之死与元对故宋问题处置之相关史事释证》，载《文史》2015 年第 1 辑，第 73～102 页。

③ 韩愈：《猫相乳说》，《韩愈文集汇校笺注》，第 427 页。

④ 如果以一个较为抽象的概念来解说的话，在探究官僚与皇权的关系时，到底是将皇帝视为官僚层级中的顶端，还是认为皇帝本身超越于官僚之上，意义有很大的不同。如果是前者的话，皇帝与官僚之间的关系仍具有一定的制衡性，后者则导向皇帝对官僚只有权利而无须承担义务。"忠"这一观念的强化，无疑为宋以后皇权的膨胀奠定了基础。

第三章 墓志书写与葬事安排：
安史乱中的政治与社会一瞥

　　行用安史年号的墓志，保存了燕政权统治下的若干断片，虽不能算是系统而齐整的史料，但透露出不少传世文献阙载的信息，有其独特的价值。因此，自发现以来便为金石学家所重，叶昌炽《语石》中列有"唐僭号一则"，枚举数例，柯昌泗续有增益。① 冻国栋在此基础上，系统梳理《唐代墓志汇编》及《唐代墓志汇编续集》所收录的行用安史年号墓志共 25 方，从所见当时中下层官吏墓志文本的表述中，探考其摇摆于唐、燕之间的微妙心态。② 近年来新刊布的安史相关碑志为数不少，据笔者统计已达 60 方（见表一）③，倍逾于前，其中不乏卷入叛乱的重要人物，引起了不少学者关注④。随着资料的丰富，已有条件在之前研究的基础上，对年号行用与正朔认同之间的关系做进一步的辨析，进而综合性地梳理、

---

　　① 叶昌炽撰，柯昌泗评：《语石 语石异同评》卷一，北京，中华书局，1994年，第 37～38 页。

　　② 冻国栋：《墓志所见唐安史乱间的"伪号"行用及吏民心态》，见《中国中古经济与社会史论稿》，第 259～277 页。后冻国栋又以卢浼墓志为个案进一步申论了其观点，参见《读〈大燕故魏府元城县尉卢府君（浼）墓志序〉书后》，见武汉大学中国三至九世纪研究所编：《魏晋南北朝隋唐史资料》第 26 辑，第 203～208 页。另查屏球也曾借助行用安史伪号墓志探讨乱中的士人心态，参见《从游士到儒士——汉唐士风与文风论稿》，上海，复旦大学出版社，2000 年，第 379～384 页。

　　③ 墓志的基本信息及出处详见章后附表一，为行文省便，本章引述表中墓志，不再一一注明出处。

　　④ 其中最重要的是安禄山谋主严庄之父严复、弟严希庄墓志，相关研究可参见本书第一章。

比较行用安史年号及同时期使用至德、乾元等唐年号墓志的文本书写与发现地点，借此探究安史乱中政治与社会之侧面。

一、伪号行用与正朔认同关系辨考

在既往研究中，除了借助卷入叛乱重要人物的墓志考订史实之外，对行用安史年号墓志的文本进行分析，发掘行文中的微言隐曲，也是学者关注的方向。柯昌泗早已论及此点："祥符常茂徕旧藏段公夫人常氏志文，冠以大燕，不著年号，但书月日卒葬而已。石出北京，时正为安氏所据，不得不书为燕，而不肯用其正朔也。"①冻国栋在排比了当时已知所有碑志后，以陈牟少及妻李氏墓志、长孙君妻杜氏阴堂文、刘君妻邓氏墓志等为例，指出行用安史年号的墓志行文中仍保留了如"皇朝""皇"，志题中不署"燕"或"大燕"，显示出当时人虽处于安史治下，仍不忘于唐的矛盾心态。② 这一从细绎墓志文本的"隐微书写"角度切入，探究安史乱中吏民心态的研究进路，颇具启发性，但随着所见资料的增广及对文本的进一步细读，这一结论恐怕有进一步检讨的必要。

先行研究所抉出的问题实际有二，志盖、志题中对燕国号的书写，志文中对安史年号的行用，学者们倾向于认为不书国号或年号的墓志，或具深意。以下首先重新检视之前学者分析过的几个案例，辨析其结论的可靠性。柯昌泗所举段喜妻常氏墓志，志题作"大燕赠右赞善大夫段公夫人河内郡君常氏墓志铭并序"，志文中虽未提及安史年号，但明确指出段喜之子在安史叛军中扮演了相当重要的角色："厥有令胤，扬名立身，茂功高于一时，圣恩沾乎百辟，父以子贵，自古有之。"因此，虽然段喜早在开元十九年(731)便谢世，生前亦未有仕宦经历，但在燕政权建立

① 《语石 语石异同评》卷一，第38页。
② 冻国栋：《墓志所见唐安史乱间的"伪号"行用及吏民心态》，见《中国中古经济与社会史论稿》，第266~268页。

后，仍被追赠为右赞善大夫。可知段喜一家不但未尝心怀唐室，事实上与安史政权关系紧密，志文保留开元年号，未书圣武年号，只是墓志书写的习惯，并无深意。在冻国栋所举的各种表述中，志题中是否书"燕"或"大燕"，实有一定规律可循，若志主卒于天宝末及之前，仅在安史治下安葬、合祔或迁葬，志题常不署燕国号，仍以"唐"起首。除了冻国栋指出的陈牟少及妻李氏墓志题"唐故左威卫左中候内闲厩长上上骑都尉陈府君墓志"外，新见之例甚多，如王宾及妻阮氏墓志题"故唐陪戎副将太原王府君夫人陈留阮氏墓志铭并序"、唐恕墓志题"唐故许州扶沟县丞唐府君墓志铭"、张义琛及妻孙氏墓志题"唐故楚州司马吴郡张公墓志铭并序"、李琁墓志题"唐故余姚郡司户李府君墓志铭并序"，皆属于这种情况。若放宽视野，检核卒于隋、葬于唐或卒于唐、葬于五代的墓志，便不难注意到志题署"唐"不过是遵循墓志书写的格套，而非另存微言大义。如武德八年（625）葬的宇文述墓志题"隋故司徒公尚书令恭公宇文公墓志铭"，显庆三年（658）与妻费氏合葬的柳雄亮墓志题"隋故黄门侍郎太子左庶子汝阳公柳君墓志铭"，于北宋开宝三年（970）十月重新安葬的牛存节祖孙三代四人，墓志皆书前朝国号。如牛存节墓志题"梁故天平军节度使郓曹齐棣等州观察处置等使检校太尉同中书门下平章事赠太师牛公墓志"，其子牛知让墓志题"晋故度支郎中牛公墓志"，从其卒官或获得赠官时的国号。

另一种情况则是妻从夫，丘昇及妻张氏墓志题为"唐故文安郡清苑县令丘府君夫人墓志铭并序"，崔君妻郑氏墓志题为"大唐故朝议郎行城门郎崔公夫人郑氏墓志序"，李晊及妻司马氏郑氏墓志题为"唐故正议大夫丰王府长史兼光禄卿李府君墓志铭并序"，张氏及两位郑氏皆卒于安史治下，因与先前去世的丈夫合葬之需而撰作墓志，但她们的丈夫皆卒于天宝末以前，由于女性无仕历可称，故志题仍随其夫之官署"唐"。这种书法在其他墓志中亦不难找到类似的例子，如卒于梁贞明四年（918）的郑琪墓志题"唐故右谏议大夫博陵崔公夫人荥阳邑君郑氏墓铭并序"。

　　事实上，我们可以发现志题署唐国号或未署国号的墓志中不乏与安史叛军关系密切者。如前引张义琛及妻孙氏墓志中云"嗣子燕右金吾胄曹曰澄"，则知其子仕燕，另署"户部侍郎祁顺之撰"。按祁顺之名见于郎官石柱、御史台精舍碑，之前对其事迹仅知《旧唐书·李邕传》云其天宝初为刑部员外郎，与监察御史罗希奭就郡决杀邕①，撰文时所署户部侍郎系安史授予的伪官。宋微墓志题作"故洛阳县令宋府君墓志"，未署国号，但志主是一位陷伪唐臣，唐廷第一次收复洛阳后，郭子仪署宋微为河南府法曹参军，后转新安县令，史思明再克洛阳，宋微仕伪，成为燕政权治下的洛阳县令，死后赠钱三十万，哀荣葬礼，可知其在燕政权中颇为活跃。以上两例足以证明志题是否署唐国号，与志主的政治倾向并无关联，亦无表微之意。此外，陈景仙及妻覃氏墓志题作"大唐故兵部常选陈府君夫人墓志铭并序"，志盖篆题"大燕故陈府君墓志铭"（图二）；唐恕墓志题作"唐故许州扶沟县丞唐府君墓志铭"，志盖篆题"大燕故唐府君墓志铭"；姚承珇及妻王氏墓志题作"故司农寺主簿姚府君墓志铭并序"，志盖篆题"大燕故姚府君墓志铭"；孙君墓志题作"故太常寺主簿孙府君墓志铭并序"，志盖题"燕故孙府君墓志铭"；贾君墓志题作"燕故河东道横野军副使贾府君墓志并序"，志盖题"贾府君志"，则同一方墓志中志题、志盖往往也不一致，可知书写不无随意性。

　　另一方面，我们也要考虑到这些墓志的主人大都是中下层官吏，撰写志文者多为无名文士，是否有展开"隐微书写"的能力与自觉，恐怕也颇为可疑。如行用安史国号、年号的墓志中，有几方处士的墓志，志题多以"燕"起首，如大燕故处仕杜君墓志、大燕故处士徐君墓志铭并序、大燕故程府君墓志铭、燕故 杨 府君墓志铭等，这几位既未仕唐，亦未仕燕的处士，在志题上署"大燕"是否意味着认同安史呢，答案无疑是否定的。因此理解这一问题时，我们更应该考虑墓志的惯常书法、撰文者的习惯乃至其中混杂着的随意性等因素，整体性地理解墓志文本，而不应

---

① 《旧唐书》卷一九〇中《李邕传》，第 5043 页。

仅据片言只语做过度的解释。① 在此情况下，冻国栋所指出的其他现象，如长孙君妻杜氏阴堂文中叙先世官职皆曰"皇朝"，刘君妻邓氏墓志述祖先仕历"皇""唐"杂用的现象，恐怕也不宜简单地认为其中寓有深意。②

同样目前所见志题书"燕"国号及行用安史年号的墓志中，不乏因抗击安史而殉国的唐之纯臣。如题为"大燕故右骁骑卫中候赵府君墓志"的赵嗣宗墓志，志文云"乃时逢国难，身碎霜刃"。按赵嗣宗天宝十五载六月廿日卒于长安崇化里，安禄山的叛军大约正是在此前后攻陷长安③，赵嗣宗无疑死于叛军之手④，右骁骑卫中候的禁军之职亦是唐廷所授⑤，而非燕官。但这并不妨碍志盖、志题署大燕⑥，志文用圣武年号。

更为复杂的案例是司马垂兄弟的墓志。司马垂本为唐魏郡太守，安禄山攻陷河北后，参与由平原太守颜真卿等策动的河北诸郡县起义，斩伪署魏郡太守袁知泰，"为西南主，分兵开崞口之路"，意在接应程千里统帅的唐军自河东来援⑦，在河北反正之役中扮演了重要的角色。墓志

---

① 传统的金石学颇重视对金石例的讨论与概括，这点在现代学术中并没有得到很好的承继。某种意义上而言，只有将括例与考释相结合，才能更准确地解读石刻文本。参见叶国良：《石学蠡探》序，台北，大安出版社，1989 年，第 1～3 页。

② 例如前引宋微墓志云"至德之初，王室多故"，仍以称唐为"王室"，但后文又云"□大燕创业、楚才晋用"，可知前文的"王室"不过习惯而已，并无深意。又如下文提及朱泚时的石暎墓志，虽用干支纪年暗示了志主心怀唐室，但志文中却称唐为"前朝"，亦是墓志书写习惯之一例。

③ 安史叛军攻陷长安的具体时间并无明确记载，《资治通鉴》卷二一八《考异》折中各家之说，认为当在六月十六日或十七日之后（第 6979 页）。

④ 呼啸：《新发现大燕〈赵府君墓志铭〉浅析》，见西安碑林博物馆编：《碑林集刊》第 17 辑，西安，三秦出版社，2011 年，第 29～36 页。

⑤ 如下文所论述的那样，在行用安史年号的墓志中，与赵嗣宗墓志类似，志题书燕国号，后面所署官位为唐所授者，颇为常见。

⑥ 赵嗣宗墓志志盖篆"大燕故赵府君墓志铭"。

⑦ 《旧唐书》卷一二八《颜真卿传》，第 3591 页；另参殷亮：《颜鲁公行状》，《颜鲁公文集》附录，四部丛刊本。

对司马垂的死因虽有所隐晦，"大燕之兴，公疾□呕，有命就清河医疗。前朝遗将复据贝州，置公于平原。天宝十五年十二月十八日，终于德州凝虚寺"①，并不讳言其曾参与反燕起兵。天宝十五载六月长安陷落后，河北义军的形势急转直下，浴血奋战至是年十月，平原太守颜真卿以食尽援绝，弃城渡河，河北诸郡复为安禄山所有。② 司马垂大约是因兵败被囚，遭安史叛军杀害而壮烈殉国，但与赵嗣宗墓志一样，志文题署"燕故魏州刺史司马公志铭"。值得玩味的是由陷伪的著名文士李华执笔志文中所记的卒日"天宝十五年十二月十八日"。众所周知，安禄山早在是年正月称帝建燕，建元圣武，而肃宗七月在灵武称帝后，改元至德。因此对于唐、燕双方而言，天宝十五载皆无十二月，天宝年号在此显得有些突兀，这或涉及玄宗、肃宗并立阶段各地忠唐势力的态度。

> 肃宗之在灵武也，公前后遣判官李铣及马步军张云子以蜡为弹丸，以帛书表实于弹丸之内，潜至灵武奏事。有诏以公为工部尚书兼御史大夫，依前河北招讨采访处置使。又于丸内奉敕书，及即位改年敕书至平原，散下诸郡宣奉焉。又令前监察御史郑昱奉敕书，宣布河南江淮。所在郡邑，风从不疑，而王命遂通，则公之力也。③

据《颜鲁公行状》记载，当时在河北孤军苦战的起义将士已获悉肃宗改元事。④ 太子李亨在马嵬之变后，与玄宗分途，至灵武自立，遥尊玄宗为

---

① 《全唐文补编》，第 2280～2281 页。相关考释可参周铮：《司马垂墓志考证》，载《中国历史博物馆馆刊》1996 年第 1 期，第 118～125 页。但本文所论及的问题或与周文不同，或周文未涉及，读者自可参看。

② 《旧唐书》卷九《玄宗纪》，第 231 页；《资治通鉴》卷二一九，第 7005～7006 页。

③ 殷亮：《颜鲁公行状》，《颜鲁公文集》附录，四部丛刊本。

④ 值得注意的是此事并不见载于《旧唐书·颜真卿传》，《新唐书·颜真卿传》《资治通鉴》皆据《行状》补入。

太上皇，但在玄宗未正式认可之前，肃宗的正朔是否得到河北、江淮等地为唐所守的将士的普遍承认，实存在一定的疑问。① 如张巡七八月间在《答令狐潮书》中云："主上缘哥舒被衄，幸于西蜀，孝义皇帝收河、陇之马，取太原之甲，蕃、汉云集，不减四十万众，前月二十七日已到土门。蜀、汉之兵，吴、楚骁勇，循江而下。永王、申王部统已到申、息之南门。窃料胡虏游魂，终不腊矣。"② 时坚守雍丘的张巡虽与朝廷声问不通，但无疑仍能从各种渠道获悉长安陷落后政局变化的情报。③ 尽管他当时已知晓肃宗继位事，但覆书中仍称玄宗为"主上"，云肃宗为"孝义皇帝"，而"永王、申王部统已到申、息之南门"云云仍叙玄宗平叛的部署，可见入蜀途中丁卯制的影响。作为以"张睢阳齿"而名垂青史的唐之忠臣，张巡覆书中显得在玄宗父子之间有些摇摆不定，这或许反映了长安陷落后各地仍为唐守官员的普遍心态。

　　至圣武二年闰八月安葬司马垂时，李华无疑早已获晓局势的前后演变，但仍保留的天宝十五年十二月的记事，或系存司马垂被杀时之实录。不过志文仍以燕为正统，视唐为"前朝"，葬年用圣武年号。显圣元年（761）卒于史朝义治下洛阳的司马垂之弟司马望，志文的表述与之类似，志题署"大燕故朝议郎前行大理寺丞司马府君墓志铭并序"，司马望在司马垂被杀后，"抚孤育幼，居丧虑事，哀哀之中，不无时难"，在安禄山统治期间隐居不出。至德二载十月，唐军收复洛阳后，"时东京居守崔光

---

① 起先无疑玄宗更具有正统性，如玄宗入蜀途中于七月丁卯下制，部署平叛事，"先是四方闻潼关失守，莫知上所之，及是制下，始知乘舆所在"，稳定了四方人心（《资治通鉴》卷二一八，第6983～6984页）。玄宗入蜀，获悉肃宗自立，乃于八月丁酉下诏逊位，但从成都出发的韦见素、房琯等至九月丙子才赍册书及传国宝至，正式宣布此事，河北义军未必能及时获悉。参见《旧唐书》卷一〇《肃宗纪》，第242、244页。

② 《资治通鉴》卷二一八《考异》引《张中丞传》，第6989页。

③ 如困居长安的杜甫《哀王孙》云，"窃闻天子已传位，圣德北服南单于"（《杜甫集校注》，第207～208页），知杜甫在贼中仍能获得唐廷方面的消息。由于诗中有"已经百日窜荆棘"一句，历代注家多将此事系于至德元载九月，谢思炜认为当作于回纥援兵消息至后。

远奏公复旧官，见公隐见之节也"，但好景不长，乾元二年九月，史思明再度攻占洛阳，直至司马望去世，洛阳皆在叛军的控制下。在洛阳两度沦陷期间，司马望一直心怀唐室，隐居守节，并未出仕伪燕，志题所署"朝议郎前行大理寺丞"系唐之旧任，但志题、志文依旧行用安史国号、年号。①

综上所述，志题是否署燕国号，志文是否行用安史年号，对于当时人而言，盖属客观实录，并不存在"隐微书写"的深意。更为有力的证据是，我们读到两方安葬于安史之乱平定后的墓志，但在叙述志主生平时皆采用了燕的年号。两位志主皆是女性，家族也无仕宦经历，大约只是出自普通士人之家，墓志的文辞及制作都较为简陋，自然不存在"隐微书写"的可能。这种情况只是由于志主生活在长期为安史政权控制的相州一带，从实录而已。其中葬于永泰二年(766)十二月的张氏墓志，志文记其卒于显圣二年(762)五月，保留了安史年号。葬于大历四年(769)十月的王光庭及妻刘氏，墓志内容稍丰富，特别述及"属安史叛乱，班历差别"。王光庭卒于天成元年(758)十二月，刘氏卒于顺天元年(759)三月②，相距不过三个月，但正好跨过从九节度围攻相州至史思明兼并安庆绪这一动荡不安的时期，夫妻双方分别使用了安庆绪、史思明两人的年号，可见志文记录年号的"实录"特征(图三)。③ 这种书写的客观性，除了遵循墓志撰写的惯例，可能还与时人的观念有关。如本书第二章所论，安禄山攻陷两京后，有大量唐廷高官显宦附逆，"为贼所污者半天下"④，而

---

① 与司马垂兄弟墓志情况类似的是杨涛墓志。从志文来看，曾任安东大都护府户曹参军兼平卢军司马的杨涛当系唐之纯臣，墓志对涛的卒年语焉不详，推测其可能参与了平卢军反对安禄山的起兵而被杀。志盖题"杨公墓志"，志题署"太子家令杨公铭并叙"，皆未署国号，不知是否有深意存焉，但志文仍使用了安史年号。

② 这两方墓志拓片刊贾振林编著：《文化安丰》，郑州，大象出版社，2011 年，第 424～425 页。

③ 这两方之外，葬于大历元年十二月的辛庭，墓志中也提及了"天成"年号，只不过在"天成"前加一伪字，参见《唐代墓志汇编》大历 002，第 1762 页。

④ 《资治通鉴》卷二二〇，第 7037 页。

宋以后日趋严格的"忠臣不仕二主"观念在当时尚未占据统治地位。因此在时人看来，燕取代唐，与唐取代隋一样，是正常的王朝鼎革，并无太多夷夏之防、正闰之辨的意识。更可注意的是在当时人的经验中尚属于当代史范畴的武周代唐及神龙复辟，皆大体留用了昔日臣僚，也未在朝野上下引起太多非议。这种观念在墓志的书写中也有充分的体现，如唐年号与燕年号在同一篇志文中并用，张惟恭墓志题"大燕故唐泽州司法参军清河张府君墓志"，皆将燕、唐视为先后交替的两个王朝。其他如"大燕之兴"（司马垂墓志）、"燕唐之际"（姚辟及妻郑氏墓志）、"燕朝革命"（陈牟少及妻李氏墓志）、"□大燕创业、楚才晋用"（宋微墓志）、"仕阶七命，名借二朝"（崔收及妻卢氏墓志）之类的表述则更为显豁。

那么是否意味着在此类墓志中不存在任何的"隐微书写"呢，恐怕亦非如此。在通盘考察了墓志撰文的体例以及志主与作者的背景后，除了之前提到的司马垂墓志，我们可以注意到在以下四方墓志中，作者行文或有微言大义存焉。首先值得关注的是刘郁墓志与苏颢墓志。刘郁于天宝十四载(755)六月四日卒于宣城官舍，时渔阳鞞鼓尚未动地而来，但至次年十月归葬洛阳时，山河改易，洛阳已成为燕朝的新都。志文中为了回避使用安史年号，改以干支纪岁，云"以丙申岁十月廿九日己酉附于大茔，礼也"①。自从汉武帝创制年号已来，建元与改元便成为构筑王朝正统的重要一环，是帝王受命继统的标志之一，而干支纪年这一古老的方式渐演变为拒绝承认现政权合法性但又不愿公开反抗士人所运用"弱者的武器"，生出了褒贬的蕴意。② 与之类似的还有苏颢墓志。苏颢系苏源明之兄，源明初名预，志文即由其所撰，通篇用干支纪年，

---

① 　《全唐文补遗（千唐志斋新藏专辑）》，第 241 页。

② 　这种案例在唐代墓志中并不仅见于安史时，如石暎墓志，《唐文拾遗》卷四七，《全唐文》，北京，中华书局，1983 年，第 10911 页。由于志盖篆大汉，用干支纪年，之前学者多误以为是北汉墓志，柯昌泗指出系兴元二年朱泚之乱时葬于长安的墓志，故用干支纪年以寄意。参见《语石 语石异同评》卷一，第 38 页。

志盖、志题皆作"百石君墓志铭"①，不署安史国号、年号，知其仍心怀唐室焉。②

　　另两方墓志的情况则较为隐曲，目前所见 60 方行用安史年号墓志中，志题保存完整的有 55 方，其中不书国号者有 16 方。尽管志题不书国号，在墓志的书法中并不罕见，但这一时期不书国号墓志的数量无疑高于平均水平。如上文所论，有些不署国号的墓志，志主事实上与安史政权关系密切③，有些则不难从墓志书法上提供解释，与仍书唐国号墓志的情形类似，因志主卒于天宝末及之前，至安史治下安葬，故不书国号，如李庭训妻崔上真墓志题"故齐州禹城县令陇西李府君夫人清河崔氏墓志铭并序"、王玼墓志题"太原王府君铭一首并序"等。较有玩味余地的是姚辟及妻郑氏墓志、姚㑇墓志这两方墓志。姚辟系玄宗时名相姚崇之孙，近年来洛阳地区陆续出土了十余方姚氏家族的墓志，使我们对这一家族的世系、仕宦及葬地规划有了较为明晰的了解。④ 其中姚辟、姚㑇两人葬于安史乱中，姚辟墓志亦由李华秉笔。志文记姚辟仕唐至河南丞，入燕为殿中侍御史，但关于姚辟的死因，仅含混云"唯身与家，并陷于法，年才卅四"。结合志文开篇"燕唐之际，有仁义之士，危不忘本，死不逃法，曰吴兴姚公"的叙述，姚辟孙姚勖墓志又记其乱后获赠太常少

---

　　① 《洛阳流散唐代墓志汇编》，第 390～391 页。按苏颋未出仕，所谓百石君，盖指寓居汝南，"夏课丝千两，冬入粟百石以自奉……汝封人共号百石君"。

　　② 另外两个可注意的例子是赵留四墓志及袁恒墓志。赵留四天宝十四载六月卒于邺，至次年二月安葬时，安禄山已称帝建元，志题作"大唐故处士赵府君墓志铭并序"，并云"即以度载二月乙酉朔十二日景申迁厝"，避免使用圣武年号（《唐代墓志汇编续集》天宝 114，第 665 页）。袁恒为名臣袁仁敬之子，天宝十四载夏卒于晋陵，次年四月迁葬洛阳，用"翌岁"回避了年号问题，志盖篆"故袁公墓志铭"，志题作"故晋陵郡晋陵县令袁府君墓志铭"，未书国号（拓本刊《秦晋豫新出墓志蒐佚续编》，第829 页）。

　　③ 除了上文论及的宋微墓志，类似例子尚有封安立墓志。

　　④ 新近综合性的讨论可参见涂宗呈：《洛阳万安山南原的姚崇家族墓地——以墓志和神道碑为中心》，见《中国中古史研究》第 4 卷，北京，中华书局，2014 年，第116～140 页。可惜除姚懿墓系考古发掘，其余皆盗掘出土，损失了大量宝贵的信息。

卿①，可知所谓"陷法"是指姚辟因参与反对安禄山的密谋事泄而遭杀害。② 尽管我们对于这一事件的具体经过已不甚了了，但安禄山事后株连甚广，年仅十六岁的其侄姚侁也因此被杀，"从季父讳辟陷法之坐"，可知事态或相当严重，故招致安禄山严酷的报复。圣武二年四月，两人同时安葬③，而这两方墓志的志题都未书写国号，分别题为"故殿中侍御史姚府君墓志铭并序""吴兴姚氏殇子墓志铭并序"。④ 特别是姚辟墓志，题写的官位系燕所授，却不书燕国号，李华作为以碑版文字闻名于世的大手笔，于此或有微言大义存焉。⑤

二、国号与年号：安史政权内部的正统之争

由于安史政权维系时间不久，存世文献有限，其所行用的年号，特别是安庆绪谋杀安禄山，自立为帝后的几次改元，因时局板荡，史籍记载颇有抵牾之处，主要出处有二：

> 因传疾甚，伪诏立（安）庆绪为皇太子，又矫称禄山传位庆绪，乃伪尊太上皇。既袭伪位，改载初元年，即纵乐饮酒，委政于（严）庄而兄事之……会蔡希德自上党，田承嗣自颍川，武令珣自南阳，各以众来，邢、卫、洺、魏募兵稍稍集，众六万，贼复振。以相州为成安府，太守为尹，改元天和。⑥

> 安庆绪走保邺郡，改邺郡为安成府，改元天成。《考异》曰：《唐

① 姚勖墓志，《洛阳流散唐代墓志汇编》，第606～607页。
② 相关考释参见张明：《唐〈姚辟墓志〉考释》，《唐史论丛》第24辑，西安，三秦出版社，2017年，第263～268页。
③ 姚侁墓志记"以圣武二年□月廿日，陪葬于先茔之西北三百步，礼也"，月份恰好漶漫，而姚辟葬于是年四月廿日，日期与姚侁同，推断所缺者盖"四"字。
④ 姚辟墓志志盖题"姚府君墓志铭"，亦未书国号。
⑤ 《新唐书》卷二〇三《李华传》："惟天下士大夫家传、墓版及州县碑颂，时时赍金帛往请"（第5776页）。
⑥ 《新唐书》卷二二五上《安庆绪传》，第6421～6422页。

历》曰改元天和。《蓟门纪乱》曰改元至成，与实录年号不同。纪年通
谱两存之。今从实录。①

《新唐书·安庆绪传》所记安庆绪的两次改元，本《旧唐书》所无，系其增
益，可略辨其史源。据《考异》可知，改元天和事，本自《唐历》，另检《安
禄山事迹》亦记此事②，后被《新唐书》采录；实录则作天成，为《资治通
鉴》所采信。众所周知，《资治通鉴》编纂多参酌实录，但未记改元载初
事，或可从反面推测《新唐书·安庆绪传》所云改元载初事亦不出自实录，
《新唐书》编纂好采小说，此亦为一例。③ 若进一步参酌出土墓志，则可
解决文献记载的分歧。

安禄山于圣武二年正月遭谋杀后，据《新唐书》记载，安庆绪继位初
即改元载初，但目前所见圣武二年二月至十月墓志已达24方之多④，其
中并无使用载初年号的墓志⑤，足以证明载初年号未尝行用。⑥ 但墓志
材料中连带引出的疑问是史载安庆绪篡位后，秘不发丧，伪尊安禄山为
太上皇，到底至何时才正式公开安禄山的死讯。《资治通鉴》将两事连书：

---

① 《资治通鉴》卷二二〇，第7042页。

② 《安禄山事迹》卷下，第109页。

③ 章群：《通鉴、新唐书引用笔记小说研究》，台北，文津出版社，1999年，
第27~44页。

④ 除此之外，房山石经中也有圣武二年三月题记，但未见用载初年号者，参
见《房山石经题记汇编》，北京，书目文献出版社，1987年，第105页。

⑤ 其中尚需辨析的是贺兰君妻豆卢氏墓志，此志志文简短，仅数十字："载初
元年九月十四日，故泽州录事参军贺兰府君夫人豆卢氏墓。圣武二年二月十八日，
曾孙将举大事，不获皇考，不克祔葬，已俟他岁，求于良圣记。"前揭冻国栋文对此
志有详细讨论，认为此志两处提及安史伪号，并将"将举大事"推测为结众抗击安禄
山，似对文意有所误读。按志文所谓"曾孙将举大事，不获皇考，不克祔葬"，是指
试图将贺兰府君及妻豆卢氏合葬而未果，因此文中的载初，是武后所用的年号，系
豆卢氏初葬的年份，与安史无涉。

⑥ 查屏球已指出了这点，参见《从游士到儒士——汉唐士风与文风论稿》，第
379~380页。当然还存在另一种可能，由于安禄山于圣武二年正月被杀，若安庆绪
遵循逾年改元之义，则要至次年才改元载初，但至十月唐军便收复洛阳，安庆绪出
奔相州，载初年号或曾颁布，但未及行用。

"乙卯旦，(严)庄宣言于外，云禄山疾亟。立晋王庆绪为太子，寻即帝位，尊禄山为太上皇，然后发丧。"①另据《旧唐书·肃宗纪》，唐廷方面似乎也很快获悉燕政权内讧的消息，至德二载正月乙卯"逆胡安禄山为其子庆绪所杀"②，从传世文献记载来看并无疑义。但圣武二年十月燕中书舍人赵骅所撰的严复墓志却仍云"既而太上皇蓄初九潜龙之姿"，"皇帝于是下哀痛之诏，申褒崇之典"，将太上皇与皇帝并列，显示在安史叛军内部，一直未正式公布安禄山的死讯。由于严复系燕权臣严庄之父，墓志制作精良，平阙严格，志文出自燕官方手笔，其表述具有相当的权威性。另考虑到安庆绪继位之后，沿用了圣武年号而未改元，似为此也提供了一个旁证。根据墓志提示的线索，我们再来分析传世文献中的其他记载：

> (严)庄明日宣言于外，称禄山疾亟，伪诏立庆绪为皇太子，军国事大小并决之于庆绪。伪即位，尊禄山为太上皇。庆绪常兄事严庄，每事必咨之。③

比较上文所引《资治通鉴》与《安禄山事迹》的文字，观《资治通鉴》颇有因袭之处，但"然后发丧"四字并不见于《安禄山事迹》，两《唐书》安禄山、安庆绪本传亦未记发丧时间。《安禄山事迹》又载史思明称帝后，"令伪史官官稷一撰禄山、庆绪墓志，而禄山不得其尸，与妻康氏并招魂而葬，谥禄山曰光烈皇帝，降庆绪为剌王"④，似暗示安庆绪此前并未正式安葬安禄山。⑤ 事实上，直至圣武二年九月之前，唐廷对于燕的军事压力

---

① 《资治通鉴》卷二一九，第7012页。

② 《旧唐书》卷一〇《肃宗纪》，第245页。但《旧唐书》卷二〇〇上《安庆绪传》云，"二月，肃宗南幸凤翔郡，始知禄山死"（第5372页），则唐廷较晚才获悉此事。

③ 《安禄山事迹》卷下，第108页。

④ 《安禄山事迹》卷下，第110页。

⑤ 《旧唐书》卷一二九《张弘靖传》云其长庆初"乃发禄山墓，毁其棺椁，人尤失望"，知安禄山墓在范阳，此是史思明招魂葬后建造的坟茔（第3611页）。

并不大，安庆绪本应有充分的时间为其父举行盛大的葬礼。①

至德二载十月，唐军收复洛阳后，安庆绪奔逃至相州，收辑余部，稍稳住阵脚后，以相州为成安府，改元天成。由于《资治通鉴》系其事于至德二载十月，一般以为安庆绪至相州后，立刻改元。新发现使用天成年号的程思泰及妻胡氏墓志廓清了这一疑问，志文云："以天成元年岁次戊戌九月庚午朔三日壬申迁葬于邺县八里平原，礼也。"则安庆绪直至次年即唐乾元元年，才改元天成。那么是否有可能安庆绪奔至相州后，原有局面无法维系，才正式公布安禄山的死讯，并于次年改元。以上墓志中透露的几处片段虽不足以完全动摇传世文献的记载，但墓志中年号行用的信息，为我们考察安禄山被杀后燕政权内部的动向提供了有益的线索。

墓志中提示的另一条重要线索则是燕国号的问题，对此文献中的记载亦颇为含混。《新唐书》安禄山、史思明两人本传分别云"明年正月，僭称雄武皇帝，国号燕，建元圣武"，"夏四月，更国号大燕，建元顺天，自称应天皇帝"②，学者或因此误以为安禄山国号为"燕"，史思明改为"大燕"。③ 其实这是《新唐书》改写《安禄山事迹》不当造成的误会：

> 十五载正月乙卯朔，禄山遣东都耆老缁黄劝进，遂伪即帝位，国曰大燕，自称雄武皇帝……庆绪自至德二年杀禄山自立，至乾元二年己亥为史思明所杀，其后并于思明。思明复称大燕，以禄山为

---

① 直到至德二载十月唐军兵临城下之际，安庆绪仍为严庄之父严复、弟严希庄举行了隆重的葬礼。

② 《新唐书》卷二二五上《安禄山传》（第6418页），卷二二五上《史思明传》（第6430页）。按《旧唐书》卷二〇〇上《安禄山传》云"贼窃号燕国，立年圣武"（第5371页）。

③ 冻国栋《读〈大燕故魏府元城县尉卢府君（沇）墓志序〉书后》一文受此误导，将卢沇墓志中"大燕元年正月廿七日"理解为顺天元年，恐不确（第205页）。事实上，细绎墓志中"属天地草创，家国未宁，公以忠信自持，回避无顾"等略显含糊的描述，可以推测圣武元年正月死于魏州官舍的卢沇更有可能是因为仕伪，被颜杲卿领导的义军所杀。

伪燕。①

安禄山所称者即大燕，目前所见行用圣武年号墓志多用大燕亦可证。但引出的更关键问题是史思明"以禄山为伪燕"，即安、史之间存在断裂，之前学者似措意不多，仅李碧妍有所述及。② 墓志中则提供了新的史料，段喜妻常氏墓志记段喜"前燕初，赠右赞善大夫"③；程庄及妻孟氏墓志则云，"以后燕顺天二年岁次庚子二月癸巳朔十七日己酉合葬于□恩县城西北六里平原"；李晊及妻司马氏邓氏墓志记其后夫人郑氏"以后燕显圣元年七月廿七日，寝疾终于荥阳郡之私第"(图四)。这三则直接史料证明当时在燕统治的区域中，对安、史两个政权有明确的"前燕""后燕"区别。而姚汝能在解释"燕燕飞上天"的童谣时云"重言燕者，史思明亦称天子"④，可知唐王朝对于两个"燕"之间的不同亦有了解。

　　史思明"复称大燕，以禄山为伪燕"的政治文化蕴意在墓志中亦有反映，封安立墓志云"至顺天元年正月，大燕革命，河外鼎新"，宋微墓志云"□大燕创业，楚才晋用"⑤，可知史思明虽然保留了燕的国号，但并不专以安禄山的后继者自居，将后燕的建立视为"革命""创业"，意欲树

---

　　①　《安禄山事迹》卷下，第 101、110 页。按《资治通鉴》卷二一七明确记载安禄山所建国号即为"大燕"(第 6958 页)。

　　②　李碧妍指出与安禄山不同，史思明称帝后，急于举行郊天大典，有一系列整备礼制的计划，崇重佛教，军队中也不再以蕃将占据主导，显示出了较强的汉化倾向(《危机与重构：唐帝国及其地方诸侯》，第 286～289 页)。另本书第二章对前后燕之间在政治、军事结构的变化也有论述。除此之外，我们也可以注意到前燕政权的政治中心在洛阳，因此如严复等皆自河北归葬于此，而史思明虽亦控制洛阳，但死后却归葬范阳，其"号范阳为燕京，洛阳周京，长安秦京"(《新唐书》卷二二五上《史思明传》，第 6430 页)，似仍以范阳为根本。

　　③　由于志文中未出现年号，仅志题署"大燕"国号，《唐代墓志汇编》将其系于安禄山时。彭文峰《〈大燕赠右赞善大夫段夫人河内郡君温城常氏墓志铭并序〉系年考论》已注意到志文中"前燕"一词，将其系于顺天中(《唐代墓志中的地名资料整理与研究》，第 416～419 页)，大致可从，更稳妥的办法是将墓志系于后燕。

　　④　《安禄山事迹》卷下，第 101 页。

　　⑤　按宋微是在史思明攻占洛阳后陷伪的，故所谓"大燕创业"，只能是后燕而非前燕。

立新的正统。① 赵君妻李氏王氏墓志则透露出更隐微的信息，志题作
"大燕游击将军赵公故赵郡李氏太原王氏二夫人墓志铭并序"，葬于范
阳，并云其妻王氏大燕圣武二年七月五日寿终于正寝，但葬年却使用
干支纪年，记"壬寅岁二月十有一日葬我二夫人于郡城西北桃花原"，
回避使用史朝义的显圣年号，或许暗示这位游击将军赵公认同前燕而
非后燕。②

"燕"这一国号在叛军中颇具号召力③，如本书第一章所论安禄山曾
以"四星聚尾""尾为燕分，其下必有王者"作为起兵的政治宣传。史思明
南下相州时先自称"大圣燕王"④，吞并安庆绪称帝后，仍保留了"燕"的
国号。由于史料匮乏，学者多以为安、史之间具有很强的连续性。但借
助于墓志，我们可以观察到史思明虽然承安禄山余绪而起，但致力于塑
造出不同于既往的政治认同。⑤

① 根据史思明墓出土的玉册、哀册，称之为"昭武皇帝"(《北京丰台唐史思明
墓》，载《文物》1991 年第 9 期，第 30 页)。对于"昭武"之称的含义，学者意见分歧，
袁进京《唐史思明玉册试释》认为表现了粟特人的身份认同(见于炳文编：《跋涉集》，
北京，北京图书馆出版社，1998 年，第 255～256 页)；陈尚君则怀疑"昭武"模仿的
是十六国后燕慕容熙的谥号，如果后一种推测可以成立，倒是为史思明集团的"后
燕"认同提供了证据，参见《石刻所见玄宗朝的政治与文学》，见《贞石诠唐》，第
54 页。

② 志文提及其子令望为奉谏郎行光禄寺丞上柱国赐绯鱼袋仍中书驱使，从其
任官来看，当具文才，这也为志文存微言大义提供了一旁证。

③ 安史一方亦制作或利用关于"燕"的谣谶，如"燕燕飞上天，天上女儿铺白
毡，毡上一贯钱"(《安禄山事迹》卷下，第 101 页)。尽管姚汝能将其解释为"毡上一
贯钱者，言禄山只得一千日"，但这只不过是安史之乱平定后解释的转义。安禄山云
"才入洛阳，瑞雪盈尺"，明显是将此视为燕兴起的祥瑞。

④ 《新唐书》卷二二五上《史思明传》作"大圣周王"，第 6430 页。检《太平御览》
卷一一二引《唐书》《旧唐书·史思明传》皆作"大圣燕王"，知《新唐书》误。

⑤ 或许我们也因此能够理解史思明命官稷一撰写的安禄山、安庆绪墓志，并
没有用代表皇帝的玉册之礼，是出于对前朝有所贬损。同样我们也可以注意到在扬
州发现的隋炀帝墓，随葬的也是墓志而非玉册。但在史思明墓中发现了玉册，相关
考古信息见北京市文物研究所：《北京丰台唐史思明墓》，载《文物》1991 年第 9 期，
第 28～39 页。

三、动乱中的葬礼

正是由于年号的书写具有实录性，我们也可以借助行用唐、燕年号墓志的分布、数量等窥见双方控制范围的消长，不过由于目前所发现的墓志绝大部分皆出自两京，这一观察提供信息的价值受到了相当的局限。也正因如此，在安禄山相继于天宝十四载十二月、十五载六月攻陷两京后，尽管肃宗很快就在灵武称帝并改元，但迄今为止发现行用至德年号的墓志仅4方，远少于使用圣武者。其中至德元载十二月葬于平遥的轻车校尉阎神，先世皆无仕宦经历，志文云："往以羯胡作鲠，有乱天常，公乃应募临边，长缨出塞，斩其枭帅，直奉阙庭，旋蒙授上轻车都尉。"①大约是安史之乱起后应募从军的地方人士②，志文行用至德年号，可知肃宗正统的地位至是年末已被广泛认可。

随着唐军攻势的渐次展开，至德年号开始出现在两京出土的墓志中。至德二载九月癸卯收复长安后，十月在郊外举办了一场风光的葬礼，安葬的是左领军卫大将军弥姐亮。弥姐一作"弥且"，系羌中大姓，散见于十六国北朝史籍中，《周书》曾提及夏州首望弥姐元进。③ 耀州地区曾出土隋开皇中弥姐显明造像碑与弥姐后德造像碑④，知为地方大姓。弥姐亮曾任华阴郡潼津镇将，长安失守后，"日者国步艰难，诏征翘勇，以公

---

① 《唐代墓志汇编续集》至德001，第670页。

② 时官爵狠滥，"凡应募入军者，一切衣金紫"（《资治通鉴》卷二一九，第7024页）。

③ 《元和姓纂（附四校记）》，第91页；《周书》卷二七《蔡祐传》，北京，中华书局，1971年，第443页。

④ 弥姐显明造像碑、弥姐后德造像碑，拓本及释文见陕西省考古研究院、陕西省铜川市药王山管理局编：《陕西药王山碑刻艺术总集》第4卷，上海，上海辞书出版社，2013年，第3~15、24~43页。

之武足畏也，特拜大将军"①，至德二载寝疾中部，死于王事。② 因此在长安光复后，立刻为他举行了正式的葬礼，以酬勋劳。

唐军继续乘胜前进，十月庚申，安庆绪出奔相州，壬戌，广平王的大军收复洛阳。③ 庚申、壬戌分别是十月十六日、十八日，但直至十七日下葬的长孙君妻杜氏墓志仍使用了圣武年号。④ 但至次月便可看到唐的年号重新出现在东都，十一月十日有一场葬礼仓促举行，死者明希晋出身世家，祖父明崇俨因擅术数而得幸于唐高宗⑤，志文未明言其死因，"当退寇驰城，织途矢刃，获全伊幸，属害何惊"，推测大约死于唐军收复洛阳的战乱中，于是等到局面稍稍稳定后，"权殡于洛阳清风乡曜店里北邙之原"⑥。同样死于战乱的还有王元妻元氏，元氏去世时已九十五岁高龄，"何期魄散于胡兵，金躯陨于邻室"，至德二载九月廿八日死于乱中，三载正月下葬。⑦ 上文提及隐居不出的苏颋也在此之前死于兵匪之手，"会群盗剥其舆，焚其庐，恐凶而病，跪脆而卒"，皆透露出战乱波及一般士民的景象。

安庆绪奔走至相州后，众叛亲离，特别是随着史思明的降唐，处于两面夹击之下的安庆绪所能控制的仅是相州周边。因此提及天成年号的

---

① 弥姐亮虽系蕃人，但父、祖皆未仕宦，应当并不是蕃部中的豪酋，对其地位不宜估计过高，且乱中"官爵轻而货重，大将军告身一通，才易一醉"（《资治通鉴》卷二一九，第7024页）。

② 吴钢主编：《全唐文补遗》第3辑，西安，三秦出版社，1996年，第105页。

③ 《旧唐书》卷一〇《肃宗纪》，第247页。

④ 当然需要指出的是葬日系事先卜定，墓志在落葬前也已刻成，并非完全的实录。另值得一提的是赵怀玭墓志，目前各书皆系于至德二载九月，但墓志中实未出现至德年号，志文云赵怀玭"以天宝十五载三月四日归化于西都静恭之私第"，"明年九月季旬之二日，合祔于北邙原"，赵怀玭恰好是在双方激战正酣时，从长安归葬洛阳。需要指出的是直至是年十月，洛阳发现的墓志仍一律行用圣武年号，而此方墓志右上部残损，已不见志题，颇疑此志当题燕国号。拓本刊《千唐志斋藏志》，北京，文物出版社，1984年，第907页。

⑤ 《旧唐书》卷一九一《明崇俨传》，第5097页。

⑥ 明希晋墓志，《唐代墓志汇编》至德002，第1731页。

⑦ 王元妻元氏墓志，《秦晋豫新出墓志蒐佚》，第752页。

四方墓志皆发现在相州地区，王光庭及妻刘氏葬于相州，程思泰及妻胡氏葬于相州下辖的邺县，杨春及妻□氏张氏则葬于相州治下滏阳县，辛庭迁窆于故邺城西南廿里故县村①，恰好反映出安庆绪版图日蹙的窘境。几乎与此同时，在史思明归唐后，范阳立刻进行了一场更易年号的运动，目前存世的悯忠寺宝塔颂，原碑"大唐""光天大圣文武孝感皇帝""至德"等字石面明显凹陷，系磨去原石文字后改刻②，所记立碑时间至德二载十一月十五日是史思明归唐的时间③，这一具有纪念意义的时刻无疑出自后来追记④。考虑到悯忠寺在范阳城市空间中的重要地位，此碑的改刻重塑了当地的政治景观，成为史思明归顺的象征。⑤ 房山石经保留的题记中也透露出了同样的变化，安禄山在洛阳称帝后，仿玄宗之故伎，用年号冠名官寺，将唐代的官方道观开元观更名为圣武观⑥，以示维新。

---

① 辛庭墓志，《唐代墓志汇编》大历 002，第 1762 页。

② 叶昌炽对此类现象曾有概括："又若闰朝僭号，讳于纳土之余，吴越钱氏诸碑有建元者，宋初纳土皆毁去。所毁经幢尤多。叛镇纪年，削自收京以后。悯忠寺宝塔颂，史思明纪年皆磨去，重刊唐号。"（《语石 语石异同评》卷九，第 532 页）正是由于石刻具有景观效应，于是碑刻的建造、破坏、重建乃至改刻往往透露出政治风向的变化，进一步的讨论参见本书第四、五章。学者指出在青铜器上便已出现类似的情况，参见来国龙：《记忆的惩罚：春秋时期铜器上有意磨毁改刻的铭文》，见朱渊清、汪涛编：《文本·图像·记忆》，上海，华东师范大学出版社，2015 年，第 29～44 页。

③ 之前学者多指出史思明于至德二载十二月归唐，故碑刻十一月误，《金石萃编》卷九一汇录了诸家意见（西安，陕西人民美术出版社，1990 年）。但做进一步考察的话，《旧唐书·肃宗纪》记十二月己丑，史思明归唐。按十二月甲辰朔，无己丑，故《新唐书·肃宗纪》改为乙丑，《资治通鉴》从之，其实至德二载十一月乙亥朔，十五日恰为己丑，若此史思明归唐的时间，实录系错月份的可能性更大。

④ 《金石萃编》卷九一引《庚子销夏记》等皆已注意到碑文所记肃宗"光天大圣文武孝感皇帝"的尊号是在至德三载正月才上的，并非当时实录（参见《旧唐书》卷一〇《肃宗纪》，第 251 页）。

⑤ 悯忠寺宝塔颂的拓本见荣新江、张志清编：《从撒马尔干到长安——粟特人在中国的文化遗迹》，北京，北京图书馆出版社，2004 年，第 153 页。较为细致的研究可参见尤李：《〈悯忠寺宝塔颂〉考释》，载《文史》2009 年第 4 辑，第 107～132 页。

⑥ 彭文峰：《大燕马凌虚墓志考释》，见《唐代墓志中的地名资料整理与研究》，第 438 页。

而至次月，幽州便出现行用圣武年号的题记，"弟子宣德郎行范阳府范阳县主簿独孤擢妻唐 外甥女张十娘子 圣武元年二月八日上经一条"。同样史思明短暂归唐期间，乾元年号也出现在题记中，参与造经者不但有一般僧俗，也包括了幽州的军将，如"幽州节度都巡游奕烽铺使汝州梁川府左果毅都尉员外置同正员赏绯鱼袋上护军南阳张鼎造经一条 乾元元年四月八日"。史思明再度起兵后，顺天、显圣等后燕年号同样不出意外地出现在石经题记中，其中还包括史思明在正式称帝前行用仅三个月的应天年号。①

乾元二年(759)九月庚寅，再次起兵反唐的史思明攻克洛阳。与前一次不同，我们发现直到十月，洛阳仍有行用唐年号的墓志。吕藏元及妻张氏墓志记张氏先是随其子吕仪居于蒲州，乾元二年六月廿六日卒于官舍，至十月廿八日安厝于首阳山南风陵之原，与其夫合葬。吕藏元之子是当时圣眷正隆的宰相吕諲，于是朝廷"改赠先君鸿胪卿，褒赠太夫人卫国太夫人。赠绢布四百端匹，米粟二百石，中使吊祭，羽□官给。存殁哀荣备矣"②，这无疑是一场由官方主持的隆重葬礼。《旧唐书·肃宗纪》也留存了相关记录，十月"壬戌，宰相吕諲起复"③。但在史思明控制下的洛阳是否有可能举行这样一场风光的合葬呢，墓志出土的地点透露了真相。这方墓志出土于芮城县风陵渡镇西王村④，可知正是由于洛阳失陷，这场筹备中的葬礼并未能克期举行，已启殡的志主被草草安葬在了黄河的渡口，而早已制作完成的墓志所呈现的是一场未曾发生的"哀荣"。⑤

---

① 《房山石经题记汇编》，第104～107页。

② 《唐代墓志汇编续集》乾元008，第680页。

③ 《旧唐书》卷一〇《肃宗纪》，第257页。

④ 李百勤编：《河东出土墓志录》，太原，山西人民出版社，1994年，第14页。

⑤ 除此之外，查屏球曾指出《唐代墓志汇编续集》上元001所收张备妻李三娘墓志(第682页)，云其上元元年十一月葬于洛阳，在史思明治下仍有用李唐年号者。按检核墓志，不难注意到张备卒于永徽元年，李三娘卒于上元元年，此系高宗所用上元年号，非肃宗时，《唐代墓志汇编续集》系年有误。(《从游士到儒士——汉唐士风与文风论稿》，第383页)

　　另两方发现在两京之外的墓志也隐约透露出唐与燕之间的消长，发现在大同的贾君墓志一合①，志石划有郢线，但仅刻志题"燕故河东道横野军副使贾府君墓志并序"，其余部分未刻文字，似未及完成便仓促下葬。"横野军，在蔚州东北一百四十里，管兵三千人，马千八百匹"，隶于河东节度使辖下。② 乱前安禄山虽兼领范阳、平卢、河东三镇，但起兵时并未真正控制河东，不过河东节度辖下的大同军在军使高秀岩的统帅下③，叛乱伊始便加入安禄山一方。"命范阳节度副使贾循守范阳，平卢节度副使吕知诲守平卢，别将高秀岩守大同"④，其后高秀岩被任命为伪河东节度使，成为安史方面与唐军争夺河东的主将，甚至曾有"令高秀岩以兵三万出振武，下朔方，诱诸蕃，取盐、夏、鄜、坊"，进逼关中之谋。⑤ 至德二载十月，安庆绪逃奔洛阳后，河东、河南相继为唐军收复，燕政权呈土崩瓦解之势，至十一月"惟能元皓据北海，高秀岩据大同未下"。随后高秀岩从史思明归唐，唐廷拜其为云中太守。⑥ 高秀岩伪河东节度使实际控制范围不详，但结合传世文献及贾君墓志，横野军所在的蔚州、大同军所在的朔州及墓志发现的云州，大约是其比较稳定的控制区域，而这方未及刻完的贾君墓志或许正是高秀岩降唐前匆匆埋入的。

----

　　① 贾君墓志、盖，刊大同市考古所：《山西大同西北郊五代墓发掘简报》，载《文物》2016年第4期，第26～31页。墓志仅刻志题，考古报告认为其为五代刘守光行用燕国号的墓志。刘未《贾府君墓》一文指出刘守光控制的范围未曾至大同，而且墓的形制及出土文物（彩绘陶罐、铜镜等）的组合反映的是天宝年间样式，当定为行用安史年号墓志（"鸡冠壶"微信公众号，2016年5月29日），今从之。
　　② 《旧唐书》卷三八《地理志》，第1386～1387页。
　　③ 关于高秀岩之前的经历，只知其曾隶于哥舒翰麾下，参与攻克吐蕃石堡城之役，似非安禄山旧部（《旧唐书》卷一〇四《哥舒翰传》，第3213页）。清代金石学家曾著录《渤海郡王高秀岩墓碑》，如武亿：《授堂遗书》第3册，北京，北京图书馆出版社，2007年，第17～18页。陈尚君《全唐文补编》据同治《稷山县志》辑出，并考订其系伪托（第729页）。
　　④ 《资治通鉴》卷二一七，第6934页。
　　⑤ 《新唐书》卷二二五上《安禄山传》，第6417页。
　　⑥ 《资治通鉴》卷二二〇，第7044、7048页；《旧唐书》卷二〇〇上《史思明传》，第5379页。

　　另一方则是上元二年六月的卫思九墓志，墓志出土于兖州瑕丘。安禄山起兵后，卫思九"起授潞州上党府果毅"，参与平叛，时隶于兖郓节度使能元皓麾下，"时兖郓节度使、刑部尚书能公尚德宠劳，表公拟游击将军、左金吾卫翊府中郎将，加之紫绶"①。能元皓本燕北海节度使，乾元元年二月降唐，能元皓虽归唐较晚，但之后一直效忠朝廷。乾元二年三月，史思明在相州大败唐军，进而吞并安庆绪称帝，九月攻克洛阳，上元二年二月，史思明又在邙山击败李光弼，进逼陕。在这两年中，史思明一直掌握着河南战场的主动，占领了河南的北部与西部，而位居河南东部的能元皓则显得有些势单力孤。他在李光弼邙山败后，承受了更大的压力，频频与叛军交战，四月丁丑，"兖郓节度使能元皓破史朝义兵"，六月甲寅，"青密节度使能元皓败史朝义将李元遇"。② 墓志云卫思九"以上元二年夏六月廿日，卒于景宾之官舍"。其子卫景宾时任德州司马，但由于卫思九九天后便"权殡于瑕丘之临泗里之南原"，在这么短的时间内自无可能自德州迁葬至兖州，可知当时德州当在叛军控制下，故卫景宾亦寓居瑕丘。卫思九妻王氏"塍于历下，今尚睽阻，未遂回棺"，历城、瑕丘相距不远，却未能合葬，可知能元皓曾一度兼领的齐州亦不在唐廷手中。③ 卫思九墓志中的上元年号透露了在河南战场最困顿的时候，作为安禄山旧臣能元皓的尽忠与坚守。最终这份坚守迎来战场的转机，次年建寅月，"平卢节度使侯希逸于青州北渡河而会田神功、能元皓于兖

---

　　① 卫思九墓志，《山东石刻分类全集·墓志卷》，青岛，青岛出版社，济南，山东文化音像出版社，2013年，第141页。初步讨论见樊英民：《山东兖州的四件唐代碑志》，《唐研究》第8卷，北京，北京大学出版社，2002年，第360～361页。

　　② 《资治通鉴》卷二二二，第7113～7114页。其中六月甲寅条，胡注已指出："按上卷五年冬书兖郓节度使能元皓。详考本末，'青密'恐当作'兖郓'"，而卫思九恰是在上元二年六月廿九日下葬，志文提及"时兖郓节度使、刑部尚书能公"，可证《资治通鉴》之误。

　　③ 《旧唐书》卷一〇《肃宗纪》乾元元年九月："贝州刺史能元皓为齐州刺史、齐兖郓等州防御使。"（第253页）

州"①，平卢军主力的渡海而来，大大增强了唐军在河南战场上的实力。②

如果说伴随着唐、燕两个政权的攻守易势，墓志所呈现的是年号的频繁改易以及死于乱离中士人的匆匆落葬，那么在安史统治两京的岁月中，构成出土墓志主体的中下层士人的面貌又是如何。尽管在墓志这种格式化的文体中，中下层墓志的行文往往更缺乏个性，使得这一群体面目模糊，难以把握，但仍有些许可供窥测的缝隙。目前所见有完整卒年、葬年资料的行用安史年号墓志有 48 方③，其中去世与安葬间隔少于一个月者有 15 方，占据了近三分之一，这大约与一般的印象相符契，乱离期间，诸事潦草，不得不匆匆落葬。④ 但同时呈现的也有一个与之相悖的现象，即在行用安史年号的墓志中，卒、葬年间隔很长的并不少见，其中相隔 5 年以上者亦有 5 方。其中间隔最久的贺兰君妻豆卢氏，卒于载初元年，至圣武二年曾孙迁葬谋划祔葬时，时间已过去了近 70 年。因此，确实不少人依然选择在战乱中完成迁延已久的葬事，这与一般的印象恐稍有距离。

既往学者已注意到安史之乱平定后，在动乱中避地江淮的士人纷纷筹措资金、卜定吉期，克服种种阻隔而将在乱中故去的亲人归葬两京，形成了一股浪潮。⑤ 第二章曾提到过李粲的经历便是其中典型：

---

① 《资治通鉴》卷二二二，第 7118 页。

② 关于这段时间河南战场局势的分析，参见李碧妍：《危机与重构：唐帝国及其地方诸侯》，第 36～57 页。

③ 此处所谓卒葬年资料完整，系指在不影响统计情况下，个别如卢式虚妻崔氏墓志，虽因志石残泐无法知其确切的卒、葬日，但其卒、葬在同月则无疑问，因此也列入。

④ 甚至一些出自显宦家族的墓志亦写作草率，如显圣二年十月落葬的孙公是开元中"为王言之最"的大手笔孙逖之子，但寥寥三百余字的简短志文竟混淆了其卒月与葬月，"维显圣二年，岁在壬寅，秋七月十三日，河南府孙君卒"，"即以其年七月十三日，葬于南县通乡之原"，错乱至此，可知志文当出自下层文士之手。

⑤ 概观性的研究可参见卢建荣：《北魏唐宋死亡文化史》，第 52～68 页。一些资料丰富的个案也早为学者所留意，如第二章中述及的崔祐甫家族，参见伊沛霞：《早期中华帝国的贵族家庭：博陵崔氏个案研究》，第 122～125 页。

公晚娶又出，诸子无子，遭厥寇难，彷徨旅次。闻从子吏于南陵，溯流从之，期年少安。洎关右克复，而河洛犹梗。每登高北向，极目乡思。曰：悠哉悠哉，曷月余旋归哉？因遘疾而卒，年亦暮矣。公有长姬，临没，以橐中装数百金谓之曰：谨守此，洛阳无事，葬我于先人之茔，一棺之外，尽以与汝。时中表阻远，而季弟左宦，亡殡江州。有子犹毁，来窆我于金坛之下。次我又逝，神之为旅十年矣。己酉岁，公之甥为御史大夫，理扬州。乃心载悲，竭俸以葬，归于东周。公犹子惟城洎侄孙廷尉评琰实主之。七月癸未，宁神于洛阳北山先大夫之茔次，礼也。①

安史乱前，李粲官至濮州刺史，乱起后弃官南奔，乏人依附，不得不托庇于从子②，常有故国之思，最终郁郁而卒。李粲因晚娶而无子嗣，季弟又遭远谪，虽不乏财力，却无亲朋替他经营迁葬。直到大历四年，因其甥韦元甫出镇扬州③，积极推动，最终才在其侄李惟城、侄孙李琰的主持下得以返葬洛阳。这样的事例很多，直到贞元中，仍有不少士大夫汲汲于此，不但包括出身名门显宦者，更不乏普通士人罄家竭力的身影："天宝末，属国步艰难，版舆江介，云阳避地，殃衅所钟，二纪于兹，中间多故，岁月遄迈，奄至兹辰。今罄其有无，选以时日，宅兆既近，玄堂启扉。"④

---

① 《全唐文补遗》第 8 辑，第 76 页。

② 安史之乱爆发后，中原士大夫抛弃家园财产，南下避难，虽得以苟全性命于乱世，但因此导致生活困顿者，亦不稀见，如与李粲出自同族的李震一家，其妻王氏墓志云："及中原盗贼，士多以江海为安。而夫人第二息珉求禄乌程，东征之故，自此始也。后长息端吏弋阳，次息韶吏扬子，珉又淮阴长。南浮北流，滞淹星岁。曰余小子遭寇难，往谪来蹇，食贫用拙。两地空匮，而千里为恨。"（《全唐文补遗》第 8 辑，第 77 页）李震本人卒于天宝十四载四月，安禄山起兵后，其妻王氏奔于江淮，十余年间辗转依附于在南方任官的诸子，至大历八年卒于扬州，至死都未能北返。

③ 《旧唐书》卷一一《代宗纪》大历三年闰六月："以尚书右丞韦元甫扬州大都督府长史、兼御史大夫，充淮南节度观察等使。"（第 289～290 页）

④ 李峦墓志，《唐代墓志汇编》贞元 024，第 1854 页。

　　同样我们也能读到不少在安史乱中，因战乱无法归葬，无奈权厝异乡的志文。如严亢、严房先后于天宝十二载(753)四月、十三载九月卒于江表，"属中原未平，乡路修阻，羁魂□□，返葬何期"①，兄弟两人一同被潦草地权葬于丹徒。即使去世于两京者，也有因战乱导致葬事迁延者，如李从偃天宝十五载四月卒于长安青龙佛寺，因乱权窆京师，直到大历十三年十一月，才最终得以迁祔于河南府偃师县亳邑乡凌仙原之旧茔。②　但总体而言，出身于士大夫阶层的逝者，或有亲属子胤不辞辛劳地将其迁葬祖茔，即使权厝于异乡者，至少亦埋下墓志存录生平事迹，以防陵谷变迁，而死于乱离中的普通民众恐怕并无这样的幸运。广德元年有一方特别的义葬墓志，时任北海县令的宋公，早年大约曾隶广平王及平卢节度使侯希逸麾下，在代宗继位之后，出资收敛在战乱中身亡的将士及民众：

　　　　睹邑里之破坏，见枯骸之狼藉，亲收葬焉……属秋有赦，复令埋祭。宋公先举，悬合天心，父母之恩，孰能如此。其致墓也，选高固于县城之南，建大墓于营丘之北，东临白水，西枕青山。灵柩既多，男女合杂，各归房户，共为一墓。衣冠服饰车马牛羊什物器玩，悉宋公之自费，无赋于他人。以广德元年岁次癸卯十一月庚子朔廿五日甲子葬事毕矣。③

志文中提及的"属秋有赦"，系指宝应二年(763)七月上尊号"宝应元圣文武皇帝"，改元广德，大赦天下，除了赦书常规的内容之外，还特别宽宥"其安禄山、史朝义亲族应在诸道一切原免，并无所问"④。宋公敛葬死

---

　　①　吴钢主编：《全唐文补遗》第 4 辑，西安，三秦出版社，1997 年，第 461 页。
　　②　李从偃墓志，《大唐西市博物馆藏墓志》，第 640 页。
　　③　墓志题作"义葬墓志铭并序"，拓片刊《山东石刻分类全集·墓志卷》，第 142 页。
　　④　《旧唐书》卷一一《代宗纪》，第 272 页；《唐大诏令集》卷九《广德元年册尊号赦》，第 57~58 页。

于战乱无辜吏民的义举，当系奉大赦诏书之意行事，亦是大乱之后恢复秩序、安定民心的有效措施。①

因此，在动乱导致葬事或潦草或迁延的大背景下，选择在战火正炽时将过世已久的亲人迁葬或合祔，无疑显得有些突兀。从志文中提供的信息来看，这些迁延已久的葬事之所以能够在安史之乱中被提上议事日程，或与志主后胤仕宦于新政权，从而具备了举办葬事的能力有关。②例如张义琛，其祖张后胤初唐官至国子祭酒，赠礼部侍郎，陪葬昭陵。③尽管出身唐初功臣家族，但至盛唐家道已中衰，张律师、张义琛父子皆仅仕至州司马，张义琛开元十八年(730)卒于楚州司马任上后，过了近三十年仍无法与妻子孙氏合祔，志文中提及"嗣子燕右金吾胄曹曰澄，未遑宅兆，中年弃世"，推想其子张澄大约因仕燕，重振家道，才得以有能力筹划完成葬事④，但仍未及举行便告去世。最终完成葬事的使命落在其孙身上，"□□□以未冠之年，当杖苴之日，方备于□君□□□□仪式及于王父"，张义琛、张澄同时安葬，葬礼举行的圣武二年十月十六日，郭子仪统帅的大军已经兵临洛阳城下，正是在这一天安庆绪弃守洛阳、出奔相州，为这场一波三折的葬事画上了惊险的句号。借此我们可以注意到，尽管安史之乱造成了巨大的动荡，同时也给不少人制造了脱离原有社会阶层的机遇。如上文提及的段喜妻常氏墓志，段喜因子仕燕而获褒赠，推测其妻常氏"河内郡君"的诰封亦如是。另一个例子是曹君及妻康

---

① 从这方义葬墓志的行文来看并无宗教色彩，系由地方官员私人出资、主持的救济事业，但据学者的研究，义葬、义食这类观念的流行与佛教福田思想有关，参见刘淑芬：《北齐标异乡义慈惠石柱——中古佛教社会救济的个案研究》，《新史学》5卷4期，第1~14页。

② 归葬合祔对于唐代士大夫而言是相当沉重的经济负担，参见郑雅如：《亲恩难报：唐代士人的孝道实践及其体制化》，台北，台湾大学出版中心，2014年，第158~167页。

③ 《旧唐书》卷一八九上《张后胤传》，第4951页。按张义琛及妻孙氏墓志记张后胤获赠礼部尚书、新野县开国公。

④ 值得一提的是尽管张澄官位不高，但为其父撰写墓志的祁顺之是燕户部侍郎，地位显赫，或是张义琛生前旧友。

氏墓志，从姓氏推测曹君夫妇可能出自昭武九姓，但曹君本人中年出家，僧腊30余年，去世已有86岁高龄，早无预世情，但因其"嗣子彦瓌，卓立杰出，挺生天姿。宿昔龙潜，早预纪纲之仆；今承风诏，忽如环列之尹"，意外获得了一场风光的葬礼。

另一个值得玩味的例子是唐恕墓志，许州扶沟县丞唐恕因为坐堂侄唐晙之累而遭远贬，唐晙系初唐功臣唐俭曾孙，娶太平公主女，先天政变中为玄宗所诛①，唐恕开元五年(717)七月死于永州贬所，起先"赖季弟愿自永阳辄葬造洛殡于鼎门外"。或因初葬较为潦草，至圣武二年三月重葬于龙门北张村，这次主持葬事的是唐恕妻族，妻侄贺兰广起到了关键作用，"广思大人先志及姑在堂，初惧兵车未宁，又喜日时之吉"，尽管志文将为何选择在动乱中举行迁延已久重葬的原因解释为"择时"②，但贺兰广燕福昌尉的身份或许也为新卜葬地提供了帮助。③ 当然"择时"本身确实也是时人选择葬礼时间的重要依据④，分别去世于开元二十三年及天宝十载(751)的李庭训、崔上真夫妇，"嗣子仙裔，相州参军。顷兵革不息，避地江干，长女二娘、幼女九娘在都，属其年大通，日夜号诉，良婿兴恸，是卜是营"。尽管嗣子李仙裔当时避地南方，并未在洛阳，但因吉时难逢，不得不在女儿、女婿的主持下于顺天二年十一月完成合祔。而安史之乱平定后，因陷伪遭贬为台州司户的郑虔，卒于台州

---

① 《旧唐书》卷五八《唐晙传》，第2307页；《资治通鉴》卷二一〇，第6682页。

② 按丧葬择时是当时普遍的思想，但志文中提及的"择时"，往往也有作为饰词的一面。如桑尊及妻王氏墓志记其肃宗元年十一月卒于史朝义控制下的洛阳，后一直"攒窆洛城南缠私第"，尽管墓志自称"久俟通年，获此龟吉"，故至贞元五年八月方才归祔河南县平乐乡。但阅读志文不难发现，近三十年后得以完成合祔的真正原因是"爱子曰初，朝散大夫、试鸿胪卿"，稍振家声，才能"倾家尽产，卜宅从仪"（《唐代墓志汇编》贞元023，第1853～1854页）。

③ 贺兰广福昌尉之任虽称不上显达，但足以帮助重新安葬，类似的情形见第二章中讨论过的蒋清一家。王衮任伊阙主簿后，完成了迁延达二十年之久的卢氏与蒋清的合祔。事见王汶妻蒋氏墓志，《唐代墓志汇编续集》大和001，第879页。

④ 相关讨论参见吴羽：《五音姓利与北朝隋唐的葬埋择吉探微》，载《中山大学学报》2017年第2期，第118～128页。

后筹备迁葬回洛时，家属亦面临类似的选择："昨以询于长老，卜于龟筮，得以今年协从是礼。长女、次女相谓曰：吾等虽伯仲未集，而吉岁罕逢，今誓将毕乎大事。于是自江涉淮，逾河达洛，万里扶持，归于故乡。"为赶在卜定的吉时落葬，即使兄弟未能齐聚，也在女儿们的主导下完成了葬事。①

四、余论

至德二载九月，唐军收复长安后，十一月，"帝以贼国仇，恶闻其姓，京师坊里有'安'字者，悉易之"②，在此背景下，大量忠于唐室的安姓将领纷纷改姓李氏，以示与安禄山决裂。如名将李抱玉，本凉州安兴贵之后，上表请改姓移籍，"臣贯属凉州，本姓安氏，以禄山构祸，耻与同姓，去至德二年五月，蒙恩赐姓李氏，今请割贯属京兆府长安县"，举宗获赐国姓。③ 从墓志透露情况来看，这种改"安"为"李"的风气，影响范围相当广泛，甚至延及中下层的武将。如李志忠墓志云，"公讳志忠，字怀礼，本姓安，彭原人也……偏以赐姓，公所以今为陇西人也"④，与李抱玉一样获得赐姓，并改从陇西郡望。李国珍早年地位较低，"出生入死，实为士卒之先"，效力于禁军中，但也获得了赐姓，其本名安昈，"及燕虏犯阙，二圣蒙尘，公奉肃宗，以爪牙从事。由是磬其肝胆，稍沐洪恩。特赐嘉名，改氏皇姓"⑤。除此之外，肃宗还将安禄山原来在长安的旧邸改建为回元观：

①　关于郑虔墓志的讨论，可参见陈尚君：《〈郑虔墓志〉考释》，见《贞石诠唐》，第207~232页。
②　《旧唐书》卷一○《肃宗纪》，第248页；《新唐书》卷二二五上《安庆绪传》，第6424页。
③　《旧唐书》卷一三二《李抱玉传》，第3646页。
④　拓本刊李明、刘呆运、李举纲主编：《长安高阳原新出土隋唐墓志》，北京，文物出版社，2016年，第206页。
⑤　《唐代墓志汇编续集》兴元003，第733页。

> 前此天宝初，玄宗皇帝创开甲第，宠锡燕戎。无何，贪狼睢盱，獯豕唐突。亦既枭戮，将为污潴。肃宗皇帝若曰：其人是恶，其地何罪。改作洞宫，谥曰回元。乃范真容，以据正殿，即太一天尊之座，其分身欤。①

肃宗在回元观塑造老子真容的举动，大约不无厌胜之意，借助政治空间的重构，宣示了与安禄山的决裂。另一方面，检索史籍，亦不难注意到，在安禄山叛乱后，唐代官方文献及稍后编纂的实录、国史中已固定地将安史称为"逆胡"②，这一蔑称具有官定的色彩。这些举措的推行无疑都有彰显唐、燕两个政权之间势不两立、形同水火的意图，这种对立同时也成为现代史家理解安史之乱的重要起点。但需要指出的是这种截然对立的形象大都是在安史之乱后才渐次生成的，从行用安史年号墓志透露出的信息来看，起初并非如此。

在安史治下的洛阳，原有士大夫的人际网络依然得以维持，唐室忠烈与安燕新贵之间并没有那么壁垒分明。如上文提及的因参与河北诸郡起义而被杀的司马垂，死后家徒四壁，"公前后秩俸给媵孤吉凶之费，余悉为舅氏塞债。及启手足，笥无具制，厨无盈炊"，赖旧友燕御史中丞独孤问俗的襄助才得以顺利下葬，"御史中丞独孤问俗，公所亲重。经营丧事，归葬河南府"，可见虽分属两个阵营，并未伤及私谊。③　同样，李华

---

① 马骥：《西安新出柳书"唐回元观钟楼铭碑"》，载《文博》1987 年第 5 期，第 3～4 页。

② 尽管唐代实录、国史今已不存，但采撷实录、国史编纂而成的《册府元龟》及多因袭国史旧文的《旧唐书》中，逆胡之称触目皆是。在唐代官方发布的诏令，如《谕西京逆官敕》《收复西京还京诏》（见《唐大诏令集》卷一一八、卷一二三）中亦皆称安史为逆胡。在大多数情况下，逆胡系指安禄山，但个别亦有指代史思明者，例如《太平御览》卷一一二引《唐书》："逆胡史思明陷洛阳。"（北京，中华书局，1966 年，第 540 页）这种唐代官定蔑称在史籍中留下痕迹的，目前仍能找到其他例子，如武宗时平定昭义刘稹之乱，在唐国史中称其为"贼稹"，这一称呼散见于《李德裕文集》及《旧唐书》相关传记。

③ 司马垂墓志署"宣德郎行右羽林军仓曹参军侄恬书"，则其侄司马恬当曾仕燕。

作为安史政权的中书舍人，亦不避忌先后为司马垂、姚辟两位唐之忠烈撰写墓志，并盛赞因密谋反抗安禄山而被杀的姚辟是"危不忘本，死不逃法"的仁义之士。姚辟虽因反对安禄山而被杀，并连及家族，但最终仍被允许收敛安葬，"圣武二年有诏：原前后坐法者，仍许收葬"，透露出政治气氛仍有放松的时候，而为其操办丧事的"君之故人殿中侍御史彭城刘为幹等数人"，恐怕也是陷伪的唐旧臣。[1] 事实上，如本书第二章所述，在安禄山攻陷两京之后，有大量唐旧臣陷伪，摇身一变成为新政权的显贵，时称"为贼所污者半天下"[2]。尽管这些唐旧臣并未真正跻身燕政权的决策核心，但如陈希烈、达奚珣之辈皆被授予高位，安禄山无疑也乐意利用这些玄宗朝的名臣显宦来装点门面、邀买人心。在此背景下，两个政权的文臣群体实有相当的延续性，原有社会网络也依然得以运转如常。因此，本章借助墓志所透露出的零散信息对士人心态的索隐，所勾勒安史治下两京社会的"变"与"不变"，也应当放在这一大的时代背景中来加以理解。

---

① 卢巽墓志记史思明控制下的洛阳："忠烈僵尸相望，躬率僮仆，潜为掩瘗。"（《洛阳流散唐代墓志汇编》，第 460～461 页）

② 《资治通鉴》卷二二〇，第 7037 页。

表一　行用安史年号墓志出处一览表

序号	志主	志题	撰者	卒年	葬年	葬地	出处
1	马凌虚墓志	大燕圣武观故女道士马凌虚墓志铭	李史鱼	圣武1-1	圣武1-1-22	洛阳	《汇编》圣武001
2	丘昪及妻张氏墓志	唐故文安郡清苑县令丘府君夫人墓志铭并序	阙名	天宝8-7-30（夫）圣武1-2-8（妻）	圣武1-2-16	洛阳	《补遗千唐》240
3	郭明远墓志	燕故夏年镇将郭府君墓志铭并序	阙名	不详	圣武1-2-18	洛阳	《补遗千唐》240
4	卢氏墓志	范阳卢氏女子殇后记	阙名	圣武1-3-3	圣武1-3-6	洛阳	《汇编》圣武002
5	崔君妻郑氏墓志	大唐故朝议郎行城门郎崔公夫人郑氏墓志序	阙名	圣武1-3-7	圣武1-3-29	洛阳	《河洛》308
6	胡君妻王氏墓志	无	胡秀	圣武1-4-11	圣武1-5-1	洛阳	《河洛》309
7	陈牟少及妻李氏墓志、盖	唐故左威卫左中候内闲厩长上上骑都尉陈府君墓志	陈兀	天宝1-5-16（夫）天宝14-11-8（妻）	圣武1-5-13	洛阳	《汇编》圣武003
8	陈景仙及妻覃氏墓志、盖	大唐故兵部常选陈府君夫人墓志铭并序	阙名	天宝10-12-29（夫）不详（妻）	圣武1-5-13	洛阳	《流散》193
9	杜钦及妻留氏墓志	大燕故处仕杜君墓志	阙名	圣武1-6（夫）不详（妻）	不详	相州	《汇编》圣武004
10	赵嗣宗墓志、盖	大燕故右骁卫中候赵府君墓志	阙名	天宝15-6-20	圣武1-7-15	长安	《碑林集刊》17

续表

序号	志主	志题	撰者	卒年	葬年	葬地	出处
11	赵君妻王金刚墓志	大燕故太原王氏夫人墓志并序	阙名	圣武1-9-12	圣武1-9-22	洛阳	《秦晋豫》579
12	陈希乔墓志	唐故恒州真定县丞颍川陈公墓志文	贾鹏	不详	圣武1-11-10	洛阳	《河洛》310
13	卢嗣冶墓志	故汾州灵石县令卢府君墓志铭	阙名	圣武1-11-16	不详	洛阳	《续》圣武005
14	李汾墓志	渤海李君征墓志文并序	王良辅	圣武1-11-15	圣武1-12-5	洛阳	《汇编》圣武005
15	魏府君妻卢胜墓志	故著作郎魏公夫人卢氏墓志铭并序	阙名	圣武1-11-3	圣武1-12-17	洛阳	《新见秦汉魏唐铭刻精选》
16	岐元国墓志、盖	大燕故易州司法参军岐府君墓志铭并序	阙名	圣武1-12-28	圣武2-1-12	洛阳	《秦晋豫》580
17	王滴墓志、盖	大燕王府君墓志铭并序	薛辅国	圣武2-1-25	圣武2-1-29	洛阳	《流散》194
18	贺兰君妻豆卢氏墓志	无	阙名	载初1-9-14	圣武2-2-18（未完成）	洛阳	《汇编》圣武006
19	呼延君妻张即墓志、盖	燕故杭州司户呼延府君夫人南阳张氏墓铭并叙	阙名	圣武2-2-20	圣武2-2-24	洛阳	《汇编》圣武007
20	唐恕墓志、盖	唐故许州扶沟县丞唐府君墓志铭	贺兰广	开元5-7-16	圣武2-3-1	洛阳	《秦晋豫》581
21	卢说墓志	大燕故魏府元城县尉卢府君墓志序	卢溉	圣武1-1-27	圣武2-3-22	洛阳	《补遗千唐》241

续表

序号	志主	志题	撰者	卒年	葬年	葬地	出处
22	姚辟及妻郑氏墓志、盖	故殿中侍御史姚府君墓志铭并序	李华	不详	圣武 2-4-20	洛阳	《流散》196
23	姚低墓志	吴兴姚氏殇子墓志铭序	阙名	圣武 1-7-6	圣武 2-4-20	洛阳	《补遗千唐》242
24	李珽墓志	唐故余姚郡户户李府君墓志铭并序	柳璘	天宝 13-5-6	圣武 2-4-20	洛阳	《秦晋豫续》618
25	任金墓志、盖	大燕故尚辇奉御乐安任府君墓志铭并序	程处俊	圣武 2-4-20	圣武 2-5-19	洛阳	《汇续》圣武 001
26	吉光墓志	吉居士志	李华	圣武 1-2-21	圣武 2-7-15	洛阳	《秦晋豫》582
27	姚承祖及妻王氏墓志、盖	故司农寺主簿姚府君墓志铭并序	阙名	圣武 2-4-18（夫）天宝 11-9-4（妻）	圣武 2-8-14	长安	《秦晋豫续》620
28	王玭墓志、盖	太原王府君铭一首并序	阙名	天宝 14-12-4	圣武 2-8-26	长安	《汇续》圣武 002
29	韩敬晬墓志、盖	大燕故右威卫府中郎将韩府君墓志铭并序	魏季武	圣武 2-6-19	圣武 2-8-26	长安	《高阳原》79
30	曹君及妻康氏墓志、盖	大燕游击将军守左威卫府左郎将员外置同正员内供奉上柱国赐紫金鱼袋曹公故夫人康氏墓志铭并序	石镇	圣武 1-8-26（夫）圣武 2-7-14（妻）	圣武 2-闰 8-9	洛阳	《汇续》圣武 003
31	司马垂墓志	燕故魏州刺史司马公志铭	李华	天宝 15-12-18	圣武 2-闰 8-9	洛阳	《补编》2280

续表

序号	志主	志题	撰者	卒年	葬年	葬地	出处
32	卢武虔妻崔氏墓志	燕曹州成武县尉范阳卢公夫人博陵崔氏墓志铭	王端	圣武2-秋-□-辛巳	同月	洛阳	《补遗》8-71
33	崔收及妻卢氏墓志、盖	大燕故詹事府君墓志铭并序	郑羡	圣武2-□-29（夫）开元15-6-6（妻）	圣武2-9-22	洛阳	《流散》197
34	王宾及妻阮氏墓志	故唐陷戎副将太原王府君夫人陈留阮氏墓志铭并序	阙名	天宝7-2-18（夫）开元8-3-15（妻）	圣武2-10-5	齐州	《汇编》圣武008
35	张惟恭墓志	大唐故唐泽州司法参军清河张府君墓志	阳陟	圣武2-7-5	圣武2-10-5	洛阳	《补遗》8-71
36	严复及妻王氏墓志	大燕赠魏州都督严府君墓志铭并序	赵骅	圣武1-2-4（夫）圣武1-4（妻）①	圣武2-10-5	洛阳	《秦晋豫续》616
37	严希庄及妻王氏墓志、盖	大燕赠中散大夫太子左赞善大夫严公墓志铭并述	房休	圣武1-2-4（夫）圣武1-4-7（妻）	圣武2-10-5	洛阳	《秦晋豫》583
38	徐怀隐墓志	大燕故处士徐君墓志铭并序	阙名	圣武2-□-27	圣武2-10-16	汤阴	《汇编》圣武010
39	张义琛及妻孙氏墓志	唐故楚州司马吴郡张公墓志铭并序	郗顺之	开元18-8-□（夫）开元16-4-20（妻）	圣武2-10-16	洛阳	《补遗》8-72

① 志文云严复妻王氏卒于圣武元年四月庚申，按是月申朔，无庚申。同时制作的严希庄墓志云其妻王氏卒于圣武二年四月庚寅，庚寅为初七，疑"庚申"系"庚寅"之误。

续表

序号	志主	志题	撰者	卒年	葬年	葬地	出处
40	王清墓志、盖	大燕故王尊师墓志铭	沈子良	圣武 2-9-24	圣武 2-10-16	洛阳	《汇续》圣武 004
41	长孙君妻杜氏墓志	长孙氏夫人阴堂文	阙名	不详	圣武 2-10-17	洛阳	《汇编》圣武 009
42	程思泰及妻胡氏墓志	大燕故程府君墓志铭并序	阙名	圣武 2-4-□（夫）圣武 2-5-16（妻）	天成 1-9-3	相州	《秦晋豫续》622
43	刘智才妻邓氏墓志	□故宁远将军左卫郎将彭城刘府君夫人南阳邓氏墓志铭并□	袁倡	顺天 1-10-8	顺天 1-11-27	洛阳	《汇续》顺天 001
44	程庄及妻孟氏墓志、盖	程君墓志铭并序	阙名	不详	顺天 2-2-17	不详	《汇续》顺天 001
45	封安立墓志、盖	大和上封公墓志铭并序	阙名	顺天 2-闰 4-15	顺天 2-闰 4-28	景县	《景州》212
46	魏珏墓志、盖	大燕故朝请大夫守南府少尹饶阳县开国男赐紫金鱼袋巨鹿魏公墓志铭并序	魏□（陵）	顺天 2-4-17	顺天 2-7-14	洛阳	《秦晋豫续》630
47	宋文博及妻□氏墓志、盖	大燕故嘉山府果毅广平宋府君墓志铭并序	阙名	不详	顺天 2-7-9	卫县	《汇编》顺天 002
48	卢璀及妻窦氏墓志、盖	（前阙）卢府君夫人窦氏墓志铭并序	王章	圣武 2-5-□（夫）顺天 2-7-27（妻）	顺天 2-8-3	雄县	《汇续》顺天 002

续表

序号	志主	志题	撰者	卒年	葬年	葬地	出处
49	杨春及妻口氏张氏墓志	燕故[杨]府君墓志铭	阙名	顺天 2-8-14（夫） 开元 16-11-20（前妻） 天成 1（后妻）	顺天 2-10-13	滏阳	《汇编》顺天 003
50	张昭训墓志	（前阙）士张君墓志	阙名	顺天 2-8-29	顺天 2-10-16	荥阳	《中原文物》2014-4
51	李庭训妻崔上真墓志	故齐州禹城县令陇西李府君夫人清河崔氏墓志铭并序	阙名	开元 23-11-1（夫） 天宝 10-8-9（妻）	顺天 2-11-10	洛阳	《汇编》顺天 004
52	宋徽墓志	故洛阳县令宋府君墓志	杜芳	顺天 2-11-6	顺天 2-12-10	洛阳	《流散》201
53	杨涛墓志、盖	太子家令杨公铭并叙	阙名	不详	顺天 3-2-11	营州	《汇续》顺天 003
54	司马望墓志	大燕故朝议郎前行大理寺丞司马府君墓志铭并序	郑齐冉	显圣 1-5-19	显圣 1-6-19	洛阳	《汇编》显圣 001
55	李旺及妻司马氏郑氏墓志	唐故正议大夫丰王长史李禄卿李府君墓志铭并序	阙名	乾元 2-6-21（夫） 开元 14-6-29（前妻） 显圣 1-7-27（后妻）	显圣 1-10-10	荥阳	《补遗》7-390
56	赵君妻李氏王氏墓志	大燕游击将军赵公故赵郡李氏太原王氏二夫人墓志铭并序	阙名	开元 14-1-13（前妻） 圣武 2-7-5（后妻）	王黄岁 2-11	范阳	《新中国·北京》7

续表

序号	志主	志题	撰者	卒年	葬年	葬地	出处
57	孙君墓志、盖	故太常寺主簿孙府君墓志铭并序	阙名	显圣2-7-13	显圣2-10-6	洛阳	《汇编》显圣002
58	段晋妻常氏墓志	大燕赠右赞善大夫段氏河内郡君常氏墓志铭并序	阙名	后燕□-7-21	后燕□-11-21	范阳	《汇编》圣武011
59	孙无碍妻梁氏墓志	大燕故安定梁夫人墓志铭并序	董昂	不详	不详	洛阳	《秦晋豫续》635
60	贾君墓志、盖	燕故河东道横野军副使贾府君墓志并序	阙名	不详	不详	大同	《文物》2016-4

第四章　权力与观众：德政碑所见
　　　唐代的中央与地方

> 当地人对建筑多半不大感兴趣，当我说我对文物感兴趣时，他们就会带我去看古代的石碑。
>
> ——梁思成（费慰梅：《中国建筑之魂》）

自宋以降，中国便已形成了金石学研究的传统①，入清之后受乾嘉朴学之风的激荡而臻于全盛；20 世纪以来随着各地大量基础建设的展开，新出碑志层出不穷，受到学界的广泛关注，构成了中古史研究推进的一大动力。这一绵延千年的伟大学术传统，自然是当代学人所必须继承、弘扬的宝贵财富。但亦需指出，传统金石学的研究侧重于将出土碑志与传世文献相比勘，以当代的学术眼光而论，其不足之处大约有二，一是研究视域多局限于校史、考史、补史的框架之内，大体上仍将出土碑志视为传世文献之附庸。② 二是学者所重者乃是石刻上所存之文字，

---

①　关于宋代金石学的兴起与业绩，可参见叶国良：《宋代金石学研究》，台北，台湾书房，2011 年。

②　龚自珍《阮尚书年谱第一序》借表彰阮元的学术业绩，对传统金石学演变的脉络与囊括的内容有简明的归纳："在昔叔重董文，识郡国之彝鼎，道元作注，纪川原之碑碣。金石明白，其学古矣。欧、赵而降，特为绪余，洪、陈以还，间多好事。公谓吉金可以证经，乐石可以匡史，玩好之侈，临摹之工，有不预焉。是以储彝器至百种，蓄墨本至万种，椎拓遍山川，纸墨照眉发，孤本必重钩，伟论在著录。十事彪炳，冠在当时。是公金石之学。"（见张鉴等撰：《阮元年谱》附录，北京，中华书局，1995 年，第 274 页）

即无论是传世文献还是新出的甲骨、青铜器、简帛、碑志、文书，不过视之为文字的不同载体，因此很少有人关注碑志这一物质形态本身在古人的生活世界中究竟居于何种地位。①

　　尽管传统中国没有出现金字塔、帕特农神庙、凯旋门这样规模宏大的纪念碑式建筑，但在中国的土地上并不缺少纪念碑。② 自秦汉以降直至近世，各种以石质为介质，以述德、铭功、纪事、篆言等为目的的公共纪念碑③，以及神道墓碑、造像经幢、摩崖题名等较具私人性的纪念物，数目巨大，早已被天然地视为中国文化的重要景观，其中历经千年而留存于世者，亦不稀见。④ 这些纪念碑的撰述、兴造、存废无疑构成了古人特别是士人精英生活世界中的重要组成部分。因而，若我们尝试稍稍偏离传统金石学指引的方向，索隐碑铭兴造、磨灭、重刻背后的政

----

①　近年来艺术史研究的繁荣对此不足多少有所弥补，但艺术史家关注的更多是图像，对于石刻的景观效应及其在政治空间中的作用尚探讨不多。Jr. Robert E. Harrist：*The Landscape of Words*：*Stone Inscriptions from Early and Medieval China* 一书以云峰山、泰山的摩崖、题刻、碑铭为中心，对石刻景观有较为系统的讨论（University of Washington Press，2008）。研究文学的学者对此也渐有关注，其中以程章灿一系列以"物"为题的论文较具代表性（《尤物：作为物质文化的中国古代石刻》，载《学术研究》2013 年第 10 期，第 137～136 页；《景物：石刻作为空间景观与文本景观》，《古典文献研究》第 17 辑下卷，南京，凤凰出版社，2015 年，第 1～28 页；《神物：汉末三国之石刻志异》，载《南京大学学报》2017 年第 2 期，第 123～133 页），不过所论多集中于对这一类文化现象的描述与归纳，对石刻景观政治及社会功能的分析着墨不多。

②　巫鸿《中国古代艺术与建筑中的"纪念碑性"》一书通过对中国古代城市、宫殿、墓葬、画像石、礼器等各种类型材料的讨论，指出中国古代尽管没有金字塔式的建筑，但将"纪念碑性"包蕴在了以上的各种物质形态与空间组合之中（上海，上海人民出版社，2009 年）。不过在中国古人生活的情境中并不缺少物质意义上的纪念碑，这也是本章关注的焦点。

③　以上四种分类大体据叶昌炽撰，柯昌泗评：《语石 语石异同评》卷三"立碑总例"条（第 180～182 页）。按叶氏此条并未述及最为常见的神道碑，盖其所论的范围是指公共性的石碑，故不及神道碑、墓碑等私碑。

④　尽管历代兴废对于地面石刻也多有破坏，保存至今者实十无一二，叶昌炽曾总括碑之七厄（《语石 语石异同评》卷九，第 530～532 页），但由于总量巨大，至今仍有较多存世。

治角逐，探究石刻安置场域中展现出的权力关系①，发掘碑文的撰者与读者之间互动与张力，以此作为介入往昔的新入口，或许能发现不一样的历史。

一、作为政治景观的纪念碑

众所周知，中国古代纪念性石刻传统的形成至少可以追溯到秦始皇巡幸各地时的刻石②，直至当下，每逢重大的事件、工程，仍不乏刻石纪念，记述前后因果之举。如果将简帛、纸张及电子储存介质视为普遍通用的书写材料，那么在过去的两千余年中，通用书写材料已经历了两次重大革命，但制作纪念性石刻的传统贯穿其中，至今依然保有生命力，无疑与石刻这一介质所具有的永恒性与公共性密切相关。而且这一传统并非中国独有，在世界各个文明中普遍存在，或可说是人类共通社会观念的产物。如果说通用书写载体的变革在于追求记录及传播的便利，那么金石这类介质则恰恰相反，甚至是借助镂刻的不易而为人所宝重。对此古人自己有清晰的认知："又恐后世子孙不能知也，故书之竹帛，传遗后世子孙。咸恐其腐蠹绝灭，后世子孙不得而记，故琢之盘盂，镂之金

---

① 当代艺术史学者提出"实物的回归"，强调尝试回到历史现场来展开对艺术品的研究，例如敦煌的洞窟后壁壁画在原有采光条件下，是很难被僧人和朝圣者所看见的，因为它们本身的性质是用来祈求功德而非艺术欣赏（参见巫鸿：《美术史十议》，北京，生活·读书·新知三联书店，2008年，第42～53页）。这无疑是一个富有启发性的观点，根据笔者在昭陵博物馆参观时的经验，4米高的石碑，人站立于下，已很难看清碑刻上部的文字，因而正如本章所论，作为景观的石刻对于塑造和扩散政治权威的作用，某种程度上比石刻文字本身更有效，对文化程度不高的庶民阶层而言尤是如此。

② 参见柯马丁：《秦始皇石刻：早期中国的文本与仪式》，刘倩译，上海，上海古籍出版社，2015年；程章灿：《传统、礼仪与文本——秦始皇东巡刻石的文化史意义》，载《文学遗产》2014年第2期，第32～42页。

石以重之。"①于是金石超越通用书写载体，成为承担特定社会功能的纪念物。

　　目前所见碑志，若按其公共性的强弱，大体可分为德政（纪功）碑②、神道碑、墓志三类，其中墓志在数量上占了存世石刻文献之大端，而且多有近年来新发现者，故最为学者所重视。尽管在古人的世界中，墓志也并非完全是私密性的文献，特别是中唐以后，邀请名人撰、书墓志渐成风气，使之有机会借助文集、传抄等手段流布于世③，但大体而言仍具有较强的私人性，特别是普通士人的墓志，读者当不出至亲好友的范围。而且由于墓志在葬礼之后便被埋于地下，空间上的隔断，使其物质形态不再与生者的世界发生联系。神道碑在文体上可以认为与墓志有互文关系，我们已经在不少墓志中读到如"至若门风世德，积行累仁，王业之本由，臣节之忠孝，已见于中书侍郎范阳公府君神道碑矣"之类的

――――――――――

　　①　孙诒让：《墨子间诂》卷八，北京，中华书局，2001年，第236页。按关于碑的起源，古人通行的看法有两种，一说见于《文心雕龙》，"而庸器渐缺，故后代用碑，以石代金，同乎不朽"，认为石乃作为铜的替代品（詹锳义证：《文心雕龙义证》，上海，上海古籍出版社，1989年，第444页）；另一说见宋人孙何《碑解》，"古之所谓碑者，乃葬祭飨聘之祭所植一大木耳，而其字从石者，将取其坚且久乎"，主张由木质演变为石质，以求不朽（《宋文鉴》卷一二五，北京，中华书局，1992年，第1747～1748页）。无论哪一说，都强调了石刻的永远性。目前来看，至少墓碑很可能是从墓前所立木质的墓表演变而来，参《汉书》卷四四《淮南王刘长传》颜师古注云："表者，竖木为之，若柱形也。"（第2142页）

　　②　诚如柯昌泗所论，纪功碑与德政碑之间有时较难区分，严格意义上纪功碑当以纪一时之功者为限定（《语石 语石异同评》卷三，第182页）。尽管德政碑、纪功碑在性质和颁授制度上有所不同，但当时人对两者便已混淆，如下文所引圆仁《入唐求法巡礼行记》中提到的仇士良碑，圆仁记作德政碑，《旧唐书》则云纪功碑。因而本文所取的德政碑范围较下引刘馨珺文稍宽，纪人臣生平功业之碑，如李宝臣纪功碑、仇士良纪功碑，本文有时将其纳入广义的德政碑范围内加以讨论。而刘文研究的范围是生祠立碑，故所论者皆是官员生前所立之碑，未将官员去任、去世后所立的遗爱碑纳入讨论，然唐人封演云，"颂德碑，亦曰遗爱碑"（《封氏闻见记校注》卷四，第40页），两者本属一类，故本文亦一并讨论。另本章第一部分讨论碑铭的政治景观效应时所取用的是具有公共性的纪念性石刻的范畴，故取材的史料范围并不仅限于德政碑。

　　③　相关的讨论可参见卢建荣：《北魏唐宋死亡文化史》，第49～50页。

文字①，由于神道碑与墓志一般撰作于同时，两篇文字在表达上当有不同侧重与分工。从撰者的身份而论，墓志的作者一般与志主有着亲戚、僚佐、同年这样较为密切的私人关系，而神道碑的作者更多地是著作郎、中书舍人、翰林学士这样具有官方身份的大手笔，可以窥见尽管同样是追叙逝者生平的文字，但依然有读者对象设定的不同。据隋唐制度，七品以上官员据品级不同可立规制不等的神道碑②，由著作郎掌其事③。据此可知，神道碑的获得与士人官僚身份的保有有直接的关联，是官僚等级身份的重要标识之一。④ 因而神道碑文的撰述体现了朝廷对于官员一生功业的臧否，具有盖棺论定的意味，是确认"天子—大臣"关系的重要一环，也是朝廷政治权威的象征之一，于是一些富有争议人物神道碑的撰述往往会发酵成朝廷中的政治纷争。例如名臣张说死后，议谥不定，朝野纷然，玄宗亲自为张说制神道碑文，御笔赐谥"文贞"以平息争议。⑤文贞之谥，素为唐人所重，封演云："太宗朝，郑公魏征，玄宗朝，梁公姚崇，燕公张说，广平公宋璟，郇公韦安石，皆谥为'文贞'二字，人臣美谥，无以加也。非德望尤重，不受此谥。"⑥张说一生几经沉浮，在政

---

① 严复墓志，《洛阳新获七朝墓志》，第 270 页。这样的例子不胜枚举，如徐浚墓志云："其家风祖德，碑表详焉。"（《全唐文补遗》第 8 辑，第 62 页）支光墓志云："其终始考绩，详载于神道碑与玄宫之铭。"（《唐代墓志汇编》大中 109，第 1336 页）

② 《唐会要》卷三八："旧制碑碣之制，五品已上立碑，螭首龟趺上高不过九尺，七品已上立（碑）[碣]，圭首方趺上高不过四尺"（第 809 页）；另参《天一阁藏明钞本天圣令校证（附唐令复原研究）》中对丧葬令的复原（第 356 页）。按所谓旧制，盖指这一规定渊源于隋制，参见《隋书》卷八《礼仪志》，北京，中华书局，1973 年，第 157 页。另参见赵翼：《陔余丛考》卷三二《碑表、志铭之别》，石家庄，河北人民出版社，1990 年，第 563 页。

③ 如《唐六典》卷一〇："著作郎掌修撰碑志祝文祭文。"（第 202 页）《通典》卷二六："著作郎掌修国史及制碑颂之属。"（第 737 页）

④ 如《唐会要》卷三八："若隐沦道素，孝义著闻，虽不仕亦立碣。"（第 809 页）略为变通，然所参照者，仍仅是五品以下官的待遇。

⑤ 《旧唐书》卷九七《张说传》，第 3057 页。

⑥ 《封氏闻见记校注》卷四，第 33 页。

治上树敌颇多，不乏争议，故太常初谥"文贞"，遭左司郎中阳伯成驳议，纷纶未决，但玄宗本人对他的信任始终不衰，故力排众议，亲撰神道碑以定其身后之评。[①] 如本书第七章所论，即使在朝廷权威下降的中晚唐时代，获赐神道碑依然是河北藩镇政治合法性的重要来源。因而神道碑较之于墓志无疑是一种更具公共性的政治景观，是士人社会精英身份的一种界定物，碑文也拥有更多的读者与更大的传播范围。[②]

　　关于神道碑兴造衍生出最著名的故事，大约与秦桧有关。据传秦桧死后，"丰碑矻立，不镌一字。盖当时士大夫鄙其为人，兼畏物议，故不敢立神道碑"，并云孟珙灭金后，回军时曾驻扎于秦桧墓附近，并命令士兵将粪溺泼于坟上，时人称之为"秽塚"。不过这一故事大约只是后人的附会，可靠性并不高。[③] 事实上，秦桧神道碑由宋高宗亲自题额，绍兴二十五年（1155）十一月己酉，"诏秦桧神道碑以决策元功精忠全德八字为额。以熺言臣父际遇圣主，获依末光，眷礼始终，旷古未有。今合立神道碑，望特赐御题八字故也"[④]，考虑到秦桧生前的专断及争议，死后备

----

　　① 吴丽娱比较赠官与赠谥两种制度的运作后，指出唐代赠官的程序日益简化，而议谥程序则一直烦琐而严格，谥号更为时人所重（《终极之典：中古丧葬制度研究》，北京，中华书局，2012 年，第 795～820 页）。另关于唐代官员身后的议谥与政争的关系，参见唐雯：《盖棺论未定：唐代官员身后的形象制作》，载《复旦学报》2012 年第 1 期，第 85～94 页。

　　② 梁萧秀卒时，"当世高才游王门者，东海王僧孺、吴郡陆倕、彭城刘孝绰、河东裴子野，各制其文，欲择用之，而咸称实录，遂四碑并建"（《南史》卷五二《萧秀传》，北京，中华书局，1975 年，第 1290 页），四块神道碑并立，无疑强化了景观效应。又如《旧五代史》卷一二六记冯道遗命："无立神道碑，以三代坟前不获立碑故。无请谥号，以无德故。"（第 1932 页）恰好证明神道碑与谥号一样，作为士大夫一生的盖棺论定，具有一定的公共性。

　　③ 按此事出于明人姜南《风月堂杂识》，因被近代流行的笔记《骨董琐记》收入而较为人知，可以说这一轶事是秦桧奸臣形象定格之后的产物。参见邓之诚：《骨董琐记全编》，北京，北京出版社，1996 年，第 353 页。

　　④ 《建炎以来系年要录》卷一七〇，北京，中华书局，1988 年，第 2775 页。

享哀荣的同时又存在着权势松动的可能①，其神道碑的撰书无疑是当时士人瞩目的中心，成为一个公共事件，后世演绎出种种传说自不足为奇。②

但总体而言，由于神道碑被置于逝者的墓侧，尽管古人在行旅中往往有各种机会路过并凭吊古圣今贤的冢墓③，但从空间上而言，置于郊外墓侧的神道碑真正被"看到"的机会并不太多。与神道碑同时兼具公私两种属性不同，本章所欲讨论的德政碑，虽然也以记述个人生平事迹为中心，通过天子对于臣下功业的表彰，展现政治权力关系的纽带④，但

---

① 关于秦桧的专断朝政及身后的政治变化，可参见寺地遵：《南宋初期政治史研究》，刘静贞、李今芸译，上海，复旦大学出版社，2016年，第252～403页。

② 宋人对神道碑的政治景观功能亦有自觉，并将之与其他公共性纪念建筑相结合，使其成为更能发挥传播与观看效应的空间组合。如狄青在嘉祐三年归葬故乡后，仁宗亲书神道碑碑首"元勋"二字，并在其子狄谘的主持下，将早年余靖在桂州所立的纪念平定侬智高功业的大宋平蛮碑复刻后，与神道碑一并竖立于狄青的功德坟寺。参见何冠环：《北宋武将研究》，香港，中华书局，2003年，第444～445页。

③ 按《文苑英华》卷三〇六收录南北朝以降文人过冢墓所作诗歌55首，其中可注意的是徐彦伯《题东山子李适碑阴》诗序："噫嘻，李公生自号东山子，死葬东山，岂其谶哉。神交者歌薤露以送子归东山焉，人三章，章八句，合一十五章，镌于碑阴云。"（第1567页）另一个相近的例子是后汉刘审交卒于汝州防御使任上，"郡人聚哭柩前所，列状乞留葬本界，立碑起祠，以时致祭"，此处所立者当是神道碑，冯道为之"著哀词六章，镌于墓碑之阴焉"（《旧五代史》卷一〇六《刘审交传》，第1621～1622页）。

④ 目前学界对唐代德政碑有较多关注的是台湾学者刘馨珺，其研究主要着眼于德政碑颁授的制度及与官员考课之间的关系，最初发表《从生祠立碑看唐代地方官的考课》一文（收入高明士编：《东亚传统教育与法制研究（二）》，台北，台湾大学出版中心，2005年，第241～284页）；后又对此文做了较大增补，改题为《从唐代"生祠立碑"论地方信息法制化》（载《法制史研究》第15期，第1～58页）；复又增加了对于宋代的讨论，题作《〈职制律·长吏辄立碑〉与地方官考课》（见《"唐律"与宋代法文化》，嘉义，嘉义大学出版社，2010年，第71～186页）。陈雯怡近年则对元代去思碑的社会功能做了细致的探讨，参见《从朝廷到地方——元代去思碑的盛行与应用场域的转移》，载《台大历史学报》第54期，第47～122页；《从去思碑到言行录——元代士人的政绩颂扬、交游文化与身分形塑》，《历史语言研究所集刊》第86本第1分，第1～51页。

无疑是一种公共性的纪念碑，这从德政碑精心选择竖立的地点便可窥见一斑。①

> 初（贾）敦颐为洛州刺史，百姓共树碑于大市通衢，及敦实去职，复刻石颂美，立于兄之碑侧，时人号为"棠棣碑"。②

贾敦颐碑全称《唐洛州刺史贾公清德颂》，是典型的德政碑。赵明诚在《金石录》中曾有著录，时其弟贾敦实之碑已亡，而此碑犹存。③ 立碑于通衢要路之旁，使其能为更多的观者所睹，弘教化之任，成为各种纪念碑选择立碑地点时的首要考虑。如韦抗为永昌令时，治绩卓著，"人吏诣阙请留，不许，因立碑于通衢，纪其遗惠"④，亦循此例。⑤ 至于具体的立碑地点，在两京与地方则稍有不同。长安、洛阳城市规模宏大，衙署密布，因而在立碑时往往有更大的选择空间。例如，玄宗时代的两位权相李林甫、杨国忠颂德之碑选立的地点颇有讲究：

> 开元中，右相李林甫为国子司业，颇振纲纪。洎登庙堂，见诸生好说司业时事。诸生希旨，相率署石建碑于国学都堂之前。后因释奠日，百僚毕集，林甫见碑，问之祭酒班景倩，具以事对。林甫戚然曰："林甫何功而立碑，谁为此举？"意色甚厉，诸生大惧得罪，通夜琢灭，覆之于南廊。天宝末，其石犹在。

---

① 侯旭东较早注意到开凿石窟时位置的选择有对"视觉性"的考虑，参见《北朝村民的生活世界》，第257～264页。

② 《旧唐书》卷一八五上《贾敦颐传》，第4788页。

③ 《金石录校证》，第426页。可以留意的是赵明诚在跋尾中关心的是据碑文考证贾敦颐是否为贾敦赜之讹，并未述及两碑的位置与存废情况，可见传统金石学家的学问取向。另贾敦赜墓志恰在近年出土，可证赵明诚之说不误，参见洛阳市文物考古研究院：《唐代洛州刺史贾敦颐墓的发掘》，载《中国国家博物馆馆刊》2013年第8期，第28～58页。

④ 《旧唐书》卷九二《韦抗传》，第2963页。

⑤ 类似的例子尚有五代赵昶"陈许将吏耆老录其功，诣阙以闻，天子嘉之，命文臣撰德政碑植于通衢，以旌其功"（《旧五代史》卷一四《赵昶传》，第223页）。

　　林甫薨后，杨国忠为左相，兼总铨衡。从前注拟，皆约循资格，至国忠创为押例，选深者尽留，乃无才与不才也。选人等求媚于时，请立碑于尚书省门，以颂圣主得贤臣之意。敕京兆尹鲜于仲通撰文，玄宗亲改定数字。镌毕，以金填改字处。识者窃非之曰："天子有善，宰相能事，青史自当书之。古来岂有人君人臣自立碑之礼！乱将作矣。"未数年，果有马嵬之难。肃宗登极，始除去其碑。①

李林甫碑盖是其入相之后，国子生中的谄媚之徒欲博其欢心，私自立于国学都堂之前。选择此地，盖是由于李林甫尝为国子司业，故立碑于旧任之所以彰其劳绩。而国子监作为国家养士之所，风教所系，自然亦是便于士民观瞻的良选。睿宗时的儒者尹知章曾为国子博士，卒后，"门人孙季良等立碑于东都国子监之门外，以颂其德"②，选择立碑地点时的考虑与李林甫碑接近。

　　较之于李林甫碑为国子生私自所立的颂德碑，杨国忠碑建立的程序则更符合唐代德政碑需经过朝廷审核批准的法律规定。

　　凡德政碑及生祠，皆取政绩可称，州为申省，省司勘覆定，奏闻，乃立焉。③

而生性谨慎的李林甫之所以对国子生私立碑之事大为震怒，大约亦是惧于法条，生怕此事落为政治对手攻讦的把柄。杨国忠碑建于天宝十二载二月，同月玄宗下诏追削李林甫在身官爵④，李、杨易势，立碑时机的选择颇值得玩味。史称"其所昵京兆尹鲜于仲通、中书舍人窦华、侍御史郑昂讽选人于省门立碑，以颂国忠铨综之能"⑤，立碑地点选在尚书省门外，系百官日常出入之要津，亦和当时杨国忠兼领文部、改革铨选的身

────────

① 《封氏闻见记校注》卷五，第40～41页。
② 《旧唐书》卷一八九下《尹知章传》，第4974页。
③ 《唐六典》卷四，第120页。
④ 《旧唐书》卷九《玄宗纪》，第226页。
⑤ 《旧唐书》卷一〇六《杨国忠传》，第3244～3245页。

份与政绩有关。另一方面，在碑的制作中，特意将玄宗御笔所改数字以金填充，不难想见这方金石相间的颂德碑在阳光的照射下会呈现出别致的效果，这无疑大大强化了碑的"视觉性"，而玄宗对于杨国忠的恩宠更不待文辞而为众周知。① 张嘉贞在为北岳恒山庙撰颂立碑时也采用过类似炫人耳目的小伎俩，"其碑用白石为之，素质黑文，甚为奇丽"②。

除了长安城内，长安郊外亦不乏立碑之处的佳选，克定奉天之难的名将李晟的纪功碑便被立于东渭桥边。

> 上思（李）晟勋力，制纪功碑，俾皇太子书之，刊石立于东渭桥，与天地悠久，又令太子书碑词以赐晟。③

东渭桥位于灞水入渭之处，桥极壮丽，有赤龙之称，在长安东北四十里，位于长安通往渭北的交通要道之上，不但是唐人饯别亲友的胜地，亦是东南租粟会聚转运之所，置有河运院，四方辐辏，行旅往来，络绎不绝④，立碑于此处，自然能让李晟之功业随着往来行人之口，传播至帝国四裔。另一方面，李晟是自东渭桥以薄京城，经过一路激战，最终克复长安，立下不世之功，因而东渭桥在李晟平定朱泚之乱的过程中有着特别的意义。⑤ 立碑于城郊，大约在当时也算是一个特例，但无论是从

---

① 正因为金石相间会产生独特的视觉效果，想到这一办法的并不止玄宗一人，富有艺术家气质的宋徽宗于崇宁四年十月二十三日诏，"中书省检会应颁降天下御笔手诏摹本已刊石迄，诏并用金填，不得摹打，违者以违制论"（《宋会要辑稿·崇儒》，开封，河南大学出版社，2001年，第334页），与玄宗可谓不谋而合。

② 《旧唐书》卷九九《张嘉贞传》，第3092页。

③ 《旧唐书》卷一三三《李晟传》，第3671页。

④ 严耕望：《唐代交通图考》，上海，上海古籍出版社，2007年，第22页。另可参考东渭桥的考古发现与研究，如王翰章：《唐东渭桥遗址的发现与秦汉以来的渭河三桥》，见中国考古学会编：《中国考古学会第三次年会论文集》，北京，文物出版社，1984年，第265～270页。

⑤ 这一点在德宗御撰的《西平王李晟东渭桥纪功碑》中有明确的表达："东渭桥抵王城东北四十里，而国之廪积在焉。始晟于此驻孤军，纠群帅，俟时而动，一举成功。予是用扬其美而纪其功，以明事之有因，谋之有素也。"（《文苑英华》卷八七一，第4595页）

表彰李晟之功，还是获得公众的瞩目、扩大传播范围而言，东渭桥都是竖立李晟纪功碑最理想的空间。①

地方上立碑地点的选择似乎没有长安那么多样，主要当集中在节度使衙、州衙、县衙这些官署门旁，这也符合德政碑表彰去任节度使、刺史、县令治绩，鼓励在任官员恪尽职守的政治功能。例如后唐庄宗被弑后，其弟李存霸亡奔太原，军士杀之于府门之碑下②，河东节度使府门旁的这块碑当是德政、纪功之碑。吴越钱镠"建功臣堂于府门之西，树碑纪功，仍列宾僚将校，赐功臣名氏于碑阴"③，王审知墓志则云，"天祐中，特敕建德政碑，立于府门西偏"④，中和二年（882）归义军张淮深德政碑亦立于西牙⑤。这一判断也能和考古发现相印证，如近年徐州苏宁广场工地出土了五代王晏德政碑，据考古现场情况可推断原立于武宁军节度使衙东南侧，该处直到明代仍是徐州府衙所在，至天启四年（1624）为洪水所淹没，因此此碑出土于距地表深 5 米的地层中。判断其为道东，缘于天启大水自徐州城东南方向破奎河大堤而入，王晏德政碑倒向西侧，碑首飞走不知去向，碑身倒塌时撞上龟趺首，故碑身上部及趺首缺失，出土时残断碑身叠压在龟趺之上，这也与文献记载和各地点考古所见房屋的倒塌方向一致。⑥ 也有立于城门旁者，梁萧渊明立德政碑于州门内。⑦

---

① 《旧唐书》卷一三三《李晟传》史臣曰："而德宗皇帝听断不明，无人君之量，俾功臣困谗慝之口，奸人秉衡石之权，丁琼之言，诚堪太息。虽龊龊刻渭桥之石，区区赐烟阁之铭，亦何心哉！"（第 3687 页）虽意在批评德宗听信谗言，疏远功臣，但亦可见渭桥建碑所具有的象征意义。

② 《资治通鉴》卷二七五，第 8979 页。

③ 《吴越备史》卷一，傅璇琮等编：《五代史书汇编》，杭州，杭州出版社，2004 年，第 6198 页。

④ 福建省博物馆、福州市文物管理委员会：《唐末五代闽王王审知夫妇墓清理简报》，载《文物》1991 年第 5 期，第 1～10 页。

⑤ 荣新江：《敦煌写本〈敕河西节度兵部尚书张公德政之碑〉校考》，见《归义军史研究——唐宋时代敦煌历史考索》，上海，上海古籍出版社，1996 年，第 407 页。

⑥ 这一信息蒙张学锋教授赐告。另该碑录文与考释，见孙爱芹、于康唯、郑洪全：《读江苏徐州新出土"太原王公德政碑"》，载《东南文化》2014 年第 1 期，第 84～92 页。

⑦ 《南史》卷五一《萧明传》，第 1271 页。

正是由于石刻具有"视觉性"，燕然勒功自古以来都被视为对外军事胜利的象征，唐代自然也不例外。"龙朔元年，西域诸国，遣使来内属，乃分置十六都督府，州八十，县一百一十，军府一百二十六，皆隶安西都护府，仍于吐火罗国立碑以纪之"①，幽州节度使刘济击破北蕃后，曾"登山斫石，著《北伐铭》以见志"②。而 1990 年在西藏吉隆县发现的唐显庆三年(658)大唐天竺使出铭③、2017 年公布的在蒙古国发现的封燕然山铭两处摩崖题刻④，也为这样的传统提供了新的实物佐证。不过朱玉麒在研究汉唐西域的纪功碑时已注意到，唐代西域的纪功碑并不一定竖立在战争爆发的地点，而是会被移动到唐在西域的一些重要据点如都护府、四镇、州县等地。⑤ 纪功碑从人迹罕至的战场到区域政治中心的移动，无疑是为了寻找一个更有效率的传播空间，使其能被更多的民众看到，强化这一政治景观的传播效应，进而达成威慑西域、怀柔远人的目的。如果说西域纪功碑是通过空间的转移来扩大其传播的范围，那么玄宗御制的华岳庙碑则是借助对碑文物质性的延展来达成目的：

> (开元)十二年十一月四日，幸东都。十日，至华州，命刺史徐知仁与信安王祎，勒石于华岳祠南之通衢，上亲制文及诗。至十三年七月七日，碑成，乃打本立架，张于应天门，以示百僚。⑥

玄宗生于乙酉岁，故以华岳当本命，继位后便封华岳神为金天王⑦，其

---

① 《旧唐书》卷四〇《地理志》，第 1648 页。

② 权德舆：《唐故幽州卢龙节度副大使知节度事管内支度营田观察处置押奚契丹两番经略卢龙军等使开府仪同三司检校司徒兼中书令幽州大都督府长史上柱国彭城郡王赠太师刘公墓志铭并序》，见《权德舆诗文集》，上海，上海古籍出版社，2008 年，第 318 页。

③ 霍巍、李永宪：《西藏吉隆县发现唐显庆三年〈大唐天竺使出铭〉》，载《考古》1994 年第 7 期，第 619～623 页。

④ 《中蒙学者调查发现汉代〈封燕然山铭〉石刻》，载《中国文物报》2017 年 8 月 18 日。

⑤ 朱玉麒：《汉唐西域纪功碑考述》，载《文史》2005 年第 4 辑，第 146 页。

⑥ 《唐会要》卷二七，第 606 页。

⑦ 《旧唐书》卷二三《礼仪志》，第 904 页。

后封祀不绝，故有唐一代华山信仰极盛。华山地处洛阳与长安间的要路，雄视关中，气象非凡，"直两都之大道，当三条之正中"①，而华岳庙前"女巫遮客买神盘，争取琵琶庙里弹"②，自非人迹罕至之地。③ 华岳庙碑"其碑高五十余尺，阔丈余，厚四五尺，天下碑莫比也。其阴刻扈从太子、王公以下百官名氏。制作壮丽，镌刻精巧，无伦比焉"④。达奚珣《华山述圣颂序》对勒碑的经过有详细的描述："初有司以法驾时巡，路直斯地，将选巨石，先期底功。天意若曰：夫人神之主也，严神以为人也。今稿事未已，工徒复兴。人傥失业，神将何据。方待岁暮，以须后图。粤若碑版，竑乎刊刻。通其变则人不倦，节其用而财不伤。俾夫役者，逸于从事。"⑤而负责勒碑的是著名的书法家吕向。⑥ 此碑的高度约 15 米以上⑦，营建工程耗时 9 个月，是整个唐代官方所立规模最为宏大的纪念碑。由于碑的规模巨大，找不到整块的石材，"砌数段为一碑。其字八分，几尺余，其上薄云霄也"，同时建有高大的碑楼。直至唐末黄巢入关，因有人避难于碑楼之上而遭焚毁，宋人犹睹其遗迹。⑧ 如此巨碑竖

<hr>

① 达奚珣：《华山赋》，《文苑英华》卷二八，第 127 页。

② 王建：《华岳庙二首》，尹占华校注：《王建诗集校注》，成都，巴蜀书社，2006 年，第 434 页。

③ 李德辉：《唐代交通与文学》，长沙，湖南人民出版社，2003 年，第 150～161 页。

④ 郑綮撰：《开天传信记》，《教坊记（外三种）》，北京，中华书局，2012 年，第 81 页；另参《旧唐书》卷二三《礼仪志》，第 904 页。

⑤ 达奚珣：《华山述圣颂序》，《文苑英华》卷七七三，第 4072 页。

⑥ 玄宗以吕向为镌勒使，《新唐书》卷二〇二《吕向传》，第 5758 页。今存孙逖《春初送吕补阙往西岳勒碑得字云字》、徐安贞《送吕向补阙西岳勒碑》诗两首，关于吕向的生平可参见傅璇琮：《唐代翰林学士传论》，第 183～191 页。

⑦ 按唐一尺约折合公制 29.5～29.6 厘米，此据郭正忠：《三至十四世纪中国的权衡度量》，北京，中国社会科学出版社，2008 年，第 191 页。

⑧ 王铚：《默记》卷中，北京，中华书局，1981 年，第 24～25 页。按此碑残石清代仍有所见，毕沅《关中金石记》卷三云仅存"驾如阳孕"四字（《石刻史料新编》第 2 辑第 14 册，台北，新文丰出版社，1979 年，第 10671 页）。

立在华岳祠南的通衢之上①，自足以使往来行旅之人屏息停步，深受震撼。同时玄宗也已下诏将御制碑文颁示四海，"使伊昔之后，自愧不才，率土之臣，咸知所谓"②，以收宣传之效。但玄宗仍不满足，又命制作拓本，张架立于应天门上，供文武百官观览。玄宗虽然无法移动巨碑这一物质形态本身，但通过拓本复制的方式完成了这一移动，扩张了碑文传播的空间。应天门是洛阳宫城的正南门，地位与长安的承天门相当，皆是举行国家重大典礼的礼仪空间，玄宗本人曾在此接受过献俘③，无疑是整个洛阳城市的视觉中心。当时，玄宗正在洛阳筹备当年十一月的封禅大典，同时营建如此规模的华岳庙碑，并特别安排在应天门上张架展示巨碑拓本，广其传布，无疑与玄宗崇信华岳为其本命的观念有关，配合封禅大典的举行，宣扬自己的天命与功业。

事实上，玄宗自开元十一年（723）开始，先后巡幸太原、华州、洛阳，最终完成了东封泰山的宏业，而在这一路上勒石刻铭，建筑了一系列巨型的石刻景观，成为盛世宏业的重要象征：

> 我是以幸太原，祭汾脽。耀金甲，肃边鄙，虏马詟而不敢南向，解严京师；获宝鼎，献宗庙，戍人归而尽务东作，报福京垗。于是乎爰佐五畤，郊天以奉时；爰崇九室，祫祖而敬思。④

开元十一年正月，玄宗巡幸潞州，改旧宅为飞龙宫，"采圣崖，延玄石，将表潜龙之馆，勒启圣之图"，立述圣颂。⑤ 至太原，"亲制起义堂颂及

---

① 《唐会要》卷二七记立华岳庙碑事后小注云："旧路在岳北，因是移于岳南也。"则华岳庙碑落成后，玄宗为了让更多行人有机会目睹这一巨制，特意将官道改向（第 606 页）。中唐张籍《华山庙》曾述及热闹的景象："金天庙下西京道，巫女纷纷走似烟。"（徐礼节、余恕诚校注：《张籍集系年校注》，北京，中华书局，2011 年，第 775 页）

② 《册府元龟》卷四〇，第 453 页。

③ 《旧唐书》卷八《玄宗纪》，第 198 页。

④ 苏颋：《大唐封东岳朝觐颂并序》，《唐文粹》卷一九下，四部丛刊本。

⑤ 张说：《上党旧宫述圣颂并答制》，《张说集校注》，第 569 页。

书，刻石纪功于太原府之南街"。次晋州，"祠后土于汾阴之脽上"①，至三月返回长安，八月享宗庙，十一月南郊大赦。十二年冬，再次出巡，至华阴、洛阳，"制岳庙文，勒之于石，立于祠南之道周"。直至十三年十月完成封禅泰山的大典②，命中书令张说撰《封祀坛颂》、侍中源乾曜撰《社首坛颂》、礼部尚书苏颋撰《觐朝坛颂》以纪圣德，并将御制《纪泰山铭》勒于山顶之右壁，"磨石壁，刻金字，冀后之人听词而见心，观末而知本"③。在历代前往泰山封禅的帝王中，玄宗是少有的改变了五岳之巅自然风貌的一位④，此举也将三年间一系列巡幸、祠祀、封禅活动推向了高潮⑤。而玄宗所建造的高大而醒目的石刻景观，分布在对李唐国家或玄宗本人具有纪念意义的各地，成为开元盛世及其个人功业的重要标志。

中国传统中对文词、书法的重视，使得碑铭自可借助抄写、传拓等

① 玄宗特命韦虚心出镇潞州，预作筹备，韦虚心墓志云："明年，上将时巡太原，出像上党，览文祖誓师之地，观兴王历试之宫，诏选宗臣，以精储供。乃拜公潞州都督府长史。至则均稍食，议糇粮，征其口算之余，约其苴茭之入。及六龙顿驾，百度繁兴，万乘过沛之欢，三日横汾之宴。物无虚赋，事必中程。"拓片刊《长安高阳原新出土隋唐墓志》，第176页。
② 《旧唐书》卷八《玄宗纪》，第185~189页。
③ 《册府元龟》卷三六，第402~403页。
④ 韩文彬对于玄宗勒铭泰山一事有较为细致的讨论，不过他主要在摩崖与刻经的传统中探寻其渊源，似乎并没有注意到玄宗在三年中制作一系列石刻景观之间的内在关联，而如本章所讨论的那样，无论是巨型石刻还是填以金字的手法，皆不难在此前后找到类似的制作。参见 Jr. Robert E. Harrist ： *The Landscape of Words： Stone Inscriptions from Early and Medieval China*，University of Washington Press，pp. 261~270.
⑤ 金子修一指出从开元十一年初太原巡幸至十一月南郊为止一系列的活动具有联系(《古代中国与皇帝祭祀》，上海，复旦大学出版社，2017年，第179~186页)。不过从张说《奉和途中经华岳应制》"群臣愿封岱，还驾勒鸿名"(《张说集校注》，第110页)、张九龄《奉和圣制途经华山》"揆物知幽赞，铭勋表圣衷。会应陪检玉，来此告成功"(熊飞校注：《张九龄集校注》，北京，中华书局，2008年，第47页)，及上文所引苏颋《大唐封东岳朝觐颂并序》等时人所撰颂圣诗文来看，从汾阴祀后土至东封泰山这一系列巡幸与祭祀活动之间具有连续性，最终指向了封禅盛典。

手段化身万千，流传四方，而高明的政治人物往往如玄宗一般，巧妙地利用这一文化传统，传播塑造自身政治权威的文本。① 如下文还将进一步讨论的高宗御制慈恩寺碑，由于"帝善楷、隶、草、行，尤精飞白。其碑作行书，又用飞白势作'显庆元年'四字，并穷神妙"，竖立之后"观者日数千人，文武三品以上表乞摸打，许之"②。此事或许是当时正处于政治困境中的玄奘的有意安排，在结欢高宗的同时，借助碑文的广泛传播，巩固玄奘及慈恩寺译场的地位。③ 宪宗平定淮西之后，则将韩愈所撰《平淮西碑》"各赐立功节将碑文一通，使知朝廷备录劳效"④。这大约是唐廷笼络功臣的惯例，上文所举李晟纪功碑之例，德宗更特意令"太子书碑词以赐晟"。除了恩遇功臣之外，皇帝有时也会将前任节度使的德政碑碑本别赐一本给现任节度使，鼓励其见贤思齐，如文宗曾赐段嶷李德裕德政碑碑本。⑤ 我们亦可以找到德政碑文传播的实物证据，如敦煌文献中有韩逊生祠堂碑残页⑥，此碑作为彰显地方节度使政治合法性的文献，虽具有相当强的地域性，但仍流布到了临近的敦煌一带，透露出灵州与沙州之间密切的政治联系。⑦

敦煌文献中的《敕河西节度兵部尚书张公德政之碑》则提供了另外一

①　根据当代传播学研究者的分梳，将传播的媒介分为时间偏向与空间偏向两类，石刻景观由于兼具永恒性与难以移动两个特征，适合时间上的纵向传播，但考虑到石刻文本可以借助拓本、抄本乃至口头等途径迅速流布，其实也具有在空间中横向传播的能力。参见哈罗德·伊尼斯：《传播的偏向》，何道宽译，北京，中国人民大学出版社，2003年，第27～48页。

②　慧立、彦悰：《大慈恩寺三藏法师传》，北京，中华书局，2000年，第191页。

③　关于玄奘晚年与高宗的矛盾可参见刘淑芬：《玄奘的最后十年》，载《中华文史论丛》2009年第3期，第1～97页。

④　韩愈：《谢许受韩弘物状》，《韩愈文集汇校笺注》，第2892页。

⑤　《赐李德裕立德政碑敕》，《全唐文》卷七四，第775页。

⑥　吴其昱：《薛廷珪朔方节度使韩逊生祠堂碑敦煌残卷考》，见《庆祝潘石禅先生九秩华诞敦煌学特刊》，台北，文津出版社，1996年，第63～73页。

⑦　赵和平：《晚唐五代灵武节度使与沙州归义军关系试论》，见《赵和平敦煌书仪研究》，上海，上海古籍出版社，2011年，第303～316页。

个有趣的案例(图五)。此碑的抄本由六件文书缀合而成，值得注意的是抄本于正文之后多用双行小字笺释典故与史事，如"盘桓卧龙"下注曰，"卧龙者，蜀将诸葛亮也，字孔明，能行兵，时人号曰卧龙是也"，"宣阳赐宅，廪实九年之储"下注曰，"司徒宅在左街宣阳坊，天子所赐粮料，可支持九年之实"。正如下文将要详论的那样，德政碑是中晚唐地方节度使权威的重要象征，根据荣新江的研究，唐廷其实一直未正式授予张淮深节钺，此碑无疑是归义军擅自撰制，却仍自称奉敕所立，可见唐廷与归义军虽仅有羁縻关系，但朝廷恩敕的德政碑仍是归义军节度使合法性的重要来源之一。笔者推测这一详注古典与今典的抄本或是为向归义军中文化程度不高的节将士卒宣讲碑文而作。除此之外，北图芥 91《大方等大集经》卷第八写本背面有"敕河西节度兵部尚书张公德政知碑"一行，又 S.1291 写本上有"(上缺)节度兵部尚书张公德政之碑"字样，均当是学童习书文字，可知张淮深德政碑文曾是敦煌学童习书的资料之一。① 这一案例多少可以使我们窥见德政碑在地域社会中传播的实态②，而无论是宣讲还是习书，其目的皆是借助各种手段扩展碑文的传播范围，将其作为强化节度使政治权威的宣传品。

对于控制了大量人力物力的王朝而言，一旦确有需要，具有重要政治意义的石刻本身也可以被复制，安置于帝国的各个角落，这一昂贵而

---

① 荣新江：《敦煌写本〈敕河西节度兵部尚书张公德政之碑〉校考》，《归义军史研究——唐宋时代敦煌历史考索》，第 398～410 页。而这种政治性的文本为何成为儿童习书的素材，是否蕴有政治教化的用意，值得思考。除了张淮深德政碑外，近年还从敦煌儿童习书文书中发现了史大奈碑，相关的讨论参见游自勇、赵洋：《敦煌写本 S.2078V"史大奈碑"习字之研究》，武汉大学中国三至九世纪研究所编：《魏晋南北朝隋唐史资料》第 30 辑，第 165～181 页。

② 荣新江新近对敦煌文献中的碑志抄本及其流传有系统梳理，指出抄本而非拓本才是碑文在当地流传的主要途径，参见《石碑的力量——从敦煌写本看碑志的抄写与流传》，《唐研究》第 23 卷，北京，北京大学出版社，2017 年，第 307～323 页。后世金石家重视访求拓本，但我们需要注意到罗致拓本，反映的是士大夫的收藏与学术趣味，而拓本非普通士人所能获得，抄本在一般知识传播过程中占据更重要的地位。

巨大的复制品本身便是权威与力量的象征。朱玉麒指出清乾隆平定准噶尔、回部后，不但将告成碑立于太学，更下诏于省、府、州、县各级文庙中复制此碑，以达成向一般吏民宣扬宏业的目的，便是典型的案例。①在唐代我们也能找到类似的例子，宋人庞元英《文昌杂录》记载："余昔年随侍至定武，见总管厅有唐段文昌撰平淮西碑石。"②定武军即唐代定州，义武节度使恰是河北藩镇中对唐廷态度较为恭顺者，则唐廷似曾于多地立平淮西碑，所欲传递的政治讯号不言而喻。被复制的颂德碑有时则成为节帅本人权威与功业的象征，《兵部尚书代国公赠少保郭公（元振）行状》云："河西陇右十余处，置生祠堂，立碑颂德，阎立均等为其文。"③而根据宋人金石著作的著录，德宗御撰、太子亲书的韦皋纪功碑亦曾遍立蜀中。④

作为一种通过刻意的空间组合，进而向观众传递政治讯息，展示国家权威的政治景观，德政碑往往建有附属的楼台亭阁之类的建筑来凸显这种景观功能。

> 先是，（王）处直自为德政碑，建楼于衙城内，言有龙见。或睹之，其状乃黄么蜥蜴也。⑤

碑楼作为一种大型建筑，在古代城市天际线普遍较低的情况下，无疑强化了石碑作为一种政治象征在城市空间中的地位。碑楼有时在立碑之前便已预先修造。宪宗时代的权阉吐突承璀尝"奏立圣德碑，高大一准华岳

---

① 朱玉麒：《从告于庙社到告成太学：清代西北边疆平定的礼仪重建》，见《高田時雄教授退職記念東方學研究論集》，京都，臨川書店，2014年，第403～410页。

② 庞元英：《文昌杂录》卷三，《全宋笔记》第2编第4册，郑州，大象出版社，2006年，第138页。

③ 张说：《兵部尚书代国公赠少保郭公行状》，《张说集校注》，第1589页。

④ 《宝刻类编》卷一记在彭州、简州（丛书集成初编，北京，中华书局，1985年，第9页）。《舆地纪胜》卷一五七记南宋绍兴七年在资州城中心一居民房屋下发现韦皋纪功碑，碑阳已残损，碑阴是开成元年韦皋从孙韦鋋任资州刺史时补刻的文字，亦可证实德政碑立于城市的中心（成都，四川大学出版社，2005年，第4752页）。

⑤ 《旧五代史》卷一四一《五行志》，第2198页。

碑，先构碑楼，请敕学士撰文。且言'臣已具钱万缗欲酬之'"，宪宗命李绛撰写碑文，被李绛以"尧、舜、禹、汤，未尝立碑自言圣德"为由谏止。吐突承璀选择立碑的地点是与李唐皇室关系密切的安国寺，此碑规制原拟与上文所讨论过的华岳庙碑相当，故吐突承璀所预置的碑楼极为高大，拆除时"凡用百牛曳之，乃倒"①。

其他一些巨碑的碑楼，往往成为地方上的标志性景观，甚至逐步演化为名胜所在，如目前所知存世规模最大的唐碑，高达 12.55 米的何进滔德政碑，宋代位于大名府留宫门街东，"碑楼极宏壮，故岁久而字不讹缺"②，其碑楼至北宋时尚存。③ 又王武俊德政碑的碑楼规模亦极壮观，至宋时蔡京知真定府，拆王武俊德政碑楼，利用其木料在府治之后的谭园内建熙春阁，成为当地游观的胜景之一。④ 另一方面，唐宋时代德政碑往往与生祠并置⑤，而这些生祠随着时间的推移，其中的相当部分逐渐演变成当地民间信仰的渊薮，祠中供奉的那些富有治绩的能臣有些在后世被神格化，成为祭祀、崇拜的对象，演变为地域文化的一部分，魏州狄仁杰祠的兴废便是一个生动的个案。⑥ 后梁割据灵武的韩逊，善于

---

① 《资治通鉴》卷二三七，第 7661 页。碑楼修建完成后，也不时需要修葺，《金石录》著录有天宝九载正月卫包撰唐华岳碑堂修饰记（《金石录校证》，第 121 页）。

② 吕颐浩：《燕魏杂记》，丛书集成初编，上海，商务印书馆，1936 年，第 3 页。颇可玩味的是对于何进滔德政碑被改刻为五礼记碑，《金石录》云，"进滔事迹固无足取……此碑尤为雄伟。政和中，大名尹建言摩去旧文，别刊新制，好古者为之叹惜也"（《金石录校证》，第 515～516 页），仅从学问家的立场上表示惋惜；而《燕魏杂记》则云："按唐史，进滔治魏十余年，民安之，后累迁检校司徒、同中书门下平章事。宣和年间，内侍谭禛奉使河朔，遂磨灭此碑，邦人愤恨，可惜也。"其对何进滔的评价与赵明诚迥异，似乎透露出直到宋代，河北地域内部对于藩镇割据的历史仍有自身独特的认知。

③ 陈思：《宝刻丛编》卷六引《集古录目》，第 131 页。

④ 吕颐浩：《燕魏杂记》，第 4 页。

⑤ 刘馨珺：《〈职制律·长吏辄立碑〉与地方官考课》，《"唐律"与宋代法文化》，第 71～186 页。另作者特别指出唐代德政碑多于生祠，而至宋代则生祠多于德政碑。

⑥ 雷闻：《郊庙之外：隋唐国家祭祀与宗教》，第 235～240 页。另关于田弘正归附后重建狄仁杰祠的政治意义，参见本书第五章。

为理，部民请立生祠堂于其地，梁太祖诏薛廷珪撰文以赐之，其庙至宋初犹存。① 德政碑及其附载物成为一个政治景观的过程并不是一次性的，而是通过地方记忆的多次构建与重写才逐步成型。② 如果说德政碑最初的建立，作为一个政治事件，体现了当时中央与地方之间的权力关系，而在此之后，作为存在于地域社会中的景观，德政碑逐步脱离了最初的语境，成为地方性知识的一部分。

当然除了规模较大的碑楼，亦有一些纪念碑仅建有碑亭，但由于石碑本身已经占据了城市空间中心的位置，加之其所附有的政治景观功能，使得石碑及碑楼所在，往往成为一个城市中重要公共事件展演的舞台。

> 时节度王承业军政不修，诏御史崔众交兵于河东。众侮易承业，或裹甲持枪突入承业厅事玩谑之。（李）光弼闻之素不平。至是，交众兵于光弼。众以麾下来，光弼出迎，旌旗相接而不避。光弼怒其无礼，又不即交兵，令收系之。顷中使至，除众御史中丞，怀其敕问众所在。光弼曰："众有罪，系之矣！"中使以敕示光弼，光弼曰："今只斩侍御史；若宣制命，即斩中丞；若拜宰相，亦斩宰相。"中使惧，遂寝之而还。翌日，以兵仗围众，至碑堂下斩之，威震三军。命其亲属吊之。③

在当时动荡的政治局面中，李光弼必须维护他节制一方的绝对权威，自恃朝官身份而妄自骄矜的崔众便成为牺牲品。但我们可以留意到李光弼特地选择将崔众引至碑堂下斩之，而非直接斩之于军中或府中，无疑是在寻找一个能让更多人观看到的"剧场"，借助悠悠众口，进一步增强这场体现李光弼个人权威政治演剧的效果，以达成"威震三军"

---

① 《旧五代史》卷一三二《韩逊传》，第2030页。

② 目前关于唐代地方记忆、地方知识的讨论尚不多见，仅廖宜方《唐代的历史记忆》一书有较多的涉及（台北，台湾大学出版中心，2011年，第269～333页）。

③ 《旧唐书》卷一一〇《李光弼传》，第3304页。

的目的。

李光弼选择行刑的碑堂，很可能就是上文提及太原城中的起义堂，开元十一年玄宗巡狩北都，亲自撰书起义堂颂，刻石于太原府之南街①，此碑后俗称起义堂碑，至宋时犹存。② 按南街即乾阳门街，唐太宗贞观二十二年(648)巡幸太原时御制的晋祠碑亦位于此街③，这一对于李唐政权合法性极具象征意义的纪念碑无疑占据了太原城市空间中的中心位置。中唐名将马燧镇河东时还曾特别上请，在起义堂颂碑旁另立一碑，刊勒德宗御赐《君臣箴》《宸扆台衡铭》，以彰盛德，亦是看中优越的地理位置所带来的传播便利。④ 而起义碑堂在此刻临时扮演了刑场的角色，"刑人于市，与众弃之"，传统儒家观念强调刑罚的公开性与正义性之间的关联，因而刑场是古代城市中特殊的公共空间，作为少数能让庶民窥见高层政治变动的场所，同时亦是传播政治消息的重要渠道。⑤ 当然，李光弼本无意对抗朝廷，故处斩崔众之后，立刻允许其亲属赴丧，以免传递出错误的政治讯息。

更可注意的是，除了碑楼、碑亭这些永久性的建筑之外，在碑落成的时候，往往伴有盛大的迎碑仪式，纪念碑被有意安排在城市的主要街道中巡游展示，这场典礼成为点燃整个城市的节日。

> 高宗御制慈恩寺碑文及自书，镌刻既毕。戊申，上御安福门楼，观僧玄奘等迎碑向寺。诸寺皆造幢盖，饰以金宝，穷极瑰丽，太常及京城音乐，车数百两。僧尼执幡，两行道从，士女观者填噎街衢。

---

① 《旧唐书》卷九七《张说传》，第3054页。

② 《宝刻类编》卷一，第3页。

③ 《元和郡县图志》卷十三，北京，中华书局，1983年，第366～367页。

④ 《为河东副元帅马司徒请刻御制箴铭碑表》，《文苑英华》卷六○八，第3153～3154页。

⑤ 侯旭东对于市作为刑场时所展现出的公共政治空间功能曾有所讨论，参见《北朝村民的生活世界》，第209～223页。另参张荣芳：《唐代长安刑场试析》，载《东海学报》第34期，第113～122页。

自魏晋已来，崇事释教未有如此之盛者也。①

　　夏四月八日，帝书碑并匠镌讫，将欲送寺，法师惭荷圣慈，不敢空然待送，乃率慈恩徒众及京城僧尼，各营幢盖、宝帐、幡花，共至芳林门迎。敕又遣太常九部乐，长安、万年二县音声共送。幢最卑者上出云霓，幡极短者犹摩霄汉，凡三百余事，音声车千余乘。至七日冥集城西安福门街。其夜雨。八日，路不堪行，敕遣且停，仍迎法师入内。至十日，天景晴丽，敕遣依前陈设。十四日旦，方乃引发，幢幡等次第陈列，从芳林门至慈恩寺，三十里间烂然盈满。帝登安福门楼望之甚悦，京都士女观者百余万人。②

值得注意的是玄奘最初选定的迎碑日期是佛诞日，后因雨推迟至十四日。南北朝以降有在佛诞日前后举行浴佛、行像活动的传统。③《魏书·释老志》记载，"于四月八日，舆诸佛像，行于广衢，帝亲御门楼，临观散花，以致礼敬"④，场景与之相近。因此玄奘最初的择日，大约是有意要将迎碑与佛诞日行像游行的活动相结合，制造出分外热闹的场面。

　　显庆元年（656），玄奘请求高宗为慈恩寺撰写碑文，刘淑芬认为当时玄奘与高宗之间的关系已发生微妙的变化，玄奘求碑之举，盖是为了弥缝与高宗之间的矛盾，庇护译经事业。⑤ 但这些隐藏着的矛盾并未影响到盛大迎碑仪式的举行，精心选择的游行路线从宫城西北的芳林门出发，高宗本人则亲自在安福门楼观览盛况，迎碑队伍一路浩浩荡荡，沿途观者如云，经行三十余里，方至慈恩寺所在长安东南隅的晋昌里，士女观

---

①　《太平御览》卷五八九引《唐书》，第 2652 页。

②　《大慈恩寺三藏法师传》卷九，第 189 页。

③　周一良：《灌佛》，见《魏晋南北朝史札记》，北京，中华书局，1985 年，第 157～158 页；陈志远：《晋宋之际的王权与僧权——以沙门不敬王者之争为中心》，见《中国社会科学院历史研究所学刊》第 10 集，北京，商务印书馆，2017 年，第 253 页。

④　《魏书》卷一一四《释老志》，北京，中华书局，1974 年，第 3032 页。

⑤　刘淑芬：《玄奘的最后十年》，载《中华文史论丛》2009 年第 3 期，39～40 页。另《大慈恩寺三藏法师传》叙立碑前后交涉事甚详（第 178～191 页）。

者百余万人的描述或许不无夸张，但轰动全城则绝无疑义。"碑至，有司于佛殿前东北角别造碑屋安之。其舍复拱重栌，云楣绮栋，金华下照，宝铎上晖，仙掌露盘，一同灵塔"①，并建造碑楼崇重其事，强化景观效应，使之成为皇权护佑佛法、玄奘恩宠犹在的重要象征物。

迎送慈恩寺碑的盛大游行或许只是一个特例，但这些巨大的、具有纪念意义碑刻的竖立恐怕并不是悄无声息的。围绕碑的落成，或许伴有相当隆重的典仪，从而通过仪式将立碑行动本身所要传达的政治意义散布出去。武宗时访问中国的日本僧人圆仁用"异域之眼"在《入唐求法巡礼行记》中为我们留下了另一段亲身经历的盛况：

> （四月）九日，开府迎碑，赞扬开府功名德政之事也。从大安国寺入望仙门，左神策军里建之。题云："仇公纪功德政之碑。"迎碑军马及诸严备之事不可计数。今上在望仙楼上观看。②

圆仁所见的当是仇士良纪功碑。武宗系由仇士良拥立，文宗暴病之后，"两军中尉仇士良、鱼弘志矫诏迎颖王于十六宅"，立为皇太弟。因此武宗继位之初，仇士良权势熏天，故武宗于会昌元年（841）二月壬寅"赐仇士良纪功碑，诏右仆射李程为其文"③，特加笼络。④ 这次游行线路的选择反映了盛唐以后长安政治中心向大明宫一侧的转移，游行的出发点是位于大明宫南长乐坊的安国寺，安国寺在中晚唐与皇室、宦官皆有密切的关系，游行线路并不长，经大明宫东南的望仙门入宫，立碑于左神策军中，武宗本人则亲登望仙门楼观看。在圆仁旅行的经历中，帝国之都长安城中各种各样的礼仪活动所有意呈现、塑造的政治权威在这位异域

---

① 《大慈恩寺三藏法师传》卷九，第191页。
② 圆仁撰、白化文等校注：《入唐求法巡礼行记校注》卷三，石家庄，花山文艺出版社，1992年，第384页。
③ 《旧唐书》卷一八上《武宗纪》，第583、586页。
④ 尽管武宗表面上对仇士良优礼有加，实际上两人关系紧张，会昌三年六月仇士良死后，武宗立刻"敕斩仇军容孔目官郑中丞、张端公等四人，及男女奴婢等尽杀，破家"（《入唐求法巡礼行记校注》卷四，第424页）。

人的脑海中留下了深刻的印象，因而在书中得到了详细的记录①，迎立仇士良功德碑的盛大仪式无疑便是其中之一。可以想见，目睹此事的无数长安官民的口耳相传，亦可进一步发酵立碑一事的政治效应。

营造纪念碑乃是一项功费不小的工程，将作监下专门置有甄官署掌其事："甄官令掌供琢石陶土之事。凡石磬碑碣、石人兽马、碾硙砖瓦、瓶缶之器、丧葬明器，皆供之。"②即便如此，若需建造大型碑碣时，似乎仍需另征发民夫，扰动地方。例如升仙太子碑碑阴题名中有"采石官朝[议]郎行洛州来庭县尉臣□晙"③，这位来庭县尉□晙当是以地方官吏的身份负责征发劳役。而开元二年（714），玄宗欲为生母窦氏于靖陵立碑，征料夫匠。韦凑以"自古园陵无建碑之礼，又时正旱俭，不可兴功，飞表极谏，工役乃止"④，可见工程规模相当可观。而在地方上，特别是唐中期之后，河北藩镇兴建巨碑的风气逐渐兴起，营制巨碑更成了扰动地方的苦役：

> 魏帅杨师厚于黎阳山采巨石，将纪德政，制度甚大，以铁为车，方任负载，驱牛数百，不由道路。所至之处，或坏人庐舍，或发人丘墓，百姓瞻望曰"碑来"。碑石才至而卒，魏人以为应"悲来"之兆。⑤

从目前发现石碑来看，除了个别立于战场的纪功碑，因陋就简，采用天然石材稍作加工之外⑥，大多数石碑都是经过仔细刻琢而成的标准形制。

---

①　妹尾达彦：《长安：礼仪之都——以圆仁〈入唐求法巡礼行记〉为素材》，见《唐研究》第 15 卷，北京，北京大学出版社，2009 年，第 385～434 页。

②　《旧唐书》卷四四《职官志》，第 1896 页。

③　升仙太子碑的拓本及释文见黄明兰、朱亮编著：《洛阳名碑集释》，北京，朝华出版社，2003 年，第 119、126 页。

④　《旧唐书》卷一〇一《韦凑传》，第 3146 页。

⑤　《太平御览》卷五八九引《后唐史》，第 2653 页。按《旧五代史》卷二二《杨师厚传》亦载此事（第 342 页），唯《太平御览》所记稍详。按"悲来"，原讹作"碑来"，据《旧五代史》改。

⑥　马雍：《新疆巴里坤、哈密汉唐石刻丛考》，见文化部文物局文献研究室编：《出土文献研究》，北京，文物出版社，1985 年，第 197～203 页。

但在古代的物质条件下，大型碑材并不容易获得。姜行本磨去班超纪功碑旧文，"更刻颂陈国威德"①；宋人将何进滔德政碑改刻为五礼记碑②；在归义军时期，人们则利用一百多年前的大唐都督杨公纪德颂碑阴摹刻了大唐河西道归义军节度索公纪德之碑③；石材难得无疑是沿用旧碑石的重要原因。④ 对地处河北平原南部的诸藩镇而言，黎阳山似乎是制作碑志的重要石材来源。除了前引杨师厚碑外，后周沧州节度使李晖，"州民张鉴明等于黎阳山采石，欲为晖立德政碑"⑤。黎阳山位于黄河北岸，黎阳县城居其北，属卫州，不但与沧州悬隔甚远，与魏州距离亦不近。据严耕望考订，从黎阳至魏州、沧州，可利用永济渠通航⑥，若走水道，或可利用冬季河流结冰，相对较易运输，但从杨师厚德政碑的例子来看，似仍选择自陆路搬辇。但无论如何，在古代的交通条件下运输巨型石材，其中的艰难自可想见。⑦ 而明成祖朱棣为建造明太祖朱元璋圣德碑，预先在南京阳山开凿的巨型碑材，据说碑座、碑额、碑身三块巨石累计高达 78

---

① 《旧唐书》卷五九《姜行本传》，第 2334 页。按马雍认为此碑上刻有永和五年等字，时班超已死，非班超纪功碑，参见《新疆巴里坤、哈密汉唐石刻丛考》，见《出土文献研究》，第 201～202 页。

② 至今五礼记碑两侧仍残存了何进滔德政碑的部分题名。参见孙继民：《唐何进滔德政碑侧部分题名释录》，见《唐史论丛》第 9 辑，西安，三秦出版社，2007 年，第 232～238 页。

③ 吴景山、张洪：《〈索勋纪德碑〉辨正》，载《敦煌学辑刊》2012 年第 1 期，第 36～49 页；吴景山、张洪：《〈大唐都督杨公纪德颂〉碑校读》，载《西域研究》2013 年第 1 期，第 16～22 页。这种现象并不稀见，参见《语石 语石异同评》卷三《碑阴》，第 165～166 页。

④ 叶昌炽在总结碑之七厄中便将"武人俗吏，目不识丁，匇工选材，艰于伐石，或去前贤之姓字而改窜己名，或磨背面之文章而更刊他作，甚或尽铲旧文，别镌新制，改为己作，澌灭无遗"视为其中一厄（《语石 语石异同评》卷九，第 531 页）。

⑤ 《册府元龟》卷八二〇，第 9747 页。

⑥ 严耕望：《唐代交通图考》，第 1606～1625 页。

⑦ 如据报道，著名的安重荣德政碑，仅赑屃部分就重达 107 吨，即使使用现代起重机械运输亦颇具难度，一般碑铭虽无如此规模，但对于当时的技术条件而言亦极富挑战。参见梁勇：《正定巨碑主人及被毁原因初探》，载《文物春秋》2000 年第 5 期，35～38 页。

米，最终因无法搬运，至今仍停留原处，不但成为巨型石刻所耗费巨大人力与物力的最佳注脚，同时摇身一变，成了现代游客注目的"景点"。

总而言之，无论是纪念碑这一建筑本身，还是围绕其产生的碑楼、游行等附载的建筑与行动，甚至建造巨碑时对地方的扰动，都会转化为地方文化与记忆的一部分。而巨碑兴建前后的一切事件集聚在一起，共同强化了纪念碑的政治景观效应，诱导人们注目其上，关注巨碑的兴造，捕捉其中透露出的政治讯号，传播碑碣上的文字与故事。因而，纪念碑远不仅是一种静止的景观，同样是一种被反复言说的具有流动性的知识与记忆。

二、德政与秩序

占据城市中心位置的德政碑，无疑是民众注目的焦点，特别是在两京以外的城市中，没有了壮阔雄伟的宫殿庙堂、巨大规整的城坊布局，在一个被简化与缩小的空间尺度中，德政碑所占据的位置更为耀眼。我们暂且将目光移出两京这样的礼仪之都，设想在前现代的物质条件下，一个长期身处帝国边缘的庶民，如何来感知到国家权力的存在。改易正朔、大赦改元、颁历授时、避讳更名、诞节国忌这些国家典制上的变化，无疑会通过诏命的传达及对民众日常生活的渗透①，使人们感受到国家

---

① 国家权力如何渗透到庶民日常的生活世界中是一个饶有兴味的话题，例如玄宗时千秋节的设立，使皇帝生日变成了一个公共性的节日，日后新帝继位，诞节日期随之变化，进而国家政治的变化可以轻易地被庶民所感知。学者从政令传播的角度对此有较多的讨论，代表性的论著有雷闻：《牓文与唐代政令的传布》，见《唐研究》第 19 卷，北京，北京大学出版社，2013 年，第 41～77 页；高柯立：《宋代的粉壁与榜谕：以州县官府政令传布为中心》，见邓小南主编：《政绩考察与信息渠道：以宋代为重心》，北京，北京大学出版社，2008 年，第 411～460 页；而笔者曾以避讳更名为例，对国家权力如何向下渗透有简要的讨论，参见仇鹿鸣：《新见〈姬总持墓志〉考释——兼论贞观元年李孝常谋反的政治背景》，见《唐研究》第 17 卷，北京，北京大学出版社，2011 年，第 225～228 页。

权力的无所不在。而分布于帝国各地，可以被民众阅读、观看到的德政
碑①，则作为一种物质性的存在，展现出国家对地方社会的关注与引导。
德政碑不仅是帝国体制下理想政治秩序的象征物，同样也成为普通民众
感知国家权威存在的重要渠道之一。

　　为去任地方官员立碑颂德的传统，至少可以追溯到汉代②，除此之
外，汉晋时期祈报神祇的祠庙碑刻，往往会称颂地方官德行，多少也涵
括了德政碑的功能。③ 但到了唐代，这一最初或渊源于地方社会，带有
民间自发性质的立碑纪念活动，面貌已经发生了深刻的变化。其中最关
键的是立碑的性质从"私"到"公"的转变，汉代颂德去思之碑，往往由地
方耆老故旧自发聚集所立，其间并无国家权力的身影。尽管唐代德政碑
请立的过程中仍保留了民众上请这一要件，但必须经过有司覆按政绩，
得到批准之后，方许立碑。而且重要官员的德政碑往往由朝廷差官撰文，
整个颁授程序已被纳入国家的行政体制之中，成为考课、奖励地方官员
治绩的一种手段④，具有鲜明的官方性质，因此德政碑成为国家权力渗

---

　　① 笔者在这里试图用"阅读""观看"两个概念来区分德政碑知识传播的两种途
径。"阅读"是指德政碑上的文字通过传拓、抄写、阅读等途径的流传。具有文字阅
读能力的知识精英，无疑是德政碑最重要的预设读者，但这一群体人数的有限导致
碑文传播的范围恐相当有限。而德政碑对于一般民众而言，更重要的意义可能是作
为一种可以被"观看"到的政治景观而存在，国家权威通过德政碑这一象征物的中介
被投射到地方社会之中。在这一脉络下，德政碑外在物质性、景观性的一面变得更
为重要，这也可以解释为何在唐代中后期，河北等区域出现了制作巨碑的倾向。

　　② 《后汉书》卷七六《许荆传》云其任桂阳太守："在事十二年，父老称歌。以病
自上，征拜谏议大夫，卒于官。桂阳人为立庙树碑。"（北京，中华书局，1965 年，第
2472 页）从文献的记载来看，立生祠颂德在汉代更为常见。参赵翼：《陔余丛考》卷三
二《生祠》，第 690 页。

　　③ 在东汉便已经出现了地方长吏去职甚至在任时建造碑刻乃至生祠颂德的案
例。参见永田英正编：《汉代石刻集成（本文篇）》附"概说"，京都，同朋舍，1994 年，
第 332～337 页。

　　④ 关于德政碑颁授制度及在官员考课体系中的作用，刘馨珺《〈职制律·长吏
辄立碑〉与地方官考课》一文已做了较多的讨论，读者可参看（《"唐律"与宋代法文
化》，第 71～186 页）。因而笔者的讨论更多地涉及德政碑颁赐在唐代前后期的变化
及其实际运作中所展现出的中央与地方之间的权力关系。

入地方社会的象征物。从唐代德政碑颁授的实况来看，背后反映的往往是地方与中央之间的权力关系。

从目前掌握的史料来看，唐代德政碑的颁授可能更多地沿袭北朝以来的传统，将这些惯例制度化的同时，强化了中央对于地方官员立碑颂德行为的控制。

> 丁亥，以牧守妄立碑颂，辄兴寺塔；第宅丰侈，店肆商贩。诏中尉端衡，肃厉威风，以见事纠劾。①

正光三年(522)的这一诏令，透露出官员妄立碑颂在北魏后期已成为地方吏治中常见的弊病之一，这一风气的形成或许与十六国以降中央对地方控制的松弛有关。积弊由来已久，自非一日可以荡涤，因此在编修《唐律疏议》时，已对如何限制、惩处官员妄立德政碑做出了详密的规定：

> 诸在官长吏实无政迹辄立碑者，徒一年。若遣人妄称己善，申请于上者，杖一百。有赃重者，坐赃论。受遣者，各减一等。虽有政迹，而自遣者，亦同。
> 【疏】议曰："在官长吏"，谓内外百司长官以下，临统所部者。未能导德齐礼，移风易俗，实无政迹，妄述己功，崇饰虚辞，讽谕所部，辄立碑颂者，徒一年。所部为其立碑颂者，为从坐。若遣人妄称己善，申请于上者，杖一百。若虚状上表者，从"上书诈不实"，徒二年。"有赃重者，坐赃论"，谓计赃重于本罪者，从赃而断。"受遣者，各减一等"，各，谓立碑者徒一年上减，申请于上者杖一百上减。若官人不遣立碑，百姓自立及妄申请者，从"不应为重"，科杖八十。其碑除毁。注：虽有政迹，而自遣者，亦同。
> 【疏】议曰：官人虽有政迹，而自遣所部立碑，或遣申请者，官人亦依前科罪。若所部自立及自申上，不知、不遣者，不坐。②

这一法律条文虽形成于唐初，但可以被视为对南北朝以来强化中央权威，

---

① 《魏书》卷九《孝明帝纪》，第 233～234 页。
② 刘俊文笺解：《唐律疏议笺解》，第 846～849 页。

限制地方长官擅自立碑颂德的各项行政、制度经验的总结，其关键点在于将立碑的最终审批权收归中央①："制州县长吏，非奉有敕旨，毋得擅立碑。"②这一基本原则在整个唐代被多次重申，并大体得到了严格的贯彻③，因而，中唐时封演在定义德政碑时，已将"恩敕听许"视为必备条件：

> 在官有异政，考秩已终，吏人立碑颂德者，皆须审详事实，州司以状闻奏，恩敕听许，然后得建之，故谓之"颂德碑"，亦曰"遗爱碑"。④

根据封演的定义，并结合对唐代德政碑申请过程中一系列制度规定和运作惯例的考察，笔者认为德政碑的颁授大约有以下几个程序：吏民诣阙

---

① 将立碑的批准权收归中央，这一制度或起源于南朝，我们可以注意到在南朝的大量立碑实例中，大都经过了"诏许之"这一程序，其中较为完整的案例如《南史》卷五一《萧明传》所载："太清元年，为豫州刺史，百姓诣阙拜表，言其德政，树碑于州门内。"（第1271页）至北朝后期亦多经过上请，如《北史》卷五五《赫连子悦传》云自郑州刺史入为都官尚书后，"郑州人马子韶、崔孝政等八百余人，请立碑颂德，有诏许焉"（北京，中华书局，1974年，第2099页）。这两个案例中所见立碑程序与唐代基本一致。德政碑之名可能也来源于南朝，较早使用这一名称的是梁代萧楷德政碑（参见《梁书》卷四七《谢兰传》，北京，中华书局，1973年，第658页）。尽管对隋代具体的制度规定尚不了解，但从墓志透露的情况来看，大约亦需经上请，如杨约墓志云："伊州民杨陁罗等，借听讴谣，舒情舞蹈，操丹笔以题恩，树翠碑而颂德，披文相质，美声载路。"（《全唐文补遗（千唐志斋新藏专辑）》，第463页）

② 《资治通鉴》卷二〇六，第6540页。另参见顾炎武：《日知录集释》卷二二《生碑》，第1269~1270页。

③ 刘馨珺统计了114个唐代立德政碑及生祠的案例，其中明确记载非法所立者，仅4例。在这4例中，1例发生在武德四年，时法令可能尚未齐备，另3例分别是周智光、董昌、李彤，其中周智光、董昌两人本为叛臣，且其所立者为生祠，而非德政碑，盖借巫祝以蛊惑人心。李彤后因此事被柳公绰弹劾而遭贬官，故可以判定这一规定在整个唐代基本得到了遵循。参见刘馨珺：《〈职制律·长吏辄立碑〉与地方官考课》，《"唐律"与宋代法文化》，第125~133页。

④ 《封氏闻见记校注》卷四，第40页。按封演此处所云"遗爱"盖是指官员去任，而非去世，恰好反映出"去任请碑"是唐代德政碑的基本要素之一。

上书请留不许→官员任满离任→州司申省，省司勘覆定→奏闻，许立德政碑。

这一看上去并不十分复杂的申请程序，却为地方官员与朝廷之间的博弈提供了相当的空间。中国古人素有"立德、立功、立言"三不朽之说，立德者近乎圣，非常人所能企望，立言在于著述，而德政、纪功之碑则是立功最直观的体现，因而士人精英对镂之金石以志不朽之事有着强烈的文化认同与心理需求，这构成了地方官员追逐德政碑的内在驱动力。张籍《送裴相公赴镇太原》诗云，"明年塞北清蕃落，应建生祠请立碑"①，便反映出唐代士人对建功立碑的普遍希冀。而唐人墓志中普遍将获立德政碑作为一生中重要的事功郑重地加以记录，如崔泰之墓志云："政刑具举，风泽斯洽，州人立碑颂德，于今存焉。"②因贬逐而客死岭外的张九龄，其简短志文中有"序夫官次，存乎事迹，列于中原之碑，备诸良史之笔矣"③一语，多少透露出对平生功业的自负与最终遭际的不平。权德舆所撰杜佑淮南遗爱碑中则特意表出，"初抚人、广人，皆镂坚石，以摅盛烈；及兹而追琢者三矣"④，彰显杜佑三获德政碑的治绩。⑤ 其至在传奇小说中有尚书李文悦之魂托进士赵合求取德政碑的故事⑥，而在著名的南柯一梦中，"风化广被，百姓歌谣，建功德碑，立生祠宇"亦作为唐代官僚仕宦成功的重要标志被特别举出⑦，由此可见士人群体对德政碑的热衷。而如宋璟那样，保持清醒头脑，拒绝为自己立碑颂德之请者，可

---

① 张籍：《送裴相公赴镇太原》，见《张籍集系年校注》，第421页。

② 崔泰之墓志，《唐代墓志汇编》开元174，第1277页。

③ 张九龄墓志，《唐代墓志汇编》开元525，第1517页。

④ 权德舆：《大唐银青光禄大夫检校司徒同中书门下平章事太清宫使及度支诸道盐铁转运等使崇文馆大学士上柱国岐国公杜公淮南遗爱碑》，见《权德舆诗文集》，第182页。

⑤ 真正为民所怀者，德政碑也会得到维护乃至重立，《金石录》卷六著录有开元二十六年唐济源令李造遗爱颂及贞元二十一年唐重修李造遗爱碑记便是一个例子（《金石录校证》，第106页）。

⑥ 《太平广记》卷三四七引《传奇》，第2749～2750页。

⑦ 《太平广记》卷四七五引《异闻录》，第3913页。

谓凤毛麟角。①

而上文所引唐律条文所欲抑制的便是官僚群体因企羡而产生的自利取向。另一方面，我们则可以注意到，在制度实际的运作中，德政碑的颁授往往是和地方吏民诣阙请求官员留任未许联系在一起的。

> 无几，（韦抗）迁右台御史中丞，人吏诣阙请留，不许，因立碑于通衢，纪其遗惠。②

> （元结）既受代，百姓诣阙，请立生祠，仍乞再留。观察使奏课第一，转容府都督兼侍御史、本管经略使，仍请礼部侍郎张谓作甘棠以美之。③

> 寻上疏请归乡拜墓，州人诣阙请留（王）晙，乃下敕曰："彼州往缘寇盗，户口凋残，委任失材，乃令至此。卿处事强济，远迩宁静，筑城务农，利益已广，隐括绥缉，复业者多。宜须政成，安此黎庶，百姓又有表请，不须来也。"晙在州又一年，州人立碑以颂其政。④

以上所举三例，前两例吏民诣阙请留，皆未获许，官吏如期受代，而德政碑或生祠不过是作为官员留任未果之后的一个替代品出现的。第三例虽乞留成功，但有两点值得注意，第一，王晙留任时间很短，不过一年。揆诸史籍，我们确实能找到个别唐代吏民上书乞留成功的案例，但留任时间皆不长，一般不过一年。⑤ 第二，王晙这一个案较为特殊，他本人

---

① 《册府元龟》卷三二〇，第 3787 页。正因为碑有旌善之功，故也有鉴戒之用。"卢奂累任大郡，皆显治声，所至之处，畏如神明。或有无良恶迹之人，必行严断，仍以所犯之罪刻石，立本门门首，再犯处于极刑。民间畏惧"，卢奂"记恶碑"之立不过是对碑公共性另一面的利用（王仁裕：《开元天宝遗事》卷上，北京，中华书局，2006 年，第 15 页）。

② 《旧唐书》卷九二《韦抗传》，第 2963 页。

③ 颜真卿：《容州都督兼御史中丞本管经略使元君表墓碑铭》，《颜鲁公文集》卷五，四部丛刊本。

④ 《旧唐书》卷九三《王晙传》，第 2985～2986 页。

⑤ 如李蔚"咸通十四年，转扬州大都督府长史、淮南节度副大使知节度事。乾符三年受代，百姓诣阙乞留一年，从之"（《旧唐书》卷一七八《李蔚传》，第 4627 页）。

是因归乡拜墓而自请离任，并非任满受代。从以上案例中我们可以发现唐代中央一直有意识地抑制地方官员的长任倾向，严格执行地方官员任满受代的制度，强化了官员的流动性①，其中的根本原因或许便是汲取南北朝以来地方势力坐大的教训，巩固中央对于地方的控制。但刚性的制度规定与德政留任的文化观念及官员长任的自利取向之间往往会产生各种矛盾，于是颁授德政碑成为化解矛盾的一种有效方法。② 作为官员离任替代物的德政碑，一方面因其所具有的纪念碑性，自可满足士人精英对于政治声望与不朽声名的追求，进而抑制了官僚群体暗藏的长任自利取向，另一方面在德政碑制度的运作过程中，国家借助对治吏楷模的塑造，向民众展示了中央对地方吏治的关切，强化了国家权力在地方社会中的存在感，当然同时也维护了官员任满受代的制度。因而，"去任请碑"成为确保唐代德政碑制度有效运作的一个最关键齿轮，这一制度规定在安史之乱后并无实质性变化，只是为了适应各地普遍设立藩镇的新形势而略有调整：

> （贞元）十四年十一月十二日，考功奏："所在长吏请立德政碑，并须去任后申请，仍须有灼然事迹，乃许奏成。若无故在任申请者，刺史、县令，委本道观察使勘问。"③

综上所述，朝廷通过地方官员不得自遣所部吏民上请、去任后方得请碑、有司覆按政绩、惩处无政绩辄立碑的官员等一系列周详的制度规定，牢牢掌握了德政碑颁赐的主导权，并通过这一制度的有效运作，构筑起了

---

① 因而宦游成为影响唐代士人生活非常重要的一个因素，参见胡云薇：《千里宦游成底事，每年风景是他乡——试论唐代的宦游与家庭》，载《台大历史学报》第 41 期，第 65～106 页。

② 需要说明的是，笔者的讨论并无意追究史籍中各种关于德政或吏民诣阙请留记载的情实真伪，只是假设同为"政治理性人"，国家在制度设计中如何既保持德政碑的"政绩激励"效用，又同时抑制官僚群体的自利取向，而官僚群体又是如何在制度规定的空隙中寻找逐利空间的。

③ 《唐会要》卷六九，第 1437 页。

理想化的中央—地方关系图景。

三、控驭之道：德政碑的政治学

这一颇具理想色彩的制度在唐代前期仰赖统一有力的中央权力的支持，自可运转自如，成为政治秩序的重要象征，那么在安史乱后，随着唐廷权威的下降，这一制度是否仍能有效运作？在中晚唐的政治格局中，德政碑制度欲要维持不坠，关键取决于两点，首先，朝廷是否仍能主导德政碑的颁赐；其次，德政碑这一纪念性建筑对于地方节镇，特别是桀骜不驯的河北强藩，是否仍具有足够的吸引力。以下笔者便以"顺地""强藩"这两种中央控制力不同的区域形态为例①，对中晚唐德政碑制度运作的实况分别加以讨论。

与人们说一般想象中，随着唐王朝中央权威的衰弱，德政碑制度逐渐趋向瓦解或变得无关紧要不同，中唐以后德政碑颁赐运作并没有发生本质性的变化，其对地方政治的象征意义甚至变得更为强烈，成为节度使权力合法性的重要来源之一。首先，在唐王朝控制较为有力的"顺地"，德政碑制度基本维持了原有面貌。新近刊布的韦及墓志为我们提供了中唐时代这一制度运作的实例：

> 一州□然，蒙惠饮化，思所以报德者，咸请诣阙，以彰仁政。公谦退不伐，必固遏之。朝廷以良二千石，金可褒升，拜蕲州刺史。蕲之政如邸。离邸三载，人切去思。以政绩三十余条，终见上闻。有司□□校能，阅其能，伏奏于君前曰：邸有贤守，宜从刻石。帝曰：俞。乃篆碑纪德，传之无□。②

---

① 事实上，中晚唐唐廷与藩镇的关系一直处于动态变化的过程中，即使如河朔三镇之属亦有不少时候对中央态度恭顺，特别是在唐廷承认河朔故事时，很难进行精确、稳定地分类，因而本文试图用"顺地""强藩"这两个概念来描述各藩镇在不同时段内与中央的关系。

② 韦及墓志，拓片刊西安市长安博物馆编：《长安新出墓志》，北京，文物出版社，2011年，第240～241页。

韦及元和十四年(819)八月卒于蕲州刺史任上，其早年刺邵时政绩卓著，当时所部吏民便欲诣阙请碑，为其所阻，任满受代，由下州(邵州)刺史迁上州刺史(蕲州)，可见韦及治邵之劳绩已得到朝廷肯定。但直到他离开邵州任上三年之后，其德政碑在邵州吏民的一再上请之下，才最终获立。墓志中提到"以政绩三十余条，终见上闻"，可知所谓有司覆按，绝非虚文，需要提供翔实可信的政绩，方有可能获准立碑。刘禹锡《高陵县令刘君遗爱碑》一文中对立碑申请的程序记载得更为详尽：

> 大和四年，高陵人李士清等六十三人思前令刘君之德，诣县请金石刻。县令以状申府，府以状考于明法吏，吏上言：谨按宝应诏书，凡以政绩将立碑者，其具所纪之文上尚书考功，有司考其词宜有纪者乃奏。明年八月庚午，诏曰：可。①

文中所提到的宝应诏书，史文阙载，不得其详，但据此可知在安史乱后，唐廷仍在不断完善德政碑请立复核的程序，以防官员虚冒政绩。而据碑文，这位被批准立碑的高陵令刘仁师，曾有抑制豪强，疏通白渠，邑人"生子以刘名之"这样切实可考的政绩。

若未经允许，私立德政碑，一旦行迹败露，则会受到严厉惩处：

> 柳公绰为山南东道节度观察使，司农少卿李彤前为邓州刺史，坐赃钱百余万，仍自刻石纪功，号为善政碑。公绰以事闻，贬吉州司马同正。②

在中晚唐德政碑颁授程序中，如前引贞元十四年(798)奏，观察使负有监察道内县令、刺史是否有妄立碑之事的责任。李彤虽已转为司农少卿，但其在邓州刺史任上私立德政碑一事，恰在柳公绰监察权限之内，故招

---

① 刘禹锡撰、瞿蜕园笺证：《刘禹锡集笺证》，上海，上海古籍出版社，1989年，第55页。

② 《册府元龟》卷六九五，第8287页。

致弹劾。纵观整个唐代，地方官员冒天下之大不韪，私立德政碑的案例极少，更多的则是通过虚报政绩或暗中驱迫吏民上书，求取德政碑。这对观察使和吏部考功这两级官员的监察能力提出了很高的要求。若观察使为治下所欺瞒，尚书考功则必须做进一步的覆按，以察其实。郑澣为考功员外郎时，"刺史有驱迫人吏上言政绩，请刊石纪政者。澣探得其情，条责廉使，巧迹遂露，人服其敏识"①，多少能反映出这一审查制度运作的有效性。

而在中晚唐朋党林立复杂的政治环境中，德政碑的颁授有时不免失去了奖励政绩的本意，受中央政治变化的牵连：

> （令狐）绪以荫授官，历随、寿、汝三郡刺史。在汝州日，有能政，郡人请立碑颂德。绪以弟绹在辅弼，上言曰："臣先父元和中特承恩顾，弟绹官不因人，出自宸衷。臣伏睹诏书，以臣刺汝州日，粗立政劳，吏民求立碑颂，寻乞追罢。臣任随州日，郡人乞留，得上下考。及转河南少尹，加金紫。此名已闻于日下，不必更立碑颂，乞赐寝停。"宣宗嘉其意，从之。②

我们很难判断令狐绪德政碑之请是否存在地方官员借机讨好执政令狐绹的用意，但从白敏中对令狐绪"小患风痹，不任大用"的评价来看③，所云政绩的可靠性不免令人有所怀疑。而令狐绪所以坚辞德政碑，则与宣宗一朝的政治特点有关。宣宗登基之后虽立刻放逐李德裕，重用令狐绹等人执政，表面看起来令狐兄弟风光无限，但辅政群体中仍旧纷争不断，加之宣宗本人性格猜忌多疑，好察察之明，并不信任宰辅，政治局势仍颇不稳定。④ 因而令狐绪上言特别强调其弟令狐绹未蒙父荫，得以入相

---

① 《旧唐书》卷一五八《郑澣传》，第4167页。
② 《旧唐书》卷一七二《令狐绪传》，第4465页。
③ 裴庭裕：《东观奏记》上卷，北京，中华书局，1994年，第86页。
④ 参见黄楼：《唐宣宗大中政局研究》，天津，天津古籍出版社，2011年，第79~97页。

盖"出自宸衷"，全赖宣宗本人的拔擢，自己已经"闻于日下"，不必更立碑颂，句句皆是针对宣宗本人的疑心病而发，以免宣宗怀疑其兄弟并居高位，内外勾连，借立德政碑以自高声望。

方镇作为中晚唐最重要的地方权力建制，无疑是主导唐代历史走向的关键因素，藩镇节帅获颁德政碑的事例比比皆是，亦导致唐代德政碑制度发生了一些微妙的变化。如果说中晚唐县令、刺史两级德政碑的颁授运作，较之唐前期基本没有变化，依然是以评定"政绩"为基本导向，而方镇一级的德政碑颁授，则要复杂得多。这主要受制于两个因素，一是朝廷内部的权力构造；二则是中央与藩镇之间的互动与制衡，考虑"政治"因素远多于"政绩"因素，是"政治"导向而非"政绩"导向的。上文所讨论的汝州防御使令狐绪德政碑便是一例，以下以杜佑淮南遗爱碑为例做进一步的讨论。

> 初，公之入辅也，制诏副节度使、兵部尚书王公为左仆射，代居师帅。州壤乡部，鳏孤幼艾，蒙公之化也久，感公之惠也深，郁陶咏叹，愿刻金石。王公累章上请，公辄牢让中止。至是复以邦人不可夺之诚，达于聪明，且用季孙行父请史克故事，故德舆得类其话言，而铺其馨香云。①

杜佑于贞元十九年（803）三月入朝拜相，"检校司空、同中书门下平章事、太清宫使"，离开淮南任上，而淮南遗爱碑立于元和元年（806）宪宗即位之后②，两者间隔三年，虽不能算太长，但恰好经历了从德宗去世到永

---

①　权德舆：《大唐银青光禄大夫检校司徒同中书门下平章事太清宫使及度支诸道盐铁转运等使崇文馆大学士上柱国岐国公杜公淮南遗爱碑》，见《权德舆诗文集》，第179页。

②　刘禹锡有《为杜司徒让淮南去思碑表》一文，见《刘禹锡集笺证》，第326～327页。按刘禹锡永贞元年九月被贬为连州刺史，离开长安，故此文当作于永贞元年九月前，但遗爱碑云杜佑为司徒，杜佑检校司徒在元和元年四月，故刘禹锡代杜佑所拟表让者是王锷较早的立碑之请，碑文中对此亦有交代："王公累章上请，公辄牢让中止。"（《权德舆诗文集》，第178～179页）

贞革新、顺宗内禅直至宪宗即位这一系列的政治风浪。德宗去世，以杜佑摄冢宰，但顺宗登基之后，重用王叔文等潜邸旧臣，招致朝野不满。杜佑虽名望崇高，但并无实权，且与王叔文等人不睦。其后，在内外朝的压力下，顺宗被迫内禅，宪宗入继大统，而退位为太上皇的顺宗在元和元年正月突然病故，杜佑再摄冢宰。① 我们已很难确知身处旋涡中心的杜佑在此阶段的政治活动，但其立场较倾向于宪宗一方当无疑问，特别是顺宗之死，使宪宗内怀惭德②，对其得位的合法性构成了严重挑战。而杜佑以元老重臣的身份摄冢宰之位，安定政局，"中外之重，必归于公"，帮助宪宗度过了元和初年最为艰难的一段时光，故受封岐国公。同样，杜佑淮南遗爱碑之立，并不是为了表彰他出镇淮南时的治绩，更多的是酬庸其对宪宗的政治支持，因而碑文中特别表彰杜佑"弼亮三圣，谟明九功，当冢宰总己之任，护崇陵因山之制"的劳绩③。

　　进一步考察杜佑淮南遗爱碑的颁授过程，我们尚可注意到德政碑制度在中晚唐的一个重要变化。上书为杜佑申请立碑的是在任的淮南节度使王锷，其上书虽仍以淮南的民意诉求为基础，"州壤乡部，鳏孤幼艾，蒙公之化也久，感公之惠也深，郁陶咏叹，愿刻金石"，但"诣阙上书"这一原来德政碑颁授过程中的要件无疑已被大大弱化了。由在任节度使或监军上表为离任节度使请立碑在唐中后期逐步形成了制度惯例。如李德裕德政碑由监军使田全操与在任节度使段嶷联名上表④，李巽遗爱碑则

---

　　① 《旧唐书》卷一四七《杜佑传》，第 3979 页。

　　② 顺宗之死是宪宗一朝极为敏感的政治话题。元和十四年，"群臣议上尊号，皇甫镈欲加'孝德'两字，群曰：'有睿圣则孝德在其中矣。'竟为镈所构，宪宗不乐，出为湖南观察都团练使"，便是著名的例子（《旧唐书》卷一五九《崔群传》，第 4189 页）。须知当时元和中兴之业已成，宪宗威望正处如日中天之时，尚对"孝德"两字如此敏感，更何况其继位之初，不过是一个在一连串的政治动荡后、内外朝平衡之下被拥戴上帝位的弱势皇帝，之前舒王谊一直被视为呼声更高的太子人选。

　　③ 《权德舆诗文集》卷十一，第 178～179 页。

　　④ 贾𫗧：《赞皇公李德裕德政碑》，《全唐文》卷七三一，第 7542 页。

由继任团练使吕谓上奏①，而高承简德政碑由监军使宋守义奏闻②，皆是其例。其中特别可以注意的是，监军使在德政碑请立过程中起到了关键作用，显示出代表皇帝私人的监军在藩镇权力结构中的显赫地位。③当然仍有吏民诣阙请碑的例子，但这些案例往往是与强藩跋扈联系在一起的，如田承嗣德政碑盖由"缁黄耆耈诣阙陈乞，请颂德褒政，列于金石"④。在唐中后期，藩镇分化成"顺地"与"强藩"两种不同的形态，因而演化出了两种德政碑颁授模式，顺地模式是节帅离任→继任官员上表请碑，强藩模式则是驱迫吏民诣阙请碑→节帅不离任。但后一种形式是中央权威衰弱时的权宜之计，并不代表德政碑制度变化的主流。我们可以看到至宋初，吏民诣阙上书这种形式干脆被明令禁止：

> （乾德四年）秋七月乙丑，诏："自今诸州吏民不得即诣京师举留节度、观察、防御、团练使，刺史、知州、通判、幕职州县官。若实以治行尤异，固欲借留，或请立碑颂者，许本处陈述，奏以竢裁。"⑤

这一制度变化一方面固然反映了宋初总结晚唐五代以来治乱的经验教训，强化对地方官员驱迫吏民诣阙上书自利取向的防制，而更重要的则是昭

---

① 权德舆：《大唐湖南都团练观察处置等使朝散大夫检校左散骑常侍持节都督潭州诸军事兼潭州刺史御史中丞云骑尉赐紫金鱼袋李公遗爱碑铭并序》，见《权德舆诗文集》，第 193 页。

② 崔郾：《唐义成军节度郑滑颍等州观察处置等使金紫光禄大夫检校尚书右仆射持节滑州诸军事兼滑州刺史御史大夫上柱国袭封密国公食邑三千户高公德政碑并序》，《全唐文》卷七二四，第 6288 页。

③ 值得注意的是李德裕德政碑碑文叙事中监军田全操排名尚在节度使段峞之前，"监军使田内侍全操、今节度使段尚书峞继以事闻"（贾𫗧：《赞皇公李德裕德政碑》，《全唐文》卷七三一，第 7542 页）。至于高承简德政碑为何由监军使宋守义单独奏闻，从上下文意推测可能是由于新任节度使尚未到任的缘故。《赐义成军节度使高承简立德政碑敕》中亦仅云："得守义奏，当道将吏等请为卿立德政碑。"（《全唐文》卷六八，第 716 页）按高承简其人颇善获致德政碑，之前澂州刺史任满，亦曾获立德政碑，参见《金石录校证》，第 506 页。

④ 裴抗：《魏博节度使田公神道碑》，《文苑英华》卷九一五，第 4816 页。

⑤ 《续资治通鉴长编》卷七，北京，中华书局，1979 年，第 173 页。

示着自汉代以来德政碑传统中"民间性格"的一面被进一步削弱，已被完全整合到国家的行政体制之中。①

在"顺地"之外，如何来绥抚以河朔三镇为代表的"强藩"，则是中晚唐中央与地方关系中极富挑战性的一面。我们可以注意到，尽管唐廷已不能如前期一样完全主导德政碑的颁授，中央与强藩之间的博弈给这一制度增加了很多弹性，但桀骜不驯的藩帅似乎更急需德政碑来强化其权力来源的合法性，于是德政碑的颁授反倒为唐廷重新定义与藩镇之间的关系提供了一种有效的象征武器。

> 敕：(卢)从史，杨幹至，省所奏今月七日到潞城县降雪尺余，兼奏耆老等诣阙请欲立碑，并手疏通和刘济本末事宜者，具悉。卿分朕之忧，求人之瘼，时降大雪，丰年表祥。岂惟泽及土田，将使物无疵疠。休庆斯在，慰望良深。耆老等远诣阙庭，请立碑纪。寻已允许，当体诚怀。以旌政能，无至陈让。知卿协比其邻，翼戴为意。陈此手疏，发于血诚。忠恳弥彰，嘉叹不已。永言臣节，何日忘之？想宜知悉。②

昭义节度使卢从史是元和初年颇让朝廷头痛的藩帅，其戏剧性的坐拥节钺，本缘于德宗晚年对藩镇的姑息，但由于昭义军战略位置极为重要，是维持中央与河朔之间均势的关键，因此当元和之初宪宗试图重张朝廷声威时，卢从史便成为横亘其中的一大障碍。卢从史本人似乎也感受到了这样的压力，试图通过出兵山东来博取宪宗的好感③，其立德政碑之请，便发生在这一背景下。杨幹作为卢从史的使者，进京所言三事：瑞雪之应、德政碑之请、通和刘济。此三事皆是投合宪宗所好，以巩固卢

---

① 陈雯怡指出目前所见元代去思碑的数量远多于唐宋，主要原因在于元代立碑无须上请，完全成了地方事务，参见《从朝廷到地方——元代去思碑的盛行与应用场域的转移》，载《台大历史学报》第 54 期，第 47～71 页。

② 白居易：《与从史诏》，谢思炜校注：《白居易文集校注》，北京，中华书局，2011 年，第 1107 页。

③ 参见卢向前：《卢从史出兵山东与唐宪宗用兵河朔三镇之关系》，载《中华文史论丛》2007 年第 3 辑，第 323～353 页。

从史的地位。上言瑞雪之兆在于歌颂宪宗之治，而通和刘济则是为了联络卢龙攻打成德王士真，卢从史希望通过这一系列表达忠心的举动来换取颁赐德政碑，从而巩固他在宪宗心目中的地位。笔者上文已考唐廷主导德政碑制度的关键在于"去任请碑"，卢从史当然无意离开昭义，只是希望借助德政碑，彰显朝廷对他的恩宠，强化其在昭义军中的合法性。"在任请碑"还是"去任请碑"，是中晚唐中央和强藩之间围绕着德政碑颁授展开博弈的关节点，亦是衡量朝廷对于藩镇控制能力的重要标尺。此时宪宗尚无力处置卢从史，故立刻答应其立德政碑之请，并优诏答之："卿男从史，为国重臣，自领大藩，厥有成绩。公忠茂著，政理殊尤。勒石所以表勋，赐文所以褒德。"卢从史之父卢虔进而上请移籍京兆，以表忠心，亦获允准。① 表面上一幅君臣合济的景象，但这一切不过是宪宗的缓兵之计。元和五年(810)，宪宗终于抓住机会，命吐突承璀在讨伐成德的军前设计擒住卢从史，重新控制了昭义军。②

尽管在唐中后期中央面对强藩时已无法完全恪守"去任请碑"的颁授原则，使得德政碑的本质从王朝理想政治秩序的象征，逐步演化为中央与地方之间权力关系的反映，但在这一过程中德政碑的象征意义反而得到了强化，藩镇节帅对于德政碑的渴求变得更为强烈，使得朝廷得以通过对德政碑颁赐时机的选择来调整其与藩镇之间的关系，从而巧妙地达成自己的政治意图。以下以义武军节度使张孝忠遗爱碑颁授时机的选择为例略作说明。

义武军节度使张孝忠本为成德军节度使李宝臣部将，后以易州归国，唐廷割易、定二州建义武军以授张孝忠。③ 义武军虽循河朔故事，由张

① 白居易：《答卢虔谢赐男从史德政碑文并移贯属京兆表》，见《白居易文集校注》，第 1143 页。

② 值得注意的是，宪宗条列卢从史的一大罪状是"讽朝廷求宰相"（《旧唐书》卷一三二《卢从史传》，第 3652 页），即求使相之衔。其实在卢从史看来，所谓使相与德政碑一样都是宪宗对其信任的象征物，未必有挟持朝廷之意，只是双方在交涉的过程中都有误判对方意图的一面。

③ 按义武军初尚辖有沧州，后沧州另置横海军。

孝忠父子相袭，但在河北诸镇中，对朝廷最为恭顺。① 贞元七年(791)，张孝忠卒，其子张茂昭嗣位。贞元二十年(804)，张茂昭自请入朝，德宗以其子张克礼尚晋康郡主，赐赉丰厚。至顺宗继位后，方受命还镇。元和二年(807)，张茂昭复请入觐，居数月，请留阙下，不许，遣归镇。② 以上便是元和二年宪宗赐张孝忠遗爱碑的背景。因而碑文虽云"博陵上谷列侯、二千石、元僚、司武、从事、亚旅，上其故府太师贞武公功德，请铭于碑"③，实际上是出自朝廷授意，宪宗选择此时为去世已有 16 年之久的张孝忠立遗爱碑，当然不是为了追念张孝忠镇义武时的业绩，而是意在嘉奖张茂昭对朝廷的恭顺态度，在河北藩镇中树立一个忠于朝廷的样板，因而在权德舆奉敕撰写的碑文中，对张孝忠父子两代忠于朝廷的表现及张茂昭两次主动入朝觐见皆大加渲染。

至于宪宗为何选择立张孝忠遗爱碑而不直接褒奖张茂昭本人，赐其德政碑，根本原因便在于朝廷不愿意打破"去任请碑"的惯例，以此彰显义武军在河北藩镇中独特的"顺地"特征。另一方面，志在削平藩镇的宪宗之所以没有顺势接受张茂昭束身归朝的请求，而是坚持命其归镇义武，其中原因或许与元和初年的政治形势有关。当时正值宪宗励精图治之初，首要的问题尚是处理浙西、昭义等处于腹心之地的骄藩，尚无暇顾及河北。宪宗恐不愿因张茂昭归阙而引起其他藩镇对中央有意改变河朔故事的警觉，恶化朝廷与河北之间的关系，故仍命谙熟当地情势的张茂昭归镇，同时特赐遗爱碑，表彰其父子忠心，彰显朝廷恩礼，巩固向化之心，使义武军成为唐廷打入河北的一个楔子。元和四年(809)，宪宗始欲试图挑战河朔故事，不接受王承宗袭镇成德，命诸镇会讨，战事虽持续了近一年之久，最后却无果而终。但宪宗先是在军前设计擒住卢从史，重新

① 义武的恭顺还表现在请唐廷任命副使，如在元和十二年，曾表请崔弘礼为副使。事见崔弘礼墓志，《唐代墓志汇编》大和 039，第 2123 页。
② 《旧唐书》卷一四一《张孝忠传》，第 3854～3858 页。
③ 权德舆：《唐故义武军节度使营田易定等州观察处置使开府仪同三司检校司空同中书门下平章事范阳郡王赠太师贞武张公遗爱碑铭》，见《权德舆诗文集》，第 184 页。

控制了昭义军，待战事甫一结束，元和五年十月便接受了张茂昭束身归朝的请求，义武军改由中央直接掌控。这样经元和四年之役，宪宗虽未能达成平定成德的最初目的，但成功地在太行以北取得了两个重要的立足点。至元和七年(812)，田弘正率魏博归顺，唐廷与河北藩镇之间的力量平衡终于被打破，宪宗获得了改变河朔故事的历史性机遇。宪宗从元和二年赐张孝忠遗爱碑，坚令张茂昭归镇，至元和五年改变态度，接受张茂昭归阙之请，这三年间的前后变化，与当时政治形势的变化息息相关，皆服务于其逐步重建藩镇秩序的整体谋划。

李德裕尝云，"河朔兵力虽强，不能自立，须借朝廷官爵威名以安军情"①，此言颇道出中晚唐河北藩镇对中央既抗拒又依赖的矛盾心态。河北藩镇虽凭借武力足可自立，而且割据自立在当时河朔地区具有一定的社会基础②，但具体到每一任节度使个人，其统治地方的权力合法性却又源于中央的授予。唐廷君臣若能巧妙运用这一武器，便足以影响河朔局势乃至藩帅的废立。李德裕本人便深谙此道。会昌元年九月，幽州军乱，陈行泰杀节度使史元超，上表自求节钺。

> 李德裕曰："河朔事势，臣所熟谙。比来朝廷遣使赐诏常太速，故军情遂固。若置之数月不问，必自生变。今请留监军傔，勿遣使以观之。"③

果如李德裕所料，陈行泰因求节钺未果，无力稳定局面，复为牙将张绛所杀，张绛复求节钺，朝廷仍迁延不予，直至雄武军使张仲武起兵讨平张绛，朝廷方循成例，先"诏抚王纮遥领节度"，至次年春方正授张仲武节钺。经此一役，张仲武终其一生皆对朝廷恭顺有加，并与中央密切配合，击退回鹘来犯。而中央颁授的纪念碑与节钺一样，皆具有赋予藩镇

---

① 《资治通鉴》卷二四八，第 8010 页。
② 陈寅恪：《唐代政治史述论稿》，第 25～43 页。
③ 《资治通鉴》卷二四六，第 7955～7956 页。

节帅统治合法性的功能。张仲武在击退回鹘之后，"表请于蓟北立纪圣功铭"①，武宗命李德裕撰文赐之。

圣功铭、圣德碑之属皆是歌颂皇帝功业的纪念性石刻，在中晚唐颇为流行，柳公权书写的左神策纪圣德碑便是最著名一例，其性质与表彰地方官员治绩的德政碑有所不同。由于德政碑需去任方得请立，与河北强藩追求久任一方、父子相袭的愿意相冲突，另一方面，唐廷方面自不愿意打破惯例，轻易赐予强藩德政碑，我们可以注意到除了田承嗣、韩建等特殊案例外，几无节度使曾在任内获赐德政碑。② 因而，我们亦可理解如卢从史那样自求德政碑，几可被宪宗视为挑衅朝廷权威之举。而圣德碑作为一种变通形式③，一方面强藩可以借为皇帝立碑颂德之请表达出对朝廷的恭顺之意，另一方面朝廷御赐之碑亦强化了节帅统治的合法性，李德裕撰写的《幽州纪圣功碑铭》中便对张仲武忠奉朝廷、击溃回鹘的功绩大加褒扬。④ 另一个例子则与成德王廷凑有关，王廷凑杀节度使田弘正自立，元和中兴之业因此中衰，唐廷虽无力讨平之，但深恶其

① 《旧唐书》卷一八〇《张仲武传》，第 4677～4678 页。

② 稍有特殊的是李载义德政碑。李载义在幽州任上，一反前任朱克融父子对于朝廷跋扈的态度，颇为恭顺，且协助唐廷平定沧景李同捷之乱，故大和五年文宗特赐德政碑以奖其忠勤，然其部将杨志诚借中使颁赐碑文之机，于毬场起兵谋乱，逐李载义，自立为节度使。骚乱的起因是"大和中幽州刺史李载义撰碑，敛取太过，军乱之际，怨词颇甚"（李德裕：《让张仲武寄信物状》，傅璇琮、周建国校笺：《李德裕文集校笺》，石家庄，河北教育出版社，2000 年，第 365 页），亦从侧面印证立碑之事颇费物力。李载义入朝后，先后转山南东道节度使、河东节度使，"会吏下请立碑纪功，诏李程为之辞"（《新唐书》卷二一二《李载义传》，第 5978～5979 页；《旧唐书》卷一八〇《杨志诚传》，第 4675 页）。按此碑之立，文宗多少有补偿之意。而且从记载上看，我们尚不能判断此碑是德政碑还是纪功碑，若是纪功碑，不需离任便可获得，亦是朝廷安抚强藩的一种变通之法，韦皋、李宝臣、刘昌等皆曾获赐纪功碑。

③ 除了前注中提到的纪功碑，另一种变通形式则是死后颁赐遗爱碑。一方面可不违背"去任请碑"的原则，另一方面由于河北藩镇父子相袭，表彰其父之功，本身就强化其子统治的合法性。其例除了上文讨论过的张孝忠遗爱碑，尚有魏博的田绪遗爱碑，关于田绪遗爱碑颁立背景的讨论参见本书第五章。

④ 李德裕：《幽州纪圣功碑铭》，《李德裕文集校笺》，第 10～14 页。

人。王廷凑本人则极擅长在朝廷与邻藩之间合纵连横，因而不但自己保全善终，其家族更专制镇冀长达一个世纪之久，是中晚唐最成功的节度使家族。穆宗去世之后，王廷凑于敬宗宝历二年(826)，"请于当道立圣德碑，是日，内出碑文赐廷凑"①，意图通过对圣德碑这一政治景观的修建，将成德重新纳入以唐廷为中心的天下秩序中，缓和自长庆以来与朝廷之间的紧张关系。

综合以上讨论，我们可以注意到德政碑之属的颁授已演变为中晚唐中央与藩镇间博弈的重要道具，而这一博弈的结果又进一步强化了德政碑的政治景观功能，使之从"政绩激励"工具变为"政治权威"象征，成为节度使统治一方权力合法性的重要来源。

因而在唐末五代群雄割据的局面中，围绕德政碑展开的博弈，虽因朝廷一方力量的衰落而变得容易获得，如唐昭宗因受韩建挟持，被迫"为建立德政碑以慰安之"②，但作为中央定义与地方政权关系的重要手段，其颁授制度一直运转有序：

> (天祐三年)闰十二月己酉朔，福建百姓僧道诣阙，请为节度使王审知立德政碑，从之。③

> 及太祖郊禋，(冯)行袭请入觐，贡献巨万，恩礼殊厚。寻诏翰林学士杜晓撰德政碑以赐之，累官至兼中书令，册拜司空。④

---

① 《旧唐书》卷一七上《敬宗纪》，第519页。

② 《新五代史》卷四〇《韩建传》，北京，中华书局点校修订本，2016年，第493页。按韩建德政碑是在昭宗被挟持的特殊情况下颁给的，司空图所撰的碑文中似亦有暗指："臣侨居郡境，备听人谣。"即便如此，唐廷也未准许韩建同时立生祠，"今据都押衙录事参军等状，具言乞置生祠，已令罢请"(《华帅许国公德政碑》，祖保泉、陶礼天笺校：《司空表圣诗文集笺校》，合肥，安徽大学出版社，2002年，第258页)。

③ 《旧唐书》卷二〇下《哀帝纪》，第808页。按于兢所撰《琅琊忠懿王德政碑》与一般德政碑的叙事有所不同，特别彰显了朱温在朝中专权的地位："元帅梁王以公如河誓著，匪石情坚，累贡表章，显陈保证。朝廷冀弘劝诱，特示褒扬，将建龟趺。"(《金石萃编》卷一八八)

④ 《旧五代史》卷一五《冯行袭传》，第240页。

马殷为武安节度使，开平四年，潭州录事参军马琳、军府官吏、僧道等进状，称殷自到所著功庸政绩，合具上闻，伏乞许于本道以德政立碑并生祠堂事。太祖优诏许之，并令翰林学士封舜卿撰碑文。①

晋安重荣为成德军节度使，天福二年副使朱崇节奏镇州军府将吏、僧道、父老诣阙请立重荣德政碑。高祖敕："安重荣功宣缔构，寄重藩维。善布诏条，克除民瘼，遂致僚吏、僧道诣阙上章，求勒贞珉，以扬异政，既观勤功，宜示允俞。"其碑文仍令太子宾客任赞撰进。②

从以上四个典型案例中我们可以看到，无论是地处王朝腹地的河北强藩，还是远在南方的割据政权，皆有追逐德政碑的现实需求，而且在形式上仍严格遵循了地方吏民上请，朝廷批准并差官撰文的唐旧制。即使如安重荣德政碑，虽因其巨大的形制（图六）③，往往被人们视为晚唐五代藩镇跋扈的象征，但其立碑的整个申请过程依旧不逾规矩，只是"去任请碑"这一维系中央主导德政碑颁授的关键齿轮，此时已完全失效了。

这一时期唯一可以找到自立德政碑的个案是易定节度使王处直④，但此碑有特殊的因缘。朱温篡位之后，王处直仍尊奉唐正朔，行用天祐年号，并与晋王李存勖结盟抗梁。其自立德政碑的时间根据王处直墓志的记载推测⑤，当在天祐十八年（921）为其子王都所废前不久，当时唐亡已久，对于割据易定的王处直而言，并无一个合法的中央政权存在，因

---

① 《册府元龟》卷八二〇，第9747页。

② 《宋本册府元龟》卷八二〇，第3037页。

③ 安重荣德政碑已在正定发现，规制巨大，仅残存赑屃部分就长8.4米、宽3.2米、高2.5米。参见梁勇：《正定巨碑主人及被毁原因初探》，载《文物春秋》2000年第5期，第35～38页。

④ 《旧五代史》卷一四一《五行志》，第1886页。

⑤ 拓本刊河北省文物研究所、保定市文物管理处编著：《五代王处直墓》，北京，文物出版社，1998年，第64～66页。

而，其自立德政碑不过是特殊情况下的从权之举。

作为一种象征着中央与地方之间秩序的政治景观，唐代德政碑制度在整个颁授程序变化不大的表象下，本质上已从最初中央褒奖循吏的"政绩激励"工具，一变为中晚唐中央与藩镇博弈过程中地方节帅的政治权威象征物，再变为唐末五代中央羁縻地方的礼仪道具。其制度演化的主要动力，肇源于唐廷应对安史乱后藩镇林立特殊政治格局的需要。因而，当宋代重新建立了有效的中央权威后，德政碑的颁授便复归中央掌控。①但我们亦需注意到，德政碑制度的变迁虽然大体与唐代中央与地方间强弱对比的变化轨迹同步②，但唐廷在相当长的时间内一直颇为成功地运用了这一象征工具，来调整、界定其与藩镇之间的关系。以往我们在检讨中晚唐中央与藩镇的关系时，往往侧重于讨论双方军事、经济实力的对比，不过在中国传统政治中，天命的观念赋予天子及朝廷意识形态上的权威，使其天然地具有政治、文化的合法性，这一权威往往并不需要通过武力来展现，本章所讨论德政碑的颁赐便是其呈现的方式之一。借助政治景观的兴造，朝廷赋予节帅以统治的合法性，但亦使强藩依赖于朝廷的权威让渡方可维系其统治，从而达成中央与地方之间新的政治平衡。

四、尾声

将长城、故宫视为传统中国的标志性景观这一现代人普遍接受的观念无疑是近代以来民族国家建构过程中的发明③。正如本章开头的引语所提示的那样，当梁思成夫妇 20 世纪 30 年代在华北调查古迹的时候，当地

---

①　关于宋代德政碑的制度，参见刘馨珺：《〈职制律·长吏辄立碑〉与地方官考课》，见《"唐律"与宋代法文化》，第 85～96 页。

②　因而笔者倾向于认为，中晚唐德政碑颁授过程中中央与地方互相博弈的形态是德政碑制度中的一种"变态"，而非常态，我们并无必要在唐宋变革的框架中讨论这一制度的变化。

③　新近关于这方面的讨论可参见吴雪杉：《长城：一部抗战时期的视觉文化史》，北京，生活·读书·新知三联书店，2018 年。

人对于什么是古建筑懵懂无知，在他们心中只有石碑才是唯一不朽的象征。这种对于建筑的忽视或许与中国传统木构建筑不易保存的特性有关，但我们已足以窥知石碑这一景观在古人的世界中占据了何等重要的地位。

正缘于此，古人可以非常熟练地借助这些石质的景观来传递政治变化的讯号：

> 蔡州既平，宪宗命道士张某至境，置醮于紫极宫。宫本吴少诚生祠也，裴令公毁之为宫，有道士院，阶前种麻，生高如墉，道士葺为藩屏。其醮日霹雳击麻屏两片，下有穴五寸已来，有狸迹。寻之，上屋，其踪稍大，如马，亦如人足，直至屋上而灭。其韩碑石本吴少诚德政碑，世与狄梁公碑对立，其吴碑亦流汗成泥，狄梁公碑如故。不十日，中使至，磨韩之作而刊改焉。①

平定淮西是宪宗一生所经历的最为艰难的战斗，此役的胜利奠定了元和中兴的基础。② 而淮西重归王化的重要标志便是蔡州城市景观的改变③，作为吴少诚家族统治淮西合法性的两个重要的象征，吴少诚生祠被改建为紫极宫。④ 李唐以老子为祖先，天宝二年（743）"改西京玄元庙为太清

---

① 韦绚：《刘宾客嘉话录》，见陶敏主编：《全唐五代笔记》第 2 册，西安，三秦出版社，2012 年，第 1432 页。

② 正因如此，宪宗平定淮西之后，除了改造蔡州的城市景观，亦在长安举行了盛大的献俘仪式，元和十二年"十一月丙戌朔，帝御兴安门，文武百官分序街之左右，六军备卫逆贼吴元济见于楼下，命献于太庙、太社毕，徇东西市，乃斩于子城西南隅"（《册府元龟》卷一二，第 136 页）。尽管宪宗在平定刘辟、李师道后亦曾献俘太庙，但以此次最为隆重。

③ 这种通过对城市空间的改造，呈现除旧布新的气象，标识政权更迭的做法，一直延续到现在。中华人民共和国成立之后对天安门广场的改扩建，便是一个典型的案例，成功地将旧日"封建"王朝的礼仪空间赋予了"人民性"。参见洪长泰：《地标：北京的空间政治》，香港，牛津大学出版社，2011 年。

④ 吴少诚生祠的命运并非孤例，梁肃《郑县尉厅壁记》记载郑县县衙系由叛臣周智光生祠改建而来："生立己祠，而栋宇斯崇。及王师致诛，牧民者从便宜而重改作。乃刷灭凶慝之遗尘，徙二治焉，是厅盖祠之余也。"（《文苑英华》卷八〇六，第 4260 页）

宫，东京为太微宫，天下诸郡为紫极宫"①。太微宫、紫极宫中供奉唐朝历代皇帝的御容②，具有重要的政治象征意义：

> （会昌六年正月）东都太微宫修成玄元皇帝、玄宗、肃宗三圣容，遣右散骑常侍裴章往东都荐献。③
>
> （大历七年五月）辛卯，徙忻州之七圣容于太原府之紫极宫。④
>
> 东海远皇都三千余里，承平不轨之后，人多不知法制。州无律令、无紫极宫。公下车则命备写而创置之，揭以碑铭，连境知教。⑤

众所周知，安史乱中，河北叛乱诸郡皆把各地开元寺中玄宗真容铜像镕毁，只有恒州仍存，乱平后唐廷特加李宝臣实封百户以褒之⑥，可知真容铜像的存废同样具有象征意味。⑦ 而如海州那样未立紫极宫的偏远州郡只是个例⑧，吕让莅政后兴造紫极宫也因之成为教化民风的标志。因此紫极宫作为唐代官方道观，平定淮西之后得到重建，象征意义不言而喻。⑨ 同

---

① 《旧唐书》卷九《玄宗纪》，第 216 页。

② 目前对各地紫极宫是否普遍供奉皇帝御容尚不清楚，不过紫极宫无疑是唐廷政治权威在地方上的重要象征。

③ 《旧唐书》卷一八上《武宗纪》，第 609 页。

④ 《旧唐书》卷一一《代宗纪》，第 299 页。

⑤ 吕让墓志，《唐代墓志汇编》大中 107，第 1334 页。

⑥ 《旧唐书》卷一四二《李宝臣传》，第 3866 页。按聂顺新《唐玄宗御容铜像广布天下寺观考辨》一文认为，各地开元寺供奉的是玄宗等身佛像，而非御容铜像，不过这并不影响铜像存否所具有的政治象征意义。（《唐史论丛》第 21 辑，西安，三秦出版社，2015 年，第 108~126 页）

⑦ 同样归义军摆脱吐蕃统治后，沙州开元寺保存的玄宗圣容，成为重归王化的重要象征，见 P.3451《张淮深变文》。

⑧ 例如比海州更加偏远的蒙州亦有紫极宫，宣宗时李德裕一家皆远谪南方，其子李烨妻郑珍卒于贬所，权窆于蒙州紫极宫南。参见《唐代墓志汇编》大中 157，第 2374 页。

⑨ 本书第三章讨论过的肃宗将安禄山旧宅改建为回元观，则是另一个典型的案例。

时，吴少诚德政碑则被磨灭，改刻为韩愈撰文的《平淮西碑》。① 唐廷之所以特别选择用吴少诚德政碑的旧石来摹勒新碑，正是要借助对于碑铭这一永久性景观的重新定义，向已有30年未沾王化的淮西军民宣示这场战争的正义性，进而重建朝廷在淮西的政治权威。

我们更为熟悉的则是初唐名臣魏征的例子。魏征去世之后，太宗为其亲自撰书神道碑，并许其子魏叔玉尚衡山公主，哀荣备至。碑刻石完毕之后，"停于将作北门，公卿士庶竞以模写，车马填噎，日有数千"②。即通过拓本的形式，使不能移动的石碑化身万千，将魏征良臣的形象广为传布，亦成功塑造了贞观之治、君臣相得的政治形象。但不久太宗便对魏征心生嫌隙，遂停婚仆碑，魏家恩宠转衰。后太宗远征辽东无功而返，念及魏征旧日谏诤之劳，以少牢祠其墓，复立碑。③ 魏征神道碑的立与仆，与吴少诚德政碑的磨灭与重刻一样，都无声地向观看者传递着政治变化的讯号。在古人的生活世界中，石碑作为一种重要而常见的景观，象征着秩序与权力，是一般民众观察政治变化的重要窗口，这构成了古人知识系统的一部分。于是，景观更易成为政治秩序变动的象征，古人重视碑铭，无疑看重其不朽的纪念性，而一旦权力更迭，这些不朽的象征，往往首先会被重塑或废弃。欺孤儿寡母而得天下的隋文帝对此倒是有着异常清醒的认识④：

> （秦王）俊所为侈丽之物，悉命焚之。敕送终之具，务从俭约，

---

① 关于韩愈淮西碑撰写的经过及争议，参见黄楼：《〈平淮西碑〉再探讨》，见《碑志与唐代政治史论稿》，北京，科学出版社，2017年，第64～88页。李商隐《韩碑》中"碑高三丈字如手，负以灵鳌蟠以螭"则是对石刻景观视觉效果的生动描摹（刘学锴、余恕诚集解：《李商隐诗歌集解》，北京，中华书局，2004年，第908页）。

② 《册府元龟》卷四〇，第451页。

③ 《新唐书》卷九七《魏征传》，第3880～3881页。

④ 有类似认识者并不稀见，如唐杨场"在官清白，吏请立石纪德，场曰：'事益于人，书名史氏足矣。若碑颂者，徒遗后人作碇石耳'"（《新唐书》卷一三〇《杨场传》，第4496页）。但究其实质，不过是将对实物形态颂德碑的追求转换为青史留名，并未超然于传统士大夫"三不朽"的理想之外。

以为后法也。王府僚佐请立碑，上曰："欲求名，一卷史书足矣，何用碑为？若子孙不能保家，徒与人作镇石耳。"①

石刻作为古人生活世界中常见的政治景观，虽不如武后时明堂、天枢这类特殊的建筑那么夺人眼目，但正是因为其具有普遍性与日常性，成为中国古代政治文化中一种结构性的存在。或许可以说纪念性石刻的建造、传播、改刻、移动、存废本身就构成了一部道尽古今兴亡事"无声"的历史。

---

① 《隋书》卷四五《秦孝王俊传》，第 1240 页。

第五章　政治的表达与实践：
田氏魏博的个案研究

　　如果对中古政治史研究的学术史作一概观性的回溯，不难发现围绕着某一政治事件的缘起、经过及其影响展开的考据性研究一直占据着主导地位，这在某种意义上甚至可以被视为中文世界学者所特有的关怀，或许也可以算作现代学术与传统史学不多的接榫点之一。① 这种对政治事件细节的研究偏好使得精彩的政治史论文如侦探小说一般引人入胜②，但多少也不自觉地局限了政治史研究的范围，使其有意无意地被等同于对政治事件"真相"的探求。③ 本章则尝试援引"表达—实践"这一对概念，

① 尽管中古史研究早已是一门世界性的学问，但各国学者根据自身的学术传统所选择、关怀的论题多少仍有"区域特征"，讨论的对象尽管都是中国，提问的出发点则往往受制于学者所在国当时流行的理论及本国史研究中的经验。就笔者粗浅的观察，即使以对中古史研究范围广泛而深入著称的日本汉学，对具体政治事件进行研究的论文也不多见，而日本学者的政治史研究重点并不在于辨析具体的事件，更多关心的是政治变化背后所反映的社会构造、时代分期。中国学者则似乎对于事件本身着墨更多，这多少承续了传统读书人读史的趣味。

② 胡宝国曾评价田余庆的研究有"细节的嗜好"(《读〈东晋门阀政治〉》，见《虚实之间》，北京，社会科学文献出版社，2011 年，第 3 页)。稍可引申的是陈寅恪、田余庆等学者对于历史细节的详密考订，往往是为申说其对时代构造的整体性理解服务的，并不是单纯的细节偏好；关注事件，但更关怀事件背后所反映的结构。对于具体事件的精妙考证，不自觉地强化了其所揭橥时代特质的说服力，或是这些著作读之引人入胜，超越时流的关键所在。

③ 如果说前辈学者尚能自信历史学家的天职是在矛盾的陈述中清理出历史的事实，那么对成长在后现代语境中的年轻一代来说，一方面面临着展现更加精致而规范性学术的自觉与压力，另一方面则对历史的真相是否可以"抵达"并没有那么自信。

将政治行动归入实践的层面，而将构筑意识形态合法性的政治话语定义为"表达"①，以田氏主政时期唐廷与魏博之间的政治互动为个案②，做一拓展政治史研究范畴的尝试。

根据笔者初步的分疏，政治权力争夺的过程，可以被归入"政治实践"的范畴，这些居于暗室之中的血腥争斗，尽管是权力的真正来源，却不能被公开展示。我们不难注意到中古时期执掌国柄的权臣往往必须借助某种政治话语的生产与传播来掩饰权力转移的实质。曹操、曹丕父子"是儿欲踞吾著炉火上耶""尧舜之事，吾知之矣"这两句相反相成的妙语，无不暗示了在皇权移易的过程中，如何恰当地表达与呈现天命有归的正当性，其意义并不下于对实际权力的操控。政治话语的构建或许只是对于权力的缘饰，但丧失道德合法性的政治权力无法长期维系，如果仅有合法性，而缺少支撑它的权力，则会瓦解。因而政治的表达与实践，尽管对于秉国者而言是一虚一实，但在政治观看者眼中却又是一显一隐，两者表里相依，但又互有张力，进而推动我们思考在传统帝国体制下，合法性叙事所承负的政治功能，以及观察这种叙事通过何种途径得到有效传播并获得普通吏民的认同。③

---

① 较早在史学研究中使用这一概念的是黄宗智《清代的法律、社会与文化：民法的表达与实践》一书，用以分疏法律的实际运作与官方表述及条文之间的巨大落差（上海，上海书店出版社，2001年）。笔者虽受此启发，但对于"实践"与"表达"的界定与之有所不同，望读者留意。

② 作为河朔三镇中最强大的藩镇，关于魏博的个案研究并不少见，较有代表性的研究便可举出毛汉光：《魏博二百年史论》，见《中国中古政治史论》，上海，上海书店出版社，2002年，第349～417页；对于魏博牙军构造的研究，则有堀敏一：《藩镇亲卫军的权力结构》，见《日本学者研究中国史论著选译》第4卷，北京，中华书局，1992年，第585～648页；渡边孝：《魏博と成徳——河朔三镇の権力構造についての再検討》（《東洋史研究》54卷2号，第96～139页），通过对成德与魏博的比较，指出牙军在魏博政治中起到了主导作用；新近的综合性讨论参见李碧妍：《危机与重构：唐帝国及其地方诸侯》，第313～335页。尽管表面看上去已题无剩义，但正如本章所欲揭示的那样，通过对史料的发掘与细读，在更加微观的研究尺度下，仍有可能大大丰富我们对于魏博内部与外部的认识。

③ 或许有人会认为古代民众对于高层政治的变化并不甚敏感且所知 （转下页）

一、长安与魏州：政治景观的建造

尽管在理想的帝国图景中，皇帝的权威可以借助制度、仪式、空间等诸方面的尊卑差序得以呈现①，并且理论上政治的表达与实践应当是统一的，可是一旦皇权衰弱，政治行动与话语之间的张力便趋于明显。本书第四章曾以唐代德政碑制度的运作为中心，检视中晚唐渐趋衰弱的朝廷如何利用德政碑的颁授来界定、调整中央与藩镇之间的关系，并揭示纪念碑作为一种政治景观在权威塑造与传播过程中的作用。在中国古代的社会环境中，作为政治权威象征物的巨型碑石无疑是政治话语展示及传布的重要媒介，尽管一般不过将此类的政治表述视为堆砌辞藻的具文，但须知在中国漫长的文字书写传统中，早已铸就了一套微言大义的语言符码。如何透过看似格套化的文字与行为，发现言词之外的真意，直到当下都是探究中国政治所必备的"知识炼金术"。事实上，隐藏在辞藻背后的蕴意与行动或许才是更关键的历史信息，因此，文本的本意、言外之意和立碑这一政治活动共同构成了一个互有关联的研究主体。②本章则尝试以田氏魏博时期

（接上页）甚少，但侯旭东已依据北朝造像记材料指出，除了皇帝、文武百僚外，执掌国柄的权臣宇文泰（大丞相）、高澄（大丞相）、宇文护（晋国公、大冢宰）都会成为民众祝福的对象，显示出对朝廷权力结构变化的清晰认知。参见《造像记所见民众的国家观念与国家认同》，见《北朝村民的生活世界》，第275～285页。

① 古人的世界中虽没有现代化的传播手段，但烦琐的礼仪典章无疑是在官僚阶层中将尊卑差序加以视觉化的重要手段，另一方面竖立于全国各地的德政、纪功之碑乃至于避讳更名、皇帝诞节、国忌行香等手段都使得一般的庶民得以感知皇帝权威的存在。

② 值得注意的是石刻的景观效应或许比文辞更早受到重视，而且在更广泛的人群中被使用，《魏书》中的两个例子值得玩味，卷一《序记》云："桓帝与腾盟于汾东而还。乃使辅相卫雄、段繁，于参合陂西累石为亭，树碑以记行焉。"（第5页）卷二四《张衮传》："又从破贺讷，遂命群官登勿居山，游宴终日。从官及诸部大人请聚石为峰，以记功德，命衮为文。"（第613页）尽管这两个例子都旁及立碑，但"累石为亭""聚石为峰"恐怕才是草原上的习惯。因此，游牧人并不缺乏建立纪念性石刻的传统，但将石刻景观与典雅的文词相结合，无疑是复杂政治体发育后的产物。

一系列政治景观的兴废为中心①，分疏政治表达与实践之间的张力及互动。

　　元和七年末，田弘正举魏博归朝无疑成为宪宗开启中兴之路的锁钥。② 在此之前，尽管宪宗甫继位便先后平定西川刘辟、镇海李锜之乱③，成功抑制了德宗晚年以来藩镇节帅私相授受之风在内地的蔓延，但至元和四年，当宪宗意欲阻止成德王承宗承袭节度使之位时，不出意外地遭受了挫折。朝廷虽大兴讨伐之师，却最终苦战无果，横亘其间的关键人物便是跋扈的魏博节度使田季安。④ 宪宗最初的计划是想趁着田季安及幽州刘济病重的机会，料其无力外顾，一举控制成德，而王承宗为获致节钺，亦自请献德、棣二州以输诚款⑤，但最终却为田季安所沮，宪宗之谋功败垂成。⑥ 这一失败精确地映射出安史乱后唐王朝一系列中兴努力的边界所在，即在根本上无力撼动河朔故事，也正是这一力量边界的存在决定了中晚唐朝廷与藩镇之间互相制衡又互相依赖的政治格局。

---

　　①　卢建荣在《飞燕惊龙记：大唐帝国文化工程师与没有历史的人(763—873)》一书中对田氏家族的几方碑志有简略的讨论，但资料收集仍欠完备(台北，时英出版社，2007年)。

　　②　对此当时人便已有充分认识，元稹《招讨镇州制》云："然而田弘正首以六州之众，归于朝廷，开先帝之雄图，变河朔之旧俗。"(《元稹集校注》，第1022页)

　　③　关于刘辟、李锜之乱的平定及宪宗继位之初藩镇政策的转向，陆扬《西川和浙西事件与元和政治格局的形成》《从新出墓志再论9世纪初剑南西川刘辟事件》两文有精彩而细腻的分析(见《清流文化与唐帝国》，第19~86页)。

　　④　秦中亮、陈勇《从两次兴兵成德看元和政治规范的形成》一文对成德之役有所讨论。(载《厦门大学学报》2016年第4期，第130~132页)

　　⑤　张遵墓志透露了成德内部围绕此事产生的矛盾，最终主张归顺唐廷的张遵借为母归葬洛阳的机会归阙，而其滞留在镇州的家属一度被扣为人质(《唐代墓志汇编续集》大和032，第905页)。

　　⑥　《资治通鉴》卷二三八，第7663~7665页。事实上，宪宗在精疲力竭后，仍不得不与成德妥协，承认河朔故事，并采取怀柔的举措。如宪宗本因王承宗之叛，不欲赐王士真谥号，但在冯宿的规谏下，最终仍加以美谥(《旧唐书》卷一六八《冯宿传》，第4389页)。

田弘正的主动归附，一反"不入版籍、不输贡赋、自择官吏"的河朔故事①，"乃奏管内州县官二百五十三员，内一百六十三员见差官，假摄九十员，请有司注拟"②，更重要的意义则在于彻底改变了朝廷与河朔之间的均势，李绛以为此举"刳河朔之腹心，倾叛乱之巢穴"③，诚非虚语。④ 因而，田弘正此举虽然招致其他割据藩镇的强烈不满，甚至意欲启衅战端：

> 郓、蔡、恒遣游客间说百方，（田）兴终不听。李师道使人谓宣武节度使韩弘曰："我世与田氏约相保援，今兴非田氏族，又首变两河事，亦公之所恶也！我将与成德合军讨之。"弘曰："我不知利害，知奉

① 韩愈《魏博节度观察使沂国公先庙碑铭》中便指出："弘正籍其军之众与六州之人还之朝廷，悉除河北故事，比诸州，故得用为帅。"（《韩愈文集汇校笺注》，第1827页）而元稹《故中书令赠太尉沂国公墓志铭》从反面胪列了河朔故事的主要内容："公乃献地图，编口籍，修职贡，上吏员。凡魏之废置，不关于有司者悉罢，军司马已下，皆请命于廷。"（《元稹集校注》，第1316页）

② 《册府元龟》卷三七四，第4451页。我们不难找到田弘正积极将唐廷官吏引入魏博，协助其控制局势的案例，如上请朝廷除节度副使，"田弘正以魏博内属，请除副贰，乃兼御史中丞，充魏博节度副使，仍兼左庶子"（《旧唐书》卷一六三《胡证传》，第4259页），另下文所引韩愈《答魏博田弘正仆射书》中提及"尝承仆射眷私，猥辱荐闻，待之上介，事虽不允，受赐实多"，似田弘正曾有意荐举韩愈为节度副使，而韩、胡二人分别是《魏博节度观察使沂国公先庙碑铭》撰者与书丹者，恐非巧合；又如"元和八年，田弘正以魏博奉朝旨，辟宪为从事，授卫州刺史"（《旧唐书》卷一三三《李宪传》，第3685页）；又辟杨巨源为掌书记，按韩愈《答魏博田弘正仆射书》中提及的杨书记，沈钦韩考其为杨巨源（《韩愈文集汇校笺注》，第959页）。

③ 《资治通鉴》卷二三九，第7696页。王夫之则认为："田弘正之输忱于王室，非忠贞之果挚也，畏众之不服，而倚朝廷以自固也。"（《读通鉴论》卷二六，北京，中华书局，1975年，第776页）但无论如何，田弘正的归附改变了唐廷与河北之间的实力对比。

④ 杜牧《罪言》对魏博的地理区位及其重要性有简要的归纳："魏于山东最重，于河南亦最重。何者？魏在山东，以其能遮赵也，既不可越魏以取赵，固不可越赵以取燕，是燕、赵常取重于魏，魏常操燕、赵之性命也。故魏在山东最重。"（吴在庆校注：《杜牧集系年校注》，北京，中华书局，2008年，第634页）

诏行事耳。若兵北渡河，我则以兵东取曹州！"师道惧，不敢动。①

但强藩间合纵之局已破，终无所成。在此后的七年中，朝廷与魏博以连横之势，密切配合，先后平定淮西、淄青等跋扈骄藩，幽州刘总、成德王承元被迫束身归阙，河朔重归王化，隐约再现了盛唐图景，最终建立了"自古中兴之君莫有及者"的宏业。②

因此在田弘正归朝之初，唐廷已意识到亟须抓住这一难得的战略机遇。李绛明确提出"不有重赏过其所望，则无以慰士卒之心，使四邻劝慕"，一改需先由亲王暂时遥领的故事，立刻正授田弘正节旄，并"发内库钱百五十万缗以赐之"③，犒赏魏博军士。对于田弘正本人更是优礼有加，元和八年（813）正月，赐名弘正，稍后追赠其父田庭玠工部尚书、母郑氏梁国太夫人，进而在长安为其营建家庙，并诏史馆修撰韩愈为撰《魏博节度观察使沂国公先庙碑铭》。④ 唐代规定五品以上官员有立庙的资格，立庙于两京是士大夫宦途成功及门第清贵的重要标志，故为时人所重⑤。但至中晚唐，稍有变化的是，朝廷在长安赐立藩镇节帅家庙，鼓励他们积极入觐，将其作为恭顺朝命的一种象征，另一方面则禁止节度

---

① 《资治通鉴》卷二三九，第 7697 页。按此事当源出韩愈《唐故司徒兼侍中中书令赠太尉许国公神道碑铭》（《韩愈文集汇校笺注》，第 2365 页）。但韩弘为人、事功皆无可称，而韩愈与他关系近密，故韩弘在此事中的作用或有被夸大的嫌疑，参见黄楼：《〈平淮西碑〉再探讨》，见《碑志与唐代政治史论稿》，第 67～70 页。

② 李翱：《百官行状奏》，《李文公集》卷十，四部丛刊本。因为宪宗建中兴之业，在中晚唐备受推重，如《唐大诏令集》卷一《文宗即位赦文》："永惟高祖太宗之靮定隋乱，玄宗之浸渍利泽，宪宗之坚拔蠹孽。艰难险阻，勖乃负荷"，已将其与太宗、玄宗并提（第 3 页）。而武宗会昌元年三月，宰相李德裕、陈夷行、崔珙、李绅等奏："宪宗皇帝有恢复中兴之功，请为百代不迁之庙。"（《旧唐书》卷一八上《武宗纪》，第 586 页）

③ 《资治通鉴》卷二三九，第 7696 页。

④ 《韩愈文集汇校笺注》，第 1825 页。

⑤ 甘怀真：《唐代家庙礼制研究》，台北，台湾商务印书馆，1991 年，第 102～108 页；游自勇：《礼展奉先之敬——唐代长安的私家庙祀》，《唐研究》第 15 卷，北京，北京大学出版社，2009 年，第 435～474 页。

使立庙于地方①，使得家庙这一标识官僚身份等级的礼制建筑被纳入皇权主导下的等差秩序之中，兼具"公""私"两种属性。权德舆在为薛苹撰写先庙碑时对其中关节有清晰的阐述：

> 古诸侯五庙，大夫三庙，庙在其国。圣朝以官品制室数，侯伯理外，而庙在京师。其或觐于明庭，入为孤卿，则吉蠲惎信，展敬受福。②

因此不难想见，立庙虽然名义上是官僚家族的私务，并于礼令中有明文可循，但一般亦需事先上请，取得朝廷允准后方可实施。③ 循此线索可知，田弘正归国之后，在长安建立家庙便成为展现魏博重露王化的一个契机④，朝廷恰可借机显示对其特别的恩遇，以示怀柔。因而与惯例有所不同，在田弘正家庙营建的过程中，朝廷居于更加主动的地位，"已而复赠其父故沧州刺史兵部尚书，母夫人郑氏梁国太夫人，得立庙祭三代"。从目前传世的唐代家庙碑文透露的信息来看，中晚唐部分节度使的家庙可能由朝廷追赠其父母官爵时连带所赐，未必曾事先上请⑤，如与

---

① 王静：《唐长安城中的节度使宅第——中晚唐中央与方镇关系的一个侧面》，载《人文杂志》2006年第2期，第131～133页。

② 权德舆：《大唐浙江西道都团练观察等使润州刺史兼御史大夫河东郡公薛公先庙碑铭》，见《权德舆诗文集》，第203页。

③ 甘怀真：《唐代家庙礼制研究》，第44～45页。

④ 游自勇曾述及家庙作为纪念性建筑在都城长安的分布对士大夫门第及塑造礼制秩序的意义，参见《礼展奉先之敬——唐代长安的私家庙祀》，《唐研究》第15卷，第464～474页。

⑤ 游自勇教授提示即使在碑文中未提及曾经上请，在实际操作中仍会经过上请这一程序，但笔者考虑后，暂仍保留这段论述，主要基于三点理由：1. 唐初王珪因家贫不立庙，太宗特为立庙，以愧其心，知有未经上请，朝廷下诏立庙的先例，事见《唐会要》卷十九，第449页。2. 晚唐李涪《刊误》"士大夫立私庙不合奏请"条，批评立家庙乃私务，不当奏请，可知奏请只是惯例，而非制度，见《苏氏演义（外三种）》，北京，中华书局，2012年，第237页。3. 中晚唐追赠和立庙有结合在一起的趋势，这点游自勇《礼展奉先之敬——唐代长安的私家庙祀》中已有论述，而从传世家庙碑文提供的信息来看，有些家庙因追赠父母而连带所赐，或因此未经上请，至少在程序上有简化的倾向。

田弘正家庙同年营建的乌重胤家庙碑叙立庙经过甚详：

> 诏赠其父工部尚书。且曰"以其庙享"。以其年营庙于京师崇化里。军佐窃议曰："先公既位常伯，而先夫人无加命，号名差卑，于配不宜。"语闻，诏赠先夫人刘氏沛国太夫人。八年八月，庙成，三室同宇，祀自左领府君而下，作主于第。乙巳，升于庙。①

此时朝廷的赐庙与更常见的赐宅一样，都已变成笼络藩镇节帅的一种手段，由于田弘正时并未亲入长安朝觐，故其家庙营造之事皆由朝廷代为操办，可谓化"私情"为"公务"：

> 元和八年十一月壬子，上命丞相（武）元衡、丞相（李）吉甫、丞相（李）绛，召太史尚书比部郎中韩愈，至政事堂传诏曰："田弘正始有庙京师，朕维弘正先祖、父，厥心靡不向帝室，讫不得施，乃以教付厥子。维弘正衔训事嗣，朝夕不怠，以能迎天之休，显有丕功。维父子继忠孝，予维宠嘉之。是以命汝愈铭。钦哉。"惟时臣愈承命悸恐。明日，诣东上阁门拜疏辞谢，不报。退，伏念昔者鲁僖公能遵其祖伯禽之烈，周天子实命其史臣克，作为《駉》《駜》《泮》《閟》之诗，使声于其庙，以假鲁灵。今天子嘉田侯服父训不违，用康靖我国家，盖宠铭之，所以休宁田氏之祖考。而臣适执笔隶太史，奉明命，其可以辞？②

与褒奖人臣功业的神道碑、德政碑碑文多由朝廷颁赐不同，由于家庙碑具有自重门第、确定宗支的功能，碑文例由人臣私下请托亲故或名家撰书，故田弘正家庙碑由宪宗下诏命韩愈撰文，实属特例。③　素来于君臣

---

① 韩愈：《乌氏庙碑铭》，《韩愈文集汇校笺注》，第1784页。

② 韩愈：《魏博节度观察使沂国公先庙碑铭》，《韩愈文集汇校笺注》，第1825页。

③ 韩愈元和九年所撰《答魏博田弘正仆射书》云其与田弘正"未获拜识"（《韩愈文集汇校笺注》，第954页），可知两人此前并不相识。

之间分际有所执的韩愈之所以最初欲辞此命，非其不愿撰文①，而是对于是否能以史官的身份撰述私家之碑颂颇感踌躇，故在碑文中援引周天子命史克作《鲁颂》之典以自明。但另一方面，尽管整个营建家庙的过程中，朝廷居于主动地位，给予田弘正种种礼遇，以示优宠，但在礼制上严格遵循了三品官立庙三室的规定，并无逾制之处②，这也奠定了整个田弘正时代朝廷处理与魏博间关系的原则："优礼而不逾制"。

我们再将视线从长安移至河北，如果说长安的田氏家庙作为新建的政治景观象征着魏博被重新纳入帝国的秩序之中，则在魏博当地，田弘正亦需借助一些公开的政治表演，让六十年来不霑王化的骄兵悍将们感受到政治风气的移易：

> 宪宗遣（裴）度使魏州宣谕，（田）兴承僭侈之后，车服垣屋有逾制度，视事斋阁尤加宏敞。兴恶之，乃治旧采访使厅居之，请度为壁记，述兴谦降奉法，魏人深德之。③

田弘正主动从前任僭越礼制的宏大府邸移至旧日采访使厅中视事，通过政治空间的转移呈现出魏博从跋扈到恭顺的变化，并请裴度撰写壁记。厅壁记是唐代流行的文体，时人封演云，"朝廷百司诸厅皆有壁记，叙官秩创置及迁授始末。原其作意，盖欲著前政履历，而发将来健羡焉"，这一风尚"始自台省，遂流郡邑"④。由于厅壁记多记载地方沿革风土，并

---

① 韩愈生平为公卿大臣撰作碑铭、墓志甚多，甚至有"谀墓"之讥，如韩愈为袁公滋所撰《袁氏先庙碑》(《韩愈文集汇校笺注》卷十七，第1890页)，便是受本人请托，故其绝非排斥撰写此类文字。

② 韩愈在《魏博节度观察使沂国公先庙碑铭》中称田弘正为田侯，并将魏博与朝廷之间比拟为周天子与诸侯的关系，虽有用典的需要，但亦反映出当时对河北藩镇普遍的看法。不过田弘正家庙并未按照诸侯五庙或三公四庙之制，而是严格与官品相对应。按唐代藩镇节帅立四庙者亦不罕见，如韦皋、于頔皆立四庙，但皆符合准其官品的原则，时田弘正继任魏博节度使不久，所带检校官尚未升至可立四庙的品级。

③ 《册府元龟》卷六五八，第7877页。

④ 《封氏闻见记校注》卷五，第41页。

叙前后历官名氏及治绩，"将以彰善识恶，而劝戒存焉"①，因此具有诫勉地方官吏、教化民众的功用。② 唐人素有将重要文献书写于厅壁的习惯，"律令格式，内外官人退食之暇，各宜寻览。仍以当司格令，书于厅事之壁，俯仰观瞻，庶免遗忘"③，将其作为指导日常行政的准则与备忘录。裴度所撰的壁记，大力表彰田弘正恪守朝廷法度的举动，无疑要借助这一公开传播的文本④，教化桀骜不驯的魏博将吏改弦易辙，尽忠朝廷。另可指出的是，由于壁记文末附载历任官员授受年月，因而对于以父子兄弟间自相承袭为故事的魏博而言，亦具有改世袭为流官的象征意味。

有意思的是，当元和十四年唐廷最终平定淄青李师道，三分其地后，负责处理善后的新任郓濮曹等州观察使马总亲撰的《郓州刺史厅壁记》同样成为当地重归王化的重要象征：

> 自逆帅攘据，罔率训典，改易升降，名称溷淆，盖无取焉。今以平寇之初，魏博田公奉诏权兼勾当，则位伺正牧，宜书为首，亦《春秋》始鲁隐公，贤之也。⑤

---

　① 马总：《郓州刺史厅壁记》，《唐文粹》卷七三，四部丛刊本。

　② 刘兴超：《论唐代厅壁记》，载《四川大学学报》2008 年第 3 期，第 133～137页。杨俊峰进而指出，唐代地方官员多借助厅壁记彰显自己的治绩，成为一种变形的"德政碑"。参见《我曹之春秋：盛唐至北宋官厅壁记的刊刻》，载《政大历史学报》第 44 期，第 54～58 页。

　③ 《通典》卷一六五引文明元年四月敕文，另据注文所引贞元二年敕，可知这一传统一直延续到唐后期（第 4244 页）。这种做法的源流或可上溯秦汉，1992 年在敦煌悬泉置遗址发现的泥墙壁书《使者和中所督察四时月令五十条》，与之功用类似。

　④ 《旧唐书》卷九八《卢奂传》："二十四年，玄宗幸京师，次陕城顿，审其能政，于厅事题赞而去，曰：'专城之重，分陕之雄。人多惠爱，性实谦冲。亦既利物，在乎匪躬。斯为国宝，不坠家风。'"（第 3069 页）韩愈《徐泗豪三州节度掌书记厅壁记》："愈乐是宾主之相得也，故请刻石以纪。而陷置于壁间，俾来者得以览观焉。"（《韩愈文集汇校笺注》，第 348 页）两例皆可证壁记具有一定的公共性。

　⑤ 马总：《郓州刺史厅壁记》，《唐文粹》卷七三，四部丛刊本。

中国古人素来相信可以借助历史书写中的微言大义来塑造并呈现政治正统，其中一大关节便是在史书编纂过程中通过确定或改易历史时间的起点来隐喻褒贬①，因此《春秋》"王正月"之义才被历代注疏家奉为圭臬。而马总在文中所郑重记下的"时圣历元和纪号己亥直岁十二月己卯"，无疑是在向公众宣示郓州历史时间的重新开始。因而尽管"国初已来，刺史名氏及迁改之次，既遭蓂弃，难以究详"，但亦必须"访诸史官，异日备于东壁"，李师道割据时代的诸任刺史则被摒弃不载，以便在新的时间秩序下建构符合王朝正统观念的地方记忆。尽管裴度所撰壁记已亡佚，但比照《郓州刺史厅壁记》的文本，我们不难得出所谓"述兴谦降奉法"的实质，无疑是要将田弘正的归顺表述为魏博新时代的开端。②

如果说厅壁记的读者尚局限在节度府衙中的文武僚佐的话，那么田弘正与唐廷都需要寻找一个更具公众性的场合，向魏博的普通兵士民众传递同样的政治信号，而重修狄仁杰祠，便提供了这样的一个舞台。狄仁杰在武后时曾任魏州刺史，因德政为民所怀，立祠纪念。祠堂在安史之乱中遭到损毁③，而田弘正归顺朝廷之后，便立刻着手重建祠堂，至元和八年十月五日功成，并立碑纪念：

> 洎胡起幽陵，毒痛中邦，腥膻遗余，渐渍眊俗，六十年于兹矣。
> 战血满野，忠魂归天，阶阤之容，隐嶙犹在。元和壬辰岁，我天子

----

① 这种通过对于时间起点的移动，重塑历史记忆的传统，使得在王朝历史的编纂中，"起元"变成一个重要而富有争议的话题（参见徐冲：《中古时代的历史书写与皇帝权力起源》，上海，上海古籍出版社，2012年，第5～43页）。这种传统的影响某种意义上甚至存续到了当代，胡风1949年11月20日在《人民日报》发表的著名诗篇《时间开始了》，其实表达出了同样的意味。

② "谨始"，即哪一任地方官员列于壁记之首，本身便是壁记写作中关注的焦点之一（刘兴超：《论唐代厅壁记》，载《四川大学学报》2008年第3期，第136页），然而正如下文讨论的狄仁杰这个例子所展现的那样，将谁塑造为地方官吏的榜样，也关系到如何来呈现与编织地方记忆。

③ 雷闻：《郊庙之外：隋唐国家祭祀与宗教》，第235～240页。

恢拓千古之不庭，凡在率土，罔不来服。维元侯保和一心之有众，举兹列城，表正多方。归职贡而奉官司，尊汉仪而秉周礼，凤鸣而枭音革，兰芳而棘刺死，甘醴涌而盗泉竭，庆云飞而浊祲消，四郊廓清，万方丕变，然后辨正封疆，咨谋耆老，得是旧址，作为新祠。①

这是一篇极富政治宣传意味的文字，有意识地将狄仁杰祠的兴废与魏博叛顺中央的历史密切勾连。② 狄仁杰祠因安史之乱而遭毁弃，河朔之地也随之不霑王化达六十余年，当田弘正决心重奉王化时，选择通过重建狄仁杰祠、刻石纪念并举行祀典这样一个公开的政治仪式来向朝廷及魏博军民展现其归顺的决心。③ 因此，此刻狄仁杰祠的兴废不再是一个单纯的国家祀典或民间信仰层面的问题，而成为魏博表达对朝廷不同政治态度的"公共剧场"。④ 须知在大历八年（773），田承嗣还曾经公开为安禄山、史思明父子营立祠堂，谓之"四圣"，朝廷无奈之下，不得不以加同平章事衔利诱其拆毁了事。⑤ 因而碑文中对"胡起幽陵，毒痛中邦，腥膻遗余，渐渍

---

① 冯宿：《魏府狄梁公祠堂碑》，《文苑英华》卷八七七，第 4627 页。宋人著录有两方狄仁杰祠堂碑，一方是开元十年李邕撰《唐魏州刺史狄仁杰生祠碑》，另一便是元和七年冯宿所撰（《宝刻丛编》卷六，第 128～130 页）。按此碑至今尤存，现位于大名县孔庄村北。

② 《宝刻丛编》卷六记载此碑由冯宿撰、胡证书并篆额，据《旧唐书》卷一六八《冯宿传》及《金石萃编》卷一一三《冯宿碑》，冯宿时为朝官，可知此碑多是由朝廷颁赐，而胡证更是唐廷新命的魏博节度副使，这二人都谙熟河朔情势，碑文大约是唐廷与田弘正共同商议后的产物。

③ 唐廷亦以善意回报田弘正的恭顺，次年李吉甫奏，"河阳宿兵，本以制魏博，今弘正归顺，则河阳为内镇，不应屯重兵以示猜阻"，于是徙理汝州（《资治通鉴》卷二三九，第 7706 页）。

④ 《旧唐书》卷八九《狄仁杰传》云，"及去职，其子景晖为魏州司功参军，颇贪暴，为人所恶，乃毁仁杰之祠"，将狄仁杰祠的毁弃，归因于其子狄景晖的失政（第 2895 页）。按《狄仁杰传》的记载本自韦述国史，大约更近于历史的真实，但在元和中田弘正重修祠堂的特殊背景下，这一"事实"缺乏"戏剧性"，或因此被另一种历史记忆所取代。

⑤ 《资治通鉴》卷二二四，第 7221 页。陈磊《唐长庆元年幽州的军变——从史料撰写的层面看》一文对田承嗣为安史父子营建祠堂的背景有较为细致的分析（《兴大历史学报》第 25 期，第 14～18 页）。

旽俗"强烈而公开的批判①，不但与河北俗谓安禄山、史思明为"二圣"的社会心理不容②，更意味着对魏博此前自立历史的彻底弃绝与否定，转而决心"归职贡而奉官司，尊汉仪而秉周礼"。田弘正并"请护军迫宾僚、将校、虎貔之群，撰吉而致飨焉"，将素来被视为河朔动乱之源的骄兵悍将纳入这一表彰忠臣义士的儒家祀典中去，意在重建魏博上下对于唐廷的政治认同。因而碑文中对狄仁杰的表彰也更多地集中于"扶即倾，系将绝"的中兴之功，并将田弘正与之相比拟③，反倒对狄仁杰霑霖魏州百姓的具体治绩着墨无几。

二、纪念碑中的政治：田氏魏博时代刻石表微

在此后的七八年中，田弘正与朝廷戮力一心，共同成就了元和中兴的事业，唐廷亦不吝高官厚禄以酬报之：先后于元和九年、十三年（818）分别加检校右仆射、检校司空；十四年二月，因平淄青李师道之功，宪宗亲御兴安门，接受田弘正献俘，并加检校司徒、同中书门下平章事；八月田弘正入朝，"丁亥，宴田弘正与大将判官二百人于麟德殿，赐物有差"，九月赐实封三百户④；十五年二月进一步追崇其父母⑤，可谓备极恩宠。但总体而言，田弘正与朝廷的关系依然恪守"优礼而不逾制"的政

① 这一对安史之乱的定性，承袭的是唐廷方面的话语体系，类似表达可见《旧唐书》卷一二〇《郭子仪传》史臣曰："天宝之季，盗起幽陵。"（第 3474 页）《文苑英华》卷八〇〇《邠州节度使厅记》："泪逆胡勃起幽朔。"（第 4231 页）按安史乱后，唐代官方文献中习称安史为"逆胡"。

② 《新唐书》卷一二七《张弘靖传》，第 4448 页。

③ 《文苑英华》卷八七七《魏府狄梁公祠堂碑》："物不可以终否，必继起邦杰，钦往绩，懋来功，兹沂国田公是已。"（第 4627 页）

④ 《旧唐书》卷一五《宪宗纪》，第 450、463 页。

⑤ 元稹：《赠田弘正等父制》《赠田弘正等母制》，《元稹集校注》卷五〇，第 1246～1248、1254～1255 页。

治默契①，这在穆宗即位之初，命田弘正改镇成德，并选择在此时赐其德政碑一事上显得颇为典型。

尽管在唐中后期，随着藩镇势力的崛起，中央对地方控制力渐趋下降，如本书第四章所论，德政碑的颁授逐渐从朝廷表彰循吏的"政绩激励"工具，转变为中央赋予藩镇节帅统治合法性的象征，但朝廷依然坚守"去任请碑"的基本原则。纵观整个唐代，在任内获致德政碑的强藩屈指可数，因而"去任请碑"还是"在任请碑"可以被视为识别强藩与顺地的标志之一。强悍跋扈的魏博节度使田承嗣是安史乱后第一个打破成例，在任内获致德政碑的藩镇节帅。

> 魏自六雄升为五府，拜公为魏州大都督府长史，仍加实封一千户，以陟明也。而缁黄、耆耋诣阙陈乞，请颂德褒政，列于金石，帝曰："俞"。以命先臣门下侍郎王缙撰纪功烈，锡魏人以碑之。其明年，请立生祠而尸祝之，公执谦冲，抑而勿许。②

由于田承嗣德政碑碑文未能流传后世，现仅能据裴抗所撰《田承嗣神道碑》中的记载知其大概。③ 此碑循德政碑颁赐的惯例，碑文自朝中出，敕命门下侍郎王缙撰写，这与神道碑文常由藩镇自撰不同。王缙大历三年（768）出为河东节度使，"二岁，罢河东归朝，授门下侍郎、中书门下平

---

① 这种"优礼而不逾制"的政治默契体现在很多方面，除了本文具体讨论的两个例子之外，田弘正尽管有使相等头衔，但并未像当时强藩节帅一样获得郡王的封爵，如田承嗣三代世袭雁门郡王，田弘正仅封沂国公，食封数量亦在正常范围之内，可知其身份定位是人臣而非诸侯。事实上，安史乱后，唐廷对于藩镇节帅、武将封爵猥滥，如润州牙将张子良仅以擒李锜功便被封为南阳郡王（《旧唐书》卷一一四《宪宗纪》，第423页；另参赵翼：《陔余丛考》卷十七《唐时王爵之滥》，第336～339页）。但在文官系统依然维持了旧有的秩序。若套用册封体制区分内臣、外臣的观念，不无将藩镇视为化外的意味。

② 裴抗：《魏博节度使田公神道碑》，《文苑英华》卷九一五，第4816页。

③ 欧阳修《集古录跋尾》卷七著录裴抗撰《唐魏博节度使雁门郡王田承嗣碑》，按此碑即田承嗣神道碑（北京，人民美术出版社，2010年，第173～174页）。《宝刻丛编》《宝刻类编》皆误著录此碑为田承嗣德政碑，田承嗣德政碑大约宋人已不得见。

章事"①，则田承嗣德政碑当立于大历五年(770)四月之后。而神道碑于此事后复记田承嗣先后加检校太尉、同中书门下平章，田承嗣于大历八年十月加同平章事②，加检校太尉当在其前，则立碑的时间大约在大历五年至七年之间。时战乱甫定，"代宗以黎元久罹寇虐，姑务优容"③，加之吐蕃频岁入寇，给长安及西北边境的防务施加了巨大的压力，朝廷对于河朔藩镇不得不多采取绥靖策略。④ 另一方面，由于平定安史之乱的需要，唐廷渐次于内地普立节镇，此时如何在中央与藩镇之间建立新的、稳定的政治关系与默契，对双方而言无疑都处于一个互相试探的时期。因而，田承嗣德政碑的获立，可以被视为在藩镇割据之初，魏博利用朝廷的虚弱所取得的一个胜利，但根据笔者第四章对中晚唐德政碑制度运作的考察，田承嗣德政碑之立大约只能被视为制度转型期的一个特例。即使此时，唐廷亦未进一步应允田承嗣自立生祠的请求⑤，据《田承嗣神道碑》透露的信息，直至二十余年后，贞元十二年(796)田绪去世之后，由其孙田季安再次上请，方得获允，并命礼部侍郎吕渭撰写碑文。⑥

其实，贞元十二年所立的这块田承嗣神道碑本身便有一番值得探究的故事。首先据碑文可知，此碑并非立于田承嗣去世的大历十三年，而是贞元十二年田绪去世后，由其孙田季安所立。大历十三年田承嗣去世之后，被追赠为太保。如无意外，当时继承魏博节度使之位的其侄田悦

---

① 《旧唐书》卷一一八《王缙传》，第3416～3417页。

② 《旧唐书》卷一一《代宗纪》，第303页。

③ 《旧唐书》卷一四一《田承嗣传》，第3838页。

④ 《旧唐书》卷一四三《李怀仙传》："既而怀恩叛逆，西蕃入寇，朝廷多故，怀仙等四将各招合遗孽，治兵缮邑，部下各数万劲兵，文武将吏，擅自署置，贡赋不入于朝廷，虽称藩臣，实非王臣也。朝廷初集，姑务怀安，以是不能制。"(第3895～3896页)

⑤ 与德政碑一样，生祠的建立亦需事先上请(雷闻：《郊庙之外：隋唐国家祭祀与宗教》，第232～235页)。因此代宗时同华节度使周智光自立生祠，成为其一大罪状(《旧唐书》卷一一四《周智光传》，第3370页)。

⑥ 裴抗：《魏博节度使田公神道碑》，《文苑英华》卷九一五，第4817页。

便已为他立了神道碑，按照惯例，碑文中亦当有不少颂美田悦的文字。但至兴元元年(784)，田绪弑兄夺位之后，这块由田悦所立的神道碑对于田绪这位魏博的新主人而言便显得不合时宜了，因此借着唐廷加赠田承嗣太傅、允立祠堂的机会，另立新碑，进而强化田绪、田季安父子统治魏博的合法性，不失为摆脱尴尬的良策①，这点下文还将详论。

其次，碑文中对于田承嗣死亡时间的记载暗藏玄机。在正史中，新旧《唐书》本纪、《新唐书》本传皆记其卒于大历十四年(779)二月，仅《旧唐书》本传云其卒于大历十三年九月，两者相差有半年之久。推考其史源，《旧唐书》本传大历十三年九月说本自田承嗣神道碑，至于新旧《唐书》本纪大历十四年二月说则当出于实录，司马光编纂《资治通鉴》时，尚能见到唐代实录，于此处照录两《唐书》，未出考异辨析；而宋人撰《新唐书·田承嗣传》，亦未因袭《旧唐书》本传，反而是据本纪将田承嗣去世的时间统一为十四年二月，可知此事在宋人所见传世文献中并无异词。比较两种记录，田承嗣神道碑详细记载了其自大历十三年二月构疾，到九月甲午卒，以及其后唐廷派遣谏议大夫蒋镇册赠吊唁，最终至十二月十四日下葬这一系列事件，连续而有条贯，显得相当可靠；但要说实录系错了这样一位重要人物去世的时间似乎也有些说不过去。较为合理的解释是在田承嗣身后的安排上唐廷与魏博之间曾发生过某些不为人知的暗斗，以至于朝廷方面迁延至次年二月才正式公布田承嗣的死讯，连带着任命其侄田悦为节度留后，从此默认了魏博节度使自相承袭的特权。所谓河朔故事的核心便是节度使之位的私相授受，朝廷被迫扮演事后追认、承认其合法地位的"橡皮图章"角色②，但这一故事的形成绝非一蹴而就，

---

① 　除了另立田承嗣神道碑，下文论及的贞元十年田绪请立田承嗣遗爱碑其实也有同样的目的。

② 　或有学者强调节帅世袭是河朔故事的核心(参见张天虹：《"河朔故事"再认识：社会流动视野下的考察——以中晚唐五代初期为中心》，见严耀中主编：《唐代国家与地域社会研究》，上海，上海古籍出版社，2008年，第196～203页)，但笔者更赞成彼得森稍作扩大的解释，即由藩镇自行推举节帅，事后报唐廷承认(《剑桥中国隋唐史》，北京，中国社会科学出版社，1990年，第559页)。

而是经过双方反复试探、博弈之后，才形成的政治惯例。① 检索相关史料，不难发现唐廷在最初一任藩镇节度使欲传位时，往往不予认可，甚至不惜诉诸武力，直至无力改变既成事实后，方才承认故事的有效。这在代宗、德宗两朝尤为常见，构成藩镇与唐廷之间争斗的主线。对于魏博亦不例外：

> 初，（李）宝臣与李正己、田承嗣、梁崇义相结，期以土地传之子孙。故承嗣之死，宝臣力为之请于朝，使以节授田悦，代宗从之。悦初袭位，事朝廷礼甚恭。②

可知田悦的袭位得益于成德李宝臣的支持与上请，断非出于朝廷本意。而维持这一自相承袭的特权也是河北藩镇合纵结盟最重要的政治目标，因此才会有之后田悦积极支持李惟岳、李纳袭位，不惜为此与唐廷重启战端之举。③ 唐廷应对这类请求颇见成效的办法是有意迁延，迟迟不正式授予节钺，借此削弱藩镇中自称留后者的合法性，激起藩镇内部的变乱④。无论谁是政变的胜利者，都亟须获得唐廷的支持，于是对朝廷的态度变得更为恭顺。关于田承嗣去世时间记载的半年之差，或许便是这

---

① 对于河朔故事形成过程中的博弈，已有学者加以讨论，参见孟彦弘：《"姑息"与"用兵"——朝廷藩镇政策的确立及其实施》，《唐史论丛》第 12 辑，西安，三秦出版社，2010 年，第 115～145 页；李碧妍：《危机与重构：唐帝国及其地方诸侯》，第 356～371 页。

② 《资治通鉴》卷二二六，第 7292 页。

③ 对其间的利害关系，田悦本人有非常明确的表述："然悦所以坚拒天诛者，特以淄青、恒冀二大人在日，为悦保荐于先朝，方获承袭。今二帅云亡，子弟求袭，悦既不能报效，以至兴师。"（《旧唐书》卷一四一《田悦传》，第 3842 页）

④ 本章第一节论及元和四年成德王承宗欲袭位，"朝廷伺其变，累月不问。承宗惧，累上表陈谢"，便是典型的例子（《旧唐书》卷一四二《王承宗传》，第 3878 页）。事实上，田弘正之所以能够取代田怀谏，为众所拥立，"军中以朝廷久无命，众情不固"也是一个相当关键的因素（《册府元龟》卷一七七，第 2128 页）。

种拖延战略的副产品。①

　　另一方面，揆诸当时的政治形势，田悦以侄子的身份袭位，在魏博内部亦面临着一定的挑战。田承嗣去世时尽管享寿七十五岁，且有子十一人，但本传云其除了田维、田朝、田华三位之外，余子皆幼，不得不安排其侄田悦袭位，暗示田承嗣坐上魏博节度使的高位之后，便过上了安逸享乐的生活，直接的表现便是这八位年幼的子嗣。② 不过为何田维、田朝、田华三位已成年者皆未能袭位？从早年的情形来看，田维曾任魏州刺史③，本颇有接班的可能，可惜他在与成德节度使李宝臣之弟李宝正打马球时，因李宝正的马受惊冲撞致死。④ 此事导致成德与魏博一度交恶，这也是大历十年(775)田承嗣与唐廷因争夺相卫开战时，成德最初站在朝廷一边协助讨伐魏博的原因。田朝后来曾任淄青治下的齐州刺史⑤，并未仕于魏博。田华的身份则较为特殊，他是大历九年(774)代宗为永乐公主选定的驸马⑥，推测代宗之所以选其为驸马，大约也是注意到田维死后，田承嗣的继位人选产生变数，而有意在田氏诸子中扶植亲唐的力量。但大历十年战争爆发之后，这桩婚事被推迟，田华的失宠就

---

　　① 权德舆《起复吴少阳状》中对这种拖延战略的运用有所描述："少阳丁忧，已近五十日，未有恩命起复除官。比来诸道节将，每有起复，皆不如此淹久……至如今日起复，即恐不可过迟……今若议除替，即须准拟兴师。"(《权德舆诗文集》，第723页)李德裕也曾论及："先是河朔诸镇有自立者，朝廷必先有吊祭使，次册赠使、宣慰使继往商度军情。必不可与节，则别除一官；俟军中不听出，然后始用兵。故常及半岁，军中得缮完为备。"(《资治通鉴》卷二四七，第7984页)因此在双方的博弈中，拖延战略虽然使唐廷在名义上占据了主动，但同时也给藩镇提供了备战的喘息之机。

　　② 从目前发现的墓志来看，唐高祖称帝后育有多位子女，他们与太宗诸子虽名为叔侄，其实年龄相仿，同长宫掖，这为汉王元昌为何会参与李承乾谋反提供了一特别的注脚。按李元昌武德三年生，墓志拓本刊《长安新出墓志》，第46页。

　　③ 裴抗：《魏博节度使田公神道碑》，《文苑英华》卷九一五，第4817页。

　　④ 《资治通鉴》卷二二五，第7230页。

　　⑤ 《新唐书》卷二一〇《田绪传》，第5933页。

　　⑥ 《资治通鉴》卷二二五，第7226页。

变得理所当然了。①

关于田承嗣晚年魏博的权力结构，大约可以从以下两篇文献中窥见一斑，一是大历十二年(777)七月《复田承嗣官爵制》，依次提及田庭琳、田悦、田绾、田绪、田纶，并记载田悦时为魏博节度中军兵马使、银青光禄大夫、检校右散骑常侍兼魏州大都督府左司马、御史中丞，田绾为检校尚书驾部郎中兼御史中丞，田绪为试京兆府参军，田纶为试大理评事。② 另一篇则是大历十三年封演所撰《魏州开元寺新建三门楼碑》，碑文对田氏家族诸人地位有颇为详尽的描述③：

> 公令弟御史大夫兼贝州刺史北平郡王(田)庭琳，雅量冲远，天姿颖出。内安黎庶，绍龚黄之名；外镇封疆，弘鲁卫之政。公爱子左散骑常侍兼御史中丞(田)悦，驾部郎中兼御史中丞(田)绾，从子太子宾客兼御史中丞(田)昂等，皆才杰而妙，器周而敏。卓然自立，克茂家声。④

---

① 《新唐书》卷二一○《田承嗣传》："仍以其子华尚永乐公主，冀以结固其心，庶其悛革；而生于朔野，志性凶逆，每王人慰安，言词不逊。"(第3838页)

② 《册府元龟》卷一七六，第2118页。按田绪、田纶，《册府元龟》宋、明本皆误作"田渚""田沦"，今据《旧唐书》卷一四一《田承嗣传》改正(第3840页)。

③ 据《金石录》卷八著录，此碑立于大历十三年七月(《金石录校证》，第146页)，赵贞信在《封氏闻见记校注》附录中据碑文中"自宝应以至于兹十有三年"一句，推算碑可能立于大历十一年，或十有三年之"三"系"五"之讹。按大历十一年，魏博与唐廷尚在交战中，而碑文中提及，"时大军之后，良材一罄，龙门上游，下椾仍阻。公乃使中府以营建之旨咨于台臣，精诚内驰，万里潜契"，则时魏博与唐廷已和解，有修开元寺之举，并碑文所云"开元者，在中宗时草创则曰'中兴'；在玄宗时革故则曰'开元'"，皆有示好唐廷之意，则碑当立于大历十三年，"三"或为"五"之讹。另考时节河中者乃郭子仪，此事所体现的郭子仪斡旋于唐廷与河朔之间的作用，颇值得进一步探究，亦可为"子仪尝遣使至，承嗣西望拜之，指其膝谓使者曰：'兹膝不屈于人若干岁矣，今为公拜'"一说提供一注脚(《旧唐书》卷一二○《郭子仪传》，第3467页)。

④ 封演：《魏州开元寺新建三门楼碑》，《文苑英华》卷八六三，第4554页。北平郡王庭琳，原作"北平郡王廷琳"，据傅增湘《文苑英华校记》改(第9册，北京，北京图书馆出版社，2006年，第546页)。按田承嗣诸弟似名皆从"广"，田弘正父名庭玠。

综合这两份名单，大约可以观察到以下几个问题：一是田朝、田华都未出现在其中，可知这两位此时都已被排除出魏博权力的核心；二是田承嗣之弟田庭琳地位崇重，封爵北平郡王，特别是在《魏州开元寺新建三门楼碑》中被单独表出颂扬，地位在田氏子侄之上，俨然也是左右魏博走向的重要人物；三是田悦在田承嗣的子侄辈中地位最高，虽说其是田承嗣之侄，但实际上已经过继给田承嗣，故得以位列田绾之前，在宗法身份上已与田昂之辈不同，这也是他得以最终承袭节度使之位的重要原因。

　　不管背后究竟有何争夺，最终田承嗣将卒，"命悦知军事，而诸子佐之"，田悦得以顺利袭位。田悦行事风格颇类田承嗣，本传称其"骁勇有膂力，性残忍好乱，而能外饰行义，倾财散施，人多附之，故得兵柄"①。不久之后，随着代宗去世，德宗新立，唐廷与藩镇的矛盾再次激化。德宗少年时代曾饱尝安史乱中的流离之痛②，故当其继位之初，锐意进取，意欲重致太平。恰好在其即位次年，成德李宝臣、淄青李正己先后去世，德宗拒绝了李惟岳、李纳两人袭位的请求，试图更易河朔故事。此事虽与魏博无涉，但田悦为回报李宝臣此前的支持，维护河朔藩镇自相承袭的特权，主动与两人结盟，共同起兵反叛。这场大战历时四年，幽州、成德、魏博、淄青四镇节度使曾一度各自称王，结盟对抗唐廷。唐廷虽迭经苦战，也未能底定乱局，反而引起后院失火，泾师哗变，德宗仓皇出奔奉天，这是安史乱后藩镇与朝廷对抗最激烈的一役。受此挫折，德宗一改初衷，晚年一味姑息，甚至在宪宗元和中兴全盛的时代，亦不敢完全废止河朔故事。可以说，这场战争的失利，迫使唐廷认清其力量的边界所在，即已无力仅凭武力重建统一的局面。③

　　但田悦也为自己的刚愎与骄横付出了代价，因为长期战争带来的伤

---

　　①　《旧唐书》卷一四一《田悦传》，第3841页。
　　②　德宗的生母沈氏便因安史之乱而下落不明，继位后多年寻访无果，成为其生平宿憾（《旧唐书》卷五二《睿贞皇后沈氏传》，第2188～2190页）。
　　③　参见孟彦弘：《"姑息"与"用兵"——朝廷藩镇政策的确立及其实施》，《唐史论丛》第12辑，第120～128页。

亡及负担使得魏博军民不胜其苦，此时田承嗣立嗣时埋下的隐患便显露出来。田承嗣之子田绪利用上下离心的机会，发动政变，诛杀田悦，自立为留后。自此之后，朝廷与魏博之间的关系进入一段相对平稳的时期，贞元十年(794)获赐的田承嗣遗爱碑便是这段缓和期的重要象征。①

德宗自奉天之难后，转而姑息藩镇，改用公主降嫁方式以羁縻之。②贞元元年(785)册其妹武清公主为嘉诚长公主，赐婚于田绪。③ 德宗对这场婚事似乎抱有不小的期待，郑重其事，"幸望春亭临饯。厌翟敝不可乘，以金根代之。公主出降，乘金根车，自主始"④。这一手段也收到了一时之效，嘉诚公主收养田绪少子田季安为嫡，"季安母微贱，嘉诚公主蓄为己子，故宠异诸兄"。田季安子凭母贵，故继位之后"惧嘉诚之严，虽无他才能，亦粗修礼法"⑤，恪守朝廷法度。丘绛撰文的《田绪神道碑》亦将平定朱滔、恭顺朝廷、得降公主等作为田绪生平的重要事迹在碑文中加以呈现，塑造了其与朝廷关系密切的政治形象，并将田季安"奉贵主慈严之训，光阐前烈"作为其以少子身份继位的重要合法性依据特为表出。⑥ 在此背景下，朝廷除了按照惯例辍朝三日，追赠田绪为司空，命

① 此碑碑文不传，宋人亦未见著录，仅《陆贽集》卷二〇《请还田绪所寄撰碑文马绢状》中提及，尽管陆贽本人推辞了撰写碑文的诏命，但此碑由于是朝廷颁赐，后当另选朝臣撰文刻石，此文系时暂依江榕《年谱集略》(《陆贽集》，北京，中华书局，2006年，第641~642、811页)。
② 安史之乱后，唐廷以公主下嫁藩镇节帅的案例并不少见，对相关史料的钩稽见王寿南：《唐代公主之婚姻》，见《唐代研究论集》第1辑，台北，新文丰出版公司，1992年，第185~187页。但稍不同的是，德宗贞元初是有计划借助公主下嫁笼络河朔藩镇，又在贞元二年、三年分别嫁义阳公主于成德王士平，义章公主于义武张茂宗。另参新见まどか：《唐代河北藩鎮に対する公主降嫁とウイグル》，《待兼山論叢》47卷，第25~51页。
③ 陆贽：《册嘉诚公主文》，《陆贽集》卷六，第170~174页。
④ 《新唐书》卷八三《赵国庄懿公主传》，第3663页。
⑤ 《旧唐书》卷一四一《田季安传》，第3846~3847页。
⑥ 丘绛：《常山郡王田绪神道碑》，《文苑英华》卷八九一，第4690~4693页。按丘绛，原作"丘降"，据傅增湘《文苑英华校记》第9册改(第711页)。《旧唐书》卷一四一《田绪传》有丘绛。

职方员外郎房挺申赙襚之恩等常规礼遇之外，更下诏允立田承嗣祠堂，并差朝官撰文，以示优宠，加赠田承嗣太傅、魏州大都督、相国。这一系列举措都旨在帮助年仅十五岁的田季安稳定魏博局势，强化其继统的合法性。于是，田季安借机重建田承嗣神道碑，并于碑文中特别强调其承续祖、父之遗烈，"继踵象贤，克荷丕构"，故得以承袭节度使之位。然碑文未叙及田悦一字，完全抹去了田悦主政魏博的这段历史。①

事实上，田绪谋杀从兄田悦过程中株连甚广，并连及亲兄田纶及二弟等田氏骨肉，"自河北诸盗残害骨肉，无酷于绪者"。因而在政变之初，"惧众不附，奔出北门"，继位之后"颇纵豪侈，酒色无度"②，已无田承嗣、田悦时代与朝廷争衡的雄心，实为田氏魏博由盛转衰的关键。田绪本人的酷毒与骄奢，加剧了田氏家族内部及军将阶层的离心倾向，从长远来看，日后牙军转而拥立田弘正或肇因于此。故当他壮年暴卒之后，年少的田季安是否能成功稳住局面，顺利登上节度使之位，实存变数。而唐廷通过褒赠田承嗣、田绪父子，并允立魏博始建者田承嗣祠堂，重新确认了田承嗣—田绪—田季安一系世代相袭的合法性，强化了田季安执掌魏博的政治权威，故史称："季安，代宗女嘉诚公主子也，德宗优之，比河朔诸镇为厚。"③

可惜好景不长，嘉诚公主去世后，田季安逐渐变得骄横难驯④，特别是他在元和四年支持王承宗承袭成德节度使之位，魏博与朝廷的政治

---

① 田悦被杀后，德宗为息事宁人，一方面承认田绪承袭节度使之位，另一方面又追赠田悦为太尉，并未以叛臣目之（《旧唐书》卷一二《德宗纪》，第 342 页），因而田悦并未被排除出魏博节帅的合法谱系之中。但在新立的田承嗣神道碑中，已完全抹除田悦的痕迹，裴抗本人亦只云"宾事戎麾，出入三世"，未将田悦计算在内（《文苑英华》卷九一五，第 4817 页），而《田绪神道碑》中则以"无何太尉寝疾，以或措置故事，不归于公"一语含糊带过（《文苑英华》卷八九一，第 4691 页）。这与罗让碑中对同样被杀的乐彦祯的表述颇有差异，参见本书第七章。

② 《旧唐书》卷一四一《田绪传》，第 3846 页。

③ 《册府元龟》卷三〇三，第 3575 页。

④ 《旧唐书》卷一四一《田季安传》，第 3847 页。

蜜月期至迟在此时便已宣告结束。① 不过在《金石录》中著录有元和六年（811）四月唐魏博田绪遗爱碑，并记裴垍撰，张弘靖书②，碑文现已不传。③ 田季安与朝廷关系恶化后，宪宗复赐田绪遗爱碑，有悖于常理。然细考其事，《金石录》著录的年份恐有讹误，裴垍永贞元年（805）十二月以考功员外郎充翰林学士，宪宗继位后，深披信任，故于元和三年（810）四月出院拜户部侍郎后，九月为中书侍郎、同平章事④。唐中后期重臣的德政碑、遗爱碑按惯例多由翰林学士这样的词臣撰写⑤，如非特例，裴垍入相后亲撰碑文的可能性并不大。特别是其在元和五年（812）十一月便因中风罢为兵部尚书，六年四月改为太子宾客，七月便病卒，从职任及身体状况而言，几无可能在元和六年为田绪遗爱碑撰文。而碑文的书丹者张弘靖，元和四年十二月出为陕府长史、陕虢观察陆运等使，六年二月检校礼部尚书、河中尹、晋绛慈等州节度使，则其元和四年末便出京赴外任，更无可能为此碑书丹。因而，综合以上考论，田绪遗爱碑大约立于元和初，是上文所述田季安与朝廷政治蜜月期的产物之一。与本书第四章曾讨论过的张孝忠遗爱碑这一案例相似，朝廷借助田绪遗爱碑的建立，一方面嘉奖了田季安对朝廷的恭顺态度，另一方面也恪守了"去任请碑"的朝廷法度，避免田承嗣"在任请碑"尴尬故事的重演。

正因如此，尽管田弘正归附之后，唐廷不吝高官厚赏，为其建造家

---

① 在此之后，田季安也采取过一些行动，改良与唐廷的关系，如元和七年，进绢五千匹，充助修开业寺，为崔群所谏止（《旧唐书》卷一五九《崔群传》，第4188页）。

② 《金石录校证》，第163页。

③ 此碑北宋尚存，陆游《老学庵笔记》卷九："北都有魏博节度使田绪遗爱碑，张弘靖书；何进滔德政碑，柳公权书，皆石刻之杰也。政和中，梁左丞子美为尹，皆毁之，以其石刻新颁《五礼新仪》。"（北京，中华书局，1979年，第122页）

④ 傅璇琮：《唐代翰林学士传论》，第418～419页。

⑤ 杜牧：《唐故银青光禄大夫检校礼部尚书御史大夫充浙江西道都团练观察处置等使上柱国清河郡开国公食邑二千户赠吏部尚书崔公行状》："高承简罢郑滑节度使，滑人叩阙，乞为承简树德政碑。内官进曰：'翰林故事，职由掌诏学士。'"（《杜牧集系年校注》，第915页）另参见毛蕾：《唐代翰林学士》，第91～93页。

庙，追赠父、祖，优宠有加，但一直谨守"去任请碑"之法度，未尝颁赐德政碑。直至穆宗继位之初，成德节度使王承宗卒，弟王承元上表归附，河朔三镇全部重归王化，从表面上来看，元和中兴之业达到顶点，但盛世之下所埋藏的危机，朝野上下都已有所察觉。穆宗斟酌再三之后，命田弘正自魏博移镇成德，移镇的成败关系到元和中兴的局面能否维系。于是穆宗下诏在魏博建立田弘正德政碑，并亲择元稹撰文①，希望通过对田弘正的表彰，巩固河朔军民向化之心。因此，关于碑文的表述，君臣之间曾往复探讨，颇费斟酌：

> 右，前件碑文，伏蒙御笔朱书，遣臣撰述。恩生望外，事出宸衷，铭镂骨肌，难酬雨露。然臣伏以陛下所以令臣与（田）弘正立碑，盖欲遣魏博及镇州将吏等，并知弘正首怀忠义，以致功勋。臣若苟务文章，广征经典，非唯将吏不会，亦恐弘正未详，虽临四达之衢，难记万人之口。臣所以效马迁史体，叙事直书；约李斯碑文，勒铭称制。使弘正见铭而戒逸，将吏观叙而爱忠，不隐实功，不为溢美，文虽朴野，事颇彰明。伏乞天慈，特留宸鉴。其碑文谨随状封进，谨具奏闻，伏候敕旨。②

元稹已注意到魏博与长安不同的文化特质，因而在碑文撰写时特别考虑到如何叙事才能达到穆宗所期待的政治宣传效果："若苟务文章，广征经

---

① 元稹《谢准朱书撰田弘正碑文状》："陛下所宜外诏台席，内委翰林，妙选雄文，式扬丕绩，岂谓天光曲照，御札特书，猥付微臣，实非常例。"（《元稹集校注》，第947页）按元稹元和十四年冬，方自贬所入朝，时以祠部郎中、知制诰。穆宗继位后，元稹深披信任，但旋即因卷入党争而招致攻讦，"自去年九月已后，横遭谤毁，无因再睹天颜"，因此选择其撰写田弘正德政碑文，实出穆宗本人之意。《旧唐书》卷一六六《元稹传》："穆宗皇帝在东宫，有妃嫔左右尝诵稹歌诗以为乐曲者，知稹所为，尝称其善。"（第4333页）可知穆宗早就赏识其才华。另参见周相录：《元稹年谱新编》，上海，上海古籍出版社，2004年，第180~196页。

② 元稹：《进田弘正碑文状》，《元稹集校注》，第953页。

典，非唯将吏不会，亦恐弘正未详，虽临四达之衢，难记万人之口。"①
指出德政碑作为重要的政治景观，虽然将会矗立在魏州的城市中心，但
堆砌典故和辞藻虚美的华美文词，虽契合长安士大夫的审美趣味，却与
河北的社会风尚格格不入，因而行文需追求"文虽朴野，事颇彰明"②，
才有可能收到良好的宣传效应，进而达到"遣魏博及镇州将吏等，并知弘
正首怀忠义，以致功勋"的目的，稳定魏博、成德二镇的局势。

遗憾的是，这篇君臣双方反复斟酌撰就的德政碑文，并未收到预期
的效果。从某种程度而言，这座严格按照德政碑的颁授程序，由后任节
度使李愬"状其德政"上请获立的德政碑③，所呈现的是唐廷所欲塑造的
田弘正在魏博军民心中的政治形象以及理想中的藩镇秩序，只是这种形
象与河朔社会实际情况是分裂的，这也最终铸就了田弘正本人悲剧的
命运：

> 十一月甲寅，成德献状曰："（田）弘正自去魏，魏人哭之，镇人

---

① 卢建荣对此问题也有注意，比较了同为元稹所撰田弘正德政碑、田弘正墓
志对说服魏博将士归唐场景描述的差异，认为与面对不同的读者有关，《沂国公魏博
德政碑》云："乃大言曰：'尔辈即欲用吾语，能不杀副大使，且许吾取天子恩泽，洗
汝痕秽，使千万众知君臣父子之道，从我乎？'"《故中书令赠太尉沂国公墓志铭》云：
"天子未命敢有言吾麾节者死，讫吾世敢有不从吾忠孝者死，汝辈可乎？"（《飞燕惊龙
记》，第 122～123 页）另可资参照的是李德裕在主持平定昭义刘稹之乱时所作《代卢
钧与昭义大将书》云，"钧所以不引古事，不饰虚词，直指目前，易于取信"，反映了
同样的倾向（《李德裕文集校笺》，第 155 页）。

② 陆扬教授曾提示笔者元稹对朴质文章的追求及反对堆砌辞藻的写作方式，
可能与他在文学上的偏好有关。例如元稹《制诰序》云："然而余所宣行者，文不能自
足其意，率皆浅近，无以变例。追而序之，盖所以表明天子之复古，而张后来者之
趣尚耳。"（《元稹集校注》，第 1007～1008 页）而白居易《唐故武昌军节度处置等
使正议大夫检校户部尚书鄂州刺史兼御史大夫赐紫金鱼袋尚书右仆射河南元公墓志铭并
序》也提及："既至，转祠部郎中，赐绯鱼袋，知制诰。制诰，王言也。近代相沿，
多失于巧俗。自公下笔，俗一变至于雅，三变至于典谟。"（《白居易文集校注》，第
1928 页）

③ 较之田承嗣德政碑由"缁黄、耆耋诣阙陈乞"获致，田弘正德政碑由后任节
度使李愬"状其德政"请立，更符合中晚唐顺地藩镇的惯例。而至宋初，更明文规定
禁止吏民诣阙上请，相关的讨论参见本书第四章。

歌之。奉宣诏条，除去僭异，犹魏政也。且臣闻之，德之至者有二，政之大者有三。三政：一曰仁，为惠政。二曰法，为善政。三曰谦，为和政。二德：一曰忠，为令德。二曰孝，为基德。今弘正献魏博六州之地，平淄青四代之寇，入镇冀不测之泉，可以为忠矣；祖考食宗庙，父子分土疆，兄弟罗轩冕，可以为孝矣。始初，山东键闭束缚，泳而游之，歌而舞之，可以为仁矣；始初，山东逼越废怠，裁而制之，举而用之，可以为法矣；始初，山东傲狠侵取，地以让之，功以助之，可以为谦矣。谦、法、仁、孝，资之以忠，不曰德政，谓之何哉？"臣请奉制以一百九十二字付守臣愬，铭之石，用申约束。①

田弘正移镇成德仅半年多，便被部将王廷凑所杀，"家属、参佐、将吏等三百余口并遇害"②。穆宗虽然起复其子田布出任魏博节度使，进讨成德，但具有鲜明自利取向、意欲恢复河朔故事的魏博牙军已非田布所能驱动。长庆二年(822)正月，田布被迫自尽，牙军拥立史宪诚为节度使，河朔三镇重归故辙，元和中兴之业瞬间土崩瓦解，历史的钟摆又回到了原点。

史宪诚执掌魏博数年之后，有一意味深长的举动，恰好可以被视为田氏魏博时代一系列政治景观随着形势变易而兴废的遗响。史宪诚在敬宗继位之后不久，上表请为田季安立神道碑③：

居数月，魏博节度使史宪诚拜章为故帅田季安树神道碑，内官执请亦如前辞。上曰："魏北燕、赵，南控成皋，天下形胜地也。吾

---

① 元稹：《沂国公魏博德政碑》，《元稹集校注》，第1295～1296页。
② 《旧唐书》卷一四一《田弘正传》，第3851页。
③ 下文所引杜牧撰《崔郾行状》先叙崔郾为高承简撰德政碑事，宝历元年闰七月，以李听为义成节度使，则高承简离任入为右金吾大将军当在其前。崔郾《唐义成军节度郑滑颍等州观察处置等使金紫光禄大夫检校尚书右仆射持节滑州诸军事兼滑州刺史御史大夫上柱国袭封密国公食邑三千户高公德政碑并序》仅提及监军使宋守义，未及李听，则德政碑立时，李听可能尚未到任(《全唐文》卷七二四，第7448页)。行状云居数月，撰田季安德政碑，则当在宝历元年秋冬。

以师臣之辞，且慰安焉。"①

如本书第七章所论，对以父子相袭为故事的河朔三镇而言，唐廷授予继任节度使旌节与赐予去世的节度使神道碑，本是一体二面。唐廷通过对生者地位的肯定与对逝者功业的褒扬，在每一次河朔权力更迭之际，完成了对君臣关系的重新确认；而河朔的世袭政治也借助神道碑、旌节这些媒介被纳入唐王朝的天下秩序中去，获取统治当地的合法性，这是一出公开的政治情景剧。但神道碑毕竟是褒扬先世功业的纪念性建筑，本质上具有"私"的性质，一般而言当由子嗣主其事，而由外姓请立，实为罕见的特例。② 田季安之子田怀谏，元和七年田弘正执掌魏博后，被送往长安，"为右监门卫将军，赐宅一区"③，当时年仅十一岁，揆其年龄，至宝历初，尚不到二十五岁，若无意外，应仍在世。除此之外，田季安另有子怀礼、怀询、怀让等④，若需立碑，当由田氏子孙上请，本无需假借外人之手。因而，史宪诚这一不寻常的举动，实质上与十余年前田弘正重建狄仁杰祠一样，都是借助于纪念性建筑的兴建，向公众传递政治风向移易的信号。所不同的是，传递的信息则恰恰相反，史宪诚通过对跋扈田季安的褒扬与纪念，展示的是魏博重归河朔故事的决心。

田弘正之孙田在宾尽管在文宗即位之初，便以功臣之后诏授河阳怀州武德县尉。但田在宾在会昌五年(845)武宗平定昭义刘稹之叛后，选择回到魏博。时任魏博节度使何弘敬大约慑于会昌伐叛后的形势，问计于他：

> 魏帅何公因问曰：吾近以属郡献天子，版籍祇于贡，天下人谓

① 杜牧：《银青光禄大夫检校礼部尚书兼御史大夫充浙江西道都团练观察处置等使上柱国清河郡开国公食邑三千户赠吏部尚书崔公行状》，《杜牧集系年校注》，第915页。
② 目前所见少数先例都有特殊的渊源，如杜如晦在隋受高孝基赏识，入唐位至宰相后"为其树神道碑以纪其德"(《旧唐书》卷六六《杜如晦传》，第2469页)。
③ 《旧唐书》卷一五《宪宗纪》，第443页。
④ 《旧唐书》卷一四一《田季安传》，第3847页。

我何？公辟色对曰：天下人为非也。公当气其军、劲其守，横兵以南指则已矣。燕、赵间闻其言，驰风以出仕，爱君亲以恶其后也。①

颇有讽刺意味的是，作为一个仅在魏博度过幼年时光的田氏后胤，尽管田在下"九岁入太学，十三诵《易》，十五能言《诗》"，一直接受长安士大夫文化的熏习，但当他成年后再次返回故乡的时候，选择了与其祖父不同的道路。

三、魏博田氏的双重镜像

田弘正之死标志了元和中兴事业至此戛然而止，对此传统的史家多指责穆宗君臣的昏聩与失策：

> 穆宗乘章武恢复之余，即位之始，两河廓定，四鄙无虞。而（萧）俛与段文昌屡献太平之策，以为兵以静乱，时已治矣，不宜黩武，劝穆宗休兵偃武。又以兵不可顿去，请密诏天下军镇有兵处，每年百人之中，限八人逃死，谓之"消兵"。帝既荒纵，不能深料，遂诏天下，如其策而行之。而藩籍之卒，合而为盗，伏于山林。明年，朱克融、王廷凑复乱河朔，一呼而遗卒皆至。朝廷方征兵诸藩，籍既不充，寻行招募。乌合之徒，动为贼败，由是复失河朔，盖"消兵"之失也。②

不可否认田弘正之死有偶然因素作其中，若唐廷颁赐成德的一百万贯赏钱能及时运抵，或田弘正带入镇州的两千亲兵不被遣回，悲剧或可避免。③

---

① 田在下墓志，《唐代墓志汇编》会昌043，第2242页。卢建荣《飞燕惊龙记》中对此方墓志已有讨论（第189～191页）。

② 《旧唐书》卷一七二《萧俛传》，第4477～4478页。

③ 穆宗并非没有给予田弘正支持，如下诏对跟随田弘正前往成德的魏博旧属四十一人皆加官晋爵，可惜多口惠而实不至。参见白居易：《魏博军将吕晃等从弘正到镇州各加御史大夫宾客等制》，《白居易文集校注》，第482页。

因而对此负有责任的度支使崔倰遭到了"不知大体"的讥评，但我们检核崔倰的履历，便不难注意到他虽然出自博陵崔氏这样的名门望族，却是一位以善治财赋而著称的能吏。① 这类"理财型"官员的崛起②，虽然偏离传统士大夫理想中的"贤臣"形象，却为唐王朝在安史之乱的冲击下仍能维持国家财政的平衡立下了汗马功劳。而主持消兵的萧俛，虽才识平庸，但个人操守尚佳，有"趣尚简洁，不以声利自污"的名声。③ 因此，代表清流士大夫萧俛的消兵动议与理财能手崔倰的悭吝之举，虽然表面上看起来并无关联，实际上都暗示唐王朝的财政已无力支持元和以来对于魏博为代表的藩镇的赎买政策。④

宪宗时代的成功很大部分缘于李绛所主张的"不有重赏过其所望，则无以慰士卒之心，使四邻劝慕"的赎买政策⑤，其实质在于让具有自利倾向的藩镇军队体会到忠于朝廷所能获得的回报大于自立于朝廷之外，达成"魏之人相喜曰，归天子乃如是耶"的效果⑥，借此邀买人心。元和七年以来，魏博对于朝廷的恭顺，便仰赖于田弘正本人的效忠与朝廷给予

①　《旧唐书》卷一一九《崔倰传》，第 3444 页。

②　对此类官员特质的分析，可参见李锦绣：《唐代财政史稿》下卷，北京，北京大学出版社，2001 年，第 1270～1281 页；卢建荣：《聚敛的迷思：唐代财经技术官僚雏形的出现与文化政治》，第 163～198 页。

③　《旧唐书》卷一七二《萧俛传》，第 4478 页。

④　财政问题一直是制约唐廷能否与藩镇长期作战的瓶颈，要维系对河北藩镇的赎买政策，并不容易。田弘正归顺时，宪宗"发内库钱百五十万缗以赐之"，已被宦官目为过多，移镇成德时，穆宗原本答应"赐镇州三军赏钱一百万贯"，亦出自内库。内库作为后期国家财政的后备库，主要收入来自各地的进奉，宪宗为积累削平藩镇的资金，广纳进奉。即便如此，面对不断的大额需索，亦难以长期维系，学者统计宪宗一朝内库供军费用高达缯绢 5221 万匹、钱 416 万贯、银 5 千两，甚至认为宪宗被弑的原因之一，是他和宦官争夺对内库的控制。参见李锦绣：《唐代财政史稿》下卷，第 1032～1043 页。

⑤　《资治通鉴》卷二三九，第 7696 页。

⑥　《册府元龟》卷一七七："宜令司封郎中、知制诰裴度往魏博宣慰，亲谕朕意，仍赐钱一百五十万贯，以河阳院诸道合进内库绫绢绵等，支送充赏给将士及州县百姓，差科宜给复一年，使之苏息。"（第 2128 页）

魏博将士丰厚给赐这两者的合力。但这一政策可否持续，受制于两个要素，一个是唐王朝本身的财政状况①，另一个则是重复赏赐之后无可避免地边际效应递减。因而元和中兴盛世表象之下，早已埋藏着深刻的危机，宪宗虽然在表面上恢复了统一，但无力改变河朔藩镇的基本构造，河北与长安之间的差异并没有得到真正的弥合。唐廷与田弘正试图通过政治景观的改易来强化魏博军将尊奉朝廷的意识，改造河朔地域的文化风习，其长期成效虽难论定，但至少在田弘正执政的近十年中尚未见有明显的改观。② 长庆初，"魏、兖二帅以田夷吾、曹璠善属文，贡置阙下"，日试诗百首，"藻思甚敏，文理多通"，两人分署魏州、兖州县尉。③ 此举似乎意在证明教化的效果，不过几个月后，田弘正父子的横死便打碎了这一文质彬彬的幻象。

其实，我们不难留意到，朝廷与魏博将吏眼中的田弘正形象并不是同一的。在魏博，田弘正之所以为军士所拥戴，盖缘于"以武艺信厚为众所服"④，他年轻时"尝于军中角射，一军莫及"⑤。归唐后，协助唐廷讨

---

　　① 《资治通鉴》卷二四二："自宪宗征伐四方，国用已虚，上即位，赏赐左右及宿卫诸军无节，及幽、镇用兵久无功，府藏空竭，势不能支。"（第7803页）

　　② 田布自杀后，庾承宣在《魏博节度使田布碑》中以颇为沉痛的笔调写道："宁有一人之忠义，化六万之肝胆；三月之将帅，移六十年之旧风。"（《文苑英华》卷九一四，第4814页）但这种以夏变夷的努力似乎也有成功的例子，《旧唐书》卷一六二《曹华传》："初，李正己盗有青、郓十二州，传袭四世，垂五十年，人俗顽鸷，不知礼教。华令将吏曰：'邹、鲁儒者之乡，不宜忘于礼义。'乃躬礼儒士，习俎豆之容，春秋释奠于孔子庙，立学讲经，儒冠四集。出家财赡给，俾成名入仕，其往者如归。"不过需要警惕的是史籍中描摹的这种成效，与其说反映的是历史实相，不如说是倒推因果的书写，即淄青后未再叛，故风化大行；魏博重回自立的轨道，故教化无成。例如，崔弘礼墓志一方面称："念以河朔旧事，未可以驯致而变也"，另一方面则云："其牧相卫也，湔洗旧染，而纳诸轨度。人之向化，如草偃风"（《唐代墓志汇编》大和039，第2123页），将两种矛盾的书写格套置于同一篇志文中。

　　③ 白居易：《日试诗百首田夷吾曹璠等授魏州兖州县尉制》，《白居易文集校注》，第791页。

　　④ 《册府元龟》卷一七七，第2128页。

　　⑤ 《资治通鉴》卷二三九，第7699页。

伐骄藩，亦身先士卒，王建有诗咏其事："使回高品满城传，亲见沂公在阵前。百里旗幡冲即断，两重衣甲射皆穿"，"去处长将决胜筹，回回身在阵前头。贼城破后先锋入，看着红妆不敢收。"①可知其依旧是凭借"勇"与"信"这两项鲜明的武人特质得以立足于魏博的世界，而长安的史官笔下则塑造了一副恂恂如儒生的田弘正形象：

> （田）弘正乐闻前代忠孝立功之事，于府舍起书楼，聚书万余卷，视事之隙，与宾佐讲论古今言行可否。今河朔有《沂公史例》十卷，弘正客为弘正所著也……颇好儒书，尤通史氏，《左传》、国史，知其大略。②

尽管如此，长安士大夫也并未将其视为同一气类，元稹所谓"非唯将吏不会，亦恐弘正未详"一语，直白地道出田弘正在长安士大夫心中的文化形象，紧接着"尤通史氏"赞词的却是"知其大略"的评语，而《沂公史例》之作亦不过是倩手他人的著述。事实上，正史中对于田弘正"少习儒书"形象的塑造，与其说是为了表彰其学养，不如说是为他忠于朝廷的举动寻找文化根源。"乐闻前代忠孝立功之事"，好读《左传》，乃至撰著《沂公史例》，这些描述所指向的本质不过是暗示他知晓《春秋》君臣之义而已，田弘正本人并不能超拔于河北武夫的世界之外。③

　　另一方面，由于与朝廷密切的关系，田弘正家族与河北世界确实已渐行渐远。尽管在唐廷眼中，河北不过是骄横跋扈的化外之地，但武夫

---

①　王建：《寄贺田侍中东平功》《田侍中归镇八首》，《王建诗集校注》，第122、396页。

②　《旧唐书》卷一四一《田弘正传》，第3850页。按元稹《故中书令赠太尉沂国公墓志铭》中亦有类似的描述："公既故为刺史子，又多才，好读书，识理乱形势，孝友信义，士众多附服。"（《元稹集校注》，第1317页）

③　马纾墓志云："自天宝末，胡羯为乱，虽克剿□□，翻恣骄凶，以故将帅带州连郡，朝贡罕至，而魏博诸田相继立。元和中，上以文德武功定叛乱，虽魏帅诈顺，寻亦如旧。"亦从侧面证明时人不过将田弘正的反正视为河朔割据历史中的一段插曲（《唐代墓志汇编》会昌030，第2231页）。

世界朴质的一面则在于"河北节度使皆亲冒寒暑，与士卒均劳逸"，于是在河东因"宽简"得众的张弘靖不过"肩舆于万众之中"①，便招致将士哗然，人心离散。而田弘正最初能获得魏博士卒的拥戴，与田绪、田季安父子"颇纵豪侈、酒色无度"以致双双壮岁暴卒，大失军心，恐怕不无关联，因而魏博将士拥立"颇通兵法，善骑射，勇而有礼"的田弘正取而代之，起初的目的或不过是为了恢复素朴而均质的河北旧俗。②

　　尽管在唐廷塑造的政治形象中，田弘正集"仁、法、谦"三政及"忠、孝"二德于一身，同时朝廷对田弘正的忠诚给予了丰厚的回报，"兄弟子侄，悉仕于朝，宪宗皆擢居班列，朱紫盈庭，当时荣之"③，视之为强藩向化的典范，但在河北地域之中，田弘正的形象已悄然发生了改变。

　　　　（田）弘正厚于骨肉，兄弟子侄在两都者数十人，竞为侈靡，日费约二十万，弘正辇魏、镇之货以供之，相属于道。河北将士颇不平。④

小说《耳目记》中讲得更为直白："成德军节度田弘正御下稍宽，而冒于财

---

① 《资治通鉴》卷二四一，第7793页。事实上，唐廷对于幽州节帅的选择也是经过慎重考虑的，另以先后历任棣州、卫州、相州、魏博节度副使等职，谙熟河北形势的崔弘礼为副使。参见崔弘礼墓志，《唐代墓志汇编》大和039，第2123页。

② 田季安卒后，田怀谏年幼，母元氏掌握大权，重用私白身蒋士则等，"数以爱憎移易将校"。按元氏系元谊女，昭义节度使李抱真去世后，镇内矛盾激化，元谊率洺州兵五千、民五万家投奔田绪，其非田氏旧部（《旧唐书》卷一三《德宗纪》，第383页），而重用宦者、疏远军将的做法也不符合河朔的政治传统。按私白系唐代藩镇、朝臣自己豢养的宦官，河北强藩多蓄之，《旧五代史》卷一四《罗绍威传》："先是，河朔三镇司管钥、备洒扫皆有阉人。"（第216页）唐长孺较早注意到此问题，参见《唐代宦官籍贯与南口进献》，见《山居存稿续编》，北京，中华书局，2011年，第350～362页；近年黄楼利用新出墓志对此有较为深入的探讨，参见《唐故颍川韩炼师(孝恭)玄堂铭》再研究——唐代官僚使用阉侍之一例》，见《碑志与唐代政治史论稿》，第89～103页。另元稹《故中书令赠太尉沂国公墓志铭》云，"魏之法虐切疑忌，诸将以才多死者"（《元稹集校注》，第1317页），也透露出田季安末年魏博内部矛盾日渐激化。

③ 《旧唐书》卷一四一《田弘正传》，第3851页。

④ 《资治通鉴》卷二四二，第7796页。

赂，诛求不息，民众怨咨。"①节帅聚敛，在中晚唐根本算不上什么政治污点，郭子仪甚至故纵奢靡以避免功高震主的猜忌，但这与河北军士所欲追求的均质素朴的风貌并不相容，无疑也与当初深得士心的田弘正形象迥然有异。既往学者对于元和中兴失败及田弘正之死原因的探讨，多强调"辇魏、镇之货以供之"这一违背河北藩镇自利取向的财政因素②，以及朝廷简择张弘靖等人为节度使的举措失当，但河北武夫世界内在的逻辑恐怕也是一个值得考虑的方面。自从陈寅恪揭示河北与长安不同社会与文化特质以来③，循此脉络，学者对于河北区域的胡化程度、藩镇军队的构造及自利取向等议题已有了相当深入的探讨，而似乎较少措意的是，在我们对唐廷的政治逻辑有了相对明晰的了解之后，如何理解河北军士的行动逻辑，仅仅将藩镇内部的向背解释为"喻于利"，恐怕有些失之于简单。事实上，较之于文质彬彬但又等级鲜明的长安士大夫文化，强调将士"均劳逸"的河朔藩镇④，这一相对均质而素朴武夫世界的形成，恐怕也不乏基于"义"结合的色彩。⑤

---

① 《太平广记》卷二一七引《耳目记》，第 1661 页。

② 这样的事例有不少，如元和十五年九月将河北税盐使改为榷盐使，使盐池之利为朝廷所控制，而裴弘泰以河北榷盐使的身份兼领贝州刺史，亦可见唐廷对魏博控制的加强。参见李锦绣：《唐代财政史稿》下卷，第 158～159 页。

③ 陈寅恪：《唐代政治史述论稿》，第 34～47 页。

④ 田弘正德政碑中有段描述颇有意思："先是，魏诸宾犹仆役也，将卒无畏避，弘正始求副节度以下于朝，至则迎迓承奉，功虽勋将，莫不乘者避、谒者趋，付授咨度，始用宾礼。"(《元稹集校注》，第 1294 页)泛泛而论这固然可以视为武夫骄横的表现，但也显示出河朔藩镇并无长安那样文武之间的高下区隔与严格的礼仪规范，是一个较为平均的社会。

⑤ 日本学者对于中晚唐藩镇中义父子、义兄弟这样拟制血缘关系的构建很早就有关注，但由于研究预设往往与时代分期论争有关，强调节帅借助拟制血缘关系建立起对部属的支配，而对类似现象反映的实质为何，解读亦不尽相同(参见栗原益男：《唐五代の仮父子の结合の性格——主として藩帅の支配权力との关连において》，《唐宋变革期の国家と社会》，东京，汲古书院，2014 年，第 159～192 页；谷川道雄：《北朝末—五代の义兄弟结合について》，《东洋史研究》39 卷 2 号，第 38～57 页)。张天虹近年则指出，节帅与将士"比肩同气"，缺乏严格的尊卑关系，也是河朔故事的重要内容(《"河朔故事"再认识：社会流动视野下的考察——以中晚唐五代初期为中心》，见严耀中主编：《唐代国家与地域社会研究》，第 200～203 页)。

其实，谙熟河北情势的田弘正本人及其家族对此危机并非毫无察觉①，之所以未有补救的举措，原因便在于按照田弘正本人的政治规划，其家族最终是要完全脱离河朔，迁居两京，因此可以不再恪守河朔藩镇的政治逻辑。② 除了元和中陆续将家族成员送至长安外，最具标志性的事件是元和十四年平定淄青之后，田弘正亲自入朝献俘，"唐史上头功第一，春风双节好朝天"③，中兴的事业渐达顶点。在此之前，田弘正先将政治上素来仰仗的兄长相州刺史田融送入朝④，入为检校刑部尚书、兼太子宾客，分司东都⑤，本人也再三上表乞留阙庭：

> 臣自总魏师，初率归化，当时结念，便誓此心。祈于素诚，非是饰让。匹夫之志，犹不可夺。臣一昨自离本镇，亦以此意明言，陈谕圣恩，勉其忠义。将士等皆怀皇化，尽激丹诚，则一军幸安，且无足虑。⑥

可知田弘正入朝觐见前，便已预作安排，决定不再返回魏博。尽管田弘

---

① 除了下文所述田弘正坚请归阙之外，田弘正被杀后，穆宗起复其子田布继任魏博节度使，田布固辞未果，与妻子宾客诀曰："吾不还矣。"（《新唐书》卷一四八《田布传》，第4785页）

② 即使在此时，田弘正依然维持了河朔三镇间传统的交好关系，平定淄青之后，便进一步追查李师道与武元衡遇刺案的关系，意欲为王承宗洗雪，这缘于"乃田弘正知承宗深以戕贼宰相为耻，尝诉于弘正"（《册府元龟》卷一五三，第1855页）。这种复杂性值得注意，故决不能脱离河北的世界来理解田弘正其人。

③ 王建：《寄贺田侍中东平功》，《王建诗集校注》，第122页。

④ 田融对于田弘正的重要性在于，一方面作为长兄，他早年劝诫田弘正韬光养晦，使其避免了田季安的猜忌；另一方面，在田弘正执掌魏博后，他立即从博州刺史转任相州刺史，相州在魏博的重要性仅次于魏州（《资治通鉴》卷二三九，第7698页）。韩愈《相州刺史御史中丞田公故夫人魏氏墓志铭》则云："中丞叔氏尚书公奉诏牧魏博六州，人谓元和第一勋，中丞实与有劳。"（《韩愈文集汇校笺注》，第3236页）因此，田弘正送田融入朝，明确释放出无意久任魏博的信号。接替田融者，当是由唐廷任命的崔弘礼。事见崔弘礼墓志，《唐代墓志汇编》大和039，第2123页。

⑤ 《金石录》卷九记田融神道碑立于元和十五年九月，则田融入朝之后不久便去世（《金石录校证》，第166页）。

⑥ 《代魏博田仆射辞官表》，《文苑英华》卷五八一，第3005页。

正入朝后备享尊荣，所谓"朝官叙谒趋门外，恩使宣迎满路中。闾阖晓来铜漏静，身当受册大明宫""风动白旄旌节下，过时天子御楼看"①，君臣相见，分外感慨，"相感君臣总泪流，恩深舞蹈不知休"，并获图形凌烟阁的荣誉，"有诏别图书阁上，先教粉本定风神"，但唐廷最终没有应允田弘正的请求，②"老臣一表求高卧，边事从今欲问谁。"③而从上文所引《复田承嗣官爵制》《魏州开元寺新建三门楼碑》中，我们不难注意到田承嗣时代统治魏博的核心是由田氏子弟构成的，这一基于亲族关系凝聚而成的武装集团，成为魏博与唐廷抗衡的基础。但至田弘正晚年，随着田融、田布的先后归朝，田弘正家族的主体已离开河朔，无奈留下的田弘正则成为坐在军民"怨咨"火山口上的孤家寡人。

事实上，由于田弘正积极参与元和中兴之业，屡建功勋，不但是田氏家族成员，魏博镇内的将领也有因积劳而外任者，新出穆诩墓志提供了一个典型案例。穆诩好勇多谋，曾"摄魏州左司马、知府事，充本州团练使"，本是田弘正手下大将，但平定淄青李师道后，因功拜右金吾卫将军、兼使持节淄州诸军事、淄州刺史，后累转登、密二州刺史，离开了魏博。其弟穆谓倒是继续留任魏博，并随田弘正一起赴任成德，出任镇州左司马兼侍御史、充成德军先锋兵马使，大约是田弘正从魏博带至成德的亲信大将，不幸与田弘正一起死于非命，"太夫人有辞堂之戮，一家尽为鲸鲵。夷族之冤，叛地何诉"。大和初，穆诩将父亲穆景昇从魏州迁祔于洛阳，自己死后也葬在东都，最终整个家族完全与魏博脱离了关系。④"不申阙员，自择官吏"本是河朔藩镇自立于唐廷之外的重要表现，但这一特权在阻碍唐廷派遣官吏赴任河北的同时，也堵塞了藩镇内部官吏的外迁之途，造成河朔藩镇内部的封闭性，这无疑是造成魏博"父子相

---

① 张籍：《田司空入朝》，《张籍集系年校注》，第 567 页；王建：《朝天词十首寄上魏博田侍中》，《王建诗集校注》，第 348 页。

② 《旧唐书》卷一五《宪宗纪》，第 470 页。

③ 王建：《朝天词十首寄上魏博田侍中》，《王建诗集校注》，第 348～352 页。

④ 穆诩墓志，拓本刊《洛阳新获七朝墓志》，第 332 页。

袭，亲党胶固"局面的重要因素。① 而当田弘正归款之后，原有的格局被打破，在河北重霑王化的同时，魏博镇内的将领也获得了升迁外任的机会，不过这一流动本身无疑削弱了田氏魏博统治的基础。②

最后我们再回过头来，透过唐廷与魏博两面不同的棱镜观察魏博创建者田承嗣的形象及其变异：

> 初，公之临长魏郊也，属大军之后，民人离落，间阎之内，十
> 室九空。公体达化源，精洁理道，弘简易，划烦苛。一年流庸归，
> 二年田莱辟，不十年间，既庶且富，教义兴行。③

田季安时代撰写的《田承嗣神道碑》所塑造的无疑是理想中魏博缔造者的政治形象，自然不免有夸饰的成分，但谁也无法否认田承嗣对魏博经营的成功。河朔三镇中，位于最南面的魏博虽然在后世被公认为其中实力最强者，但与成德李宝臣、幽州李怀仙、相卫薛嵩等安史降将保有旧地不同。田承嗣降唐时守莫州④，"俄迁魏州刺史、贝博沧瀛等州防御使"⑤，在魏博并无根基，而且起初唐廷不过仅于魏博德沧瀛置防御使⑥，这或许有朝廷不欲在内地建立方镇的考虑，但至少也部分暗示了

---

① 《旧唐书》卷一八一《罗威传》，第 4692 页。

② 另一个可资比较的例子是马纾，马纾大和初借讨沧景李同捷之乱的机会，自魏博归款于唐。尽管志文将其归唐归因于素怀忠义之心，但考虑到马纾曾祖行琰为妫州刺史，祖父千龙为平州刺史，猜测其与田承嗣同出于平州，其家族在安史乱后一直仕于魏博。当田氏魏博统治瓦解后，镇内的权力结构发生变化，作为田氏魏博的旧人，马纾离心归唐的原因或可从这一方面索解（《唐代墓志汇编》会昌 030，第 2231 页）。

③ 裴抗：《魏博节度使田公神道碑》，《文苑英华》卷九一五，第 4816 页。

④ 《新唐书》卷二一〇《田承嗣传》，第 5923 页。按《旧唐书》卷一四一《田承嗣传》作"郑州"，检裴抗《魏博节度使田公神道碑》云，"即日除户部尚书、御史大夫、莫州刺史。复以莫州地褊，不足安众，特迁魏州刺史、贝博沧瀛等州防御使"（《文苑英华》卷九一五，第 4816 页），疑"郑州"系"莫州"之讹。

⑤ 《旧唐书》卷一四一《田承嗣传》，第 3837 页。

⑥ 《旧唐书》卷一一《代宗纪》，第 271 页。

田承嗣在安置安史降将的四镇中算不上强大①。另一方面，田承嗣本人在安史系统中也算不上核心人物，其曾祖田堪随州从事，祖父田景郑州别驾，都是下层的文官，直到其父田守义仕至安东副都护②，才由文入武，移居平卢。田承嗣是长于边塞的勇武少年，高适《营州歌》所描述的"营州少年厌原野，皮裘蒙茸猎城下，虏酒千钟不醉人，胡儿十岁能骑马"的场景③，大约便是他成长的环境。陈寅恪认为田承嗣是胡化汉人④，不过较之于统领所属部落追随安禄山南下的蕃将而言，他在安史阵营中不过是第二等的角色，《资治通鉴》曾列举安禄山部下"爪牙"十五人，田承嗣仅名列第十三位。⑤ 安史乱后，安史旧部中的精锐多归成德⑥，而田承嗣所控制的魏博虽然过去称得上富庶，但在战争中因反复拉锯遭受了不小的破坏，传统上又属于文化繁盛之地，山东旧族不少便出身于此，辖下的不少郡县还曾响应过颜杲卿、颜真卿兄弟反抗安史的起义，并不是浸染胡风的区域。因此，作为一个外来者，田承嗣能否在

---

① 《旧唐书》卷一四四《阳惠元传》："初，大历中，两河平定，事多姑息。李正己有淄、青、齐、海、登、莱、沂、密、德、棣、曹、濮、徐、兖、郓十五州之地，养兵十万；李宝臣有恒、易、深、赵、沧、冀、定七州之地，有兵五万；田承嗣有魏、博、相、卫、洺、贝、澶七州之地，有兵五万；梁崇义有襄、邓、均、房、复、郢六州之地，其众二万。"(第3914页) 则田承嗣起初的实力在藩镇中位居中流。

② 裴抗：《魏博节度使田公神道碑》，《文苑英华》卷九一五，第4816页。按《资治通鉴》卷二一六云"承嗣世为卢龙小校"(第6906页)，因此碑文中所记田堪、田景两人的官职或为赠官。另田景，《旧唐书》卷一四一《田承嗣传》、《元稹集校注》卷五三《故中书令赠太尉沂国公墓志铭》作"田璟"。

③ 高适：《营州歌》，刘开扬笺注：《高适诗集编年笺注》，北京，中华书局，1981年，第32页。

④ 陈寅恪：《唐代政治史述论稿》，第37页。《旧唐书》卷一四一《田弘正传》亦自云："臣家本边塞，累代唐人。"(第3849页)

⑤ 《资治通鉴》卷二一六，第6906页。

⑥ 李宝臣纪功碑碑阴题名提供了考察成德军早期结构的重要史料，参见渡边孝：《魏博と成德——河朔三鎮の権力構造についての再検討》，《東洋史研究》54卷2号，第109～114页；张建宁：《从〈李宝臣纪功碑〉看成德军的早期发育》对此做了更细致的分析(见李鸿宾主著：《隋唐对河北地区的经营与双方的互动》，北京，中央民族大学出版社，2008年，第241～325页)。

魏博站稳脚跟，割据一方，最初恐怕还真是要打上一个不小的问号。

田承嗣在经营魏博之始便意识到了这种危机，《旧唐书》本传云其"虽外受朝旨，而阴图自固，重加税率，修缮兵甲，计户口之众寡，而老弱事耕稼，丁壮从征役，故数年之间，其众十万"①，利用唐廷因仆固怀恩之乱，无暇东顾之机，迅速扩充军力。② 正如学者已指出的那样，魏博所依赖的是本地丁壮，因此强烈的乡土意识成为日后魏博军队的重要特质，与接收安史遗产、以骑兵见长的成德相较，魏博的军队多是由步卒构成。③ 自此之后，这位来自北边平州的边塞武夫凭借自己高明的政治手腕，在唐廷与河北藩镇之间纵横捭阖，不但借机分割相卫，扩大了地盘，更塑造了魏博的性格④，在不长的时间内成功地将一个传统汉文化的核心区改造为抗拒朝廷政治权威的壁垒。⑤ 囿于史料，我们对于其间的细节虽所知无多，但无疑田承嗣在乱后安定魏博局势，恢复社会生产方面颇具作为，而其平素行事大约也符合一位"亲冒寒暑，与士卒均劳逸"的理想河朔藩帅形象。

---

① 《旧唐书》卷一四一《田承嗣传》，第 3838 页。

② 《太平广记》卷一九五引《红线》记田承嗣，"募军中武勇十倍者，得三千人，号'外宅男'，而厚其恤养"（第 1460 页），虽出小说家言，但无疑反映了"通性的真实"。

③ 关于安史乱后成德与魏博不同特征与发展路径，参见李碧妍：《危机与重构：唐帝国及其地方诸侯》，第 298～323 页。森部丰《唐后期至五代的粟特武人》一文则指出，正是由于魏博缺乏骑兵，故田承嗣特别注重从灵州一带招徕粟特部落，充实马军的力量（参见荣新江、华澜、张志清主编：《粟特人在中国——历史、考古、语言的新探索》，北京，中华书局，2005 年，第 231～232 页）。

④ 黄永年曾指出田承嗣有做河北地区唯一领袖的雄心，参见《论安史之乱的平定与河北藩镇的重建》，见《文史存稿》，第 268 页。

⑤ 田承嗣的成功某种意义上也改变了王朝东部的政治地理格局，魏州于大历二年升为大都督府后成为东部最重要的政治、军事中心，这一地位一直延续到北宋的大名府。（参见李孝聪：《唐代后期华北三个区域中心城市的形成》，见《中国城市的历史空间》，北京，北京大学出版社，2015 年，第 54～57 页）魏州位于运河沿线，地理位置优越，城市本身"自禄山反，袁知泰、能元皓等皆缮完之，甚为坚峻"（《旧唐书》卷一一一《崔光远传》，第 3319 页），多方的长期经营为魏州地位的上升奠定了基础。

正因如此，田氏家族在魏博前期的政治中具有极强的号召力，这在两次政变的乱局中有充分的体现。首先当兴元元年田绪谋杀田悦之后，"惧众不附，奔出北门"，为邢曹俊、孟希祐等追还，"时绪兄纶居长，为乱兵所杀，遂以绪为留后"①。可见节度使之位需在田氏子孙中择立在魏博内部已成为普遍认可的故事。其后当田怀谏失位，能取而代之的依然是田弘正这位田氏家族成员，这与同时期成德、幽州两镇的情况皆不同。第二次则是田布攻打成德兵溃后，退归魏州，将士欲迫其恢复河朔故事，咸曰："尚书能行河朔旧事，则死生以之；若使复战，皆不能也。"②可知即使在人心涣散的危局下，田氏家族仍具有相当的政治合法性，这与日后魏博牙军"变易主帅，有同儿戏"的骄横之态实不可同日而语。

既往的研究皆将牙军专横目为魏博的重要特征，但李碧妍已指出，田氏家族时代的魏博与成德一样都是由军将阶层所主导的，直到史宪诚以后才逐渐变成受牙军支配。③ 但如果表述得更精确一些的话，田氏魏博的权力核心基本上由田氏家族成员构成，这与成德大将分立的传统又有所不同，这在上文所引《复田承嗣官爵制》《魏州开元寺新建三门楼碑》中可以看得很清楚。若进一步加以考量，可以注意到牙军跋扈化的原因未必在魏博之内，宪宗时代厚加赏赐的赎买政策无疑大大刺激了牙军的胃口，推动了魏博的骄兵化，至田布讨伐王廷凑时，"魏军骄侈，怯于格战"，与田承嗣时代的面貌已大有不同。④

因此，在田弘正归附之初，唐廷在评价田承嗣祖孙三代在魏博的统治时措辞谨慎，并厚抚其子孙：

> 赠太尉（田）季安姻戚旧臣，尝任将相，饰终之典，宜示优崇，其葬事委田兴差官勾当，礼物之间，务从周厚。田怀谏在疚之初，

---

① 《旧唐书》卷一四一《田绪传》，第 3846 页。
② 《旧唐书》卷一四一《田布传》，第 3853 页。
③ 李碧妍：《危机与重构：唐帝国及其地方诸侯》，第 317～325 页。
④ 《旧唐书》卷一四一《田布传》，第 3853 页。

政出群小，因致军府骚然不宁，以其年幼，有足矜悯，待其到京之日，一门量加存恤。①

至元和八年，田弘正借《魏府狄梁公祠堂碑》已明确地向魏博军民宣示要"归职贡而奉官司，尊汉仪而秉周礼"，一改河北旧俗。因而长庆元年（821）田弘正自魏移镇时，元稹执笔的田弘正德政碑中关于河朔割据历史的叙述不但代表了唐廷的政治立场，也是君臣双方反复斟酌文辞，考虑受众文化特质后，"使弘正见铭而戒逸，将吏观叙而爱忠"，精心构思而成的政治宣传品：

> 始，安禄山以玄宗四十三年盗幽州兵，劫击郡县，逾关据京，天下掉挠。肃宗征之，海内甫定。而夹河五十余州，或服或叛，更立迭夺，废置征伐，朝觐赋入之宜，皆自为意。五纪四宗，容受隐忍。田承嗣始有魏、博、相、卫、贝、澶之地。承嗣卒，以其地传兄子悦，悦传绪，绪传季安。既而季安悍诞淫骄，风勃蛊蠹，发则喜杀左右，渐及于骨肉。②

碑文虽对田承嗣一笔带过，仅叙及田季安本人"悍诞淫骄"以致失位，但所强调者有二，一是与之前的《魏府狄梁公祠堂碑》一样，对安史叛乱以来割据历史的否定；二则是对河朔藩镇父子兄弟自相承袭故事的严厉批判，不无嘲谑地指出"季安子怀谏始十余岁，众袭故态，名为副大使"，而将"使千万众知君臣父子之道"视为田弘正执掌魏博带来的根本转变。这两条在本质上否定了河朔藩镇成立的合法性，当中兴事业达到顶点时，唐廷欲以此一劳永逸地解决藩镇问题，但在另一方面，过去七八年来作为向化表率的魏博军民正渐渐积聚着不满，意欲寻找重返河朔故事的机会，而身处旋涡之中的魏博田氏成了最后的牺牲品。

---

① 《册府元龟》卷一七七，第2129页。
② 元稹：《沂国公魏博德政碑》，《元稹集校注》，第1293页。

四、政治默契的形成

藩镇割据一直被视为中晚唐时代的基本特征，如果说天宝十节度是有意的政治规划，那么随着安史之乱的蔓延，遍置于内地的藩镇则是时势的产物，其兴置多有偶然因素作用其中，即使河朔三镇也不例外。因此所谓藩镇割据的局面绝非一个静态对峙的画面，而是渐次形成的动态过程，并随着中央和藩镇两方政治实力的消长而不断变易。如果说唐前期的皇权是均质的，除羁縻府州外，唐王朝对于各州郡有着大致同等的控制力，那么安史乱后随着具有自利取向藩镇及节帅的崛起，唐王朝对地方的控制力受到了挑战①，这种局面无论对于唐廷还是藩镇而言都是全新的。唐王朝最初试图重建统一，而藩镇也不愿意轻易让渡因安史之乱获取的地盘及利益，于是双方关系不得不依据政治、军事实力的对比，重新来加以定义，这种"界定"不免要通过战争的方式来进行。其实，当时不但中央与藩镇关系是不稳定的，藩镇与藩镇之间的关系同样亦不稳定②，田承嗣分割相卫便是一个典型的案例，因而在代宗、德宗两朝，不但中央与藩镇之间多有征战，藩镇之间的冲突亦不稀见。元和中兴的成功大半缘于田弘正的主动归附，改变了河朔与中央的力量对比，但无论唐宪宗还是田弘正，都无力改变河朔的政治结构，更遑论动摇藩镇这一地方层级的存在，因此唐廷对于河朔的重新控制难免沦为昙花一现，但长期的战争亦使得双方都更加清楚地认识到力量的边界与相互间的行

---

① 但不应该简单地把这样的挑战视为叛乱，即使在四镇之乱最严重的时候，虽各自称王，但仍强调用"国家正朔，今年号不可改也"（《旧唐书》卷一四一《田承嗣传》，第3844页）。藩镇"弱唐"，但并不反唐，绝大多数的骄藩节帅只能被视为强臣，而非叛臣，正是这样格局的存在才能形成最终双方都能接受的政治默契。

② 《旧唐书》卷一一一《房式传》："时河朔节度刘济、王士真、张茂昭皆以兵壮气豪，相持短长，屡以表闻，迭请加罪。"（第3325页）可知在河朔藩镇之间亦矛盾重重，在既往的研究中，学者倾向于将河朔藩镇视为一个拥有共同利益的政治联合体，从而忽视了其内部复杂的分合关系。

动逻辑。与唐前期相比，中晚唐政治的运作更加依赖于惯例与默契，而这种惯例与默契的形成，并不是制度的产物，也绝非一蹴而就，而是通过代宗、德宗、宪宗诸朝，中央和地方不停地战与和，逐步达成的妥协。① 以下举魏博的两个例子来说明政治惯例是如何形成与运作的：

> 伏准国朝故事，我府凡有更替，即除亲王遥统节度事，或逾数月而后，方降恩命。②

节度使自相承袭是河朔故事的核心，但对唐廷而言，无疑是对中央权威的公开挑战，也是安史乱后双方战争不已的关键所在。但当唐廷无奈默认了这一故事之后，双方便有了形成新的政治惯例的可能：由朝廷先除亲王遥领③，数月后才授节钺于藩镇自行推举的继任者，既保全了河朔故事的实质，又成功维系了朝廷的体面，政治的"实践"与"表达"之间的紧张得到了缓解。

> 永泰元年七月，以郑王邈为开府仪同三司，充平卢淄青节度度支营田等大使。先是，平卢淄青节度使侯希逸为副将李怀玉所逐，希逸奔于滑州，上疏请罪。特诏赦希逸罪，乃以郑王邈为大使，令怀玉权知留后，姑务息人也。④

---

① 陆扬《西川和浙西事件与元和政治格局的形成》一文对刘辟、李锜叛乱前后与朝廷互动有细密分析，彰显了朝廷与藩镇之间既往形成的政治默契失效后，因误判所引发的战争，也说明了默契与惯例在中晚唐政治中的重要作用(见《清流文化与唐帝国》，第 20～34 页)。

② 罗让碑，拓片藏中国国家图书馆，关于此碑的详细讨论参见本书第七章。

③ 《白居易文集》中有《除某王魏博节度使制》，此篇当为拟制，但可证明这一故事的存在(《白居易文集校注》，第 958～960 页)。按谢思炜认为此制反映了田弘正归附后曾一度有以亲王遥领魏博的举措，事实上，田弘正归附后，李绛立主"乞明旦即降白麻除兴节度使"，此议为宪宗所接受，借以笼络田弘正，坚定其向化之心(《资治通鉴》卷二三九，第 7696 页)。故亲王遥领之事并不存在，但之前朝廷中确实曾有真除节度使还是先授予留后的争论，故此制可能是当时的拟制。关于拟制的问题，参见谢思炜：《拟制考》，载《文学遗产》2009 年第 1 期，第 42～50 页。

④ 《宋本册府元龟》卷一七六，第 420 页。

> 贞元七年，（张）孝忠卒，德宗以邕王諴为义武军节度大使、易
> 定观察使；以昇云为定州刺史，起复左金吾卫大将军，充节度观察
> 留后，仍赐名茂昭。九年正月，授节度使，累迁检校仆射、司空。①

事实上，这种借助于"遥领"来装点藩镇自相承袭实质的政治表演，并不
局限于魏博，也非最早出现在魏博。这一故事的形成本身就是唐廷与藩
镇博弈的结果：

> 朝廷不获已，宥之，以河南副元帅、黄门侍郎、同平章事王缙
> 为幽州节度使，授（朱）希彩御史中丞，充幽州节度副使，权知军州
> 事。诏缙赴镇，希彩闻缙之来，搜选卒伍，大陈戎备以逆之。缙晏
> 然建旌节，而希彩迎谒甚恭。缙知终不可制，劳军旬日而还。寻加
> 希彩御史大夫，充幽州节度留后。十二月，加希彩幽州大都督府长
> 史、幽州卢龙军节度使。②

大历三年六月，朱希彩杀李怀仙自立，这是安史乱后河朔藩镇节帅的第
一次更替，此举不但遭唐廷侧目，甚至亦为河朔内部所不容，"恒州节度
使张忠志以怀仙世旧，无辜覆族，遣将率众讨之"③。朝廷虽无力讨伐，
但并未立刻承认现实，而是正授王缙节钺，仅以朱希彩为副使、权知军
州事。唐廷最初并不以遥领为满足，王缙尝试前往幽州赴任，不料碰了
一个软钉子而还，无奈由"实"变"虚"，闰六月以朱希彩为留后，至十一
月即真。④ 这一偶然事件成为故事的起源，之后类似的"遥领"在唐廷与
藩镇的角力中反复出现，最终演变成一种公开的"默契"⑤，"其后有持节

---

① 《旧唐书》卷一四一《张茂昭传》，第3858页。
② 《旧唐书》卷一四三《朱希彩传》，第3896页。
③ 《旧唐书》卷一四三《朱希彩传》，第3896页。
④ 《旧唐书》卷一一《代宗纪》，第289～291页。
⑤ 《唐会要》卷七八"亲王遥领节度使"条下枚举中晚唐相关案例十余则（第1697～
1698页），如果我们意识到这一政治默契曾被广泛推行的话，无疑《唐会要》中所列举
的只是其中很小的一部分而已。

为节度、副大使知节度事者，正节度也。诸王拜节度大使者，皆留京师"①。而如本书第六、七章将要讨论的，对这些政治惯例不同的认知与实践，成为我们窥测唐廷与藩镇关系的晴雨表。

如果说"遥领"默契涉及的无疑是唐廷与河朔间的核心问题，那么这一惯例的形成与运作显示出中唐以后，双方已有成熟而稳定的沟通渠道及相当的政治互信。以下所举元和四年的一个小事件则透露出这种政治信任是如何长期积累的：

> 诏（吐突）承璀还师，路出于魏。魏将田季安屈强不顺，亦内与（王）承宗合。承璀不敢以兵出其境，请由夷仪岭趋太原而来。上以王师迂道而过，是有畏于魏也，何以示天下。计未出，公使来京师，上召对以问之。公曰：非独不可以示天下，且魏军心亦不安，而阴结愈固矣。臣愿假天威，将本使命谕季安，使以壶浆迎师。上喜，即日遣之，驻承璀军以须。公乃将衷命至魏，语季安以君臣之礼，陈王师过郊之仪。季安伏其义，且请公告承璀无疑，师遂南辕。②

在此之前不久，吐突承璀刚设计擒下卢从史，帮助唐廷重新控制了昭义军，因此当其欲假道与成德叛军暗地勾结的魏博时，难免让人有假途灭虢的怀疑。另一方面，唐廷亦担心遭到魏军的袭击，若迂道太原，不但有失朝廷颜面，亦使得双方的矛盾暴露于天下。因而柏元封自告奋勇出使魏博，斡旋其间，最终达成了默契，使得唐廷与魏博得以各取所需，至少维持了表面上的君臣合作。这一斡旋的成功，无疑增进了此前互相猜忌双方间的信任。事实上，唐廷与藩镇之间从冲突到稳定关系的形成背后仰赖于无数这样小的政治默契的积累，而如何看待这些非制度性的、不成文惯例及其背后运作的政治规则，将成为学者探索中晚唐历史重要的"知识符码"。

---

① 《新唐书》卷四九下《百官志》，第 1310 页。
② 柏元封墓志，《唐代墓志汇编续集》大和 038，第 910 页。

附表　田氏魏博时代祠堂、碑刻一览表

名称	时间	地点	出处
田承嗣德政碑	大历五至八年间	魏州	《文苑英华》卷九一五
安史父子祠堂（旋废）	大历八年	魏州	《资治通鉴》卷二二四
魏州开元寺新建三门楼碑	大历十三年	魏州	《文苑英华》卷八六三（碑文存）
田承嗣神道碑（旧）	大历十三年	魏州	推测
田承嗣遗爱碑	贞元十年	魏州	《陆贽集》卷二〇
田绪神道碑	贞元十二年	魏州	《文苑英华》卷八九一（碑文存）
田承嗣神道碑（新）	贞元十二年	魏州	《文苑英华》卷九一五（碑文存）
田承嗣祠堂	贞元十二年	魏州	《文苑英华》卷九一五
田绪遗爱碑	元和初	魏州	《金石录校证》卷二九
田弘正家庙	元和八年	长安	《韩愈文集汇校笺注》卷十六（碑文存）
狄仁杰祠堂（重建）	元和八年	魏州	《文苑英华》卷八七七（碑文存）
田融神道碑	元和十五年	长安	《金石录校证》卷二九
田弘正德政碑	长庆元年	魏州	《元稹集校注》卷五二（碑文存）
田弘正墓志	长庆元年	长安	《元稹集校注》卷五三（志文存）
田布神道碑	长庆二年	长安	《文苑英华》卷九一四（碑文存）
田季安神道碑	宝历元年	魏州	《樊川文集》卷十四

第六章　刘广之乱与晚唐昭义军

一、李裔家世与高浞出镇昭义的背景

昭义军作为唐王朝防遏河朔三镇所设立的藩镇，由于其横跨太行山两麓的独特政区规划及重要的战略地位①，早已引发不少学者的关注，但总体而言，研究的重点仍集中于辨析昭义军控遏河朔三镇的成效与武宗时平定刘稹之乱这两个议题。② 对于会昌平叛成功之后晚唐昭义军的变迁，已有学者指出，在唐武宗平定刘稹后，昭义军的节度使改由文官出任，而且多不久任，朝廷控制得到强化；但另一方面，镇内动荡不安，

---

① 关于昭义特殊的地理特征及对河朔藩镇的遏制作用，魏博节度使田悦以"邢、磁如两眼，在吾腹中，不可不取"为譬喻做了生动的解说（《资治通鉴》卷二二六，第7299页）。另参森部豐：《ソグド人の東方活動と東ユーラシア世界の歴史的展開》，第252～254页；张正田：《"中原"边缘——唐代昭义军研究》绪论及第二章，台北，稻乡出版社，2007年，第1～74页；成一农：《唐代的地缘政治结构》，见李孝聪主编：《唐代地域结构与运作空间》，上海，上海书店出版社，2003年，第37～41页。

② 代表性的研究有森部豐：《藩鎮昭義軍の成立過程について》，收入野口鐵郎编：《中國史における教と國家》，東京，雄山閣，1994年，第207～229页；森部豐：《唐沢潞昭義軍節度使考——中晚唐期における唐朝と河北藩鎮の關係をめぐって》，收入野口鐵郎先生古稀記念集刊行委員會编：《中華世界の歴史的展開》，東京，汲古書院，2002年，第97～131页。按两文后作为补论收入《ソグド人の東方活動と東ユーラシア世界の歴史的展開》，第241～290页。除前引张正田书，较具代表性的研究尚有王国尧：《李德裕与泽潞之役——兼论唐朝于9世纪中所处之政治困局》，《唐研究》第12卷，北京，北京大学出版社，2006年，第487～521页；（转下页）

多次发生骄兵逐杀节帅事件，与前期的稳定形成鲜明对比。②遗憾的是，由于武宗以后，实录修纂时断时续，晚唐昭义军的诸次兵乱不但记载寥落，而且舛乱不少，阻碍了学者进一步做细化研究。以本章讨论的刘广之乱为例，新旧《唐书》皆将其与中和元年(881)在昭义军发生的成麟驱逐高浔一事相混淆，司马光编纂《资治通鉴》时为辨明两事特意撰写了长篇考证：

> 《实录》："泽潞牙将刘广据潞州叛，天井关戍将孟方立帅戍卒攻广，杀之，自称留后，仍移军额于邢州。初，高浔援京师，广帅师至阳平，谋为乱，不行，还据潞州，自称留后，用法严酷，三军畏之。方立乘虚袭杀焉。"又曰："贬昭义节度使高浔为端州刺史。"中和三年《实录》又曰："初，孟方立杀高浔自立。"薛居正《五代史·方立传》曰："中和二年，为泽州天井关戍将，时黄巢犯关辅，州郡易帅有同博弈。先是，沈询、高湜相继为昭义节度，怠于军政，及有归秦、刘广之乱，方立见潞帅交代之际，乘其无备，率戍兵径入潞州，自称留后。"《新纪》："八月，昭义军节度使高浔及黄巢战于石桥，败绩，十将成麟杀浔，入于潞州。九月己巳，昭义军戍将孟方立杀成麟，自称留后。"《方立传》惟以成麟为成邻，余如《新纪》。按乾符二年《实录》，"十月，昭义军乱，逐节度使高湜，贬湜象州司户"。《柳玭传》云"贬高要尉"。三年十一月，诏魏博韩简云"刘广逐帅擅权"云云。是广逐湜，擅据潞州也。《薛史·孟方立传》亦云沈询、高湜怠于军政，致有归秦、刘广之乱，是广乱在前也。《旧纪》："九月，高

(接上页)郎洁：《唐中晚期昭义镇研究》，见李鸿宾主著：《隋唐对河北地区的经营与双方的互动》，第365～405页；陈翔：《关于唐代泽潞镇的几个问题》，见《陈翔唐史研究文存》，新北，花木兰文化出版社，2013年，第149～204页。最近新见まどか《武宗期における劉稹の乱と藩鎮体制の変容》一文从欧亚史的角度提出回鹘衰败与会昌伐叛存在联动，同时认为随着唐廷与河朔三镇关系的改善，会昌伐叛后削弱了昭义的实力，导致失业军人流向河南，成为新动乱的渊薮，参见《史學雜誌》第124号，第1～37页。

② 森部豊：《ソグド人の東方活動と東ユーラシア世界の歴史的展開》，第281～282页；张正田：《"中原"边缘——唐代昭义军研究》，第182～189页。

浔牙将刘广擅还据潞州。是月，浔天井关戍将孟方立攻广，杀之，自称留后，贬浔端州刺史。"此盖《旧纪》误，《实录》因之。《薛史·方立传》曰："见潞帅交代之际，帅兵入潞州。"不言何帅交代，若不逐帅，何能据州！事无所因，殊为疏略。《旧纪》恐是误以高湜事为高浔事。《实录》此云杀广，明年又云杀浔，自相违。新纪、传皆云成麟杀浔，方立斩麟，月日事实颇详，必有所出。今从之。①

据《通鉴考异》引文可知，两事在史源上已发生混淆，《实录》记载本身便自相抵牾，两《唐书》皆承《实录》之误。尽管经司马光的考订，初步厘清了两事的不同，但对刘广之乱的始末，温公亦未能检获更多的史料，仅于《资治通鉴》乾符二年（875）十月条下记："昭义军乱，大将刘广逐节度使高湜，自为留后。以左金吾大将军曹翔为昭义节度使。"②其所据者，便是《通鉴考异》引及的乾符二年《实录》。

在此背景下，新出碑志对于研究晚唐昭义军的价值，便不再仅仅停留在作为传世文献附庸的补史、证史层面，而是成为重建史实的基本依据。近年，西安市长安区博物馆刊布的李裔墓志便为廓清刘广之乱的前后因果提供了重要的史料③，本章以此方墓志为中心，结合相关文献、碑志，试图重新讨论晚唐昭义军历史上的一些重要问题，并对唐代藩镇变乱模式提出进一步的分梳与解说。

李裔墓志长、宽各60厘米，39行，满行36字，兹先据拓本移录志文如下：

唐故随州司马员外置同正员赠尚书考功郎中赐绯鱼袋陇西李府君墓志铭并序」

再从兄将仕郎前守尚书仓部员外郎钜撰」

① 《资治通鉴》卷二五四，第8258～8259页。
② 《资治通鉴》卷二五二，第8181页。
③ 李裔墓志，拓本刊《长安新出墓志》，第316页。

府君讳裔，字修之，太祖景皇帝八代孙也。天潢演派，帝族分枝，远袭衣缨，弈承」珪组，历代可知也。曾祖坚，皇虢州刺史，赠吏部尚书。祖鹏，皇寿州盛唐县令，赠太傅。」见任检校司徒兼太子太师致仕、相国福之第三子也。君生于绮纨，幼钟尊上抚爱，而禀」性端愿，莫或纵情。才毁齿，卓卓有老成之表。洎从师学，能自勤检，朝授昏诵，未尝亏怠。自《何论》」《毛氏诗》《左氏春秋》，莫不贯穿义理，穷讨旨奥。以至班马二史，开卷阅视，如素习者。宴居闲处，或」有质疑，莫不流辩精记，尽能解析，兄季始伏其聪晤。以仲兄屈于名场，年甫壮岁，方舍志业筮」仕，始任河南府巩县尉。时相国在洛，乃求承乏北部，君曰：吾固不达吏事，县在都城，岂」可斯须懈易。当勤于案簿，渐冀通晓。由是晨入暮归，率先侪类，至于霖泞风雪，不废在公。少暇」则阅寻史传，今分洛宾护相国卢公携时宰洛阳，叹重君少年初仕，能自恪励端修，常以」君勉诸僚佐而大夸于雒中，后竟以从祖兄女妻之。是知君兢修自立也如此。白马杜尚」书愔奏署幕职，未之任，拜秘书郎。高尚书湜镇潞，复辟君，得检校礼部员外郎、充支使。」到职半岁，值刘广乱。始刘广不知何人也，来自蓟门，客于山北，常寓食将卒之家，有无良怙乱」之徒，昌言于军伍中，云是刘稹之族。是时，潞土阻饥，赋入逋负者太半。高公虽无阙政，而士」卒月储、岁衣往往不足，以是乘其时而动，高公竟被逐之，遂以广主留务上闻。广以羁客」骤居众上，戚促不自安，乃以酷法临下。有献计于广者，莫若糜一二从事，以觇朝廷信恕。是」时，乱起仓卒，奔避不暇，遂自拥众请君，且以露刃胁之。君常密画覆广之计，未有以发。会」此强逼，既不可规免，且思用其宠而谐其志，乃若喜于邀辟，欣然从命。始以坠马伤足为辞，后」乃乘舆趋府临事，勤畏如初。广横敛以给军士，将训卒以固封境。君常语以臣下事体，言或」及于苟且，君必于众中抗以忠愤，深感动之，由是一二将校始蓄从顺之谋。是时已敕四」界警备，河阳发二千人戍泽州。会有传递旧卒贡谋于广云："泽本属郡，可厚赂以招孟人，出兵」掠其壁，据天井、劫河阴，以惊周郑之郊，此乃疾雷不及掩耳，则节旄可翘足而待也。"广将从之，」而咨于君，君曰："敛潞人财以饵他人，则师必兴怨，讵可俾其出疆以图胜捷，且留后宜恭顺」以俟朝旨，安可动众以望恩荣。"广遂止之。广又欲恣于杀戮，延及衣冠，君皆婉辞护免。无」几，李尚书係帅师至城下，安文祐时任军候，纪纲心膂，咸总统之。是夕，遂枭广首掷城外。护」军中贵人与军吏咸请君知留事。始入治所，遽命擒前传递卒，伏煞之。众方悟若从此人之」言，即潞之平，岂可如此速哉。是知君识用机画，杰出人表，虽古之英伟之士何以加之。高」公既远谴，君竟坐谪随州司马。时相国自保釐镇汉南，君一来归觐，俄还贬所。乾符」四年九月十七日，狂寇突入郡城，君殒于锋刃，年三十有五。诏赠尚书考功郎中，仍锡」五品服。至六年闰十月十六日，窆于万年县洪固乡胄贵里。呜呼！士之处世，或业于文学，则疎」□识用；或专于吏理，则蕾彼权谋。如君生知孝敬，天资诚信，始从宦而遇儌扰，能于危疑之」际，显是非之理，遏凶瘗之党，竟能回其狂叛，卒成忠臣。方之决胜于两阵之间，何以较其优劣」哉。而再□伏莽，遽夭天年。彼苍盖高，何以征问。有子三人：男曰京郎、知知，女曰武七，非卢出也。」卢新妇，产三子，皆早亡。葬有日，叔父命钜纪诸墓。铭曰：」

玉叶茂族，枢衡贵门。龙章凤姿，□□王孙。有是俊造，莹若玙璠。行馥枝叶」，学洞根源。贰过无兆，九思而言。□□□美，未伸逸翰。再遇纷扰，竟困戕残。」福仁莫保，与善宁论。干郊半舍，□□□原。卜兹封树，永冈幽冤。」

朝请郎守监察御史黯书」

志主李裔虽不见于载籍，但家世显赫，出身宗室大郑王房，其父李福大和中进士及第，累历方镇，位至使相。李福兄李石更为当时名相，兄弟两人皆位极人臣，子孙荣显，门第清贵，为时人所称羡：

唐盛唐令李鹏遇桑道茂，曰："长官只此一邑而已，贤郎二人，

　　大者位极人臣，次者殆于数镇，子孙百世。"后如其言。长子石出入
将相，子孙二世及第。至次子福，历七镇，终于使相。凡八男，三
人及第，至尚书、给谏、郡牧，诸孙皆朱紫。①

时又有三枝槐之说：

　　相国李福，河中永乐有宅，庭槐一本，抽三枝，直过堂前屋脊，
一枝不及。相国同堂兄弟三人，曰石，曰程，皆登第宰执，唯福一
人，历七镇使相而已。②

这一系列传说的演绎流播，正反映出李石兄弟在当时的显贵。《剧谈录》
云李福八子，及第者三人。《新唐书·宗室世系表》记其中六人，即就、
扶、玩、黯、航、涪③，墓志云李裔为第三子，恰为失载者之一。而及
第三人中，可考者仅李涪，《北梦琐言》卷九："唐李涪尚书，福相之子，
以《开元礼》及第。"④志文虽云李裔"自《何论》《毛氏诗》《左氏春秋》，莫不
贯穿义理，穷讨旨奥，以至班马二史，开卷阅视，如素习者"，但其所擅
长者大抵是明经、三史之科，而非考取进士所讲求的诗赋文章，故发现
仲兄李扶屈于名场，久不售后，转而选择以门荫入仕，释褐河南府巩县
尉。志文云"时相国在洛"，考李福事迹，其于咸通五年（864）自刑部尚
书、盐铁转运使任上出为西川节度使，加同平章事，但至咸通七年（866）
四月便因处置与南诏关系失当，为蛮所败，贬为蕲王傅、分司东都。李
裔在巩县尉任上因勤政而受到卢携的赏识，并以从祖兄女妻之。卢携，

①　《太平广记》卷七六引《剧谈录》，第480页。按此事传布甚广，又载孙光宪
《北梦琐言》卷一〇（北京，中华书局，2002年，第209页）。宋人纂修《新唐书·桑道
茂传》时，亦援据此类小说，将此事增益其中（第5813页）。
②　段成式：《酉阳杂俎续集》卷一〇，许逸民校笺：《酉阳杂俎校笺》，北京，
中华书局，2015年，第2125页。除《酉阳杂俎》所载之外，《北梦琐言》卷三亦引录，
可知流传颇广。
③　李裔墓志的书丹者"朝请郎守监察御史黯"便是其诸弟之一，《新唐书》
卷七〇上《宗室世系表》记"监察御史黯"，与墓志所署皆衔合（第2020页）。
④　孙光宪：《北梦琐言》卷九，第198页。

《旧唐书》本传载其历官，"咸通中，入朝为右拾遗、殿中侍御史，累转员外郎中、长安县令、郑州刺史"①，未记曾宰洛阳。据《太平广记》引《闻奇录》，"后携官除洛阳县令，寻改郑州刺史"②，则卢携在迁郑州刺史前，曾任洛阳县令，恰与志文所云"今分洛宾护相国卢公携时宰洛阳"相合。李裔墓志撰于乾符六年(879)闰十月，此时卢携身份为"今分洛宾护相国"，盖指他时以太子宾客衔分司东都，乾符六年五月"宰相郑畋、卢携争论于中书，词语不逊，俱罢为太子宾客、分司东都"，至是年十二月，复被招入长安为相③，亦与史文相合。

由于巩县尉任满之后需守选，中晚唐士人往往会选择转任幕职，作为仕进之阶④，身为公卿子弟的李裔无疑不缺少这方面的机遇。"白马杜尚书慆奏署幕职，未之任，拜秘书郎"，杜慆因在庞勋之乱中坚守泗州有功，咸通十一年(870)正月"以检校左散骑常侍、泗州刺史杜慆检校工部尚书、滑州刺史、义成军节度、郑滑观察等使"⑤，李裔滑州幕之辟当在此时，但他并未之任。

稍后高湜出镇昭义时，再次辟举李裔为支使，并奏授检校礼部员外郎的朝衔。高湜出身于中晚唐一个典型因科举兴起的词臣家族，《新唐书》本传云"史失其何所人"，但其父高钅戋、叔高铢、高锴皆进士及第，高钅戋穆宗时曾任翰林学士，由此步入清流士大夫的行列。⑥ 至高湜时，不但已摆脱了其父"孤贞无党"的形象，更被深深地卷入朝廷的党争之中。

---

① 《旧唐书》卷一七八《卢携传》，第4638页。
② 《太平广记》卷一七七引《闻奇录》，第1318～1319页。
③ 《旧唐书》卷一九下《僖宗纪》，第704～705页。
④ 这方面的研究甚多，较具综合性的讨论可参见王勋成：《唐代铨选与文学》，北京，中华书局，2001年，第73～80页；石云涛：《唐代幕府制度研究》，北京，中国社会科学出版社，2003年，第311～377页。
⑤ 《旧唐书》卷一九上《懿宗纪》，第674页。
⑥ 目前所见几方高钅戋家族的墓志皆云出自渤海高氏，熟练地运用士族的语汇装点其先世。另关于唐代因进士崛起的词臣家族，参见陆扬：《论唐五代社会与政治中的词臣与词臣家族》，见《清流文化与唐帝国》，第283～304页。

高湜本人亦进士及第，在朝中党附于路岩，与厚于刘瞻的从弟高湘分属两派，兄弟阋墙：

> 及咸通，韦保衡、路岩作相，除不附己者十司户：崔沆循州、李渎绣州、萧遘播州、崔彦融雷州、高湘高州、张颜潘州、李贶勤州、杜裔休端州、郑彦持义州、李藻费州，内绣州、潘州、雷州三人不回。初，高湜与弟湘少不相睦。咸通末，既出高州，湜雅与路岩相善，见岩，阳救湘。岩曰："某与舍人皆是京兆府荷枷者。"先是刘瞻志欲除岩，温璋希旨，别制新枷数十待之。瞻以人情附己，不甚缄密，其计泄焉，故居岩之后。①

路岩击倒政敌刘瞻，放逐十司马事在咸通十一年九月，次月便下诏"以中书舍人高湜权知礼部贡举"②，而此次选举恰为路岩所操纵：

> 湜既知举，问岩所欲言。时岩以去年停举，已潜奏恐有遗滞，请加十人矣，即托湜以五人。湜喜其数寡，形于言色。不累日，十人勑下，湜未知之也。岩执诏，笑谓湜曰："前者五人，侍郎所惠也；今之十人，某自致也。"湜竟依其数放焉。③

咸通十年(869)科举取士因受庞勋起兵的影响而暂停，故次年取进士四十人，较往年多出十人，但其中竟有十五人系路岩所托，高湜与路岩两人实互为狼狈，故其得典选举与之前中枢时局的变化无疑有着密切的关联。

高湜出镇昭义军的背景虽缺乏直接史料佐证，但略考当时中枢格局的演变，不难窥见政治气候的改易。咸通十二年(871)四月，路岩因与原来的政治盟友韦保衡失和，被外放为西川节度使④，但这似乎并没有影

---

① 夏婧辑考：《新辑玉泉子》，《奉天录(外三种)》，北京，中华书局，2014年，第123页。另参《资治通鉴》卷二五二，第8160页。
② 《旧唐书》卷一九上《懿宗纪》，第676页。
③ 《新辑玉泉子》，《奉天录(外三种)》，第123页。
④ 《旧唐书》卷一九上《懿宗纪》，第677页。

响到高湜的前途，其在以礼部侍郎典选之后，被擢为兵部侍郎、判度支①，从一个可能入相的位置被外放为藩镇节帅，多少蕴含了贬谪之意。另一方面，路岩在外放之初，亦未完全失宠，于咸通十四年(873)五月加兼中书令。七月懿宗去世，僖宗继位。九月，路岩仍循惯例与其他藩镇节帅一起获得加官，兼侍中，但至是年十一月，便被人检举有异图，徙为荆南节度使，十二月再贬新州刺史，并于次年正月长流儋州，赐自尽。几乎与此同时，咸通十四年九月，路岩曾经的盟友韦保衡被贬为贺州刺史，十月再贬崖州澄迈令，进而赐死②，而昔日的政敌刘瞻及高湘则被自贬所召回③。这一系列人事调整与高湜咸通十五年(874)春出镇昭义的时间非常接近。此外，从高湜子高彬的历官中，亦能窥见些许蹊跷，"未几，相国秉钧，遄加集贤殿大学士，遂奏授秘书郎、充修撰。咸通十五年春，尚书公出镇潞州，坚欲弃官侍行"④，此处相国指的是刘邺，其初受知于李德裕，懿宗朝依附韦保衡、路岩而致高位⑤，入相在咸通十三年(872)正月。⑥ 高彬见知于刘邺，盖是朋党援引之故。两年后，高彬却因其父外镇，欲辞官侍亲，虽未成行，不过此举在当时颇为罕见。⑦ 以上这些人事更迭都可以被视为僖宗登基后政治更新的一部分，但这一变

---

① 《新唐书》卷一七七《高钺传附高湜传》，第 5276 页。

② 《资治通鉴》卷二五二，第 8165～8167 页。

③ 《资治通鉴》卷二五二，第 8170 页；《新唐书》卷一七七《高钺传附高湘传》，第 5277 页。

④ 高彬墓志，拓本刊《洛阳出土历代墓志辑绳》，第 710 页；录文见《全唐文补遗》第 6 辑，第 197 页。

⑤ 《资治通鉴》卷二五二，第 8170 页。

⑥ 《旧唐书》卷一九上《懿宗纪》，第 679 页。

⑦ 一般仅有在父母老迈多病时，方有弃官侍养之举，如"左拾遗王龟以父兴元节度使起年高，乞休官侍养"(《旧唐书》卷一八上《武宗纪》，第 609 页)。所依据的是《唐律》中的相关规定，"祖父母、父母老疾无侍，委亲之官……免所居官"，疏议曰：老谓八十以上，疾谓笃疾，并依令合得(《唐律疏议笺解》，第 217 页)。参见李锦绣：《唐代制度史略论稿》，"唐代的给侍制度"，第 357～376 页；郑雅如：《亲恩难报：唐代士人的孝道实践及其体制化》，第 54～74 页。而高湜的年龄及身体状况无疑都不能成为高彬请求解官侍养的原因。

化无疑不利于在懿宗晚年得势的高湜及其盟友。

二、咸通、乾符之际昭义节度使人选订误

值得注意的是目前所见史料中对咸通中期以降昭义军节度使人选的记载舛误犹多，尽管吴廷燮《唐方镇年表》据《资治通鉴》记咸通五年（864）正月以李㻩取代被刺的沈询为昭义军节度使条后，先后罗列了卢匡、高湜、张彦远、高湜四任节帅①，其中高湜两镇昭义，但可靠的记载不过以下数条，且缺乏明确的系年：

> （高湜）咸通末，为礼部侍郎。时士多由权要干请，湜不能裁，既而抵帽于地曰："吾决以至公取之，得谴固吾分！"乃取公乘亿、许棠、聂夷中等。以兵部侍郎判度支出为昭义节度使，为下所逐，贬连州司马。以太子宾客分司东都，卒。②

> （高）湜出镇泽潞，奏为节度副使。入为殿中侍御史。李蔚镇襄阳，辟为掌书记。湜再镇泽潞，复为副使。③

新旧《唐书》在其父高钺传后附录高湜事迹，但未及高湜两次出镇昭义，此事仅见载于《柳玭传》，并云柳玭两任昭义幕职间，曾历李蔚幕府，故若能考知李蔚出镇襄阳的年月，则大体能推定高湜先后两度出镇昭义的

---

① 吴廷燮：《唐方镇年表》上，北京，中华书局，1980年，第490～491页。

② 《新唐书》卷一七七《高钺传附高湜传》，第5276页。一般而言《旧唐书》本传多依据实录国史改写，记事较为可靠，但《旧唐书·高湜传》："钺子湜，错子湘，偕登进士第。湜，咸通十二年为礼部侍郎。湘自员外郎知制诰，正拜中书舍人，咸通年，改谏议大夫。坐宰相刘瞻亲厚，贬高州司马。乾符初，复为中书舍人。三年，迁礼部侍郎，选士得人。出为潞州大都督府长史、昭义节度、泽潞观察等使，卒。"（第4388页）将两人事迹编入同传，以致眉目不清。其中最后一句"出为潞州大都督府长史、昭义节度、泽潞观察等使，卒"系指高湜，而非高湘。《新唐书》本传则叙事较有条贯，故取新传。

③ 《旧唐书》卷一六五《柳玭传》，第4308页。《新唐书》卷一六三《柳玭传》略同，但未记尝历李蔚幕府。

时间。此事见《旧唐书·李蔚传》，"寻以本官同平章事，加中书侍郎，与卢携、郑畋同辅政。罢相，出为襄州刺史、山南东道节度使"①，据上下文当系于咸通中。然而，这一记载相当可疑，首先，李蔚入相、罢相的时间，《新唐书》《资治通鉴》皆系于乾符二年、五年（878）②，本传所云同时为相者卢携、郑畋皆乾符间居相位，则罢相出镇襄阳事当在乾符五年后，《唐书合钞》便已注意到这一抵牾，云："自太常卿以下至此，疑当在下文乾符四年上。"③其次，李蔚罢相后，是否曾出镇襄阳亦存在疑问，《旧唐书》本纪、《新唐书》本传及《宰相表》、《资治通鉴》皆记其"罢为东都留守"④。乾符五年，王仙芝已纵横南方，时出镇山南东道，参与镇压者正是李裔之父李福，故《唐方镇年表》山南东道条下未列李蔚⑤，李蔚罢相出镇襄阳事很可能是出于误记。另一方面，乾符六年二月，因为前任节度使李钧败死，"辛巳，以陕虢观察使高浔为昭义节度使"⑥，则于乾符五年后出镇昭义者系高浔而非高湜，《柳玭传》的记事很有可能与《通鉴考异》所引《实录》一样混淆了高湜与高浔两人。事实上，高湜在咸通前

①　《旧唐书》卷一七八《李蔚传》，第 4627 页。

②　《新唐书》卷九《僖宗纪》，第 265、268 页，卷六三《宰相表》下，第 1742 页；《资治通鉴》卷二五二，第 8179 页，卷二五三，第 8209 页。另《旧唐书》卷一九下《僖宗纪》记入相于乾符三年，第 695 页。

③　《唐书合钞》卷二二九，北京，书目文献出版社，1992 年，第 1221 页。

④　《旧唐书》卷一九下《僖宗纪》，第 702 页；《新唐书》卷六三《宰相表》下，第 1742 页，卷一八一《李蔚传》，第 5354 页；《资治通鉴》卷二五三，第 8209 页。

⑤　吴廷燮：《唐方镇年表》上，第 645 页；郁贤皓《唐刺史考全编》"襄州"下亦未列（合肥，安徽大学出版社，2000 年，第 2598~2601 页）。而王寿南《唐代藩镇总表》（《唐代藩镇与中央关系之研究》，台北，大化书局，1978 年，第 738、966 页）据严耕望《唐仆尚丞郎表》将李蔚出镇襄阳的时间系于咸通七年前后（上海，上海古籍出版社，2007 年，第 196~197 页）。按严表的系年大约根据《唐书合钞》的提示，将《旧唐书·李蔚传》中"寻以本官同平章事，加中书侍郎，与卢携、郑畋同辅政，罢相"一句视为错简，转接至"（乾符）四年，复为吏部尚书"句前，从而将出镇山南事系于李蔚迁尚书右丞后。虽不无可能，但根据这一排列，李蔚从咸通六年至八年间，先后历礼部侍郎、尚书右丞、京兆尹、山南东道节度使、吏部侍郎五转，相当勉强。

⑥　《资治通鉴》卷二五三，第 8212 页。

期，名位尚轻，骤登昭义节帅高位而又为本传失记，可能性极小，则大致可以推定高湜仅在咸通末出镇昭义一次。①

至于卢匡、张彦远两人，并无确实依据，皆据《尚书故实》推定：

> 王内史《借船帖》，书之尤工者也。故山北卢尚书匡宝惜有年。公致书借之不得，云："只可就看，未尝借人也。"公除潞州，旌节在途，才数程，忽有人将书帖就公求书。阅之，乃《借船帖》也。公惊异问之，云："卢家郎君要钱，遣卖耳。"……卢公，韩太冲外孙也。②

山北系昭义代称，此为卢匡尝历泽潞的依据。由于《尚书故实》一书系李绰记宾护尚书河东张公谈话而成，故四库馆臣认为公乃张尚书自称，《提要》云："观其言宾护移知广陵，又言公除潞州旌节，则必尝为扬州刺史、昭义节度使者。"③吴廷燮当受此说影响，以为张彦远也曾历泽潞。事实上，书中的宾护尚书河东张公究竟系何人，学界并无定论，余嘉锡以"宾护"为尚书河东张公之字，考其为张彦远诸兄弟④，近年陶敏指出"宾护"代指太子宾客，系官名，复考其为张彦远⑤，但两说都缺乏充分的书证。

另一方面，引文中的"公"是否确指河东张公其实也存在相当疑问，《尚书故实》中此则，通行文本即有三种，除了前引之外，《太平广记》卷二〇九引录《尚书故实》云：

> 王羲之《借船帖》，书之尤工者也。故山北卢匡宝惜有年。卢公

---

① 郎洁：《唐中晚期昭义镇研究》所附《唐昭义镇历代节帅表》记高湜仅于乾符二年出镇昭义一次，但未言所据（见李鸿宾主著：《隋唐对河北地区的经营与双方的互动》，第404页）。

② 李绰：《尚书故实》，《唐五代笔记小说大观》，上海，上海古籍出版社，2000年，第1167页。

③ 《四库全书总目》卷一二〇，北京，中华书局，1965年，第1034页。

④ 余嘉锡：《四库提要辨证》卷十五，第912～914页。

⑤ 陶敏：《〈尚书故实〉中"张宾护"考》，见《唐代文学与文献论集》，北京，中华书局，2010年，第660～668页。

致书借之，不得，云："只可就看，未尝借人也。"卢除潞州，旌节在途，才数程，忽有人将书帖就卢求售。阅之，乃《借船帖》也。公惊异问之，云："卢家郎君要钱，遣卖耳。"……卢公，韩太仲外孙也。①

前引《尚书故实》中三处"公"字，《太平广记》引文第一处作"卢公"、后两处作"卢"②，若此则故事由两位卢姓主人公演绎，并无张公出场。③ 今本《刘宾客嘉话录》真伪掺杂，窜入多条《尚书故实》文字，而其中亦有此则：

> 王内史《借船帖》，书之尤工者也。故卢公尚书宝惜有年矣。张宾获致书借之不得，云："只可就看，未尝借人也。"卢公除潞州，旌节在途，才数程，忽有人将书帖就公求售。阅之，乃《借船帖》也。公惊异问之，云："卢家郎君要钱，遣卖耳。"④

窜入《刘宾客嘉话录》这一则文字虽误"护"为"获"，但来源甚早，宋人编录《绀珠集》《类说》时皆已引录，《说郛》本亦出于此。辨析这三种文本，以《刘宾客嘉话录》所引文意完足，虽自宋代便窜入《刘宾客嘉话录》，但仍保存了较为原始的文本面貌。⑤ 据此尝出镇昭义者仅卢匡，与张宾护无干。

卢匡见于郎官石柱题名"司封郎中""吏部郎中"条下⑥，《旧唐书·懿宗纪》咸通八年(867)有吏部侍郎卢匡⑦，《桂林风土记》"拜表亭"下云"前

---

① 《太平广记》卷二〇九引《尚书故实》，第1600页。
② 检《太平广记会校》此三处皆无异文，参见张国风会校：《太平广记会校》，北京，北京燕山出版社，2011年，第3201～3202页。
③ 郁贤皓《唐刺史考全编》便据《太平广记》引《尚书故实》以为出镇昭义者系"卢某"(第1245页)。
④ 唐兰：《〈刘宾客嘉话录〉的校辑与辨伪》，载《文史》1965年第4辑，第97～98页。
⑤ 前引唐兰文云《太平广记》"公"字均作"卢公"，误也。陶敏主编《全唐五代笔记》所收《尚书故实》即据《刘宾客嘉话录》订正相关文字(第2292页)。
⑥ 劳格、赵钺：《唐尚书省郎官石柱题名考》，第273、574页。
⑦ 《旧唐书》卷一九上《懿宗纪》，第663页。咸通八年卢公弼墓志云，"今吏部匡，皆府君之犹子"(《唐代墓志汇编》咸通038，第2423页)，亦可证。

政山北卢尚书匡添建置"，则其镇昭义前尝历桂管①，《宝刻类编》卷六著录会昌五年（845）卢匡书《修文宣王庙碑》《修文宣王庙记》②，知其本人亦善书法，其外祖父即著名的画家韩滉。考其经历，活跃于武宗、宣宗、懿宗各朝，不过《尚书故实》并未记载卢匡出镇昭义的具体时间，吴廷燮系于咸通中后期乃属以己意推测，新见昭义军将李文益墓志云"大中五年，范阳尚书迁洺州防城使"③，疑志文中的范阳尚书即指卢匡，则卢匡出镇昭义在宣宗朝。因此，咸通五年至乾符初，昭义军确切可考的节帅实际上仅高湜一人。

幸而借助出土墓志，我们已可以确定高湜出镇昭义的具体时间。上文所引高彬墓志明确记载："咸通十五年春，尚书公出镇潞州。"④至于高湜因刘广之乱被贬离开昭义的时间，传世文献中有两说，《资治通鉴》系其事于乾符二年十月，《新唐书》系于乾符四年（877）闰二月⑤，学者以信从《资治通鉴》者居多。⑥但现据墓志资料，可知当以《新唐书》为正，高湜兄高瀚妻崔缜葬于乾符三年（876）二月二十四日，志文由高湜亲撰，署"昭义军节度副大使知节度事潞磁邢洺等州观察处置等使正议大夫检校礼部尚书兼潞州大都督府长史御史大夫上柱国蓨县开国男食邑三百户赐紫金鱼袋高湜纂"⑦，可知高湜乾符三年初仍在潞州任上。其子高彬卒于乾符四年七月，时高湜已遭贬为□崖郡司马，其妻陈氏正是受此刺激病情加重，"殆至委顿"。高彬因服侍汤药，操劳过度而染疾去世，则事当在

① 《桂林风土记》，明谢氏小草斋钞本。
② 《宝刻类编》卷六，第185页。
③ 李文益墓志，拓本刊《西安碑林博物馆新藏墓志汇编》，第771页。
④ 郁贤皓《唐刺史考全编》已利用高彬墓志订正了高湜出镇的时间，不过对上文所论前后其他几位节帅人选及出镇时间的舛误未及辨正（第1245～1247页）。
⑤ 《资治通鉴》卷二五二，第8181页；《新唐书》卷九《僖宗纪》，第266页。
⑥ 吴廷燮：《唐方镇年表》上，第492页；陈翔：《关于唐代泽潞镇的几个问题》，见《陈翔唐史研究文存》，第180页。
⑦ 丁永俊：《唐高瀚及夫人崔缜墓志考释》，载《河洛春秋》2002年第2期，第10～18页。

此前不久。

　　李裔墓志云"到职半岁,值刘广乱",则其至昭义赴任的时间约在乾符三年下半年。至于高湜为何会选辟李裔为支使,而李裔在未赴杜慆义成军僚佐之任后,为何最终接受高湜的征辟,前往潞州,目前我们尚无直接的史料可以证实两家之间的政治联系。但若仔细观察,我们可以注意到两家在文化取向上有一些相近之处,高湜、李裔两家都是因进士科第得以在中晚唐政治中崭露头角,但有意思的是当这两家因科举而跻身于清流之列后,其第二、三代成员却与科举保持了微妙的距离。上文已提及李裔"以仲兄屈于名场,年甫壮岁,方舍志业筮仕",选择以门荫入仕。而高彬墓志则云,"自长兄杭举进士,府君以时风寝薄,□仲有同趋词壤,求一第,或致缙绅间异论,遂坚请于尚书公,愿以门荫筮仕,俸钱为婚娶之资,选授苏州华亭县尉"①,同样选择了门荫入仕。如果说高湜兄高瀚"二十从乡赋,凡六就春官试,属时宰有薄进士者,尤恚公卿子弟用是进,亟言于武宗皇帝,主司慑不敢第"②,因李德裕厌恶进士浮华而久不售,被迫另谋出路,那么至高彬、李裔时,政治气候早已发生变化,他们的选择有更多的主动色彩。此外,高湜主持咸通十二年科考时,所取四十人中尽管有十五人系路岩请托,但榜内孤贫有才名者有公乘亿、许棠、聂夷中等三人,如公乘亿已垂三十举不第③,一时轰动海内。中晚唐进士取士过程中"子弟"与"孤寒"之争,与当时政治中的党派分野、人事安排有着密切的关联④,高湜、李裔两家对于进士词科似乎有着接近的立场。

---

　　①　《全唐文补遗》第6辑,第196页。
　　②　高瀚墓志,《唐代墓志汇编》大中105,第2332页。
　　③　王定保:《唐摭言》卷八,西安,三秦出版社,2011年,第121页。
　　④　王德权《孤寒与子弟——制度与政治结构层次的探讨》一文中对孤寒的概念做了细致的辨析,指出中晚唐政治中的孤寒包含了"不运用父祖之政治关系"与"父祖无政治关系可运用者"两类,而非社会阶层之见分见(《为士之道:中唐士人的自省风气》,第151~209页)。

三、隐没的三十年：刘广之乱与会昌伐叛的善后

尽管离开了政治舞台的中心，高湜在昭义任上的前三年也算是过得风平浪静，直至乾符四年二月不意发生了刘广之乱，高湜遭乱兵驱逐，刘广自立为留后。对于此事的前后经过，李裔墓志有较详尽的记录，稍可弥补传世文献的不足，尤可贵者是保存了刘广的出身及起兵的号召：

> 始刘广不知何人也，来自蓟门，客于山北，常寓食将卒之家，有无良怙乱之徒，昌言于军伍中，云是刘稹之族。

志文提示我们刘广是以刘稹之后的身份进行政治动员，煽动起事，进而成功驱逐高湜。会昌三年（844），武宗与李德裕君臣同心，力排众议，断然拒绝刘稹袭位的请求，协调各怀顾望的藩镇军队，经过一年多的苦战，平定昭义，改变刘悟、刘从谏、刘稹三代据有泽潞的局面，成功遏制了昭义军"河朔化"的倾向。[①] 此役一般被视为宪宗中兴之后，唐廷对藩镇所取得的最重要胜利。乾符四年的刘广之乱，上距会昌伐叛已有三十余年，按照古人三十年为一世的算法，已整整过去了一代人的时间，甚至也超过了刘悟祖孙三代统治昭义时间的总和，但直至此时刘稹依然是昭义军中一个具有号召力的政治符号，这与之前惯常的对昭义军"忠义"的印象不符，提示我们需要重新检讨唐廷平定昭义之后善后举措的得失，同时也为进一步认识晚唐昭义军内部的构造提供了一个窗口。

会昌伐叛成功之后，在李德裕的主持下，围绕着如何杜绝刘氏割据

---

① 傅璇琮：《李德裕年谱》，石家庄，河北教育出版社，2001年，第363～428页；王国尧：《李德裕与泽潞之役——兼论唐朝于9世纪中所处之政治困局》一文对唐廷平定昭义的过程论述甚详，但除了割泽州隶河阳外，并未论及其他唐廷平定刘稹后的善后举措（《唐研究》第12卷，第487～521页）。

昭义局面的重现，采取了一系列措施，不但"积族属昆仲九人，皆诛"①，对于刘稹余党，惩治苛严，株连广泛。如刘稹的谋主郭谊虽杀刘稹，举潞州归降，朝廷非但未如他所期待的那样授予旌节，反而尽诛其党②："刘稹将郭谊、王协、刘公直、安全庆、李道德、李佐尧、刘武德、董可武等至京师，皆斩之"，"又令昭义降将李丕、高文端、王钊等疏昭义将士与刘稹同恶者，悉诛之，死者甚众。"③李德裕对于刘稹余部的严厉处置，虽或有党争的背景④，但总体上仍是为了彻底铲除昭义割据的基础。

唐廷在攻打昭义之初，便已注意到刘氏昭义内部存在着"主客之分"，试图有针对性地加以分化：

> 其昭义军旧将士及百姓等，如保初心，并赦而不问……刘悟下郓

① 《旧唐书》卷二一四《刘稹传》，第 4233 页。事实上，郭谊谋杀刘稹后，"悉取从谏子在襁褓者二十余，并从子积、匡周等杀之。诛张谷、张沿、陈扬庭、李仲京、王渥、王羽、韩茂章、茂实、贾庠、郭台、甄戈十一族，夷之，军中素不附者皆杀"，已进行过一轮屠戮(《新唐书》卷二一四《刘稹传》，第 6017 页)。

② 郭谊的误判不得不说当归因于李德裕的欺骗，李德裕曾通过其姻亲降将李丕，诱其杀刘稹投降，许以重报。李德裕《赐李石诏意》云："李丕是郭谊密亲，尤合相信。卿宜暂追赴使，令与郭谊书，论以利害，遣其自图刘稹，早务归降。倘效诚款，必重酬赏。"另参见李德裕《代李丕与郭谊书》，见《李德裕文集校笺》，第 110、156～157 页。李德裕之所以违背承诺，诛杀郭谊等，大约与其欲铲除昭义割据的社会基础有关。正因如此，唐廷也未因裴问有归降之功，赦免其妹刘稹妻裴氏(《册府元龟》卷六一六，第 7409～7410 页)。

③ 《资治通鉴》卷二四八，第 8010～8011 页。按《资治通鉴》卷二四八《考异》引《献替记》对此有更详细的记载："往刘稹平后，处置泽潞与刘稹同恶，仅五千余人，皆是取得高文端、王钊状，通姓名，勘李丕状同，然后处分。其间有三两人或王钊状无名，并不更问。"(第 8109 页)《考异》云"五千"系"五十"之讹。

④ 李德裕以牛僧孺、李宗闵曾与刘从谏交通为名，进一步将两人远谪(《资治通鉴》卷二四八，第 8012 页)。当然对于此事，也有不少为李德裕辩诬者，认为记载并不可信，如岑仲勉：《通鉴隋唐纪比事质疑》，北京，中华书局，1964 年，第 296～297 页；傅璇琮：《李德裕年谱》，第 430～432 页。

州旧将校子孙及刘从谏近招致将士等，喻以善道，宜听朕言……①

制书将刘氏主政下的昭义军队分为昭义旧有将士与刘氏父子自郓州任上携来及新募亲军两类②，后一类无疑是刘稹腹心所寄。因此对于这两类人，唐廷的招抚策略并不一致，对昭义旧军将士或希望他们"以州郡兵众归降"，或诱之以利，"擒送刘稹者，别授土地"。对后一类人，一方面肯定其与刘氏家族有类于田横及其义附的关系，但强调"岂尝违拒汉使，留止田横；唯慕殉以成仁，不相挺而作乱"，劝诱他们"如能感喻刘稹束身归朝，必当待之如初，特与洗雪；尔等旧校，亦并甄酬"。可知这些亲军与刘氏家族联系紧密，具有相当强的依附性，甚至在某种意义上而言是基于"义"的结合。其中"郓州旧将校子孙"本是刘悟携来昭义的亲军，世代效忠刘氏。典型的如《酉阳杂俎续集》所记郭谊"因兄亡，遂于郓州举其先，同窆葬于磁州滏阳县之西岗"，知其家本出自郓州，后随刘悟至昭义定居，遂迁祖茔于斯。③ 这些部众构成了刘氏割据的权力基础，因此也是唐廷平定昭义后亟须铲除的。

除此之外，我们还可以注意到会昌伐叛后，唐廷更多地介入昭义属州刺史的任命。如邢州作为昭义楔入河朔的战略支点，地位重要。清人顾祖禹云："唐以昭义一镇控御河北，而邢州尤为山东要地，虽强梗如

---

① 李德裕：《讨刘稹制》，见《李德裕文集校笺》，第31页。唐廷试图激化主客两个群体之间的矛盾，来达成从内部瓦解刘氏昭义的目的，如李德裕《代彦佐与泽潞三军书》云："比闻从谏志在猖狂，招致亡命，逆人亲党，游客布衣，皆在公宴之中，列于大将之上，一军愤愧，固已积年"（《李德裕文集校笺》，第150页）。

② 张正田已注意到这一区分，将其分为四类，但本质上仍为主客两分，特别是昭义旧将士、昭义军旧大将等在诏书上下文中本视为一类，不当强为之别（《"中原"边缘——唐代昭义军研究》，第178~182页）。按既往学者对刘悟郓州携来的旧部多有讨论，强调其亲卫军的性格，如堀敏一：《藩镇亲卫军的权力结构》，《日本学者研究中国史论著选译》第4卷，第609~612页；新见まどか：《武宗期における劉稹の乱と藩鎮体制の変容》，《史學雜誌》第124号，第4~8页。但似未注意到刘从谏新募将士的重要性。

③ 许逸民校笺：《酉阳杂俎校笺》，第1491页。

镇、魏，犹终始羁縻者，以邢州介其间，西面兵力足以展施也。"①平定刘稹之后，唐廷先后命张遵、王纵出任邢州刺史。张遵原系镇州王承宗部将，元和初，因奏事留宿卫，得以参与会昌伐叛及其善后。"时泽潞用兵，诏选文武中外无阻者授之，优诏授邢州刺史，廉使奏加御史中丞，改洺州刺史"②，唐廷起用他，大约看中他出身河朔，熟悉当地情况的特点。继张遵之后出任邢州刺史的是王纵，王纵作为石雄部下大将参与了会昌初防御回鹘之役，之后留任河东，历仕晋州司马、沁州刺史，后参与平定太原杨弁之乱，谙于北边形势，"擢邢州刺史充本州团练使。山东叛命积年，人为难理。公揣情设教，俗乃骤移。礼让既行，闾里相勉"③。而张遵、王纵皆自外镇迁转，非昭义旧人。同时，"镇县兵马，并准江淮诸道例，割属本州收管"④，改由刺史领兵，分散节度使的兵权⑤，这些都反映出会昌伐叛后中央控制的强化。⑥

---

①　顾祖禹：《读史方舆纪要》卷十五，北京，中华书局，2005 年，第 658 页。

②　张遵墓志，《唐代墓志汇编续集》大和 032，第 905 页。

③　司空图：《故盐州防御使王纵追述碑》，《司空表圣诗文集笺校》，第 248～249 页。

④　李德裕：《奏磁邢州诸镇县兵马状》，见《李德裕文集校笺》，第 310 页。状文另云，"如镇遏十将已上，是军中旧将，兼有宪官，不愿属刺史者，并委卢钧迫上驱使"，意在削弱军将对属州的影响，强化刺史对于本州军政的控制。而日野开三郎早就注意到各州镇遏使对于刺史权力的侵夺，参见《藩镇の跋扈と镇将》，《唐代藩镇の支配体制》，東京，三一书房，1980 年，第 477～489 页。

⑤　李德裕《潞磁等四州县令录事参军状》中对这一举措的目的有明确表述："所冀刺史得主兵权，免受牵制……既无军镇干侵，自然得施教化。"（《李德裕文集校笺》，第 311 页）另参张达志：《肥乡之役与孟州之置——唐武宗朝地方秩序的重整》，载《史林》2015 年第 1 期，第 36 页。《册府元龟》卷一九一引梁太祖开平四年九月敕："魏博管内刺史比来州务并委督邮，遂使曹官擅其威权，州牧同于闲冗。俾循通制，宜塞异端，并宜依河南诸州例，刺史得以专达。"可知河朔藩镇例以节帅所署录事参军等侵夺属州刺史的权力（第 2305 页）。关于唐代藩镇与属州的关系，近年较系统的讨论可参见张达志：《唐代后期藩镇与州之关系研究》，北京，中国社会科学出版社，2011 年。

⑥　这种情况在昭义其他属州中亦出现，如会昌末李德裕出毕诚为磁州刺史，《旧唐书》卷一七七《毕诚传》，第 4609 页。

唐廷诛杀了郭谊、王协等一批刘氏昭义的核心人物，并通过一系列人事安排与制度设计强化了中央的控制，有力削弱了昭义割据自立的基础。同时又在《平潞州德音》中宣布："用兵已来，刘稹所招收团练、官健，放归营生。"①不过值得注意的是，遣散范围仅限于战争中刘稹新征募的兵士，并未彻底改变昭义的军事结构。这批刘氏亲军之后的命运在传世典籍中几无所载，但借助于新刊布的墓志，已可窥见一斑，典型者可举出李文益、高元郾两人。李文益终官昭义军洺州防城使，其为上党长子县人，曾祖、祖、父三代皆未仕。

> 元和末年，从事戎津，职司禁御凡三年。干略自能，搢绅有则。至大和初，彭城相国擢以精核，转迁节度逐要，领故关、西□两传舍共八载。匪懈恪勤，又改知屯留漕碾。再移寒暑，英声广著。又改补盐铁，淬贰转输，不阙课利。②

李文益虽是昭义本地人，元和末曾任职长安，大和初，为刘从谏所招募，历任镇内中下级官吏，颇具吏干。因此当刘稹覆灭后，李文益不但未受处分，反而被擢升，"以时会昌末年，范阳司空署洺州防城十将兼贼曹掾"，范阳司空即指唐廷所命负责昭义善后的节度使卢钧。大中五年（851）进一步迁为洺州防城使，至大中六年（852）卒于任。

如果说，李文益之前所任不过是传舍、漕碾、盐铁等吏职，非刘氏昭义中的要角，为唐廷所留用并不足为奇，那么高元郾的身份则显赫得多。高元郾出身将门，其曾伯祖便是元和初平定西川刘辟之乱的禁军名将高崇文，伯祖高霞寓、堂伯祖高承简、堂叔祖高承恭、亲叔祖高霞寔，"一家兄弟叔侄子父五人，皆领雄藩"③，是中唐著名的武将家族。高元郾"以累代

① 《唐大诏令集》卷一二五，第 672 页。
② 李文益墓志，《西安碑林博物馆新藏墓志汇编》，第 771 页。
③ 殷宪《〈徐氏夫人墓志〉及其藩镇家族》刊布了墓志拓本及录文，并做了简要的考释，参见《大同新出唐辽金元志石新解》，太原，三晋出版社，2012 年，第 269~276 页。

节制之后，不坠弓裘，自弱冠即习武略，故昭义节度使、检校太师、平章事沛国刘公好奇，闻侍御有韬钤武略，遂命使赍金帛车马就滑台邀之"。据此高元郾本仕于滑州义成军①，为刘从谏重金礼聘而至②，深受信用，"遂署衙门之将，总帐下之兵"。高元郾移居昭义后，迅速融入了昭义镇内的军将网络，其女高氏嫁给故昭义军左厢都押衙徐克中之子徐唐夫。如高元郾这样的流寓之士通过婚姻等手段完成在地化，并进入刘氏昭义的统治核心，并非孤例。如会昌之役中投降唐廷的牙将李丕，"顷岁寓游上党，与主公素未相知"，借助刘从谏亲信郭谊的党援，得以仕于昭义，并与郭家结成秦晋之好，"十三叔翦拂提携，遂叨右职，寻蒙见哀羁旅，申以婚姻"③。事实上，中晚唐各藩镇中的外来者通过婚姻等手段迅速融入地方社会是极为普遍的现象，如果将其与同时发生的士大夫迁居两京的潮流相比照，则可注意到，士族尽管定居于两京，渐次脱离乡里，但依然大体保持了原有的通婚圈。可以说前者通过融入本土来构筑认同，后者则借助存异以维系门第不坠，看似相反的行动背后反映的是不同社会阶层间的文化差异。而直至墓志撰文的大中八年，高元郾仍任昭义军亲骑兵马使兼押衙，并未遭到清算，继续在昭义军中占据要津。④

①　刘悟尝镇滑州，其子从谏能获知高元郾的才能，不知是否与之有关。参见《旧唐书》卷一六一《刘悟传》，第 4230 页。

②　志文中所谓的"刘公"究竟是指刘悟还是刘从谏，尚难遽断。刘悟、刘从谏生前皆带使相衔，分别检校司徒、司空，赠官分别为太尉、太傅，皆未尝检校太师，不过李商隐《为濮阳公与刘稹书》校记七提及文中的"太傅"，《册府元龟》《文苑英华》皆作"太师"，则当时似习称刘从谏为太师，故系于刘从谏时（参见刘学锴、余恕诚：《李商隐文编年校注》，北京，中华书局，2002 年，第 654 页）。按刘从谏曾兼太子太师（《新唐书》卷二一四《刘悟传》，第 6013~6015 页）。

③　李德裕：《代李丕与郭谊书》，见《李德裕文集校笺》，第 156 页。

④　即使会昌伐叛后遭处分的刘稹旧将，亦有重返昭义之例，如梁缵"本昭义节度使刘从谏之爱将也，后刘稹败，徙边，遇赦还，复隶于军"（《册府元龟》卷四四七，第 5304 页）。

由此可见李德裕在会昌伐叛成功后，虽然较之以往采取了更为凌厉的手段清洗刘稹余党。在此之后，晚唐历任昭义节帅皆由朝廷派遣的文臣出任，消除了节帅跋扈自立的隐患，但从李文益、徐唐夫妻高氏墓志透露的情况来看①，李德裕的善后举措也未能真正改变昭义军队的构造。因此，我们可以注意晚唐昭义军虽未再出现如刘氏父子那样割据自立的现象，但朝廷选任的文臣节帅往往难以弹压镇内的骄兵悍将，因此出现了藩镇内部频繁发生兵变的新特征。

这一特征在会昌伐叛后首任昭义节度使卢钧任上便已显现，卢钧素有能名，在岭南、山南东道节度使任上清正廉洁、治绩突出，故朝廷在决意讨伐刘稹后，提前发表其为新任昭义节度使，"钧素宽厚爱人，刘稹未平，钧已领昭义节度，襄州士卒在行营者，与潞人战，常对陈扬钧之美。及赴镇，入天井关，昭义散卒归之者，钧皆厚抚之，人情大洽"②。唐廷早早选定善于抚绥的卢钧出镇昭义，盖是"以昭义乘借侈之余，非廉简无以革弊；当掊克之后，非惠和无以安人"③，希望借此稳定乱后人心，实现平稳的权力过渡。刘稹授首后，唐廷立刻下诏"昭义五州给复一年，军行所过州县免今年秋税。昭义自刘从谏以来，横增赋敛，悉从蠲免"④，安抚民心。肩负重任的卢钧入潞之后，处置不可谓不谨慎，特别是李德裕计划进一步株连刘氏党羽时，"卢钧疑其枉滥，奏请宽之"⑤，虽未获从，但表达出新任节帅宽厚的政治姿态，以安反侧。孰料未满一年，当朝廷计划征发昭义步骑二千戍振武时，"潞卒素骄，惮于远戍，乘

---

① 可以断定这两人在会昌伐叛中并没有弃暗投明，归顺唐廷，如有类似的举动，在墓志中肯定会着重表彰。如史弘泉墓志云其"会昌祸□臣□危，拨乱中土，公举家归国"。参见孙继民：《新发现唐史弘泉墓志铭试释》，见《中古史研究汇纂》，天津，天津人民出版社，2016年，第261~269页。

② 《资治通鉴》卷二四八，第8010页。

③ 李德裕：《宰相与卢钧书》，见《李德裕文集校笺》，第165~166页。

④ 《资治通鉴》卷二四八，第8008~8009页。

⑤ 《资治通鉴》卷二四八，第8011页。按此处"卢钧"误作"虞钧"，检胡克家翻刻元刊胡注本不误，系点校本误排。

醉,回旗入城,闭门大噪,钧奔潞城以避之"①,揭开了之后昭义兵乱频繁发生的序幕,卢钧被寄予厚望的昭义节度使生涯刚刚开始便宣告结束,召还朝廷,"拜户部侍郎、判度支"②,而高湜的被逐不过是这一系列反复上演戏码中的一幕。

墓志云"刘广不知何人也,来自蓟门,客于山北",指出刘广并非昭义本地人,来自幽州,从时间上推测,当在刘稹覆亡后才辗转进入昭义军,渐次获得擢升。③ 这与之前高元郾的例子一样,皆可证明藩镇军队的来源并不是地域性、封闭式的,在唐廷与藩镇、藩镇与藩镇之间往往存在着人员流动。④ 昭义镇特别是刘氏家族主政时期,估计有积极从北方招募出身胡族将士的传统,如会昌伐叛后被杀的安全庆、平定刘广之乱的安文祐,下文述及的康良佺及何弘敬墓志中提到的昭义将领安玉⑤,大约皆是粟特后裔。⑥ 又如"大和初,李听败馆陶,走浅口,从谏引铁骑黄头郎救之"⑦,

---

① 《资治通鉴》卷二四八,第8017页。甚至可以说卢钧的被逐,与其宽厚的态度有关,武宗曾论及此事:"凡方镇发兵,只合不出军城,严兵自卫,于城门阅过部伍,更令军将慰安。岂有自出送兵马,又令家口纵观!事同儿戏,实不足惜!"(《资治通鉴》卷二四八《考异》引《献替记》,第8019页)。卢钧这些疏于防范之举,未必不是他为安抚昭义人心故意所为。

② 《旧唐书》卷一七七《卢钧传》,第4592页。

③ 墓志中未记刘广的官职,将其描述为寄食昭义军中的游手好闲之徒,但传世文献中皆云刘广为昭义军将领,或志文对于刘广的身份故意有所贬低。

④ 墓志所见的另一个例子是李少荣,"府君本桑梓魏郊人也,于贞元十四年来到潞邑",牒补绫坊押官、守武卫将军、试太常卿,于大中元年去世(拓本刊《西安碑林博物馆新藏墓志续编》,西安,陕西师范大学出版社,2014年,第584页)。冯金忠:《唐代河北藩镇研究》对此现象已有所揭示(北京,科学出版社,2012年,第47~53页)。

⑤ 何弘敬墓志,《唐代墓志汇编续集》咸通032,第1058页。

⑥ 另如史弘泉墓志记其祖仙英任昭义武锋军使、兼邯郸镇遏使,父行节为昭义都知兵马使,其家族可能出自粟特。参见孙继民:《新发现唐史弘泉墓志铭试释》,见《中古史研究汇纂》,第266~267页。

⑦ 《新唐书》卷二一四《刘从谏传》,第6014页。关于黄头军,陈寅恪最早注意到这条史料(《读书札记一集》,北京,生活·读书·新知三联书店,2001年,第611页);另参见王永兴:《陈寅恪先生史学述略稿》,"《陈寅恪读书札记——旧唐书新唐书之部》疏证",北京,北京大学出版社,1998年,第288~318页。

皆显示出昭义军队多元的构成。尽管刘稹覆灭后，出掌昭义的文官节度使不会再刻意罗致，但传统并不会骤然中断，北方失意的军人循着惯性南下昭义寻求出路①，刘广或许便是其中之一。当然外来的军将要融入昭义军已有的网络，则要如高元郾一样经过"在地化"的过程，刘广"常寓食将卒之家"，可知其与昭义军中的将士往来频繁，关系密切，这为他以刘稹之族的名义煽动叛乱创造了条件。

那么如何来理解在刘氏昭义覆亡三十余年后，刘广依旧能以刘稹族裔的名义煽动起事。事实上，刘稹的亲族在会昌伐叛过程中经过郭谊、李德裕的两次屠戮，几无孑遗，而上文所论"郓州旧将校子孙及刘从谏近招致将士"这一支持刘氏昭义的核心力量，虽未能被李德裕彻底清洗，但经历了时间的淘洗，至此时恐怕大都已渐次凋零。因此，刘广之乱并不能被视为昭义军中刘稹余部或亲刘稹势力的一次起事，参与其事者大都与刘广本人一样，与刘稹并无直接瓜葛。这证明了刘稹这一政治符号在刘氏昭义覆亡三十余年后仍颇具煽动性，足以引起将士的共鸣，激发变乱。这无疑暗示了在会昌伐叛取得胜利之后，唐廷对昭义的统治远称不上成功。

刘悟本系李师道部将，因杀李师道投唐而被授予义成军节度使，得据昭义本出偶然，是穆宗继位后仓促调整一系列藩镇节帅的结果。因此其镇泽潞，所仰仗者仅是从郓州带来的军队，"刘悟之去郓州也，以郓兵二千自随为亲兵"②，直到刘从谏欲承袭昭义时，"惟郓兵二千同谋"③，统治基础并没有发生太大的变化。刘氏家族对于昭义而言，亦

---

① 如杜牧所撰著名的《唐故范阳卢秀才墓志》，卢需"曾祖昌嗣，涿州刺史；祖顗，易州长史；父劝，镇州石邑令"，便是从幽州南下至镇州（《杜牧集系年校注》，第 768 页）。

② 《资治通鉴》卷二四三，第 7844 页。

③ 《新唐书》卷一九三《贾直言传》，第 5559 页。当然我们不难注意到《新唐书·贾直言传》新增的"惟郓兵二千同谋"这一记载本自杜牧《上李司徒相公论用兵书》中"从谏求继，与扶同者只郓州随来中军二千耳"，杜牧此书上于李德裕主持讨伐泽潞时，或有贬低刘从谏的成分（《杜牧集系年校注》，第 819 页）。不过刘从谏求袭位时，李绛也有类似的判断："况又闻山东官健，已不许自畜刀兵，足明军心，殊未得一，帐下之事，亦在不疑，长短此方，义无便授从谏之理。今更于意外度之，傥从谏事急，将所亲厚三二千人，散投魏镇，必亦虏缚，送归阙廷。"（《册府元龟》卷四七七，第 5702 页）

属于外来的统治者。

　　刘氏家族在昭义统治的巩固，大约要归功于刘从谏的经营："悟苛扰，从谏宽厚，故下益附。"①尽管刘悟时已出现了"朝廷失意不逞之徒，多投寄潞州以求援"的局面②，但至刘从谏时，一方面改弦易辙，以宽厚的姿态团结昭义内部，另一方面则继续招降纳叛，"从谏志在猖狂，招致亡命，逆人亲党，游客布衣，皆在公宴之中"③。李商隐《为濮阳公与刘稹书》对此有更详尽的描述："又计足下，未必不恃太傅之好贤下士，重义轻财，吴国之钱，往往而有；梁园之客，比比而来。将倚以为墙藩，托以为羽翼，使之谋取，使以数求"，"况太傅比者养牛添卒，畜马训兵，旁招武干之材，中举将军之令"。④刘从谏统治的近二十年间，清洗昭义旧部中桀骜难制者的同时⑤，又积极扩充自身的实力⑥，改变了昭义军的构成，镇内将领多受其恩惠，整合形成了利益共同体，完成了刘氏政权的在地化。

　　　　（刘）从谏妻裴氏。初，（刘）稹拒命，裴氏召集大将妻同宴，以
　　　酒为寿，泣下不能已。诸妇请命，裴曰："新妇各与汝夫文字，勿忘
　　　先相公之拔擢，莫效李丕背恩，走投国家。子母为托，故悲不能已

---

①　《新唐书》卷二一四《刘从谏传》，第6014页。

②　《旧唐书》卷一六一《刘悟传》，第4231页。

③　李德裕：《代彦佐与泽潞三军书》，见《李德裕文集校笺》，第150页。

④　李商隐：《为濮阳公与刘稹书》，《李商隐文编年校注》，第648、650页。

⑤　《新唐书》卷二一四《刘从谏传》："初，大将李万江者，本退浑部，李抱玉送回纥，道太原，举帐从至潞州，牧津梁寺，地美水草，马如鸭而健，世所谓津梁种者，岁入马价数百万。子弟姻娅隶军者四十八人，从谏徙山东，惧其重迁且生变，而子弟亦豪纵，少从谏，不甚礼，因诬其叛，夷三族，凡三百余家。"（第6015页）又李德裕《论昭义军事宜状》："有昭义旧都押衙焦楚长，是本军旧人，刘从谏降黜，令往山东。"（《李德裕文集校笺》，第342页）

⑥　除上文所举李文益、高元郾外，墓志中还能找到类似的案例，如裴起墓志云："大和中昭义军国相容纳贤能，遂署衙前兵马使，兼累奏台宪官。"（《西安交通大学博物馆藏品集锦·碑石书法卷》，西安，陕西人民美术出版社，2013年，第138页）

也。"诸妇亦泣下，故潞将叛志益坚。①

裴氏所言正反映刘氏父子与军将之间胶固相结的关系。因此至会昌伐叛时，"刘从谏近招致将士"已足以和"郓州旧将校子孙"并提，共同构成了刘氏昭义的支柱。

会昌伐叛后唐廷的善后处置成功清除了刘氏家族及其亲信，与此同时，也斩断了刘氏昭义时期节帅与军将间亲党胶固的关系，在此之后确实再未出现昭义节度使拥兵自重的局面，从这一层面而言，李德裕的善后举措已达成目标，扭转了昭义"河朔化"的倾向。但正如上文所论，唐廷的清洗并无力真正改变昭义的军队构成，昭义镇内的兵士失去了强悍有力的节帅约束后，反倒成为新的不稳定因素。当然这些骄兵悍将实际上并无如刘氏那样割据自立的野心，频频起事，驱逐节帅，所欲满足者不过是自身经济利益等方面的要求。这种在中晚唐各藩镇内部爆发频度越来越高的低烈度动乱，不妨命名为"经济性骚乱"②，这与中唐时代，河朔藩镇围绕着自立地位这一明确政治目标与朝廷发生的连年战争有着本质的不同，后者或许可称为"政治性反叛"③。刘广之乱虽以刘稹之族为号召，但与刘氏昭义仿效河朔割据、试图子孙相袭不同，本质上仍是一场"经济性骚乱"。"是时，潞土阻饥，赋入逋负者太半。高公虽无阙政，而士卒月储、岁衣往往不足，以是乘其时而动。"昭义为何从刘稹时

———————
① 《旧唐书》卷一六一《刘从谏传》，第4233页。
② 这种经济性的骚乱本质上反映了藩镇军队的自利取向。其诉求一般分为两类：一类是以获利为目标，比如谋取更丰厚的给赐；另一类则是以维护既得利益为目的，例如拒绝出境作战、拒绝戍边等。这两类诉求皆会导致经济性的骚乱。
③ 对于藩镇动乱的类型，之前的学者或多或少做过一些分类，代表性的可以举出张国刚《唐代藩镇研究》中分为兵士哗变、将校作乱、反叛中央、藩帅杀其部下四类（第60～63页）；王赛时《唐代中后期的军乱》一文也有类似的划分（《中国史研究》1989年第3期，第93～95页）。但之前学者分类的目的在于梳理史实，而笔者下文则尝试利用这两个概念阐释唐代藩镇变乱模式的演化。

"畜兵十万，粟支十年""府中财货尚山积"①，转而陷入"士卒月储、岁衣往往不足"的困窘，这与志在割据的节帅往往采取聚敛境内以给赐军士，进而获取拥戴的赎买策略有关：

> （刘从谏）性奢侈，饰居室舆马。无远略，善贸易之算。徙长子道入潞，岁榷马征商人，又熬盐，货铜铁，收缣十万。贾人子献口马金币，即署牙将，使行贾州县，所在暴横杳贪，责子贷钱，吏不应命，即诉于从谏。②

上文所引李文益墓志云其"改补盐铁，淬贰转输，不阙课利"，承担的便是相关职任。③ 刘从谏盘剥商人、聚敛财富所得④，除了满足自己享乐所需外，主体当用于犒赏兵士，维系军将对其统治的向心力。比较一下刘广逐出高湜后，立刻"横敛以给军士"，邀买人心，所为与刘从谏别无二致。除此之外，昭义顺地化后，无疑要输送更多的财赋给中央，如平定刘稹后，时任河中、潞州两道节度并行营攻讨监军使似先义逸，立刻"以其军实亿万上献"⑤。而当时朝廷委任的文官节度使，"藩府代移之际，皆奏仓库蓄积之数，以羡余多为课绩，朝廷亦因而甄奖"。所谓"羡余"则来自克扣部下，"停废将士，减削衣粮"⑥，这股风气或许也刮到了会昌平叛后的昭义军中。

由此可见，刘稹之族的身份之所以在昭义军中仍具有号召力，恐非基于某种政治或道义上的权威，而是怀念刘氏昭义时期享用丰厚给赐的

---

① 《新唐书》卷一八〇《李德裕传》，第 5338 页；卷二一四《刘稹传》，第 6017 页。

② 《新唐书》卷二一四《刘从谏传》，第 6015 页。

③ 关于藩镇中的财政机构，参见李锦绣：《唐代财政史稿》下卷，第 576～590 页。

④ 科敛商人、开辟财源是刘氏昭义有效的聚敛手段，王协税商人十分取二，裴问以富商子弟号夜飞军（《资治通鉴》卷二四八，第 8005 页）。这些赋敛的办法在会昌伐叛后被废止，这也是昭义由富变穷的重要原因。

⑤ 似先义逸墓志，《全唐文补遗》第 7 辑，第 126 页。

⑥ 《资治通鉴》卷二四九，第 8071 页。

滋润生活。① 自刘氏割据时代举全镇之力供奉军队后，昭义军逐渐"骄兵化"，转变为依赖丰厚给赐维系忠诚的自利群体②，与李抱玉、李抱真时代尽忠朝廷、抗衡河朔的面貌已迥然不同。因此，会昌伐叛后的一系列善后举措，虽然遏制了节帅自立的倾向，但并无法改变昭义"骄兵化"的既成事实。③ 上文所论卢钧接任之后，军士拒绝北戍振武，迫大将李文矩为帅，其实也是一个骄兵自利的典型案例。此后，朝廷所命文官出身的节度使，不过将昭义视为历官迁转中的一站，与在地化的昭义军将气类不同，颇有文化隔阂。如在咸通四年(863)昭义军乱中被杀的沈询，素以风姿为时人称许：

> 沈询侍郎，清粹端美，神仙中人也。制除山北节旄，京城诵曹唐《游仙诗》云："玉诏新除沈侍郎，便分茅土领东方。不知今夜游何处，侍从皆骑白凤凰。"即风姿可知也。④

这位被目为"玉笋班"的翩翩佳公子虽据闻"为政简易，性本恬和"，但恐怕不会如刘氏统治时期那样注重保障军士利益，刻意笼络。时人胡曾《谢赐钱启》中对文官节度使的描述，大约颇符合沈询的作为："山东藩镇，江表节廉，悉用竖儒，皆除迁吏。胸襟龌龊，情志荒唐。入则粉黛绕身，出则歌钟盈耳。"⑤沈询的死因有些特殊：其奴归秦因与侍婢私通，惧事暴露，阴结牙将作乱⑥。不过如归秦这样的微贱小人便能说动牙军，沈

---

① 尽管从会昌伐叛开始，唐廷就削夺刘从谏及子稹官爵，平定刘稹后，更命石雄将刘从谏剖棺戮尸，而在唐代的官方文献中则多称刘稹为"贼稹"，以叛臣目之(《资治通鉴》卷二四七，第7984页；卷二四八，第8009页)，但上文所引李文益墓志、徐唐夫妻高氏墓志仍皆尊称其为刘公及官爵，反映了昭义镇内对刘氏的态度。

② 会昌伐叛中，王钊以洺州降唐，起因便是给赐不足，引发军士不满(《资治通鉴》卷二四八，第8006页)。

③ 张正田已指出晚唐昭义骄兵化的现象，但并未考及原因，参见《"中原"边缘——唐代昭义军研究》，第182页。

④ 孙光宪：《北梦琐言》卷五，第103页。

⑤ 胡曾：《谢赐钱启》，《文苑英华》卷六五五，第3366页。

⑥ 《旧唐书》卷一四九《沈询传》，第4038页。

询与部下的关系恐怕本来便有嫌隙。除了节帅与将士之间的隔膜，刘氏
昭义时期，文武僚佐皆刘悟、刘从谏父子一手罗致，亲党胶固，之后在
朝廷派遣文臣节帅的治下，文职僚佐如李裔之辈皆为节帅选辟，或出身
世家，幕职之任不过是他们应付守选的回旋之地①，而军将则多是昭义
本地人，世代从军，文武之间气类迥异，分途之势已成。② 在此背景下，
刘稹便成了将士们怀念"美好过去"的象征，进而成为刘广起事的机缘，
但昭义军将所怀念的不过是既往以满足骄兵欲壑为中心的统治方式，非
有效仿河朔故事的野心。

　　在驱逐高浞，控制昭义之后，刘广最初的期待是朝廷能接受这一既
成事实，授予节钺，而非割据自立。此时，唐廷采取了常用的拖延任命、
静观其变的策略。在此背景下，出身当朝显宦家族的李裔便成了乱兵眼
中合适的沟通朝廷与昭义的中间人："莫若縻一二从事，以觇朝廷信恕，
遂自拥众请君，且以露刃胁之。"虽然墓志中称李裔的所作所为皆是受乱
军胁迫，并一直伺机反正，但无疑他在刘广盘踞昭义期间扮演了相当活
跃的角色："君常密画覆广之计，未有以发。会此强逼，既不可规免，且
思用其宠而谐其志，乃若喜于邀辟，欣然从命。始以坠马伤足为辞，后
乃乘舆趋府临事，勤畏如初。"因此在乱平后，李裔亦受到牵连，被贬为

---

　　① 卢钧出镇昭义时所辟的韦承素亦是一例，韦承素出身京兆韦安石一支，门
第清贵，先后被辟为浙西、江淮转运、东川诸府僚佐。韦承素墓志拓本刊《长安新出
墓志》，第 276 页。

　　② 《唐语林》中的一则故事颇可见当时文武僚佐间的区隔："卢元公钧镇北都，
推官李璋幕中饮酒醉，决主酒军职衙前虞候。明日，元公出赴行香，其徒百八十人
横街见公，论无小推巡决得衙前虞候例。元公命收禁责状。至衙，命李推官所决者
更决配外镇，其余虞候各罚金。内外不测。璋惶恐，衣公服求见。公问：'何事公
服？请十郎袴衫麻鞋相见。'璋欲引咎，公语皆不及。临去，曰：'十郎不决衙前虞
候，只决所由。假使错误，亦不可纵。况太原边镇，无故二百虞候横拦节度使，须
当挫之。'"（周勋初校证：《唐语林校证》，北京，中华书局，2008 年，第 78 页）凭卢
钧这种重文轻武的态度，其入昭义不久之后便遭骄兵驱逐，虽事出偶然，但并不足
为奇。顺地尚且如此，更遑论张弘靖入主幽州之初，从事韦雍、张宗厚便出言贬低
军士，云"今天下无事，汝辈挽得两石力弓，不如识一丁字"，激起了文武间的对立
（《旧唐书》卷一二九《张弘靖传》，第 3611 页）。

随州司马。其父李福时领山南东道，随州恰在其治下，可谓不幸中的大幸。孰料半年多后，王仙芝攻破随州，李裔死于任上①，两年多后才得以最终归葬长安。

作为高级官僚的子弟，李裔对长安朝廷的政治运作规则自然颇为谙熟，如果墓志所言不虚，那么正是由于李裔的劝谏，使得刘广放弃了出兵泽州，主动挑起战争的计划，从而将驱逐高湜的行动限定在"经济性骚乱"范围之内。

由于唐廷迟迟未授予节钺，躁动不安的刘广乱军中曾有传递旧卒献计挑起与河阳的战争："泽本属郡，可厚赂以招孟人，出兵掠其壁，据天井、劫河阴，以惊周郑之郊，此乃疾雷不及掩耳，则节旄可翘足而待也。"即计划南下天井关，进逼洛阳，借助军事行动施加压力，迫使唐廷接受现实。

天井关位于泽州南四十五里太行山顶，"寇堞星联，建瓴之势，万夫莫仰"，当从山西进出河南平原的要冲，同时也是昭义南部的门户。② 会昌伐叛时，唐廷与昭义双方曾围绕此地进行了激烈的争夺。起初刘稹占据上风，"河阳节度使王茂元屯兵天井下，连战不捷，疾悸求解"，薛茂卿科斗寨之捷后，洛阳震动③，"天井下临覃怀，势逼河洛。衣冠士庶，莫不惶骇。奸谋讹言，亟生恟动"。而唐军一旦攻克天井关，泽州便失去了屏障，"天井下临高平郡，俯视如蚁，走尘炊烟，无所逃隐，贼众游

---

① 按随州城破的时间，《旧唐书》卷一九下《僖宗纪》系其事于八月，第700页。《资治通鉴》卷二五三系于乙卯，按乙卯为九月十七日，正与志文合。《资治通鉴》另记"山南东道节度使李福遣其子将兵救随州，战死"，盖是其另一子（第8192页）。

② 关于天井关的形势，参见顾祖禹：《读史方舆纪要》卷三九，第1799~1801页。

③ 宦官李敬实墓志记载武宗因战事不利，特命其赴天井关监军，"旋又上党背叛，征天下之师，环绕千里，日费百万，历年不下一城，不擒一将。武宗振怒，将帅怀忧，密令公往天井监戎"（《唐代墓志汇编续集》大中078，第1028页）。

骑，投砾可及。自是狡穴妖巢，不复自守"①。正是在平定刘稹后，唐廷将泽州转隶河阳节度："俟昭义平日，仍割泽州隶河阳节度。则太行之险不在昭义，而河阳遂为重镇，东都无复忧矣。"②李德裕此举无疑是为了削弱昭义的实力，使其无法再次对洛阳构成威胁。③ 而泽州作为昭义旧属，两地仍有千丝万缕的联系，传递旧卒所献之计在军事上或颇具可行性④，但此计违背了藩镇与唐廷间的政治默契，一旦付诸实施，将使刘广之乱升级为真正意义上的叛乱。这一政治默契的实质便是确定"经济性骚乱"与"政治性反叛"的界限，此处可以与刘稹之乱作一比较：

> （刘稹）居丧求袭，阻命专权，数遣乱军，侵轶邻境。比者河阳、晋绛，未有重兵，侵犯颜行，屡焚庐舍。又疆场之吏，收得彼管簿书，皆呼官军为贼，来即痛杀，可谓悖言肆口，逆节滔天。⑤

刘稹主动进攻邻镇，公开与官军为敌，是他后来被目为叛臣的重要依据⑥，其实这本非刘稹本意。按照王协的谋划，"正当如宝历年样为之，不出百日，旌节自至。但严奉监军，厚遗敕使，四境勿出兵，城中暗为

---

① 王宰墓志，拓本刊《洛阳新获七朝墓志》，第 363 页。相关讨论参见唐雯：《从新出王宰墓志看墓志书写的虚美与隐恶》，载《复旦学报》2014 年第 5 期，第 1～9 页。

② 《资治通鉴》卷二四七，第 7991 页。《唐会要》卷七〇引会昌四年九月中书门下奏："泽州全有太行之险固，实为东洛之藩垣，将务远图。所宜从便，望割属河阳。"（第 1490 页）

③ 王国尧：《李德裕与泽潞之役——兼论唐朝于 9 世纪中所处之政治困局》，《唐研究》第 12 卷，第 501～503 页；陈翔：《关于唐代泽潞镇的几个问题》，见《陈翔唐史研究文存》，第 176～177 页。

④ 甚至可以推测这位传递旧卒或曾亲身经历了三十余年前的刘稹之叛，才能仿其故伎。

⑤ 李德裕：《代李石与刘稹书》，见《李德裕文集校笺》，第 152 页。

⑥ 陆扬《西川和浙西事件与元和政治格局的形成》一文中已指出刘辟侵入东川，是宪宗态度转变的关键（《清流文化与唐帝国》，第 35～41 页）。可以认为不得通过侵入邻镇、挟制朝廷、获致节钺是元和中兴之后中央和藩镇之间形成的政治默契。

备而已"①。所谓宝历年样，即指效仿刘从谏袭位的故事，比照唐廷既往
与河朔藩镇达成的政治默契，求取唐廷谅解：

> 时李逢吉、王守澄纳其赂，数为请，敬宗乃以晋王为节度大使，
> 诏（刘）从谏主留事，起将作监主簿，检校左散骑常侍。晋王帝所爱，
> 从谏馈献相望，未几，拜节度使。②

宝历元年八月，刘悟暴疾而亡后，刘从谏通过贿赂朝臣宦官，求取旌节。
唐廷经过犹豫之后，于是年十二月以亲王遥领作为过渡，命刘从谏为留
后，至二年四月正授节钺。③ 刘稹最初便欲仿这一先例，"潞府请以亲王
遥领，令稹权知兵马事"④。但在李德裕的坚持下⑤，唐廷坚拒其请。

我们也可以注意到，即使同名为亲王遥领，在具体运作的过程中，
顺地与强藩的表现似仍有相当的不同。以昭义前后期的不同形态而论，
上文所引高湜撰崔缜墓志所署结衔为"昭义军节度副大使知节度事潞磁邢
洺等州观察处置等使"，可知高湜尽管已出镇两年多，但节度使仍由亲王
遥领，亦符合《新唐书·百官志》所云"有持节为节度、副大使知节度事
者，正节度也"的制度⑥。而强藩的形态大都先以军中所推举的留后身份
权知军政事务⑦，稍作过渡，数月后唐廷便正授节钺。进而我们可以注意
到在谋求节钺过程中，藩镇与唐廷间的一系列隐藏在礼仪性往来背后的博

---

① 《资治通鉴》卷二四七，第 7981 页；另参见李德裕：《赐何重顺诏》，见《李
德裕文集校笺》，第 101 页。

② 《新唐书》卷二一四《刘从谏传》，第 6014 页；《唐会要》卷七八，第 1698 页。

③ 《资治通鉴》卷二四三，第 7844～7850 页。另参见张正田：《"中原"边
缘——唐代昭义军研究》，第 210～215 页。

④ 《旧唐书》卷一八上《武宗纪》，第 595 页。

⑤ 李德裕：《论昭义三军请刘稹勾当军务状》，见《李德裕文集校笺》，第 277～
278 页。

⑥ 《新唐书》卷四九下《百官志》，第 1310 页。

⑦ 按强藩中的节度副大使一职多由节帅子弟出任，被目为储贰。因此在前一
任节帅在世时，候任者已带有节度副大使的身份，无论是顺利承继，还是军中另推
他人，皆是以留后这一身份为过渡。

弈："先是河朔诸镇有自立者，朝廷必先有吊祭使，次册赠使、宣慰使继往商度军情。必不可与节，则别除一官；俟军中不听出，然后始用兵。故常及半岁，军中得缮完为备。"①同时在这一往复的过程中，原驻镇内的监军与朝廷派遣的中使如何向皇帝禀报镇内的动向②，则成为唐廷决定是否接受既成事实的关键，以下以会昌伐叛过程中发生的太原杨弁之乱为例略作分梳。

杨弁借河东镇内对北戍榆社的不满，煽动起事，驱逐河东节度使李石。由于当时唐廷仍在全力会攻昭义，河东的后院起火，引起了朝野骚动。河东监军吕义忠遣使入奏，尽管吕义忠具体所言史文缺载，不过从听取汇报后，朝臣"或言两地皆应罢兵"来看，吕义忠大约主张息事宁人。于是"上遣中使马元实至太原，晓谕乱兵，且觇其强弱。杨弁与之酣饮三日，且赂之"，马元实接受杨弁贿赂后，为之美言，夸大乱兵的实力，力劝武宗授予旌节。幸赖李德裕严词驳斥，朝廷才下决心讨伐。听闻这一消息之后，驻守榆社的河东军"乃拥监军吕义忠自取太原"，自行平定了动乱。③ 从这一案例中我们不难发现王协所谓"严奉监军，厚遗敕使"的奥秘所在，而刘稹起初也是通过昭义监军崔士康自请节钺的。④

是否出兵袭扰邻镇作为区隔"经济性骚乱"与"政治性反叛"的界限，则成为事态是否会进一步激化的关键。正因如此，会昌伐叛之初，昭义将领薛茂卿虽然大败河阳方面的唐军，"破科斗寨，擒河阳大将马继等，焚掠小寨一十七"，兵临怀州城下，却因"以无刘稹之命，故不敢入"。甚

---

① 《资治通鉴》卷二四七，第 7984 页。

② 如魏博何进滔去世，镇内推其子何弘敬袭位，李德裕《宰相与李执方书》叙其经过："闻以监军朝觐，贵安物情，军府事权令后嗣勾当，本于忠顺，固匪徇私。"而中使也成为唐廷探查藩镇内部动向的重要渠道，如李德裕《代弘敬与泽潞军将书》中提及刘氏昭义内部的分裂，"女婿李全方四月五日降职至十将，妹婿王再晟被发遣山东，充邯郸镇佐军虞候"，这些情报大约是奉旨宣谕的供奉官薛士幹提供的。(《李德裕文集校笺》，第 160、147 页)

③ 《资治通鉴》卷二四七，第 7994～7998 页。

④ 《新唐书》卷二一四《刘稹传》，第 6015 页。按平定昭义后，崔士康则因上奏不实而被杀。

至大捷之后，薛茂卿不但未获封赏，反而因"太深入，多杀官军，激怒朝廷，此节所以来益迟也"的谗言招致刘稹猜忌，最终欲投降唐军不果而被杀。① 此事典型地反映了刘稹举兵时首鼠两端的心态。而杨弁在太原起事后，曾试图与刘稹联合，亦遭昭义军中反对，云"我求承袭，彼叛卒，若与之，是与反者"，械其使送京师，甚至进而"使康良佺屯鼓腰岭，败太原兵，生禽卒七百"②，主动攻击河东叛军，示好朝廷。可知即使到最后，刘稹亦不敢与唐廷彻底决裂。

元和中兴之后，在唐廷与藩镇公认的政治默契中，除允许河朔藩镇自相承袭外，其他藩镇再欲效仿河朔故事，追求自立而发动"政治性反叛"已不再有获得赦宥的机会，这也是李德裕在会昌之役中获得河朔藩镇出兵协助平叛的依据所在。③ 由此可见，刘广一旦出兵河阳，其性质就从"经济性骚乱"转变为"政治性反叛"，前者尚能为唐廷所含容，后者则被视为叛逆。因此李裔所主张的"恭顺以俟朝旨"，虽然使刘广放弃在军事上获取主动的机会，但更符合当时普遍公认的政治逻辑。

最终，唐廷的拖延战术起到了效果④，在李傃率军兵临城下的外部

---

① 《资治通鉴》卷二四七，第 7989、7993 页。

② 《新唐书》卷二一四《刘稹传》，第 6017 页。

③ 即在承认河朔故事的基础上，指出"泽潞一镇，与卿事体不同"（《资治通鉴》卷二四七，第 7981 页）。值得注意的是李商隐《为濮阳公与刘稹书》中对此表述要暧昧很多："窃计足下之怀，执事之论，当以赵氏传子，魏氏袭侯，欲以逡巡希恩，顾望谋立耳。夫事殊者趣异，势别者迹暌。故度其始而议其终，搴其华而寻其实，愿为足下一二而陈之。夫赵、魏二侯，于其先也，亲则父子；于其人也，职则副戎。赏罚得以相参，恩威得以相抗。义显事顺，故朝廷推而与之。今足下之于太傅也，地则犹子，职非副戎，赏罚未尝相参，恩威未尝相抗。稽丧则于义爽，拒诏则于事乖，比赵、魏二侯，信事殊而势别矣。此施之于太傅、赵、魏，则为继代象贤之美；施之于足下，足下则为自立擅命之尤。得失之间，其理甚白。"（《李商隐文编年校注》，第 647~648 页）言语中并未公开承认河朔故事的存在，这当然与因事合不同、采用不同的叙事策略有关，同时也彰显了当时政治中表达与实践间的张力。

④ 唐廷的拖延策略这次取得成功，大约与刘广非昭义本地出身有关。可资比较的例子是会昌初幽州军变，前后得位的陈行泰、张绛，在唐廷迟迟未予承认的情况下，无法控制局势，相继被杀，其中的重要原因便是"绛与行泰皆是游客，主军人心不附"（《旧唐书》卷一八〇《张仲武传》，第 4677 页）。

压力下①，昭义内部发生变乱："安文祐时任军候，纪纲心膂，咸总统之。是夕，遂枭广首掷城外。"牙将安文祐诛杀刘广，归顺唐廷。但值得注意的是，唐廷虽犒赏安文祐之功，加官晋爵，"召赴行在，授邛州刺史"②，实际上将其调离了昭义军。志文中所谓"护军中贵人与军吏咸请君知留事，始入治所，遽命擒前传递卒，仗杀之"，则是在刘广被杀后的权力真空期，监军崔士康与昭义镇内或曾有策动李系为留后的谋划，但最终未获唐廷允准。唐廷"以左金吾大将军曹翔为昭义节度使"③，维持了以朝官出外为昭义节度使的旧例，只是大约惩于高浞以文臣失驭的前车之鉴，改委禁军将领曹翔出镇。

四、唐代藩镇变乱模式的演化

尽管史书中批评"沈询、高浞相继为昭义节度，怠于军政。及有归秦、刘广之乱"④，将更多的责任归于节帅的控驭失当⑤，但我们不难注意到晚唐这种"经济性骚乱"发生的频率日益增加⑥，范围不但涵括唐廷控制下的"顺地"，即使在原本节帅自相承袭已成故事的河朔三镇中，亦

①　李系为中唐名将李晟曾孙，传世文献中仅有零星记载，集中于乾符六年；五月，"王铎以其家世良将，奏为行营副都统兼湖南观察使，使将精兵五万并土团屯潭州，以塞岭北之路，拒黄巢"；十月，黄巢率军北上，"李系婴城不敢出战，巢急攻一日，陷之，系奔朗州"（《资治通鉴》卷二五三，第8214、8217页）。另参黄清连：《王铎与晚唐政局》，《历史语言研究所集刊》第63本第2分，第232～237页。按此役成为黄巢坐大的关键之一，王铎之所以会重用"有口才而实无勇略"的李系，除了其将门之子的身份外，乾符四年其率军平定刘广之乱的成功或许也起了不小的作用。
②　《旧五代史》卷九〇《安崇阮传》，第1378～1379页。
③　《资治通鉴》卷二五二，第8181页。
④　《旧五代史》卷六二《孟方立传》，第961页。
⑤　与卢钧不同，高浞在昭义乱后遭远贬，可见朝廷明确将刘广之乱归咎于他，但是我们需要注意到此时正是高浞的政敌控制朝政，很难说这一处分背后没有政治报复的因素。
⑥　之前的学者对此现象已有所注意，但仍停留在分类、描述的层面，参见王赛时：《唐代中后期的军乱》，载《中国史研究》1989年第3期，第92～101页。

颇为常见①，甚至为了防止军士暗地串通，"河北之法，军中偶语者斩"②。作为晚唐藩镇中普遍存在的一种结构性现象，将其仅仅归因于节帅本人的失策或无能，恐未达一间。如上文所述的卢钧便是唐廷精心选择的人选，举措谨慎稳妥，但亦难逃狼狈离任的命运。

昭义作为唐廷防遏河朔三镇设立的藩镇，"肘京洛而履河津，倚太原而跨河朔"③，战略地位十分重要。李抱玉、李抱真兄弟尽节王事，在历次讨伐藩镇的战争中屡建功勋，昭义军因此享有忠义的美名。自刘悟、刘从谏父子自相承袭以来，昭义转向割据自立，会昌伐叛的胜利并未能改变昭义军动荡多事的格局，直至唐末因孟方立之乱最终分裂为泽潞、邢洺二镇，可以说昭义军的面貌从中唐到晚唐发生了巨大的变化。对于这一转变，唐人与现代学者的观察其实相当接近，都认为昭义受到了河朔割据传统的影响④，"比者河朔诸镇，惟淄青变诈最。刘悟随来旧将，皆习见此事"⑤，"岂谓移淄青旧染之俗，污上党为善之人"⑥，将昭义的转变归咎于刘氏主政。因此，李德裕主持的善后工作，其根本目的便是要肃清刘氏家族的影响，"盖以污染之俗，终须荡涤"⑦。但在诛戮刘氏家族及其亲信之后，昭义军并未如唐廷所期待的那样，恢复"忠义"的传统。

---

① 如果说唐廷控制的藩镇，多由文臣出任节度使，任期不长，文武隔膜，加之中央权威的衰退，难以驾驭镇内的军队，导致了此类骚乱的发生，但河朔藩镇世代相袭，节帅出身武夫，传统上对于本镇控制严密，同样发生了此类现象，这只能说发生了结构性的变化。

② 《资治通鉴》卷二四八，第8014页。胡注："河北诸帅防其下相与聚谋以图己，故严军中偶语之法，以刚制之。卢弘宣至中山，乃除其法。"

③ 杜牧：《贺中书门下平泽潞启》，见《杜牧集系年校注》，第976页。

④ 唐人对于昭义忠义形象的认知详见下文，现代学者中较有代表性的论述可参见张正田《"中原"边缘——唐代昭义军研究》中的讨论（第227~252页）。

⑤ 李德裕：《赐李石诏意》，见《李德裕文集校笺》，第112页。

⑥ 李德裕：《代卢钧与昭义大将书》，见《李德裕文集校笺》，第154页。刘悟出自淄青，而淄青系原平卢军建立的藩镇，唐人的这一观察不能说完全没有依据，参见辻正博：《唐朝の對藩鎮政策について——河南"順地"化のプロセス》，《東洋史研究》46卷2号，第345~346页。

⑦ 李德裕：《宰相与卢钧书》，见《李德裕文集校笺》，第166页。

　　正如上文所论晚唐昭义虽不再出现节帅割据自立的局面，但"经济性骚乱"频繁发生，镇内愈加动荡。因此，我们对于前期昭义军"忠义"的本质究竟为何，实有重新思考的必要。传世文献中对于昭义军"忠义"历史与形象的记述所在多有，杜牧著名的《上李司徒相公论用兵书》记述颇详：

　　　　夫上党则不然，自安、史南下，不甚附隶。建中之后，每奋忠
　　义，是以郄公抱真，能窘田悦，走朱滔，常以孤穷寒苦之军，横折
　　河朔强梁之众。贞元中，节度使李长荣卒，中使提诏授与本军大将，
　　但军士附者即授之。其时大将来希皓为众所服，中使将以手诏付之，
　　希皓言于众曰："此军取人，合是希皓，但作节度使不得，若朝廷以
　　一束草来，希皓亦必敬事。"……（卢）从史尔后渐畜奸谋，养义儿三
　　千人，日夕煦沫。及父虔死，军士留之，表请起复，亦只义儿与之
　　唱和，其余大将王翼元、乌重胤、第五钊等及长行兵士，并不同心。
　　及至被擒，乌重胤坐于军门，喻以祸福，义儿三千，一取约束。及
　　河阳取孟元阳为之统帅，一军无主，仅一月日，曾无犬吠，况于他
　　谋。以此证验，人心忠赤，习尚专一，可以尽见。及元和十五年授与
　　刘悟，时当幽镇入觐，天下无事，柄庙算者议必销兵。雄健敢勇之士，
　　百战千攻之劳，坐食租赋，其来已久，一旦黜去，使同编户，纷纷诸
　　镇，停解至多，是以天下兵士闻之，无不忿恨。至长庆元年七月，幽
　　镇乘此首唱为乱。昭义一军，初亦郁怫，及诏下诛叛，使温起居造宣
　　慰泽潞，便令发兵。其时九月，天已寒，四方全师，未颁冬衣服，聚
　　之授诏，或伍或离，垂手强项，往往诤语。及温起居立于重榻，大布
　　恩旨，并疏昭义一军自七十余年忠义战伐之功劳，安、史已还叛逆灭
　　亡之明效，辞语既毕。无不欢呼。人衣短褐，争出效命。①

　　────────

　　　　①　杜牧：《上李司徒相公论用兵书》，见《杜牧集系年校注》，第 818～819 页。
　　按引文中"李长荣"，本误作"李长策"，据《旧唐书》卷一三二《卢从史传》改（第 3652
　　页）。近年黄楼从康熙《孟县志》中发现了李元淳墓志（按李长荣系李元淳本名），并撰
　　文考释，参见《〈祁连郡王李公（元淳）墓志铭〉考释——兼论唐德宗贞元年间昭义军三
　　次择帅问题》，见《碑志与唐代政治史论稿》，第 19～37 页。

杜牧所论大体上可以代表时人对于昭义忠义形象的认知，会昌伐叛过程中，李德裕替唐廷及诸路将领草拟的诏敕文告，对于昭义军忠义历史的描述大体与之类似。[①] 在杜牧眼中，此前昭义军中节帅、大将、军士三个阶层皆尽忠于朝廷，所谓"若朝廷以一束草来，希皓亦必敬事"。即使有卢从史等个别豢养义儿谋求自立的节帅，亦无法获得军中大多数将领的支持，甚至销兵等损害军士切身利益的举措，虽会招致不满，但并不影响昭义军戮力王事、为朝廷作战的热情。因此，最初看来刘稹不过是卢从史第二，只要朝廷决心讨伐，并不难底定。事实上，泽潞之役，迭经一年多的苦战方告成功，若非李德裕的坚持，恐怕早就半途而废了。由此可知刘稹时代的昭义较之以往已发生了相当的变化，这一变化的核心便是上文所论昭义的"骄兵化"。经过刘氏父子的统治，昭义军已从一支"孤穷寒苦之军"转变为依赖赏赐维系忠诚的自利性军队。

若放宽视野，不难注意到这种"骄兵化"的进程可以说在中晚唐各个藩镇中普遍发生着，节帅只有通过给予将士更丰厚的给赐，才能换取部下支持其对抗朝廷，谋取不受代甚至自相承袭的地位。但重复赏赐最终导致边际效应递减，将士的欲壑更加难以填满，更容易受到煽动，进而镇内骚乱愈发频繁。节帅谋求自立与镇内军队的骄兵化两者可以说是互为因果。[②] 到了晚唐，大多数藩镇都已完成了"骄兵化"的过程，这大约是当时各藩镇"经济性骚乱"频繁发生的根本原因。

需注意的是，除了"骄兵化"的转变，刘氏统治下的昭义亦有不变的一面，即延续了由军将阶层构成昭义核心的传统[③]，在这一传统下节帅

---

① 李商隐《为濮阳公与刘稹书》亦云："昔李抱真相国，用彼州之人，破朱滔于燕，困田悦于魏，连兵转战，绵岁经时。而潞人子死不敢悲，夫死不敢哭，何者？李相国奉讨逆之命，为勤王之师，义著而诚顺故也。"（《李商隐文编年校注》，第649页）

② 事实上，在骄兵主导藩镇之后，节度使遑论谋求自立，仅维持自身地位便需要不断地厚加赏赐，以换取拥戴，最终演化为晚唐骄兵变易主帅如同儿戏的局面。参见本书第七章对魏博牙军的讨论。

③ 张正田：《"中原"边缘——唐代昭义军研究》，第159～161页。

与将士建立起密切而又相对平等的私人关系。回顾昭义前期的历史不难注意到，如李抱玉、李抱真等都是能与将士同甘苦的名将，因此自节帅、军将乃至兵士的密切结合塑造了昭义军的性格，同时镇内将领也有较大的上升空间，建立功勋者有机会被擢升为节帅。因此，像卢从史这样试图自立的人物，并不容易获得军将群体的支持，一个自相承袭的节帅家族反而会阻碍整个军将群体上升的空间。因此昭义前期的"忠义"表现与其说是一种文化传统，不如说是由这种军将主导的结构及节帅个人取向所共同决定的。刘氏昭义时期，虽然转变为割据自立，但本质上节帅与军将间仍具有密切的私人纽带，尽管这种纽带可能更依赖婚姻、赏赐等手段来维系。如上文引述的刘从谏妻裴氏与诸大将之妻共宴，便是典型的例子；裴问也是因裴氏之弟的身份得领邢州。① 由节帅与军将阶层主导昭义这一传统并未改变，这在刘稹覆亡的过程中可以看得很清楚，只是军将群体更多的由刘氏拔擢的私人构成。

会昌伐叛后，李德裕主导的善后处置虽未能改变昭义军的构造，但有力地削弱了昭义的军将阶层，更重要的是，之后的昭义节帅由朝廷派出的文臣担任，流动的节帅与本地化的军人之间的隔膜显而易见，改变了节帅与军将间具有密切私人纽带的传统。同时镇内军将再无可能出任本镇节帅，上升空间遭到封闭。而刘氏昭义时代的"骄兵化"，使得军队本身变得难以驾驭。军将阶层的衰微与骄兵的活跃，使得昭义军发生了从军将主导向骄兵主导的转变，这也是会昌伐叛成功后昭义经济性骚乱频繁发生的重要原因。

如果将中晚唐的藩镇变乱初步划分为"政治性反叛"与"经济性骚乱"两种类型的话，那么不难注意到两者在时间与空间上各自具有不同

① 《新唐书》卷二一四《刘从谏传》，第6017页。按《旧唐书》卷一七七《刘邺传》云系裴氏之兄（第4617页）。

的特征。① "政治性反叛"追求藩镇割据自立、节帅之位的不受代乃至自相承袭，拥有明确的政治目标，强藩间合纵连横，甚至不惜主动挑起与唐廷的战争，具有外向型的特征，以唐德宗时"四王二帝"连兵最为典型。这一类叛乱，基本上发生在代宗、德宗、宪宗三朝。至长庆初，以唐廷承认"河朔故事"为前提，朝廷与河朔藩镇建立新的政治默契后，双方关系长期保持稳定，甚至随着河朔藩镇的骄兵化，新任节帅往往需要唐廷的承认以强化其统治的合法性，对于唐廷的态度较之以往反而愈加恭顺。另一方面，唐廷虽然默许了"河朔故事"，但对于河朔之外藩镇，如有"政治性反叛"的异动，往往倾向于武力讨伐，以维护中央权威。"经济性骚乱"虽然是分散而偶发的事件，频率在晚唐日渐提高，反映藩镇将士自利性的诉求，一般没有明确的政治目标，范围则集中于本镇之内，基本的骚乱形式是驱逐原节度使，拥立新帅，并不直接挑战唐廷的权威。即使在过去研究中被视为骄兵跋扈典型的徐州银刀军亦不例外：

> 初，王智兴既得徐州，募勇悍之士二千人，号银刀、雕旗、门枪、挟马等七军……其后节度使多儒臣，其兵浸骄，小不如意，一夫大呼，其众皆和之，节度使辄自后门逃去。前节度使田牟至与之杂坐饮酒，把臂拊背，或为之执板唱歌；犒赐之费，日以万计，风雨寒暑，复加劳来，犹时喧哗，邀求不已。牟薨，（温）璋代之。骄兵素闻璋性严，惮之。璋开怀慰抚，而骄兵终怀猜忌，赐酒食皆不历口，一旦，竟聚噪而逐之……以浙东观察使王式为武宁节度使……骄兵闻之，甚惧。八月，式至大彭馆，始出迎谒。式视事三日，飨两镇将士，遣还镇，擐甲执兵，命围骄兵，尽杀之，银刀都

---

① 孟彦弘已指出："所谓'藩镇问题'，是指藩镇的跋扈乃至反叛以及士兵的哗变，前者主要是藩镇针对中央的行为，后者是军人针对藩镇节度使的行为。'中央—节度使—地方军人集团'之间的矛盾和相互依存的关系，成为我们理解藩镇问题的关键。"（《论唐代军队的地方化》，见《中国社会科学院历史研究所学刊》第1集，北京，社会科学文献出版社，2001年，第264页）

将邵泽等数千人皆死。①

王智兴驱逐唐廷任命的节度使崔群而得徐州，因此组建银刀军以巩固其地位，谋求长任，开启武宁军"骄兵化"的过程。之后历任文臣节帅皆无法有效地对骄兵加以抑制，至晚唐早已形成尾大不掉之势。但值得注意的是，银刀军虽然经常变逐节帅，劣迹斑斑，但所谋求者不过是优给赏赐而已，并无进一步的政治目标，这在温璋被逐一事中表现得非常清楚。银刀军本因温璋性严而驱逐之，孰料朝廷不但未满足预期，反而改派王式出镇徐州。较之于温璋，刚刚平定浙东裘甫之乱的王式无疑更加难以对付，银刀军虽然对此强烈不满，却只能接受成命，无力再生事端，最终遭到屠戮。

在唐廷与藩镇实力达成平衡的中晚唐时代，各镇普遍的"骄兵化"削弱更多的是藩镇本身，而非唐廷。对于唐廷而言，因骄兵引发的经济性骚动，由于缺乏政治目标，不过是疥癣之疾。另一方面，由于节帅不得不将精力更多地花在安抚或弹压镇内骄兵，无力外向，中唐之后，藩镇对于唐廷的挑战与威胁反而呈下降趋势。在此情况下，唐廷得以根据对藩镇内部形势的判断，从容地处置经济性骚乱，手段较为灵活，有时亦含容从之，承认乱军拥立的新帅，以换取节帅对于朝廷更为恭顺的态度。

如果做进一步观察，"政治性反叛"藩镇的基本权力构造一般是节帅与军将的密切结合，由此形成稳固高效的统治模式，塑造出一支骁勇善战的军队，从而具有谋求自立地位、挑战唐廷的军事力量。因此，前期的昭义军虽然是作为河朔的"敌人"而为时人所认知②，但在构造上其实与河朔藩镇更为近似。而至晚唐，各藩镇包括河朔三镇在内或多或少都发生了"骄兵化"的过程，节帅受困于骄兵跋扈，自顾无暇，根本无力挑

---

①　《资治通鉴》卷二五〇，第 8099 页。

②　会昌伐叛时李德裕尝谕成德王元逵："况卿当道，顷为卢从史、刘从谏所败，与泽潞素是深仇。"（李德裕：《赐王元逵何弘敬诏意》，见《李德裕文集校笺》，第 121 页）

战唐廷的权威，唐廷与藩镇的关系反而变得稳定，而失去了"敌人"的昭义军，不再具有"故欲变山东之俗，先在择昭义之帅"①的关键地位，可以由不知兵的文臣来充任了。到了唐末天下大乱，朝廷任命的文臣节帅被驱逐，昭义本地的将领再次浮出水面，代高浔自立为昭义节度使的孟方立系"邢州平乡人也，少以勇力隶于本军为裨将"。孟方立将昭义治所移至家乡所在的邢州，"始拜坟墓于乡里，诣县令里所，陈桑梓之敬"②，颇有治声。但此时的昭义，由于地当朱温与李克用两大势力互相攻伐的孔道，早已不可能置身事外，于是依附朱温的孟方立与占据泽潞两州的李克修，隔着太行山脉将昭义分裂成两镇，同时也最终结束了昭义防御河朔藩镇的历史使命。

与中唐不同，经历了普遍的"骄兵化"后，晚唐藩镇变乱转而以"经济性骚乱"为特征，以骄兵变易主帅为主要形式，与前期呈现出不同的面貌③，而昭义军前后期的转变，恰好为此提供了一注脚。

---

① 权德舆：《昭义军事宜状》，见《权德舆诗文集》，第751页。甚至可以说刘氏割据昭义局面的形成，除了敬宗的疏忽外，穆宗长庆之后河朔故事达成，唐廷压力缓解，失去了敌人的昭义重要性随之下降，或是刘从谏得以袭位的原因之一。

② 《北梦琐言》卷十三，第272页；《新唐书》卷一八七《孟方立传》，第5448页。

③ 渡边孝曾比较成德与魏博不同的特点，认为魏博是由牙军主导的，而成德的传统则是军将阶层起到核心作用（《魏博と成德——河朔三镇の権力構造についての再検討》，《東洋史研究》54卷2号，第96～139页）。此文重要的贡献是打破既往将河朔三镇等而视之的成见，但其对于魏博由牙军主导的归纳并非完全准确。李碧妍已指出田氏家族时代的魏博与成德一样都是由军将阶层所主导的，直到史宪诚以后才逐渐变成受牙军支配（《危机与重构：唐帝国及其地方诸侯》，第317～325页）。而从笔者的笼统观察来看，军将主导的藩镇多与"政治性反叛"相联系，而骄兵跋扈则导致"经济性骚乱"，因此军将主导与牙军主导的分野更多体现的是唐代藩镇前后期的变化。

第七章　唐末魏博的政治与社会
——以罗让碑为中心

一、罗让碑的发现与调查

　　魏博作为河北强藩的典型，对中晚唐历史的走向具有重要影响①，历来不乏学者关注，积累的成果相当丰富。但总括而言，过去的研究主要围绕着中央与魏博的关系、魏博内部的权力结构这两大主题展开②，在研究时段的选择上则侧重于中央与藩镇之间相互对立的时期，而对两

───────

　　① 如杜牧《罪言》中已指出："魏于山东最重，于河南亦最重。"(《杜牧集系年校注》，第 634 页)欧阳修《新唐书·藩镇传》更将魏博置于唐代藩镇之首。清人顾祖禹以为："迨安史倡乱，河北之患二百余年，而腹心之忧常在魏博。"(《读史方舆纪要》卷十六，第 696 页)王夫之则曰："藩镇之强，始于河北，而魏博为尤，魏博者，天下强悍之区也。"(《读通鉴论》，第 864 页)所言皆道出了魏博在唐代藩镇中的地位。

　　② 除了第五章中已述及之外，较为重要的通观性研究还有堀敏一：《唐五代武人勢力の一形態——魏博天雄軍の歷史》，《中國古代史の視點》，東京，汲古書院，1994 年，第 127～143 页；韩国磐：《关于魏博影响唐末五代政权递嬗的社会经济分析》，见《隋唐五代史论集》，北京，生活·读书·新知三联书店，1979 年，第 336～355 页；李树桐：《论唐代的魏博镇》，见傅乐成教授纪念论文集编辑委员会编：《中国史新论——傅乐成教授纪念论文集》，台北，学生书局，1985 年，第 521～532 页；方积六：《唐及五代的魏博镇》，见武汉大学历史系魏晋南北朝隋唐史研究室编：《魏晋南北朝隋唐史资料》第 11 辑，第 216～225 页；谷川道雄：《河朔三鎮における節度使權力の性格》，《名古屋大學文學部研究論集》74 期，第 5～24 页。新近的讨论则侧重于检讨粟特等胡人在魏博政治中的作用，参见森部豊：《ソグド人の東方活動と東ユーラシア世界の歴史的展開》，第 123～181 页。

者关系的稳定期一笔带过。本章以罗让碑这一新史料为切入点，结合相关文献记载，立足于地方史的观察维度，围绕以下两个主题展开讨论。第一部分沿袭传统政治史的分析架构，根据碑文的记载重建罗弘信政变的史实，进而分析唐末魏博内部的政治权力结构及其变迁，试图通过对魏博的个案研究，探讨在安史乱后一直以兵雄天下著称的河朔三镇为何未能在唐末五代的历史巨变中继续扮演主要角色。第二部分则引入新文化史的视角，探讨河朔藩镇建立巨碑风习背后的社会文化机制，诠释立碑这一行动本身所具有的政治功能，借助对碑文中富有政治宣传意味表述的分析，探究碑文的作者与读者之间的互动关系以及藩镇自我认同的形塑。通过对罗让碑建立前后魏博历史的微观研究，对学界尚关注不多的唐末河朔藩镇内部的变化、河北地方认同的构建这两个问题进行考察。①

罗让碑全称《唐故御史大夫赠工部尚书长沙郡罗公神道之碑》②，龙纪元年(889)魏博节度使罗弘信因其父罗让被追赠为工部尚书而立。碑文详细记载了唐僖宗文德年间魏博牙军变乱，拥立罗弘信取代乐彦祯这一历史事件的全过程，并对罗氏家族的世系源流、婚宦情况，魏博内部的政治结构，其与唐廷、邻藩的关系及罗弘信执政之初的谶纬等皆有所记

---

① 关于唐末藩镇格局变迁通论性的研究，可参见何灿浩：《唐末政治变化研究》，北京，中国文联出版社，2001年；山根直生则以淮南为例探讨唐末藩镇体制的一些变化，参见《唐朝军政统治的终局与五代十国割据的开端》，载《浙江大学学报》2004年第3期，第71～79页。

② 碑额据原碑照片、《邯郸运河碑刻》所收碑额拓片校录。按罗让碑虽然历代金石志多有著录，但所记名称不一，多有舛误。吴式芬《金石汇目分编》卷三(《石刻史料新编》第1辑第27册，台北，新文丰出版公司，1982年第2版，第20732页)、樊彬《畿辅碑目》卷上(《石刻史料新编》第2辑第20册，第14786页)作《唐魏博节度押衙罗让神道碑》，此盖节录自碑文首题。正德《大名府志》(《天一阁藏明代方志选刊》第3册，上海，上海古籍书店，1981年)作《唐太师南阳王罗公神道碑记》，据罗周敬墓志(录文见周阿根辑校：《五代墓志汇考》，合肥，黄山书社，2012年，第285页)，罗让后累赠太师、南阳王，龙纪元年初立碑时，仅赠工部尚书，而罗让碑拓本右下角有"开平二年二月(中阙)师赠封南阳王"等字，与原碑字体明显不同，当是封赠累加后补刻，非原碑额。民国二十三年洪家禄等纂《大名县志》卷二一《金石》作《唐赠工部尚书罗让碑》(《中国方志丛书》165册，台北，成文出版社，1968年，第1375页)。

述，内容十分丰富，为我们研究唐末魏博政治、社会诸方面的情况提供了重要的史料。

由于《全唐文》仅录罗让碑二百余字，无法卒读①，其价值一直未被学界所注意。直至陈尚君编纂《全唐文补编》时，据影印天一阁藏明正德《大名府志》重新辑录，存三千余字，基本保存了碑文全貌，该碑才得以进入学者视野。② 笔者在此基础上对罗让碑历代著录情况做了进一步的调查，并在民国二十三年（1934）编纂《大名县志》中找到罗让碑的另一种录文，文字与正德《大名府志》所载颇有出入。经比对，两种录文各有优长之处，该碑前半部分录文，民国本讹字较少，后半部分则以正德本文字较为优长。总体而言，民国本后半部分所存字数略少于正德本，最后铭文部分多处注有"阙"、"阙下四语"等文字，文避清乾隆讳，或援据清代某种录文抄入县志。③

之后笔者又获悉原碑尚存于世，现为河北省重点文物保护单位，然遍检各种石刻专书及地方文献，未见有相关拓本及录文发表。④ 魏大帅同学利用假期省亲的机会，协助勘查了罗让碑保存的现状，并拍摄了一些照片（图七），使笔者对原碑保存的情况有了初步了解。该碑目前位于河北大名县康堤口村南⑤，或出于保护文物的需要，石碑下半部分被埋

① 《全唐文》卷八一三《唐太师南阳王罗公神道碑》，第 8560 页。检乾隆《大名县志》、咸丰《大名府志》两种清代方志，所录《罗让碑》片断文字与《全唐文》所收略同，或与《全唐文》同源。

② 《全唐文补编》卷九〇《唐太师南阳王罗公神道碑记》，第 1097～1101 页。

③ 洪家禄等纂：《大名县志》卷二一《冢墓》，《中国方志丛书》165 册，第 1415～1422页。

④ 仅在河北地方出版的方志、文物志、金石志等书中有简单的著录，如石永士等编：《河北金石辑录》，石家庄，河北人民出版社，1993 年，第 327 页。其中《大名文史资料》第 7 辑所记较详。

⑤ 康堤口古墓群为罗氏家族墓地，目前有三座墓，除罗让墓外，另一座疑为罗弘信墓，20 世纪 60 年代曾遭村民的破坏性发掘，但整个墓群并没有做过科学的考古发掘。相关介绍见《大名文史资料》第 7 辑，第 65 页；马金南编：《邯郸古迹名胜》，北京，国际文化出版公司，1996 年，第 180 页。

入土中，露出地面部分的左部已渺，保存状况不甚理想，仅能利用残存文字对录文做有限的校订。后蒙史睿先生见示中国国家图书馆所藏罗让碑未刊拓本(图八)，这一拓本原系著名金石学家柯昌泗旧藏①，除碑额失拓外，大体完整，拓本中部、边角部分文字有残渺，但基本可读。直到近年《邯郸运河碑刻》一书才正式公布了罗让碑的拓本与录文②，由于选印的是近期新拓，文字漫漶的情况甚于国图藏旧拓，稍后任乃宏据之做了进一步的校订。③

二、唐末变局中的魏博镇

如本书第五章所论，魏博是安史乱后唐廷为招抚安史降将所置的河朔三镇之一。之后经代宗、德宗、宪宗等朝，虽屡经叛顺，不过自穆宗以后，魏博与唐廷之间基本形成了以共同承认"河朔故事"为基础的稳定关系。这一中唐以来形成的奉唐天子为正朔，各个藩镇依据朝廷控制力强弱拥有不同地位的政治格局④，经过黄巢起兵的冲击后，已趋于瓦解。随着唐王朝政治权威的削弱，地方权力日益扩张，藩镇独立化的倾向再次抬头，如何来重新定义唐廷与藩镇的关系，则成为唐末政治演变的一个关键环节。

在从以唐天子为共主的天下秩序向强藩竞逐时代过渡的大变局中，原本独立性最高、军力最强的河朔三镇，选择何种政治取向，不仅在各藩镇中具有风向标的意义，更对当时实际的政治走向具有举足轻重的影响。面对中央失驭的乱世，利用自己的军事优势，扩张地盘，进而争衡

---

① 该拓本北图藏号各地 9654，钤"胶州柯氏藏金石文字""临汝张东曤藏"印。

② 据悉当地文物部门 2011 年曾将该碑起出，并打制拓本。参见王兴、李亚编：《邯郸运河碑刻》，石家庄，河北美术出版社，2012 年，第 54～59 页。

③ 任乃宏：《邯郸地区隋唐五代碑刻校录》，北京，中国文联出版社，2014 年，第 51～59 页。

④ 关于唐代藩镇的不同类型及中央对藩镇不同的控制程度，参见张国刚：《唐代藩镇研究》，第 77～103 页。

天下或许是任何一个具有政治野心人物的当然选择。时任魏博节度使的韩简便是这样一个雄心勃勃的人物:"时僖宗在蜀,寇盗蜂起,简据有六州,甲兵强盛,窃怀僭乱之志,且欲启其封疆。"中和元年(881),韩简以讨黄巢为名,挥师南下,攻取河阳诸葛爽,逐之,"因北掠邢、洛而归,遂移军攻郓"①。诸葛爽曾在唐廷与黄巢之间多次摇摆,时受黄巢之命为河阳节度使,韩简攻取诸葛爽大约尚属师出有名,但其后北掠邢、洛,侵入昭义地界,南攻曹、郓,杀郓帅曹全晸则无疑属于公开与朝廷作对的举动。不仅如此,韩简更有"引魏人入趋关辅,诛除巢孽,自有图王之志"。韩简的野心激起了邻藩的警觉,曹全晸败后,其牙军将领朱瑄收合残卒,坚守郓州,韩简攻围半年而不能拔。诸葛爽又复取河阳,逐魏博守将赵文玱。而在魏博军队内部,连续数年的征战,更激化了牙军与节帅之间的矛盾,中和三年(883),韩简与诸葛爽大战于新乡,偏将乐彦祯率牙军奔归魏州,韩简大败,忧愤而亡,乐彦祯借机取而代之,执掌魏博。

　　韩简试图凭借魏博武力争衡天下的举动,违背了唐廷与河北强藩共同遵守河朔故事的政治默契,所谓河朔故事的实质包含两个方面,以往学者较为注意的是其不入版籍、不输贡赋、自委官吏等脱离唐廷控制独立性的一面,但对于河朔藩镇通过拥立唐天子来获得自己的政治合法性的一面尚关注不够。李德裕曾指出"河朔兵力虽强,不能自立,须借朝廷官爵威名以安军情"②,专制镇冀长达一个世纪的王廷凑家族更将"下礼藩邻,上奉朝旨"③,作为维持家业不坠的秘籍。即使在唐廷威望已荡然无存的昭宗晚期,刘仁恭所谓"旄节吾自可为,要假长安本色耳"之语④,亦可窥见唐廷的正式承认是节帅统治合法性的根基所在。以此而论,河北藩镇对于唐廷亦存在着深刻的依附性,因此韩简挑衅邻藩,擅杀朝廷

① 《旧唐书》卷一八一《韩简传》,第4689页。
② 《资治通鉴》卷二四八,第8010页。
③ 《旧唐书》卷一四二《王景崇传》,第3890页。
④ 《旧五代史》卷一三五《刘守光传》,第2099页。

节帅，甚至取唐天子而代之的野心，实质上是在改变河朔藩镇自长庆以来形成的与朝廷和睦共处的政治传统。若从军事上而论，南取河阳可以威胁洛阳，进而争衡天下，而昭义所属的邢、洺二州不但是唐廷楔入太行山脉东麓的战略支点，更是威胁魏博乃至河朔三镇半独立地位的心腹之患①，韩简的策略并无问题。战争之初，魏军亦节节胜利，不过魏博军力虽强，其节帅的政治合法性仍源于唐廷的授予，从目前可以读到的河北节帅、军将的墓志、神道碑中我们不难发现忠义意识依然在河北地区得到相当广泛的传播。② 韩简公然挑战百余年来形成的以唐天子为共主的政治秩序的举动，即使在魏博镇内恐怕也很难得到军士的支持。

其次，魏博军队的地域依附性使之缺乏出境作战的动力，前辈学者的研究都已注意到魏博牙军是一支具有极强自利色彩的职业雇佣军。③所谓"丰给厚赐，不胜骄宠。年代浸远，父子相袭，亲党胶固。其凶戾者，强买豪夺，逾法犯令，长吏不能禁。变易主帅，有同儿戏，如史宪诚、何进滔、韩君雄、乐彦祯，皆为其所立，优奖小不如意，则举族被害"④。魏博牙军的基本特征是一支以依靠丰厚给赐作为生活来源的雇佣兵，以在战争中获得经济利益为主要追求，成员大都系魏博本地人，父子相袭，世代为兵，内部非常团结，具有很强的地域依附性。因此魏博

---

① 昭义军特殊的地理位置与战略地位参见森部豊：《ソグド人の東方活動と東ユーラシア世界の歴史の展開》，第252～254页；张正田《"中原"边缘——唐代昭义军研究》绪论及第二章（第1～74页）。

② 河北对于忠义观念的接受与藩镇维持独立地位之间的张力如何影响了藩镇的政治文化是颇值得注意的一个问题，但这方面尚没有充分的研究。不过已有学者注意到墓志中展现的藩镇形象与我们通常的认知有所不同，参见牟发松：《墓志资料中的河北藩镇形象新探——以〈崔氏合祔墓志〉所见成德镇为中心》，载《陕西师范大学学报》2008年第3期，第117～123页。本章第四节借助罗让碑对于魏博政治文化的讨论，对这一问题也有所申论。

③ 堀敏一：《藩镇亲卫军的权力结构》，《日本学者研究中国史论著选译》第4卷，第585～648页；渡辺孝：《魏博と成德——河朔三鎮の権力構造についての再検討》，《東洋史研究》54卷2号，第96～139页；毛汉光：《魏博二百年史论》，《中国中古政治史论》，第349～417页。

④ 《旧唐书》卷一八一《罗威传》，第4692页。

牙军的政治取向是自利性与地域性的，不惜通过改易主帅来获取经济利益，他们在保卫魏博本土时，由于与乡里社会有密切的联系，往往表现出极强的战斗力。但长时间出境作战，则为魏博牙军所深恶痛绝。所谓"况我六州，历代藩府，军门父子，姻族相连，未尝远出河门，离亲去族，一旦迁于外郡，生不如死"①，便是这一心态的生动写照。②

因此，节帅本人的扩张目标与牙军保守的地域性格之间的矛盾，往往成为藩镇内部发生动乱、改易节帅的导火线。如德宗时，田悦"阻兵四年，身虽骁猛，而性愎无谋，以故频致破败，士众死者十七八。魏人苦于兵革，愿息肩焉"③。田悦虽能抗衡朝廷的连年讨伐，但长期战争损害了魏博军队的利益，终为部下所杀。韩简则重蹈了田悦的覆辙，他自中和元年出师，至中和三年败亡，历经三年。长期作战带来的军费开支压力摊薄了牙军从战争中获得的收益，而出境作战使得乡土观念极重的牙军被迫远离故土，加之战争中的伤亡，这些因素不可避免地激化了节帅与牙军之间的矛盾。在"三军屡谏不从"的情况下，韩简依然一意孤行，魏博牙军临阵退却，转而拥立乐彦祯为主帅，寻找一位更能保障牙军利益的代理人便不足为奇了。

韩简希望借乱世争雄天下的想法，在当时的强藩中颇为普遍，如卢龙李匡威"恃燕、蓟劲兵处，轩然有雄天下意"④，但其扩张性的道路却与魏博军队保守的地域性格相冲突，最终招致了失败。这或许可以从一个侧面解释自唐中期以来便以武力著称的河朔雄藩为何未能在唐末的乱世中取得主导地位，反而被朱温这样初期实力平平的藩镇取得了天下。

①　《旧五代史》卷八《梁末帝纪》，第139页。

②　孟彦弘对此现象做了简要的归纳："军队的地方化及地方军人集团的形成，使军人成为地方的一个特殊群体，产生了自己特殊的地方性政治、经济利益。他们通过维持军队的地方化，通过对地方政治的干预乃至攘夺，以最大限度地满足其利益并使之得到保障。"他指出这是骄兵难去的根本原因。参见《论唐代军队的地方化》，见《中国社会科学院历史研究所学刊》第1集，第286页。

③　《旧唐书》卷一四一《田悦传》，第3845页。

④　《新唐书》卷二一二《李匡威传》，第5984页。

河朔藩镇内部的保守性与地域依附性，使之满足于半独立的政治地位及既得的经济利益，缺乏进一步争竞天下的动力，这也是中唐以后包括河朔三镇在内，各藩镇内"经济性骚乱"频发的根本原因。

取韩简而代之的乐彦祯自然要汲取前任败亡的教训，一改韩简积极扩张的战略，回到遵从河朔故事的政治传统上来，这从乐彦祯如何处理与唐廷、邻藩的关系中便可窥见一斑。光启二年（886），关中再乱，僖宗奔兴元。朱玫拥襄王煴僭帝位，"诸藩节将多受其伪署"。在此乱局中，乐彦祯派遣李山甫出使镇州王镕，"欲合幽、邢、沧诸镇同盟拒贼，镕厚谢，卒不克"①。乐彦祯联盟河朔三镇共同行动的初衷虽未实现，但比之于韩简利用僖宗幸蜀之际，"自有图王之志"的野心，乐彦祯在同样面对僖宗出奔的政治机遇时，采取了"下礼藩邻，上奉朝旨"的稳健态度。

乐彦祯时代尚有另两个为史家所注目的举动，一是扩建魏州城："彦祯志满骄大，动多不法。一旦征六州之众，板筑罗城，约河门旧堤，周八十里，月余而毕，人用怨咨。"②乐彦祯大筑罗城，滥用民力，激化了魏博镇内矛盾，为其最终的覆亡埋下伏笔。但在唐季乱世，藩镇普遍修筑城池，高沟深垒，以求自保，这样的例子并不少见，如割据荆南的高季兴，先以"荆南旧无外垒"，始城之，后又"增筑西面罗城，备御敌之具"③，湖南马殷也曾增筑岳州④。而出土的碑志中，亦可以找到相关记载，如王审知墓志云："创筑重城，绕廓四十余里，露屋云横，敌楼高

---

① 《新唐书》卷二一〇《乐彦祯传》，第5938～5939页。
② 《旧唐书》卷一八一《乐彦祯传》，第4689～4690页。
③ 《旧五代史》卷一三三《高季兴传》，第2040页。
④ 《册府元龟》卷四一〇，第4877页。按《册府元龟》卷四一〇"壁垒"下举唐末五代此类事迹颇多，可参看。对唐中后期的筑城运动的检讨，可参见成一农：《古代城市形态研究方法新探》"中国古代地方城市筑城简史"，北京，社会科学文献出版社，2009年，第179～183页；关于唐魏州城址的研究，可参见李孝聪：《唐宋运河城市城址选择与城市形态的研究》，见《中国城市的历史空间》，第114～115页。

崎，保军民之乐业，镇闽越之江山。"①刘敬瑭墓志中提到，他曾奉命"重修城垒，固护军州。板筑左厢，数旬功就"②。乐彦祯修筑罗城，本是出于增加魏州防御力量的考虑，并非过分之举。值得注意的倒是乐彦祯修筑罗城以自保与韩简积极扩展地盘的行动相比，更体现了其保守、防御性的政治策略。二是中和四年(884)，义昌节度使兼中书令王铎经过魏州赴任时，被乐从训袭杀。此事具有一定的偶然性，王铎为唐末名臣，有破黄巢之大功，本与乐彦祯无嫌，据《北梦琐言》记载，乐彦祯招待王铎本甚为殷勤，后因其子乐从训贪其资装侍妾，幕僚李山甫报不第之恨而袭杀之③，并非基于政治原因。④ 袭杀朝廷重臣，无疑是挑战天子权威的举动，但此事只能被视为乱世中强藩跋扈的极端个案，对于王铎随身携带巨额财富的觊觎，不惜冒天下之大不韪而杀之，正是河朔藩镇跋扈、自利性格的体现。王铎死后，乐彦祯上奏以盗杀为掩饰⑤，知其并无公开对抗朝廷的打算。从以上三事可知，乐彦祯治下的魏博已经放弃韩简时代争雄乱世的扩张战略，转而回归割据一方的河朔政治传统。

三、魏博政治中的罗氏家族

将主要精力由对外进取投向魏博内部的乐彦祯，把解决牙军之患作为巩固他在魏博统治的首要任务。自田弘正之后，历任魏博节帅史宪诚、何进滔、韩君雄、乐彦祯皆为牙军所拥立，最终也因不能满足牙军的欲壑而遭逐杀，魏博牙军逐渐凌驾于节度使之上，成为左右魏博政治走向

① 福建省博物馆、福州市文物管理委员会：《唐末五代闽王王审知夫妇墓清理简报》，载《文物》1991年第5期，第1～10页。

② 刘敬瑭墓志，《全唐文补遗》第8辑，第241～242页。

③ 《北梦琐言》卷十三，第268页。

④ 袭杀王铎的原因颇为复杂，除了以上两点之外，乐彦祯不希望忠于唐廷的王铎控制义昌镇，从而威胁到魏博的地位或是原因之一。参见房锐：《从王铎死因看晚唐藩镇之祸及落第士人的心态》，载《天津大学学报》2002年第1期，第52～56页。

⑤ 《资治通鉴》卷二五六，第8317页。

的主导力量。目睹韩简败亡的乐彦祯虽是自牙军而得魏博，无疑也深知牙军反复无常的性格，深自畏戒，暗地布置削弱牙军，巩固其在魏博的统治。

乐彦祯命其子乐从训"召亡命之徒五百余辈，出入卧内，号为'子将'，委以腹心"，希望借机培养新的亲军，以取代牙军。此举招致牙军的反对，"军人籍籍，各有异议"，以至双方矛盾激化，乐从训出走相州。稍后牙军发动政变，拘禁乐彦祯，拥立都将赵文玠知留后事，乐从训外结朱温为援，反攻魏州。① 关于这场政变及之后魏博内战的经过，罗让碑有详尽记载，可补传世文献之不足：

> 前副大使乐从训天资勃逆，常蓄异图，乃召亡命之徒五百余辈，出入卧内，号为"子将"，委以腹心，辄欲更易使衙，以觊 非 望。我天雄六镇，素推忠勇，咸遵正道，肯向邪谋，例皆割耳自明，要□逆 徒 。乐从训有所疑忌，易服遁逃，止于近县。使司寻补充六州都指挥使。未几，兼令摄相州刺史。到任之后，般辇军器，取索缯钱，使命往来，交午涂路。一日，忽潜令部下亲信，掩将征马，约数百蹄，欲充军用。阖府疑□，时议沸腾。乐王自乞避位，忧愤一夕而薨。都将赵文玠权知留务事。其年二月八日，乐从训自相州与贼将王周、马武之徒，分领马步兵士三万余人，至十二日□我城下。蝟毛而起，豖突而来，中外搔然，未免疑惧。赵留后按兵不出，心怀携贰。众皆激怒，果致变更。监军使及大将、军人已下，比肩叩首，恳乞我仆射权知留务，连名具本陈奏。我仆射辞不获□，上马慰安，三军无不鼓舞欢呼，填咽郭 郭 。军人例乞死战，切齿愤然。即 遣裨将部领二千人出府南门，逆于贼阵，斩贼将张全素一人首级。其余毙者，不能纪极。贼徒遂退入元城 故 县，洽浃猶狳 ，据于府北。

---

① 《资治通鉴》卷二五七，第 8374～8378 页；《旧唐书》卷一八一《乐从训传》，第 4690 页。

使圂聚为巢穴。于是百头万计、蚁聚蜂飞。公输子之云梯，何曾□□；王僧」辩之鼓吹，不赍巡城。彼则纵之以强，我则示之以弱。洎二十二日，遣都将梁怀谨部领兵士三万人，直掩仇□，扫除贼垒。雷奔电击，火烈风趋，未及□时，已闻败北。旋驱旋毙，存者几何？翌日，乃再命偏师剪屠逆孽。西邸浅口，南至内黄，信宿之间，失于漏网。我仆射遂于金波亭别立牙帐，谓执政曰："此贼不去根本，犹恐滋蔓。"而乃举明将帅，选练骁奇。誓曰：吾心不斯①，有如皎日。未逾顷刻，投状者数逾十万。遂于小毬场内一一阅视，无不鹰扬异状，虎攫奇姿。或镂锦为装，或分红作号，或盘桨舞剑，或彀弩牵弓，或驰马射声，或超车投距。是日乃令各分部伍，俱攘师徒。所谓孙吴指顾，临轩见虎翼之形；翦起虚徐，俯砌识鱼丽之势。一战而霸，此之谓乎。有间者云：贼军已于洹水县屯集，不逾跬步，可以就擒。三月廿六日，乃令都指挥使程公佐部领马步兵士二万人于西路而入；次遣都阵后横巡拥阵使尹行方部领马步八千余人南面而入。则有大六雄小六雄之劲卒，左山河右山河之骁师，平难决胜之诸都，步射横冲之烈将，莫不磨牙□齿、怒目张眸。骈骈阗阗，足以回天倒日；汹汹涌涌，足以覆海移山。至二十八日，进军逼于洹水县。两军合势，争路向前。贼将王周、马武之辈，领凶锋兵士三千余人，逆我大军，未阵而遁。我军于是逾城越堑，拉朽摧枯，旌旗拂云，钲鼓动地。前进者熊罴貙狱，后来者虎豹咆哮。如萧王之破王寻，尸浮滍水；若武安之坑赵括，血溅长平。虽则大获俘馘，未知元恶所之。不信宿，有六雄副兵马使王元武者，斩乐从训首至于麾下。遂令枭悬于军门之栅，示其众也。

罗让碑的叙事虽然是站在最终的胜利者罗弘信一方立场上展开的，

① "斯"，疑为"欺"之讹。

但结合《资治通鉴》、正史及其他相关文献的记载，依然可以大大丰富我们对于这场政变的认识。从最初的情形来看，牙军与乐氏父子的矛盾有一个逐渐激化的过程。乐从训易服出城之后，乐彦祯命他为六州都指挥使、兼摄相州刺史。可见此时乐彦祯对魏博局势尚有一定的控制力，外放乐从训大约是他与牙军达成妥协的一种方式。六州都指挥使一职使乐从训掌握了除牙军之外的镇军、州军的兵权，而相州在魏博镇内的重要性仅次于魏州，进而对魏州城内牙军变乱的企图形成了震慑。但出奔之后，乐从训仍不断与魏州城内秘密联系，其暗自运输马匹、物资的举动，再次激化了双方的矛盾，牙军逼迫乐彦祯退位为僧①，拥立赵文玢为留后，此举蹈袭唐代魏博牙军多次变乱之故智。与以往不同的是，由于乐从训避居相州并握有兵权，牙军废黜乐彦祯后，未能完全控制局势。二月八日，乐从训自相州发兵，十二日抵魏州城下，此系牙军与乐从训较量的第一回合。魏博牙军虽号称精锐，但兵力有限，留后赵文玢又消极避战，首鼠两端。牙军再次发动政变，拥立罗弘信为留后，成为整个事件的转折点。

罗弘信家族世代为魏博军校，罗让碑记其先世甚详："公曾王父讳郇，皇平州刺史、工部尚书，王父讳秀，魏博节度押衙、左山河都知兵马使、兼御史大夫，烈考讳珍，魏博节度押衙、亲事厢虞候。"罗让曾祖父罗郇为平州刺史，平州本隶卢龙，以时代推论，颇疑罗郇本隶安禄山麾下，随安史叛军南下，乱平后随田承嗣降唐，定居魏博。田承嗣本"平州人，世事卢龙军为裨校"②，其割据魏博之初，当有不少同出卢龙者追随左右，罗郇或即其中之一。无论如何，自罗让祖父罗珍起，罗氏世代为魏博军校。据碑文首题，罗让本人的职衔为"唐故魏博节度押衙后军都知兵马使银青光禄大夫检校太子（下阙）"。

---

① 罗让碑仅记"乐王自乞避位，忧愤一夕而薨"，当是有所隐晦，据《资治通鉴》卷二五七考异引《实录》更近其实："彦祯惧，自求避位，退居龙兴寺，军众迫令为僧。"（第8374页）

② 《旧唐书》卷一四一《田承嗣传》，第3837页。

　　至于罗氏家族的种族源流，碑文虽自言其出自长沙罗氏，罗弘信后受封为长沙郡王，其子罗绍威亦袭长沙郡王爵①，可知其家族发迹后确实以长沙为郡望。但新旧《唐书》、《旧五代史》皆云罗弘信为魏州贵乡人，而未言其郡望，罗让碑亦云葬于贵乡县迎济乡蔡村，可知其家族早已著籍魏州，所谓长沙罗氏之说恐是罗弘信显贵之后的附会。《元和姓纂》云罗姓为"祝融之后，妘姓国，初封宜城，徙岷江，周末居长沙"②。按长沙为罗姓源流之一，《世说新语》注引《罗府君别传》叙罗姓源流："盖楚熊姓之后，启土罗国，遂氏族焉。"③《资治通鉴》胡注引《姓谱》则云："罗本颛顼末胤，受封于罗国。"④可知罗让碑所谓"其先颛顼之后，受封于罗，因为著姓"，以及罗周敬墓志"其先颛顼之后胤也，封于罗，以国为氏，地连长沙，因家焉"之说⑤，盖本以上诸说杂糅而成。又《新五代史》本传云："罗绍威字端己，其先长沙人。祖让，北迁为魏州贵乡人。"⑥据罗让碑可知所记有误，罗氏定居魏州的时间远在罗让之前。颇疑罗氏北迁传说乃是在长沙郡望说出现之后，为弥缝魏州与长沙两个地望之间的矛盾而造作出来的。唐代河北本系胡汉杂糅之地，加之罗弘信家族很可能是从临近边塞的平州迁来，其族属来源颇为可疑。魏博历任节度使中出身胡族而冒领汉式郡望者并不希见，如何进滔一族本为粟特人，但何弘敬墓志中自称为出自魏晋名族庐江何氏。⑦ 罗姓是唐代常见蕃姓⑧，姚薇

---

　　①　《新五代史》卷三九《罗绍威传》："弘信在唐，以其先长沙人，故封长沙郡王，绍威袭父爵长沙。"(第 468 页)

　　②　《元和姓纂(附四校记)》，按岑仲勉以为岷江为枝江之误，第 569 页。

　　③　《世说新语》方正第五，见余嘉锡：《世说新语笺疏》，上海，上海古籍出版社，1993 年，第 330 页。

　　④　《资治通鉴》卷七八胡注引《姓谱》，第 2483 页。

　　⑤　《五代墓志汇考》，第 285 页。

　　⑥　《新五代史》卷三九《罗绍威传》，第 468 页。

　　⑦　何弘敬墓志，《唐代墓志汇编续集》咸通 032，第 1059 页。另参见荣新江：《北朝隋唐粟特人之迁徙及其聚落》，见《中古中国与外来文明》，第 92 页；森部豊：《ソグド人の東方活動と東ユーラシア世界の歴史の展開》，第 157～162 页。

　　⑧　孙光宪：《北梦琐言》卷五，第 97 页。

元考西域罗氏本西突厥可汗斛瑟罗之后①，安史乱军中西域胡人颇多，罗氏或出自于此②，至少其家族早先是出身于边塞的胡化汉人。而罗让妻自云出自广平宋氏③，似乎为中古名族，但由于唐人素有妄举姓望的习惯，其可靠性亦存疑问。④《朝野金载》便有一条言及胡人冒广平宋氏之事："广平宋察娶同郡游昌女，察先代胡人也，归汉三世矣。忽生一子，深目而高鼻，疑其非嗣。"⑤胡人三世居于汉地便可自称名门，唐人风习可见一斑，至于普通汉人自云名门之事更是不胜枚举。

罗让二女分别嫁给节度别奏王知言、经略副使赵袭，节度别奏、经略副使二职皆是唐代藩镇文职僚佐⑥，节度别奏为供节度使驱使之职，地位较低，经略副使则较为重要。由此可知，当时罗氏家族的通婚关系集中于魏博镇内，这与其家族地位及当时的社会风气相符。藩镇内通过通婚、结拜、假子等手段形成血缘或拟制血缘关系，从而加强藩镇内部的自我认同与凝聚力，本是唐后期习见之事，罗氏世居魏博，亦未能免俗。待罗弘信执掌魏博后，罗氏家族的通婚网络才逐渐跨出魏博，其与朱温的多次联姻，固然是出于政治目的，但也反映出家族地位上升后跨地域通婚才变得普遍与可能，这亦是中古家族成长史上常见的

---

① 姚薇元《北朝胡姓考》考另一支胡姓罗氏出自鲜卑叱罗氏，在唐代亦不鲜见（北京，中华书局，2007 年，第 70～71、424 页）。

② 《北梦琐言》卷十四云罗弘信"状貌丰伟，多力善射"，颇有胡人特征（第 287 页）。咸丰《大名府志》卷三记罗弘信事迹，云其"善骑射，状貌雄伟，面蓝，为裨将"，其中面蓝为典型的胡人外貌，但其说不见唐宋典籍，未知何据。

③ 按罗让碑中仅云其妻为广平宗城人，未书名讳，这种情况在中古碑志中并不罕见。新近综合性的讨论参见叶炜：《试析北朝隋唐墓志文中的不书志主名字现象》，《唐研究》第 23 卷，第 145～162 页。今据罗周敬墓志，"曾祖让……娶宋氏，封越国太夫人"，知其自称广平宋氏（《五代墓志汇考》，第 285 页）。

④ 刘知幾撰、浦起龙释《史通通释》卷五《邑里篇》记当时风气："称袁则饰之陈郡，言杜则系之京邑，姓卯金者咸曰彭城，氏禾女者皆云巨鹿。"（《史通通释》，上海，上海古籍出版社，1978 年，第 145 页）

⑤ 张鷟：《朝野金载》，北京，中华书局，1979 年，第 121 页。

⑥ 严耕望：《唐代方镇使府僚佐考》，见《严耕望史学论文集》，上海，上海古籍出版社，2009 年，第 406～452 页。

现象。

至于罗弘信本人兵变前的地位，史料记载略有分歧，罗让碑云："无何蔡贼南下，郓寇东侵，中外惊扰，计无所出。我仆射先领六雄兵士，南自新乡接战；后拥衙□步射，东至莘县交锋。"则其曾参与韩简时代魏博与邻镇的战争，而且地位颇为显要，至少是兵马使一类的统兵将领，不过碑文未能提供任何罗弘信在政变之前的具体历官，可见所言夸饰成分甚多，似不足凭信。《旧唐书》本传未记罗弘信政变前的身份，只言其少从戎役，《新唐书》本传云其为裨将，主马牧，《旧五代史》本传言其为马牧监，《旧唐书》《旧五代史》本纪皆记其为小校，《资治通鉴》云其为牙将。以《北梦琐言》所记最详，言其"初为本军步射小校，掌牧圉之事"。综合各种记载可以判定罗弘信政变前只是负责牧圉的小校，所谓"虽声名未振，众已服之"的掩饰之词[1]，恰恰反映了罗弘信在军中本默默无闻的真实状况，而他能在此危急关头被拥立为主帅，实是异事。

日本学者渡边孝在对成德、魏博两镇进行比较研究后指出，魏博是由牙军主导的，而成德的传统则是军将阶层起到核心作用。[2] 因此，魏博牙军尽管在名义上处于藩镇内部节帅、军将、兵士这三个层级的底层[3]，但实质上却是魏博政治的主导力量，骄横无法，稍不如意，便发动变乱，另拥新帅，时有"长安天子，魏府牙军"之称。[4] 但作为一个自利群体，牙军本身只是一群松散联盟的乌合之众，缺乏明确的领袖，每

---

① 孙光宪：《北梦琐言》卷十四，第287页。事实上，从罗让碑所叙先世情况可知，罗氏家族在魏博军中的地位渐趋下降，推测其先与田承嗣同出平州，自田氏魏博统治解体后，罗氏家族尽管仍世仕魏博，但渐退至军将阶层的边缘。

② 渡辺孝：《魏博と成德——河朔三鎮の権力構造についての再検討》，《東洋史研究》54卷2号，第96～139页。按笔者在第五章中通过对田氏魏博权力结构的考察，已对渡边孝之说有所辨正。

③ 关于藩镇军队内部的结构，参见王赛时：《论唐朝藩镇军队的三级构成》，载《人文杂志》1986年第4期，第123～128页。

④ 《新唐书》卷二一〇《罗绍威传》，第5942页。

次变乱，牙军都必须在军将阶层中选择一人拥立为帅，作为其利益的代言人。一旦这一代言人不再能满足牙军的欲求，他们便再次发动变乱，从军将层中另立一人，如此循环往复。自史宪诚以来，历任魏博节帅皆出自军将阶层，系牙军所拥立，得魏博自牙军，同样失魏博于牙军。牙军第一次政变逐杀乐彦祯，拥立赵文玠，便是这一戏码的再次上演。我们可以注意到，牙军的欲壑难填与反复无常，已在魏博军将阶层与牙军群体间造成了深刻的裂痕，因此乐彦祯及其后的罗绍威虽是自牙军而得魏博，但都务求削弱甚至消灭牙军，巩固自己的地位。① 牙军的屡次废立，使得任何觊觎节度使一职的军将坐上这个火山口时，都必须三思而后行。这也可以从一个侧面解释为何牙军拥戴的赵文玠在乐从训兵临城下时态度消极，他本人很可能也是被迫坐上这个火山口，对牙军的反复并无好感。

因此，当牙军发动第二次政变，杀掉赵文玠之后，已很难在军将阶层中找到另一个合作者。此时罗弘信自告奋勇的出现，只能说是个人的冒险精神加上因缘际会，使其一下子从一个默默无闻的中下层军官走到了历史舞台的中央。

行文至此，我们注意到罗让碑叙述的一个怪异之处，自罗弘信率军在二月二十二日击败乐从训，将他驱逐到内黄后，至三月廿六日进攻洹水县、杀乐从训之间，罗让碑的记事出现了一个多月的空白。在双方生死相搏的紧要关头，仅用"举明将帅，选练骁奇"等轻轻带过，其间的隐衷需与其他文献比读后方能发掘。

> 四月戊辰，魏博乐彦祯失律，其子从训出奔相州，使来乞师。帝遣朱珍领大军济河，连收黎阳、临河二邑。既而魏军推小校罗弘

----

① 天祐三年，罗绍威谋划屠戮牙军时，除引朱温为外援外，所依赖的是"亲军数百人"，无疑其事先与乐彦祯父子一样，暗中另畜亲兵。参见《旧五代史》卷二《梁太祖纪》，第42页；《册府元龟》卷一八七同。

信为帅。弘信既立，遣使送款于汴，帝优而纳之，遂命班师。①

可知在乐从训与罗弘信的魏博帅位之争中，朱温曾作为重要的外部势力介入其中，成为左右胜败的关键因素。唯朱温介入魏博事务的时间尚存疑问，《旧五代史·梁太祖纪》系于四月，《旧唐书·僖宗纪》系于二月，《资治通鉴》《新五代史·梁本纪》系其事于三月。据罗让碑可知罗弘信于三月廿六日大举进攻洹水，击败并斩杀乐从训，则朱温介入魏博事务当在之前。据《资治通鉴》所述，乐从训在二月初战失利之后，以朱温行人雷邺被魏博乱军所杀为借口，向朱温求援，较为可信。另《旧五代史·王檀传》记其文德元年三月，从讨罗弘信，"败魏人于内黄，檀获其将周儒、邵神剑以归，补冲山都虞候"②，可证朱温与罗弘信的激战当发生在三月，而《旧五代史·梁太祖纪》所记四月戊辰，当是朱温班师的日期，而非介入魏博之争的时间。如此便能解释为何在罗弘信与乐从训生死厮杀之际，罗让碑的记事出现了一个多月的空白。据《旧五代史》所记，在朱温介入魏博之争后，乐从训曾一度扭转了局势：

> 文德元年，魏博军乱，乐从训来告急，（葛从周）从太祖渡河，拔黎阳、李固、临河等镇，至内黄，破魏军万余众，获其将周儒等十人。③

魏军迭遭失败，其精锐豹子军二千人，"戮之无噍类"④。尽管《旧五代史》所述本自《梁太祖实录》等朱温一方的记载，战绩是否果真如此辉煌尚存疑问。但朱温加入战局后，连下黎阳、临河、李固，解内黄之围⑤，

---

① 《旧五代史》卷一《梁太祖纪》，第11页；《册府元龟》卷一八七同。
② 《旧五代史》卷二二《王檀传》，第347页。
③ 《旧五代史》卷一六《葛从周传》，第248页。
④ 《旧五代史》卷一九《朱珍传》，第299页。
⑤ 《资治通鉴》卷二五七记乐从训初战失利后，被罗弘信围于内黄（第8374～8375页）。罗让碑仅记："翌日，乃再命偏师剪屠逆孽。西邸浅口，南至内黄，信宿之间，失于漏网。"至三月廿六日，两军再次交战时，战场已移至洹水县，期间的变化完全缺载。

使乐从训一方起死回生这一事实则毋庸置疑。罗弘信战败之后，被迫"遣使送款于汴"，以扈从朱温为代价，换取梁军撤出魏博，进而重新掌握了对乐从训作战的主动权。因此，朱温介入魏博之后，魏军遭遇的一系列失败以及罗弘信求和的过程，自然不便在碑文中直陈其事，只能留下一段隐晦的空白加以掩饰。

四、作者与读者：罗让碑中的政治书写

我们过去对于河北藩镇的认知，大多建立在新旧《唐书》等正史的基础上，正史作为形塑王朝正统性的重要工具之一，本身就具有借助春秋笔法使乱臣贼子惧的道德训诫功能，因此其对于藩镇的叙事无疑是站在唐廷立场上的，以"叛"与"顺"作为判断的标准。但如能从地方史的视野出发，检讨藩镇内部政治传统与地域认同的形成①，或许能在一定程度上弥补"中央—地方"这一传统分析框架的不足，使我们更加深入地了解唐代藩镇割据局面长期延续的内在机制。

陈寅恪曾指出，大唐帝国自安史乱后，名虽为统一，实分为两部，一部为安史将领及其后裔掌控的藩镇统治，此种人乃胡族或胡化汉人。其他一部统治者，为汉族或托名汉族之异种。其中尤以高等文化之家族，即所谓山东士人者为代表。② 陈先生特别强调唐中后期，长安与河北在政治、种族、文化等诸方面呈现出的分途之貌。这一经典论述奠定了我们对于唐中后期历史认知的基本框架，而河北地区的胡化特征也为许多实证研究所证实。③ 但值得关注的是，河北地区的文化特质并非单向度

① 已有学者主张从地方史的立场出发检讨藩镇问题，参见卢建荣：《咆哮彭城：唐代淮上军民抗争史(763—899)》，台北，五南图书出版公司，2008年。

② 陈寅恪：《唐代政治史述论稿》，第25~43页。

③ 以近年研究热点而论，活跃在河北区域内的粟特等胡族的墓志及相关的考古发现引起了学者的广泛关注，可参见荣新江：《安史之乱后粟特胡人的动向》(《中古中国与粟特文明》，第79~113页)，新近的综合性研究参见森部豊：《ソグド人の東方活動と東ユーラシア世界の歴史の展開》。

的，存在着交错复杂的一面，汉族居民依然是河北的主要人口成分，儒学在河北地区依然有相当广泛的传播①，河朔藩镇依然以尊奉朝廷作为建构其政治合法性的基础。因此在忠于朝廷的政治宣传与河北藩镇保持独立地位之间的内在张力下，河北藩镇如何建构其内部的自我认同是颇值得注意的问题。以下笔者以罗让碑立碑时机的选择、碑文中富有政治宣传意味的表述为例，对此问题略作分梳。

罗让碑立于龙纪元年三月，此时距离乾符三年罗让去世已有十三年，但距罗弘信执掌魏博尚不足一年。因此，此碑的建立固然缘于朝廷追赠罗让工部尚书诏命的下达，"既荷褒荣，爰依典实，得以葺修茔兆，建立丰碑"。但毫无疑问，葬礼所展现的是生者所有社会关系的总和，立碑具有的政治象征意义对于生者的价值要远大于逝者。

罗让碑的建造对于唐廷与魏博各有不同的意义。唐制七品以上官员根据品级不同可立规制不等的神道碑碣，碑文的撰写则属于著作郎的执掌范围。②事实上，神道碑文的撰述体现了朝廷对于官员一生功业的臧否，具有盖棺论定的意味，是体认天子—大臣关系的重要一环，也是朝廷政治权威的象征之一。③因此重要大臣神道碑的书写，绝非著作郎所能承担，往

---

① 如刘济曾复建涿州范阳县文庙，碑文云："天下郡县悉有文宣王庙，而范阳县无者何。"（孙继民：《复出〈涿州范阳县文宣王庙之碑〉跋》，见《中古史研究汇纂》，第253～261页）纥干潀《赠太尉韩允忠神道碑》云："而又立乡校以劝学，敦儒术而奖善。"（《全唐文》卷八一三，第8557页）另参杨志玖：《论唐代的藩镇割据与儒家学说》，载《南开学报》1980年第3期，第68～73页；方积六：《唐代河朔三镇"胡化"说辨析》，见《纪念陈寅恪教授国际学术讨论会文集》，广州，中山大学出版社，1989年，第439～444页。

② 《唐会要》卷三八："旧制碑碣之制，五品已上立碑，螭首龟趺，上高不过九尺，七品已上立〔碑〕〔碣〕，圭首方趺，上高不过四尺。"（第809页）《唐六典》卷一〇："著作郎掌修撰碑志祝文祭文。"（第202页）柳宗元《唐故兵部郎中杨君墓碣》："守尚书兵部郎中杨君卒……其子侄泊家老，谋立石以表于墓……按郎中品第五，以其秩不克偕，降而从碣之制，其世系则纪于大墓。"（尹占华、韩文奇校注：《柳宗元集校注》，北京，中华书局，2013年，第587页）可见这套制度至中唐后仍在有效运作。

③ 如《旧五代史》卷四二《唐明宗纪》长兴二年正月乙丑诏："故天策上将军、守太师、尚书令、楚国王马殷，品位俱高，封崇已极，无官可赠，宜赐谥及神道碑文，仍以王礼葬。"（第659页）

往由朝中重臣甚至皇帝亲自撰写①，如本书第四章讨论过的张说便是一个典型案例。而与河朔藩镇直接相关的一个例子是，穆宗时丞相萧俛以"王承宗先朝阻命，事无可观，如臣秉笔，不能溢美"为由，拒绝为已故的成德节度使王士真撰写神道碑文。② 但萧俛的峻拒无疑只是一个特例，翻检文献不难注意到，保存下来的河朔节帅的神道碑、德政碑，其碑文的作者与书丹者大都是当时的朝廷重臣与著名文人，其中不乏元稹、王缙、颜真卿、柳公权这样显赫的名字。可见虽然唐廷无法直接控制河朔，但借助神道碑的书写与建筑，构建了河朔与唐廷确认君臣关系的重要一环，并逐步形成了一套稳定的制度：

> 愍帝应顺元年三月，故忠武军节度使孟鹄男遵古上言乞立先臣神道碑。诏今后藩侯带平章事以上薨，许立神道碑，差官撰文。未带平章事及刺史，准令式合立碑者，其文任自制撰，不在奏闻。③

这一诏令虽是在后唐闵帝应顺元年（934）颁布的，但必渊源于中晚唐具体实践中形成的一些惯例。罗让碑的建造便符合这一制度规定，罗让生前地位平平，自然够不上朝廷差官撰文的级别。碑文的撰者公乘亿为咸通十二年进士，在晚唐颇有文名，前任节帅乐彦祯喜儒术，故援引公乘亿入魏博幕府。④ 公乘亿撰写碑文时所署结衔为"门吏观察判官权知掌书记朝散大夫检校左散骑常侍□□□ 大夫 柱国赐紫金鱼"，掌书记掌表奏书檄，

---

① 中唐以后，翰林学士更多承担了撰写重要神道碑、墓志的职责，如《旧五代史》卷一二三《郑仁诲传》："命翰林学士陶谷撰神道碑文，官为建立，表特恩也。"（第1880页）另参毛蕾：《唐代翰林学士》，第91～93页。

② 《旧唐书》卷一七二《萧俛传》，第4478页。

③ 《册府元龟》卷六一，第686页；《五代会要》卷九，上海，上海古籍出版社，1978年，第145页。

④ 公乘亿事迹散见于《新唐书》《旧五代史》《唐摭言》《唐诗纪事》等各处，关于其事迹综合性的考论可参见傅璇琮编：《唐才子传校笺》第4册，"公乘亿"条，北京，中华书局，1990年，第30～34页。

是节度使的喉舌。① 作为魏博军中的文胆，由他来撰文是再合适不过的了。

而碑文撰写本身亦受到一系列典章制度的约束，需"考其实而文之"，具体写作中则需言必有据，秉笔直书，"详求家牒，参用国史，论次功行，直而叙云"②。一旦碑文褒贬不实，违背朝廷意愿，亦会受到追究。如后唐明宗时，"中书奏：'太子少傅李琪所撰进霍彦威神道碑文，不分真伪，是混功名，望令改撰。'从之"③。神道碑的制作过程亦在朝廷的监控之下，五代强藩杨光远神道碑刻立、重建的过程便是一个典型的例子。杨光远死后，"汉高祖赠光远尚书令，封齐王，命中书舍人张正撰光远碑铭文赐承信，使刻石于青州。碑石既立，天大雷电，击折之"④。立碑前后的制度运作亦符合前引后唐闵帝应顺元年诏，但碑成之后不久，竟遭雷击所劈，加之杨光远生前反复无常，时人以为阴责。⑤ 立碑之事或因此中辍，汉隐帝乾祐二年六月（949），其子杨承信再次上奏云：亡父光远，蒙赐神道碑，镌勒毕，无故中断。诏别令斫石镌勒。⑥ 由此可见，神道碑文字的书写，碑石的刻立，甚至断碑的重刻再建，都被置于朝廷的严密控制之下。

尽管在一般看来，神道碑文充斥着溢美的程式化文字，不过是在虚应故事而已，但实质上议谥、撰文、封赠、刻碑的整个过程是王朝秩序中君臣关系缔结的重要环节，充分体现了国家的政治文化权威。对于河朔节帅而言，生前虽然可以割据一方，藐视唐廷的权威，但在死后依然必须接受这一政治秩序，透过神道碑这一媒介，确认其唐臣的身份与地位。从一定程度来说，授予继任节度使旌节与赐予去世的节度使神道碑，

---

① 韩愈《徐泗豪三州节度掌书记厅壁记》对掌书记的职责有简要概括："其朝觐聘问，慰荐祭祀祈祝之文，与所部之政，三军之号令升黜，凡文辞之事，皆出书记。"（《韩愈文集汇校笺注》，第348页）

② 王禹偁：《小畜集》卷二八《右卫上将军赠侍中宋公神道碑》，四部丛刊本。

③ 《旧五代史》卷四〇《唐明宗纪》，第633页。

④ 《新五代史》卷五一《杨光远传》，第665页。

⑤ 《旧五代史》卷九七《杨光远传》，第1512页。

⑥ 《旧五代史》卷一〇二《汉隐帝纪》，第1584页。

是一体两面，唐廷通过对生者地位的肯定与对逝者功业的褒扬，在每一次河朔权力更迭之际，完成了对君臣关系的重新确认，而河朔的世袭政治也借助神道碑、旌节这些媒介被纳入唐代国家体制之中，获得政治上的合法性。罗让封赠的获得与神道碑的制作便是遵循这些朝廷与河朔藩镇政治关系的成例而展开的。① 但除了这些成例之外，对于当时的罗弘信而言，罗让碑的制作则有着特别的意义。

据《河北金石辑录》记载，罗让碑高 4.2 米，宽 1.5 米，厚 0.5 米，现位于河北省大名县城北 5 千米康堤村村南大堤上。② 碑与墓志不同，墓志长埋于地下，不能为时人所见，属于一种相对私密性的个人表述，而规模宏大的神道碑、德政碑则不同，往往立于碑主墓前或通衢要道之间，为往来行人所瞩目，是一种公开性的政治宣示，具有显著的景观效应，这点本书第四章已有详细讨论。以罗让碑而论，高达 4.2 米，以陪葬昭陵的初唐功臣碑的规制相较，昭陵陪葬功臣碑的一般高度都在 3 米多，仅有一些著名的功臣如李靖碑高 4.27 米、尉迟敬德碑高 4.42 米③，与罗让碑规模相若。罗让生前的功业和身份，自然无法与昭陵功臣相提并论，因而罗让碑的制作承袭了唐中后期河北藩镇僭越礼制的传统。④ 河北强藩素有制作巨型碑志的习惯，如著名的何弘敬墓志、何进滔德政碑、安重荣纪功碑，规模之大，皆远超过实用的需要。目前存世的规模最大的唐碑何进滔德政碑高 12.55 米，宽 3.04 米，厚 1.04

----

① 吴丽娱对晚唐藩镇节帅父祖例赠高官的情况有所讨论，参见《终极之典：中古丧葬制度研究》，第 844～854 页。

② 石永士等编：《河北金石辑录》，第 327 页。

③ 昭陵功臣碑中规制最宏伟的是李勣碑，高 5.7 米、宽 1.8 米、厚 0.54 米，由高宗亲自撰书。李勣碑之所以能超越同侪，盖是缘于其支持高宗废王立武，死后备极哀荣，此亦为神道碑的景观性提供一注脚。参见张沛编著：《昭陵碑石》，西安，三秦出版社，1993 年，第 66 页。

④ 据《天一阁藏明钞本天圣令校证（附唐令复原研究）》所载丧葬令，碑高不应超过九尺（第 356 页）。罗让碑无疑已逾制。

米，宋人改刻为五礼记碑。① 近年来在正定发现的巨型残碑，仅残存的
赑屃部分就长 8.4 米、宽 3.2 米、高 2.5 米，整体规模尚在何进滔德政
碑之上，学者考订为五代安重荣纪功碑。② 河北藩镇这种制作巨碑的风
习，一般被认为是其骄横跋扈的表现之一。但这种功费亿万的大型制作，
能够形成一种传统，除了炫耀其半独立的政治地位之外，恐怕还有更为
实际的效用。

　　古人素有刊石勒铭、永志不朽的美好希冀，正如本书第四、五章所
讨论的那样，巨型石刻作为一种巨大的政治景观与权力象征，展现的永
久性与纪念性，对于古人的生活世界而言具有深远的影响。对于无数普
通的庶民而言，在其庸碌的一生中可能从未有机会接触到上层政治，但
巨碑作为一个看得见、摸得着的政治象征，无疑是庶民了解政治变动的
少数管道之一。即使对于一个目不识丁者而言，一块巨碑所展示的政治
意义也是不难理解的。至于稍通文墨的吏胥、兵士、乡村文人，便能阅
读碑文，通过传读宣讲碑文，将政权的意识形态传递给普通庶民。尽管
魏博各个阶层受制于不同的社会地位与文化水平，对于巨碑意义的体认
方式并不完全相同，但立碑这一行动本身无疑是河朔藩镇政治宣传与权
威塑造的重要方式。因此，各种名目的纪功碑、德政碑、神道碑在河朔
三镇颇为盛行。与罗弘信为罗让立碑相似的例子在魏博历史上并不鲜见，
如韩君雄为其父韩国昌所立的《唐赠左散骑常侍汝南韩公神道碑》便是一
个类似的案例。③

　　河北节帅也擅长利用这些巨大的纪念性建筑作为展现政治立场、引
导社会舆论的道具。尽管尚无证据表明，神道碑建立的过程中有与慈恩

---

　　① 孙继民：《唐何进滔德政碑侧部分题名释录》，见《唐史论丛》第 9 辑，第 232
页。

　　② 梁勇：《正定巨碑主人及被毁原因初探》，载《文物春秋》2000 年第 5 期，第
35～38 页。

　　③ 吴昖：《唐赠左散骑常侍汝南韩公神道碑》，《全唐文》卷八〇五，第 8469～
8472 页。

寺碑、仇士良纪功碑相近的迎碑仪式，但中晚唐节度使葬礼本身就是一场盛大的典礼：

> 玄宗朝，海内殷赡。送葬者或当衢设祭，张施帷幔，有假花、假果、粉人、面粀之属；然大不过方丈，室高不逾数尺，议者犹或非之。丧乱以来，此风大扇，祭盘帐幔，高至八九十尺，用床三四百张，雕镌饰画，穷极技巧，馔具牲牢，复居其外。大历中，太原节度辛云京葬日，诸道节度使使人修祭，范阳祭盘最为高大。刻木为尉迟鄂公与突厥斗将之戏，机关动作，不异于生。祭讫，灵车欲过。使者请曰："对数未尽。"又停车设项羽与汉高祖会鸿门之象，良久乃毕。缞经者皆手擘布幕，收哭观戏。事毕，孝子陈语与使人："祭盘大好，赏马两匹。"滑州节度令狐母亡，邻境致祭，昭义节度初于淇门载船栀以充幕柱，至时嫌短，特于卫州大河中河船上取长栀代之。及昭义节度薛公薨，绛、忻诸方并管内，滏阳城南设祭，每半里一祭，南至漳河，二十余里，连延相次。大者费千余贯，小者犹三四百贯，互相窥觇，竞为新奇，枢车暂过，皆为弃物矣。盖自开辟至今，莫祭鬼神，未有如斯之盛者也！①

学者甚至认为，尽管从考古发掘的情况来看，较之于唐前期，中晚唐墓葬无论是规模还是随葬品的数量皆有明显的下降，但并不意味当时出现了薄葬之风，时人很可能将更多财力投入到丧葬仪式中去，导致墓葬本身的简陋。② 而节度使墓葬恰恰又是中晚唐墓葬中的异类，不但规模宏大，而且事先曾经细致的规划③，因此葬礼乃至立碑行为本身所具有的公共性毋庸置疑。

---

① 《封氏闻见记校注》卷六，第 61～62 页。

② 齐东方：《唐代的丧葬观念习俗与礼仪制度》，载《考古学报》2006 年第 1 期，第 69～78 页。

③ 这种情况在目前已发现的晚唐至五代节度使墓葬中相当明显，如刘济墓、王处直墓、冯晖墓及曲阳田庄大墓等皆如此。

　　就碑文本身而言，通常不过将其视为堆砌辞藻的具文，但它所表达的往往是唐廷与藩镇最为关心同时也是最重要的意识形态，以罗让碑而论，这种实际的政治功用更为显著。① 罗让碑设立的龙纪元年三月，距罗弘信执掌魏博尚不满一年，罗弘信原在魏博军中地位不高，因缘际会被推举为留后，其地位乃是通过与乐从训的殊死拼杀方才获得，权力的合法性及相应的稳固性较之于几位前任皆有所欠缺。因此，罗让碑作为罗弘信上任不久的一次政治合法性展示的机会，虽然出自公乘亿的手笔，但其间所表达的都是罗弘信初掌魏博之际急切地想向魏博军民宣示的内容，碑文中的政治表述蕴有丰富内涵，以下分别就碑文中关于朝廷、本镇不同的表述略作诠释。

　　正如李德裕所言"河朔兵力虽强，不能自立，须借朝廷官爵威名以安军情"②，河朔强藩虽然骄横跋扈，却需借重朝廷官爵安抚军心，对于政治合法性较弱的罗弘信而言，朝命的支持显得尤为重要。因此，尽管当时唐廷已孱弱不堪，屡经播迁，但罗弘信在碑文中却对朝廷反复颂扬，以加强自己在碑文受众心中的正统地位。因此碑文开篇便提到，"上即位之初，御便殿，顾谓侍臣曰：'予小子纂承洪绪，克荷丕训，兢兢业业，敢旷万机，凡关于理者，得以施行。'金曰都，帝曰俞，于是诏有司，有大功大效者，不惟爵赏于一身，可以褒赠于三代。我公仆射以忠以孝，奉宸安亲。既荷褒荣，爰依典实，得以茸修旧茔，建立丰碑"，将立碑归因于皇帝的恩赏，从而将为父立碑颂德行动与朝廷对其个人的厚爱联系起来。

　　尽管既往的研究大都将魏博归为跋扈藩镇的典型，但在现今所存的关于河朔三镇的碑志中却存有大量忠于朝廷意识的表述，如著名的何弘敬墓志便花了大量篇幅渲染其对朝廷的忠诚：

---

　　① 　与之相近的例子可以参考王处直墓志，志文花了大量篇幅描述了王处直素有谦退之志，其实是为王都囚父夺位之举曲为辩解。拓片刊《五代王处直墓》，第64～66页。

　　② 　《资治通鉴》卷二四八，第8010页。

公乃言曰："群蛮盗扰交趾，圣上轸忧，我统十万强兵，不能奋击，释天子之忧，高爵重位，岂犹知荣而不知愧乎。"一夕而两鬓霜白。①

此类文字固然充斥着夸饰不实之词，但这些文字在当时的语境下究竟有什么意义，发挥着什么样的政治功能，却值得我们在研究中进一步思考。可以肯定的是像何弘敬这样地位人物的志文，绝非仅仅随逝者埋入地下而已，一定还会通过传抄、文集等方式流传于世，因此其所表达的忠义意识虽是浮泛之言，所谓忠义形象更是有意造作出来的政治神话，却很难否认诸如此类大量存在的，并通过多种形式流传、呈现的宣传性文字构成了中晚唐河朔社会知识系统的重要部分。尽管现代史家站在"后见之明"的立场上，很容易指出河北藩镇表达与实践之间存在着的巨大反差，但对于生活在历史之雾中的普通魏博军民而言，这种长期的、反复的政治教化对于大众社会心理产生的影响不可忽视。以下再以魏博军将碑志中所反映出来的对平定泽潞战争的态度为例，对此问题做进一步的检讨。

会昌三年李德裕主持的平定泽潞之役，是武宗时代对于藩镇最大的胜利，一般以为李德裕以承认河朔故事，宣布禁军不出山东为妥协，换取河朔三镇对讨伐泽潞的支持，并委托镇、魏两镇攻取昭义位于太行山以东的邢、洺、磁三州。② 若按通行的看法，河北藩镇对于泽潞的平定难免会有兔死狐悲之感，对邢、洺、磁三州的进攻亦不过是敷衍朝廷而已。例如，何弘敬先是为刘稹上言辩护，后来亦按兵不动，"王元逵前锋入邢州境已逾月，何弘敬犹未出师，元逵屡有密表，称弘敬怀两端"③，坐视刘稹

---

① 何弘敬墓志，《唐代墓志汇编续集》咸通 032，第 1059 页。

② 《旧唐书》卷一七四《李德裕传》，第 4526 页。另参傅璇琮：《李德裕年谱》，第 363～432 页；王国尧：《李德裕与泽潞之役——兼论唐朝于 9 世纪中所处之政治困局》，见《唐研究》第 12 卷，第 487～520 页。

③ 相较而言成德王元逵在此役中的表现比何弘敬积极不少，这或许与上文提及的王氏家族一直将"下礼藩邻，上奉朝旨"作为维系统治的秘诀有关。

在河阳一线占据上风，直至李德裕暗示将派遣王宰所领忠武军假道魏博攻昭义时，害怕唐军借机进入河北的何弘敬才仓皇出师。①

但在目前所见的魏博碑志中恰有代表三个不同阶层的三方碑志提到此次战役，呈现的则是完全不同的面貌：

> 武宗临轩，命宰臣曰："潞人不恭，将如之何？"宰臣曰："从谏孕逆，非一朝一夕矣，潞卒劲悍，请徐筹之。"武宗赫然曰："我有神将可以叱而擒之，宁俟其交锋胜否哉？"翌日，诏御史丞李相国回使于魏。公郊迎，揣知圣旨，谓李相国曰："肥乡之役，早在梦寐矣。"相国跃马前执公手曰："社稷之臣，通于神明，信矣。"遂诏除东西招讨泽潞使。不浃旬，统步骑七万众，营于长桥之东。②

> 武宗莅祚初年，逆贼拒命，天讨荐加，常从庐江公以剿叛。庐江公异公英勇，以前冲统众弦道系将累日。公度其军势，相以人心，虽机上之可期，若在彀中耳，谓庐江公曰："魏师以久不振旅，时无恒心，今乃越境而出，若非肃齐，则冲败莫制。若悦豫其情，则前驱不踵。"公请审其向背，妙以机谋，督馈饷之心，敦战伐之道。在爪牙者，却骈罗于后；如市人者，皆跨列于前，自然表里相应，宽猛得中，此勇之大势也。庐江乃俞良策，卒成大功。③

> 时潞镇不庭，今相国盖代威名，奉天明命，翦除凶丑。公利战行权，授左前冲都知兵马使，匡君为国，巨显输诚。回戈大名，忱

---

①　《资治通鉴》卷二四七，第 7987～7989 页；李德裕：《请赐弘敬诏状》，见《李德裕文集校笺》，第 282 页。近来张达志《肥乡之役与孟州之置——唐武宗朝地方秩序的重整》一文对肥乡之役有详细的讨论，认为至少从结果而言，魏博的参战对会昌伐叛的胜利起到了重要作用（《史林》2015 年第 1 期，第 23～29 页）。

②　何弘敬墓志，《唐代墓志汇编续集》咸通 032，第 1058 页。按"西"疑为"面"之讹。另会昌伐叛中指责何弘敬按兵不进的王元逵，在墓志中同样将参与平定刘稹之乱作为一生的重要功业予以强调（《唐代墓志汇编》大中 096，第 2325 页）。

③　吴畦：《唐赠左散骑常侍汝南韩公神道碑》，《全唐文》卷八〇五，第 8471 页。

> 勤可拔，署左亲事、马步厢虞候、兼节度押衙。①

这三方碑志的志主何弘敬、韩国昌、米文辩当时的身份分别是魏博节度使、军中大将、中层军将，恰可以代表魏博军中的不同阶层，有趣的是三人的碑志皆将参与平定泽潞之役作为一生的主要功业来加以呈现。② 就这三篇志文形成的背景而论，韩国昌神道碑是其子韩允忠执掌魏博后所立，和罗让碑性质相似，该碑文字属于追记性质，与何弘敬墓志一样，是一种公开的政治宣传品。通过立碑及碑文的书写，韩允忠将其执掌魏博的合法性建筑于家族世代忠于唐王朝、累立功勋的基础之上。米文辩墓志则有所不同，其一生推迁，不过是魏博军中的一位普通军将而已，这篇志文除了挚友亲朋之外，恐怕很少有机会被外人读到，因此其文本具有一定的私密性，而作为一名普通军官，并无必要刻意凸显出对朝廷的"忠"。因此志文中对"匡君为国"的功绩的强调，固然有墓志格式化叙事的成分，但在某种程度上亦可以视为志主自然情感至少是社会普遍心理的表达。③

我们可以判断，在罗让碑、何弘敬墓志、韩国昌碑这些记述魏博镇

---

① 孙继民、李伦、马小青：《新出唐米文辩墓志铭试释》，载《文物》2004 年第 2 期，第 88～89 页。

② 这样的叙事结构可以说是河朔地区碑铭、墓志的标准形态，如刘济墓志中亦将参与讨伐成德王承宗着重表出，参见权德舆：《唐故幽州卢龙节度副大使知节度事管内支度营田观察处置押奚契丹两番经略卢龙军等使开府仪同三司检校司徒兼中书令幽州大都督府长史上柱国彭城郡王赠太师刘公墓志铭并序》，见《权德舆诗文集》，第 319～320 页。王士真墓志则强调其参与平定了朱滔之叛，参见冯金忠：《新出唐成德节度使王士真墓志考释》，见《唐代河北藩镇研究》，第 249～258 页。

③ 当然必须注意到米文辩墓志具有一定的特殊性，米为粟特姓，作为胡人，墓志中表达忠义思想有多少来源于本人，又有多少是源于墓志的格式化语言，是一个需要考虑的问题。但如果做反向思考，一个河朔胡人的墓志也会出现此类表达忠义思想的格式化叙事，亦可以看作大众社会心理的普遍反映。关于米文辩墓志的讨论参见孙继民、李伦、马小青：《新出唐米文辩墓志铭试释》，载《文物》2004 年第 2 期，第 88～94 页；森部豊：《ソグド人の東方活動と東ユーラシア世界の歴史の展開》，第 162～172 页。

内核心人物生平的官方的、公开性文本中，作者所设定的阅读与宣传对象无疑是明确的。除了长安的朝廷之外，这些巨大碑志最重要、最直接的读者无疑就是魏博的军民，而这些文本所表达的内容无疑需要符合这些读者自身的文化传统与社会心理。尽管限于史料，我们早已不可能了解这些读者阅读完文字之后的感受，但罗让碑等文中对于忠义思想的宣扬，或许暗示了这些读者对于读到此类文字怀有期待，至少这种表述所构筑的正统、忠义等思想文化观念是能契入当时河朔的社会情境中去的。① 或许正是由于有许多普通军民依然怀有"匡君为国"的朴素情怀，相应地在罗让碑及类似的文本中才会对"忠"加以渲染。通过分析这些碑志文本，我们可以发现，"忠义"这一观念或许对于魏博的不同阶层而言意味着不同的呈现、意义与理解，但这一思想依然在这些或公开或私密的文本中得到反复书写，被作者所强调，被读者所接受，可见忠义思想在胡化的河朔三镇中依然是共通文化心理的重要构成部分。

笔者并无意否认已为过去许多研究所证明的河朔胡化与半独立的一面，也不认为上文所述及河朔所存在的忠义意识是绝对的、无条件的，这种忠义意识很可能是相对的、抽象的。因为魏博军队的特权缘于河朔半独立的政治地位，当唐廷认可河朔故事时，这种"理念型"的忠义意识可以建构出河朔藩镇对于唐王朝的国家认同，但一旦唐廷试图取消河朔半独立的地位、改变魏博的社会经济结构，这些骄兵悍将自然会基于自

---

① 过去我们对于河北藩镇往往会强调其胡化的一面，但这些胡人进入中原定居几代，与普通汉族居民有了充分接触之后，其汉文化的程度是值得进一步思考的问题。我们不但应注意到河北胡化的一面，同时也要注意到胡人汉化或胡汉互化的一面，从而充分认识到河朔社会的复杂性。如最新刊布的一方粟特人米氏墓志，分别由其子孝臣撰文、忠臣书丹，如果说墓志的撰写尚有格套可循的话，那么书丹则是直接衡量出汉文化水平的标尺，可见入华胡人中熏染汉风者亦大有人在。拓本刊《故宫博物院藏历代墓志汇编》085，北京，紫禁城出版社，2010 年，第 211 页。另一方面，如果过于强调中晚唐河朔的胡化，那么就很难解释五代宋初胡汉之别的消弭，参见邓小南：《试谈五代宋初"胡/汉"语境的消解》，见《朗润学史丛稿》，北京，中华书局，2010 年，第 74～94 页。

身的利益而抗命不遵。但笔者想要指出的是，我们必须要注意到河北藩
镇内部复杂、多元的面向①，"忠"作为儒家主要的思想资源，是中国古
代帝国体制得以构建成型的重要黏合剂。从现实政治而论，没有对忠于
朝廷意识的宣扬，节度使与军士之间也很难基于"忠"的纽带建立起稳定
的关系，尽管这在一定程度上可以借助在河北藩镇中常见的通婚、结拜、
义儿等血缘或拟制血缘关系加以弥补②，但事实上，光凭"孝""义"这些
纽带很难构建起一个稳定的权力结构。③ 正因为对朝廷的"忠"与对节度
使的"忠"在思想上具有同构性④，所以节度使仅基于个人政治利益的考
虑，亦不会轻易放弃关于忠义的政治宣传与知识传布。因此，"忠义"依
然是维系唐廷与河朔之间以及藩镇内部政治稳定的重要文化基础，而对
"忠于唐廷"形象的构造与展示也是河北藩镇构建自我权力合法性论述的
起点。

　　因此，罗让碑进而强调魏博政变得到了唐廷的支持与承认，将政变
的结果置于合法的政治秩序中。罗弘信将其自立为留后的过程描述为"监
军使及大将、军人已下，比肩扣首，恳乞我仆射权知留务"，即在代表唐
廷监军使的支持下方才受命，而诛杀乐从训后，又立刻"具状奏陈"，凸

---

　　① 河朔藩镇之间也有非常复杂的关系，我们过去往往将其视为一体，而忽视
了互相之间的矛盾，如《资治通鉴》卷二三八云"燕赵为怨，天下无不知"，自朱滔后
幽州与成德两镇素不睦（第 7670 页）。而河北三镇之间有时亦以戎狄互贬，如欧阳詹
《辅国大将军兼左骁卫将军御史中丞马公墓志铭》云"莫州近边，戎数为害"，莫州所
临者，盖成德也，则幽州人视成德为戎狄（《文苑英华》卷九四九，第 4994 页）。

　　② 栗原益男：《唐五代の仮父子的结合の性格——主として藩帅の支配権力と
の関連において》，《唐宋变革期の国家と社会》，第 159～192 页。

　　③ 古人所谓求忠臣于孝子之家，指出了忠与孝之间所具有的共通性，这种观
念在魏博地区普通军将的墓志中也有体现。如刘其云及妻王氏墓志云："故相国田公
知在家必孝，在邦必忠"；宗庠墓志云："大丞相以其欲选忠臣，必求孝子。"参见《唐
代墓志汇编续集》元和 063、咸通 050，第 846、1072 页。但忠是对孝的一种时空和对
象上的超越，光凭着孝道与血亲关系，没有超越性的意识形态，很难支撑一个复杂
政治体的稳定运作。

　　④ 赵翼《廿二史札记》中已揭示了这一悖论："盖藩帅既不守臣节，毋怪乎其下
从而效之，逐帅杀帅，视为常事。"（《廿二史札记校证》，第 431 页）

显自己恭顺的态度。罗弘信还特别强调了朝廷对他的优遇:"伏准国朝故事,我府凡有更替,即除亲王遥统节度事,或逾数月而后,方降恩命。今我仆射以殊功难解,茂略济时,进疏才及于阙庭,幢节已交于道路。"这段文字恐怕并非虚指的具文,背后蕴有当时人熟知的"今典",所比附的对象当是魏博历史上著名的田弘正归朝时,唐廷给予的殊遇:

> 上竟遣中使张忠顺如魏博宣慰,欲俟其还而议之。癸卯,李绛复上言:"朝廷恩威得失,在此一举,时机可惜,奈何弃之!利害甚明,愿圣心勿疑。计忠顺之行,甫应过陕,乞明旦即降白麻除(田)兴节度使,犹可及也。"上欲且除留后,绛曰:"兴恭顺如此,自非恩出不次,则无以使之感激殊常。"上从之。甲辰,以兴为魏博节度使。忠顺未还,制命已至魏州。兴感恩流涕,士众无不鼓舞。①

当田弘正归顺朝廷后,李绛力争即授田弘正魏博节度使,而非如惯常那样先暂除留后,由亲王遥领,予以殊恩,厚加赏赐,以坚定魏博军民的向化之心。此事实为元和中兴之业得以达成的关键契机,自然也是魏博镇内口耳相传、妇孺皆知之事。此处罗弘信引田弘正的殊遇自比,强调朝廷对其权力合法性的承认。事实上,朝廷所赐节钺自颁下至入境,一路上都伴有隆重的迎送之礼:

> 节度使掌总军旅,颛诛杀。初授,具帤抹兵仗诣兵部辞见,观察使亦如之。辞日,赐双旌双节。行则建节、树六纛,中官祖送,次一驿辄上闻。入境,州县筑节楼,迎以鼓角,衔仗居前,旌幢居中,大将鸣珂,金钲鼓角居后,州县赍印迎于道左。②

碑文中对此亦有述及,"天子令二内臣掌旌节恩诰,相次而至"。正是借助这一系列仪典,唐廷授予了节帅专制一方的政治权威。这大约就是刘

---

① 《资治通鉴》卷二三九,第7695~7696页;《授田兴魏博节度使制》,《文苑英华》卷四五二,第2292页。
② 《新唐书》卷四九下《百官志》,第1309~1310页。

仁恭所谓"旄节吾自可为，要假长安本色耳"①的蕴意所在，也是罗弘信想要借助罗让碑向魏博军民传递的政治讯息。

不过碑文中的殊遇只是罗弘信的向壁虚构，并不符合历史实情。《旧唐书·罗弘信传》明确记载："僖宗闻之，文德元年四月，诏加工部尚书，权知节度留后。七月，复加金紫光禄大夫、检校尚书右仆射，充魏博节度观察处置等使。"②即罗弘信的得位，恰是严格遵循了"或逾数月而后，方降恩命"的惯例，与之前数任魏博节度使一样③，先署为留后，数月后才下达正式的任命④，并无任何特殊之处。当然，罗弘信在碑文中想呈现的本来就不是事情的真相，而是他希望魏博军民相信以增进其权力合法性的政治神话。总而言之，罗弘信因缘际会执掌魏博后，为了弥补自己原本在军中威望的不足，不得不极力抓住朝廷之命这根稻草，大肆宣扬唐廷对其恩遇之重，从而为他在魏博的统治涂上更多的合法色彩。而这一事件的前后因果恰可为李德裕"河朔兵力虽强，不能自立，须借朝廷官爵威名以安军情"一语做最好的注解。

---

① 《旧五代史》卷一三五《刘守光传》，第 2099 页。

② 《旧唐书》卷一八一《罗弘信传》，第 4691 页。但《旧五代史》卷一四《罗绍威传》则云："唐文德元年四月，牙军推弘信为留后。朝廷闻之，即正授节旄。"（第 213～214 页）不知是否受罗让碑的影响。

③ 如何弘敬在开成五年十二月为留后，会昌元年六月正授节旄（《资治通鉴》卷二四六，第 7948、7952 页），期间遥领魏博节度者为福王绾（《唐会要》卷七八，第 1698 页）。韩简于乾符元年十二月为留后，二年三月正授节旄（《资治通鉴》卷二五二，第 8173、8177 页）。按即使在较为特殊的背景下，如何进滔谋杀史宪诚自立，时"河北久用兵，馈运不给，朝廷厌苦之"，唐廷于大和三年六月承认其为留后，至八月即真，中间仍有两月之隔（《资治通鉴》卷二四四，第 7865 页）。甚至中和三年乐彦祯取代韩简为魏博节帅时，尽管僖宗尚流亡在成都，仍"暂领雄藩，宜遵故事"，下诏命建王震遥领（《唐大诏令集》卷三六《建王震魏博节度制》，第 159 页）。

④ 其实罗让碑中也已述及这一先授留后再即真的过程："我公仆射具状奏陈，寻有诏再三褒异，加工部尚书，权知魏博节度留后……是年七月，天子令二内臣掌旄节恩诰，相次而至，就加魏博节度观察处置等使、金紫光禄大夫、检校尚书右仆射、魏州大都督府长史兼御史大夫。"但后文对事实"创造性的诠释"才是罗弘信所欲呈现的"历史"。

在碑文关于本镇事务的表述中，与对朝廷的尊崇相对应，罗弘信又隐晦地表达了魏博半独立的地位，"寔自大河之北，太行已东，曹孟德之称孤，将成霸业，袁本初之恃众，遂创雄图"，暗示魏博六镇是可以图霸之地，自居于诸侯的地位。① 另一方面，罗弘信又必须赋予这场牙军政变合法性，强调"我天雄六镇素推忠勇，咸遵正道"，将牙军的变乱置于"忠勇"的政治光谱之中，从而达成安抚军心的目的。但对于乐彦祯本人以及其他历任在牙军变乱中被诛杀的魏博节帅，在表达上依然留有相当的余地，尊称其官爵"乐王""何中令""韩太尉"，保留他们在魏博历史叙事中的正统地位②，而将事变的所有罪责都推到乐从训的头上，言其"天资勃逆，常畜异图"。事实上乐从训的行动无疑是在乐彦祯的授意、支持下展开的，政变结束后魏博牙军曾同时将乐彦祯、乐从训父子二人枭首军门示众。③ 碑文的叙事刻意淡化了这段血腥对立的历史，这恐怕是出于维系魏博镇内团结的考虑，避免在罗弘信、乐从训激烈内战后引起魏博内部的进一步分裂与自我削弱。

五、记忆与诠释：罗弘信的符谶制作

此外，罗让碑的叙事中又重建了魏博关于修筑罗城的历史记忆，通过对于事件因果关系的重新编排将其塑造为罗弘信得位的符谶。"前政乐

---

① 《唐赠左散骑常侍汝南韩公神道碑》也有一段意思相近的文字："长河北控，太行东隅，粤有奥壤，厥为全魏……是以代有将军称义兵，控北敌之咽喉，扼南燕之襟带，岁月巩固，朝野赖之。"（《全唐文》卷八〇五，第8469~8470页）

② 按此碑书写平阙严格，其中提及以上三位节帅名前皆阙字，唯"前副大使乐从训"前未空。而这种叙事方式在《唐赠左散骑常侍汝南韩公神道碑》中亦可见到，云："昔庐江公承袭一方，子孙三世，建及衰季，始堕弓裘。"（《全唐文》卷八〇五，第8470页）由此可以注意到，尽管唐后期魏博的权力在多个不同的军事强人家族中转换，其间也不乏血腥的杀戮，但这种传递并不破坏魏博内部正统世系的构建与自我认同，即在魏博内部，后任节帅的合法性往往建立在承认前任节帅合法性的基础之上，同样，权力的内部传递也不影响其与唐廷之间的政治默契。

③ 《资治通鉴》卷二五七，第8378页。

王一旦大兴板筑，约河门旧堤，计百万人功，周八十余里。才经月余，修葺□备，怨嗟之苦，遍于六州。谓之罗城，应我罗氏，岂其天意符我人事者哉。"罗城的修筑是乐彦祯时代魏博庶民生活中的大事，由于这一工程规模浩大，程限紧促，因此大量征发民力①，导致民怨沸腾，成为乐彦祯丧失魏博人心的重要诱因。罗弘信巧妙地将罗城与"罗"的谐音联系起来，将其刻画成自己掌握政权的符谶，利用了魏博庶民当时的集体记忆，诱导他们回忆起乐彦祯统治时代的残暴苛酷。一个政权的合法性往往建立在对于前一个政权否定与控诉的基础上，罗弘信借助对魏博人关于修筑罗城记忆的重新塑造，既控诉乐彦祯滥用民力，又加强了自己通过政变推翻乐彦祯行动的合法性。

但我们注意到，关于罗城为罗弘信执政符应的说法，仅仅在碑文中被提到，《旧唐书》《资治通鉴》等传世文献中虽然都有关于修筑罗城的记载②，但只是批判乐彦祯滥用民力，没有将其视为罗弘信执政的符谶，反而将另一件神异之事附会在罗弘信身上：

> 先是，有邻人密谓（罗）弘信曰："某尝夜遇一白须翁，相告云，君当为土地主。如是者再三。"弘信窃异之。及废文玠，军人聚呼曰："孰愿为节度使者？"弘信即应之曰："白须翁早以命我。"乃环而视之，曰："可也。"③

这一传说流布极广，除《旧唐书》外，《旧五代史·罗绍威传》《新唐书·罗弘信传》《资治通鉴》《北梦琐言》等皆有记载，可以认为白须翁授命这一神异故事在不久之后取代了罗城这一符谶成为罗弘信执政合法性的象征，

---

① 司空图《解县新城碑》所记同期河中节度使王重荣修筑解县新城的工程量可与之略作比对："自中和二年冬十月，奏请兴役，至明年夏六月，凡计工五十万。城高三丈，周绕九里一百六十步。"（《司空表圣诗文集笺校》，第 263 页）魏州罗城的规模及工期的程限，远为苛酷。

② 《旧唐书》乐彦祯、乐从训两人的传记皆大段袭用罗让碑文字，可知碑文在当时亦有传布，故为正史取资；但传记并未记罗城之谶。

③ 《旧唐书》卷一八一《罗弘信传》，第 4690～4691 页。

成为官方叙事的版本，并被载入各类史籍之中。但是这两个符谶之间的转换与更替是如何发生的，背后的动力又是什么？可以推想，在政变的混乱局面中，原本默默无闻的罗弘信临时编造了白须翁以土地相授这一故事让牙军信服，推其为主，是完全可能的，这一记载当有相关的史实凭依。但这一故事与罗让碑所要塑造的"监军使及大将、军人已下，比肩扣首，恳乞我仆射权知留务"这一万众拥戴的政治形象不符，因此在碑文中仅以"至如仙翁告瑞，神将效灵，秭米不爽于毫厘，图画若合于符契"一语带过，转而选用当时魏博人所共同关注的修筑罗城一事为题材制造了新的符谶。

　　至于为何白须翁授命的故事最终又取代罗城的符谶，成为后世关于罗弘信最广泛流传的传奇，笔者以为这一符瑞知识更替的关键点可能发生在天祐二年(905)：

　　　　天祐初，州城地无故自陷，俄而小校李公佺谋变，（罗）绍威愈惧，乃定计图牙军，遣使告太祖求为外援。①

州城的无故自陷为何会成为军人谋变的号召，这本是史文留给读者的一个难解之谜，但如果我们联想到罗城的修筑在当时被认为是罗弘信执掌魏博的先兆，而这一符应随着罗让碑的竖立，在之后的十余年中被有意识地大肆宣扬，成为罗弘信执政的重要合法性来源，那么罗城的塌陷，无论是出于自然原因还是有意的人为破坏，很容易被密谋的军人视为罗氏家族即将灭亡的符应，借机鼓动举事。② 此时罗城这一符谶在魏博镇内被广泛接受，反而成为罗氏家族的政敌反对他们的武器。随着罗氏家

---

　　① 《旧五代史》卷一四《罗绍威传》，第215页。
　　② 从占验而言，城无故自坏是常见不祥之兆，如《旧五代史》卷二六《武皇纪》："冬十月，武皇有疾。是时晋阳城无故自坏，占者恶之。"（第414页）甚至在魏州的历史上，还曾有类似的"今典"。安史乱中，颜真卿在河北起兵后，安禄山所署魏郡太守袁知泰前来镇压，"其日，魏郡城东南面女墙一百五十步无故而崩，知泰走投汲郡"（《颜鲁公行状》，《颜鲁公文集》附录，四部丛刊本）。

族在魏博的统治渐趋稳固，罗让碑中所极力塑造的忠于朝廷、为众所推的形象对他们而言已不再那么重要，当罗城的符谶反遭对手利用，成为政治负担时，那么转而进一步修饰白须翁授命的故事，取代罗城这一旧说，便显得顺理成章了。

唐中后期半独立的地方政权，往往喜好仿效天子，通过符瑞、谶纬的制作来巩固自身的权力，收聚人心。如王处直墓志"长吏屡陈飞走之祥，迭闻稼穑之异"①的记载。而在敦煌文书中，也有不少反映归义军时期制作各种瑞应图谶，宣扬天命，强化地方政治认同的案例。② 而与罗弘信有关的两个符谶一显一隐、交替更新的历史则提示我们，符谶作为古代政权合法性构筑过程中所惯常使用的道具，其知识的生产与传布过程，具有很强的时效性与不确定性。作为一种危险的知识，符谶在传布的过程中往往会被对立的政治双方各自利用，分别做出对自己有利的诠释。因此随着政治局面的演变，符谶作为一种知识话语也随之被不停地更替、改写与重新诠释。例如自西汉末年以来流行的谶言"当涂高"，曾先后被公孙述、袁术、曹魏、司马氏等视为称帝的符命③，而最终被史籍记录的那种解释往往只是依附历史胜利者的书写才得以流传、定型，这在相当程度上遮蔽了不同政治力量争夺符瑞解释权的复杂历史过程。④

罗弘信取代乐彦祯的牙军变乱从表面上看起来像是魏博历史上治乱循环固定剧本的再次上演，正如一粒石子投入平静的湖面，掀起一阵涟漪，但又很快恢复了平静。唐廷如故，魏博如故，牙军如故，唯有魏博

---

① 王处直墓志，拓本刊《五代王处直墓》，第65页。

② 余欣：《符瑞与地方政权的合法性构建：归义军时期敦煌瑞应考》，载《中华文史论丛》2010年第4期，第325～378页。

③ 楼劲认为"当涂高"这一谶言对十六国乃至北魏初年的政治仍有相当影响，参见楼劲：《北魏开国史探》，北京，中国社会科学出版社，2017年，第52～65页。

④ 孙英刚曾讨论"李氏当兴"与"刘氏当王"这两个政治谶言从互相支持变为互相对立的演变过程，便是一个很有意思的个案。参见孙英刚：《神文时代：谶纬、术数与中古政治研究》，"金刀之谶：政治预言与宗教信仰的融合"，第134～164页。

的主人从乐彦祯换成了罗弘信而已。但这一事件恰好发生在了唐末历史转折的关键时刻，百余年来牙军的勇武支撑起了魏博半独立的政治地位，使之在唐廷与节度使间左右逢源，攫取了巨大的经济利益，但正是对这一利益链条的路径依赖，使得魏博本身养成了保守的地域性格，无力跨出河朔，争雄天下。正是在这场政变中，外来的朱温第一次成为左右魏博历史走向的关键人物，预示着一个巨大变动时代的来临。

　　本章通过对罗让碑的文本细读，试图跳出中央与地方、胡化与汉化这两个传统的分析框架，借助投入石子所搅动的涟漪，基于对事件的深描，探看隐藏在湖面之下魏博内部的社会结构与文化心态。罗让碑的建造只是百余年来河朔制作巨碑风气的延续，高耸的巨碑无疑是一种醒目的景观，无声地诉说着河北强藩的跋扈，但形制上的僭越与文字上的恭谨形成鲜明的对比。这种政治文化在"表达"与"实践"层面的分裂所形成的内在张力对于河朔地域的民众有何影响，承载着这些重复上演的政治演剧的社会机制到底是什么，谁是这些碑文的读者，作者通过巨碑的物质形态与文本流传又想要向读者传递何种政治讯息。本书第五、七两章借助对魏博兴起与衰落时期的个案研究，尝试对此做出初步的解答。而百余年来河北地域多民族迁徙交融所构筑的复杂文化面貌，并非是用"胡化"与"汉化"这样简单的标签所能涵括，从某种意义上来说抽绎出胡化或汉化这样单一的概念来描述唐中后期的河北社会，反而遮蔽了很多复杂的文化变迁与互动。陆续进入河北的突厥、契丹、靺鞨、高丽、粟特等胡族本来就出自不同乃至迥异的文化传统，至于在汉人社会内部，也存在着复杂的阶层分野。"胡"和"汉"本身就从来不是一个稳定而清晰的概念，而多种文化因子的融汇，复杂的胡胡、胡汉、汉汉多角关系，共同构筑了唐中后期河北社会多元、独特甚至有些模糊不清的文化面貌。

附录：罗让碑录文

唐故魏博节度押衙后军都知兵马使银青光禄大夫检校太子(下缺)」①

　　　　　　门吏观察判官权知掌书记朝散大夫检校左散骑

　　　　常侍□□□大夫柱国赐紫金鱼袋公乘亿撰」

　　　　门吏观察支使文林郎检校尚书金部郎中兼御史中丞赐

　　　　　　紫金鱼袋郑褒书并篆额」

　　上即位之初，○御便殿，顾谓侍臣曰：予小子纂承○鸿绪，克荷○丕训，兢兢业业，敢旷万机。凡关于理者，得以施行。佥曰都。○帝曰俞。于是○诏有司，有大功大效者，不惟爵赏于一身，可以褒赠于三代。」我公仆射，以忠以孝，奉○□安○亲。既荷褒荣，爰依典实，得以葺修○茔兆，建立丰碑，俯申孺慕之诚，仰答○勎劳之旨。翌日，语及其事，召亿撰乎斯文。亿位忝宾从，职由○奏记，操觚再拜，具以叙□：」

　　盖闻辰象著明，列宿识尊卑之分；斗魁环转，万邦知启闭之门。不有周焉，何以彰公高启祚；不有晋也，何以明毕万开基。所以卜偃端著，罔失吉凶之数；延陵听乐，杳分兴废之由。斯可跨赵蹑燕、通秦入洛。卫分疆」畛，觜、参呈凌犯之淫；赵界陬维，毕、昴示福祥之庆。寔曰大河之北，太行已东，曹孟德之称孤，将成霸业；袁本初之恃众，遽创雄图。都邑矜夸，不能越左思之赋；英豪权逐，不能掩陈寿之书。今者则一管六州四十三」县，山河形胜，封阜郁盘，有是祺祥，产我○贤俊。○先府君尚书讳让，字修己。其先颛顼之后，受封于罗，因为著姓。晋有大夫勇，汉有梁相环。令则之轻财好施，名盖襄阳；君章之德行文章，声喧桂岭。」○我唐复有立言之尹正京邑，理化如神；绍权则显

──────────

　　① 拓本右下角另有"开平二年二月(中阙)师赠封南阳王"一行小字，疑系补刻。另录文中○表示平阙。

立周行，科名继世。莫非轩裳煜赫，簪绂蝉联。盖○府君尚书之茂族，不其盛欤，不其伟欤！惟○公一源，分于大魏之人也。」○公曾王父讳郇，皇平州刺史、工部尚书，○王父讳秀，魏博节度押衙、左山河都知兵马使、兼御史大夫。○烈考讳珍，魏博节度押衙、亲事厢虞候。○公少立奇节，倜傥不群，交结时豪，轻死重气。虽鸡鸣狗」盗靡间于交游，马圉牛医不忘于礼敬。自此乡闾畏爱，遐迩依投，馨香飘郑国之兰，○洁白莹蓝田之玉。常执谦柄，以崇德基；虽处宦门，故无嫌隙。落落乃混成之器，亭亭为不世之材。伏自○何中令时，以」○公正直，致于肘腋；洎○韩太尉日，以○公谨愿，委之腹心。虽处上不骄，临下不暴。凡曰平昔交契，未尝暂忘，有郇氏分宅之仁，有氾毓字孤之义。屡移星琯，一致如斯。呜呼！乾符三年六月十一日，遘疾薨于宽仁」坊之私第，享龄六十九。遂使白日藏耀，重云结阴，里巷停春，行路增叹。当年十一月二十四日，迁宅兆于贵乡县通济乡蔡村，礼也。蒙○恩赠工部尚书。○公平生所行之事，虽伐竹淇园，纪之莫极；琢石岯岭，赞之」无穷。娶于，广平郡宗城人，蒙○恩进封为○广平郡夫人。有子二人，一人从立，早殇；一人即○今我仆射，见任魏博节度使。

　　伏以○我仆射生有奇表，衿灵豁如，硕量汪洋，吞江纳汉。鹰瞵鹗际，岂惟命」将之材；燕颔虎须，素有封侯之相。至于玉堂秘诀、金柜微言，黄石一编、太公三略，未尝不钻研度日，咀嚼移时。纵令冯邓复生，咸须敛衽；韩彭再出，敢不虚怀。加以天纵多能，妙于弧矢，悬莎屡中，断缕无疑。飞卫甘」蝇，是其俦也。

　　无何蔡贼南下，郓寇东侵，中外惊扰，计无所出。○我仆射先领六雄兵士，南自新乡接战；后拥衙□步射，东至莘县交锋。我以奋髯拗怒，掉臂先驱。枭鹫之徒，应鸣弦而毙踣；犲狼之辈，随利刃以」纷披。不日两道奔冲，相次折北。我府虚宁，内外相庆。自此陈安据陇，咸歌壮士之风；李广临边，不乏将军之誉。而乃威加四境，气盖六州，崔洪可拟于张良，伯仁有方于乐毅。繇是韬光晦迹，匿影销声。其如卞玉

至」灵，莫隐山辉之象；隋珠希代，难藏川媚之容。○前政乐王一旦大兴
板筑，约河门旧堤，计百万人功，周八十余里。才经月余，修葺□备，
怨嗟之苦，遍于六州。谓之罗城，应○我罗氏，岂其天意符○我人事者
哉！前」副大使乐从训天资勃逆，常蓄异图，乃召亡命之徒五百余辈，出
入卧内，号为"子将"，委以腹心，辄欲更易使衙，以觊 菲 望。○我天雄
六镇，素推忠勇，咸遵正道，肯向邪谋，例皆割耳自明，要□逆 徒。乐
从训有所疑忌，」易服遁逃，止于近县。○使司寻补充六州都指挥使。未
几，兼令摄相州刺史。到任之后，般辇军器，取索缗钱，使命往来，交
午涂路。一日，忽潜令部下亲信，掩将征马，约数百蹄，欲充军用。阖
府疑□，时议沸腾。○乐王」自乞避位，忧愤一夕而薨。都将赵文玠权知
留务事。其年二月八日，乐从训自相州与贼将王周、马武之徒，分领马
步兵士三万余人，至十二日□我城下。蝟毛而起，豕突而来，中外搔然，
未免疑惧。赵留后按兵不」出，心怀携贰。众皆激怒，果致变更。○监军
使及大将军人已下，比肩叩首，恳乞○我仆射权知留务，连名具本陈奏。
○我仆射辞不获□，上马慰安，三军无不鼓舞欢呼，填咽郛 郭。军人例
乞死战，切齿愤」然。即 遣裨将部领二千人出府南门，逆于贼阵，斩贼
将张全素一人首级。其余毙者，不能纪极。贼徒遂退入元城 故县，
沿洡猗猕，据于府北。使圂聚为巢穴。于是百头万计、蚁聚蜂飞。公输
子之云梯，何曾□□；王僧」辩之鼓吹，不赍巡城。彼则纵之以强，我
则示之以弱。洎二十二日，遣都将梁怀 瑾部领兵 士三万人，直掩 仇□，
扫除贼垒。雷奔电击，火烈风趋，未及□时，已闻败北。旋驱旋毙，存
者几何？翌日，乃再命偏师 剪屠逆 孽。」西 邸浅口，南至内黄，信宿之
间，失于漏网。○我仆射遂于金波亭别立牙帐，谓执政曰："此贼不去根
本，犹恐滋蔓。"而乃举明 将帅，选练骁奇。誓曰：吾心不斯①，有如皦

---

① "斯"，疑为"欺"之讹。

日。未逾顷刻，投状者数逾十万。遂于小毬场内一一阅视，无不鹰扬异状，虎攫奇姿。或镂锦为装，或分红作号，或盘槊舞剑，或彀弩牵弓，或驰马射声，或超车 投距 。 是日 乃令各分部件，俱攘师徒。所谓孙吴指顾，临轩见虎翼之形①；翲起虚徐，俯砌识鱼丽之势。」一战而霸，此之谓乎。有间者云：贼军已于洹水县屯集，不逾跬步，可以就擒。三月廿六日，乃令都指 挥 使程公佐部领马步兵 士 二万人于西路而入；次遣都阵后横巡拥阵使尹行方部领马步八千余人南面而」入。则有大六雄小六雄之劲卒，左山河右山河之骁师，平难决胜之诸都，步射横冲之烈将，莫不磨牙□齿、怒目张眸。骈骈阗阗，足以回天倒日；汹汹涌涌，足以覆海移山。至二十八日，进军逼于洹水县。两军合势，」争路向前。贼将王周、马武之辈，领凶锋兵士三千余人，逆我大军，未阵而遁。我军于是逾城越堑，拉朽摧枯，旌旗拂云，钲鼓动地。前进者熊罴猰狁，后 来 者虎豹咆哮。如萧王之破王寻，尸浮滍水；若武安之坑赵括，」血溅长平。虽则大获俘馘，未知元恶所之。不信宿，有六雄副兵马使王元武者，斩乐 从 训 首 至于麾下。遂令枭悬于军门之栅，示其众也。○我公仆射具状○奏陈，寻有○诏再三褒异，加工部尚书，权知魏博」节度留后。是知逆于天者，未或不亡；顺于人者，未或不昌。则逆顺之理，昭然可验。是年七月，○天子令二内臣掌旌节恩诰，相次而至，就加魏博节度观察处置等使、金紫光禄大夫、检校尚书右仆射、魏」州大都督府长史兼御史大夫。

　　○我仆射天资孝敬，神付聪明。守节俭以教人，敷惠和而煦物。调 兵 统众， 谳狱绥民 ，上自军旅，下及惸嫠，无不感其亭毒之恩，保乎生生之福者也。伏准○」国朝故事，○我府凡有更替，即除亲王遥统节度事，或逾数月，而后方降○恩命。○今我仆射以殊功解难，茂略济时，进疏才及于○阙庭，幢节已交于道路。斯盖风云济会，鱼水相依。且齐主桓」公，非夷吾不能致霸；越王勾践，非范蠡不有重兴。固知公台重

---

① "虎"阙笔避讳。

臣，必有先兆，至如仙翁告瑞，神将效灵，稊米不爽于毫厘，图画若合于符契，岂惟克谐城垒，吻合谣词。光武徇于蓟门，信都有神人之异；谢安阵于淝水，蒋山」为甲士之形。

○先尚书有女二人，长适王氏知言，节度别奏；次适赵氏袭，经略副使。莫非柔情淑德，播于六姻，有光一宗，实异他族。令孙庆武，见任魏博节度副大使、金紫光禄大夫、检校左散骑常侍、魏」州大都督府司马知府事、兼御史大夫、上柱国。素禀义方，生知礼训，性不好弄，志于经书。所谓天上麒麟，人间鹭鸶，来祥○皇后，出应○明时。信乎朱勃说《诗》，已标既往；郑玄制颂，复耀将来。而况紫绶承荣，□」衣袭庆，能执奉○亲之志，不违就养之方。

○我仆射治外以严，治内以肃，不以亲而辄违家范，不以爱而有紊藩条，克修父子之仪，以丕○君臣之道。故得临人以敬，莅事以勤。虽云冲幼之年，颇得老成」之誉。盖○先尚书庆流后裔，泽及流芳，布葩□之敷荣，注源流之广大。○我仆射感深霜露，言念松楸，眇棠树以增悲，俯泉扃而结欷。今者奉○命纪述，丕显○清芬。实以学寡燃糠，徒对生金之字；」材非刻烛，敢言掷地之文。但以受○顾殊常，叨恩不次，眄翠珉而益愧，想黄绢以怀惭。敢不力强挥毫而乃铭曰：」

猗欤○尚书，生我魏土。济时以文，平难以武。仁加乡党，德洽寰宇。嘉猷恢大，传于遂古。其一 尚书之英，为时挺生。温润玉洁，芬馥兰馨。动不逾矩，居常诚盈。超今迈古，莫之与京。其二 钜鹿一郡，衡漳交游。寔曰胜概，应我」通侯。构厦为柱，浮川作舟。超然自得，可以优游。其三 太行巍巍，大河浩浩。中有○明德，上符玄造。旷世称贤，希代为宝。渊微无朕，孰可探讨。其四 逦迤关东，祥符魏中。晋方武子，蜀比文翁。素履□□，□□□□。□周作颂，」则维其嵩。其五 魏曰大名，作我基趾。四十三县，百千余里。金石显固，松篁擅美。枝叶蕃昌，无终无始。其六 於穆○明德，与时为瑞。生有殊荣，殁有余贵。

虽享遐龄，不终厥位。穿□□□，□□□□。其七 □□□唐，硕臣」崛
起。□□□下，安定漳滨。金剑报○主，□衣奉○亲。当今史册，更纪
何人。其八 天资间杰，神付英奇。彼之乱矣，我以整之。除扫蛇豕，叱
咤熊罴。挺此徽烈，以赞雍熙。其九 玄造惟□，□□□□。□□□□，
□□□□。□□□将，士」援夏王。神明契合，永以蕃昌。其十

　　龙纪元年岁次己酉三月戊辰朔二十九日庚申建○考赠尚书右仆射、
加赠司空□（下缺）

　　　　　　考赠工部尚书，加赠尚书右仆射□□□（下缺）

第八章　深描与重绘:
中晚唐历史演进线索的再思考

　　时至今日，我们对中晚唐历史的整体性思考依然笼罩在唐宋变革论的框架中①，循此脉络出发，学界大体公认唐代的前期与后期之间发生了重要的变化，甚至略带夸张地说除了仍旧维持李唐国号之外，唐前期与后期在政治、经济、制度、军事、社会乃至思想文化等诸方面都存在着显著不同。试想一个生活在初唐的士人如果有幸坐着时光机来到二百年之后，大概会感到举步维艰，充满了陌生感。曾经在天可汗的旗帜下，一度向西越过葱岭的帝国边界，此时已退缩到了长安附近，不但安西、北庭不复为唐所有，连陇右也被吐蕃占据。东部则藩镇林立，历来是华夏文明核心区的河北已成为王朝内部桀骜不驯的半独立区域。初唐井然有序的从三省六部延及地方州县的行政体系，已不再名实相副，处理政务的各项职能大都被名目繁多的使职所侵夺，而藩镇又有凌驾于地方州县两级之上的趋势。均田制的崩坏及府兵制的瓦解，引发了以两税法为核心的改革，随着赋税来源的变化，户部的职能渐被户部、度支、盐铁

----

　　① 内藤湖南:《概括性的唐宋时代观》，见《东洋文化史研究》，林晓光译，上海，复旦大学出版社，2016年，第103～112页。这一理论框架自1922年由内藤湖南提出后，虽已近百年，仍影响不衰，先后在日本、欧美乃至中国激荡出巨大的学术回响。关于内藤假说的学术背景及传播，参见张广达:《内藤湖南的唐宋变革说及其影响》，见《史家、史学与现代学术》，桂林，广西师范大学出版社，2008年，第57～133页。当然这一学说流行的过程中，对唐宋变革这一概念界定不清或过度扩展等问题亦不鲜见，相关的批评见柳立言:《何谓"唐宋变革"》，见《宋代的家庭和法律》，上海，上海古籍出版社，2008年，第3～42页。

转运三司所取代。唐廷与藩镇间虽然战和不定，但双方的军队都由职业军人构成，而非被征发的农民。甚至作为一个士人，他发现从前作为官员常见进身之阶的门荫，此刻已远不如进士的头衔来得光鲜而有前途，所擅长的骈文与宫体诗歌，也渐不为人推重。当然如果穿越者是一名农夫或士兵，类似的陌生感恐怕也不会减少太多。以上的描述大约是治唐史的常识，因此或可以说在同一个国号下存在过两个面貌迥异的"唐王朝"。①

　　这一切变化，似乎都可以用天宝十四载爆发的安史之乱来划分先后，因此安史之乱也被公认为唐王朝盛衰的转折点，素来受到学者的瞩目。特别是近年来，随着日本学界转而强调从欧亚史这一更宽广的角度观察中国与邻接游牧帝国的互动②，安史之乱的意义进一步被放大，甚至被认为是辽、金、元一系列征服王朝的前身。③ 不过值得思考的是，既往

---

　　①　对这一系列变化通论性的描述可参读唐长孺《魏晋南北朝隋唐史三论》第三篇"论唐代的变化"中的各章（湖北，武汉大学出版社，1993 年，第 245～483 页）；另参邱添生：《唐宋变革期的政经与社会》，台北，文津出版社，1999 年。

　　②　这一研究视角的转变，从 1971 年、1999 年两版岩波讲座世界历史相关章节的安排中便可窥见一斑。关于中晚唐的部分在 1971 版中收入古代部分第 6 册，东亚世界的形成Ⅲ，包括由栗原益男执笔《安史の乱と藩镇体制の展開》、松井秀一执笔《两税法の成立とその展開》、《唐末の民衆叛乱と五代の形勢》等三章，而在东亚世界的框架下，中国历史无疑居于中心的位置（《岩波講座世界歴史》第 6 册，東京，岩波書店，1971 年，第 161～278 页）。1999 年版虽然将《中華の分裂と再生 3—13 世紀》单独列为一册，不过妹尾達彦执笔《中華の分裂と再生》一章强调了空间、气候、游牧民移动等因素对于中国历史的影响，之后的各章如梅村坦《草原とオアシスの世界》、桃木至朗《南の海域世界 中国における南海交易と南海情報》等，皆透露出编纂者尝试从更广阔的视野下理解东部亚洲历史的意图（《岩波講座世界歴史》第 9 册，東京，岩波書店，1999 年，第 3～130 页）。

　　③　这种看法在晚近的几种通史类读物中表达得较为明确，如杉山正明《疾驰的草原征服者：辽 西夏 金 元》第一章以"巨大变革的前奏"为题论述了安史之乱的影响，并引出之后辽金元的历史（桂林，广西师范大学出版社，2014 年，第 15～63 页）；森安孝夫《丝路、游牧民与唐帝国》将安史之乱视为中国历史的分水岭，认为燕是登场过早的征服王朝，并强调回鹘在平定安史之乱中的作用及乱后的巨大影响（台北，八旗文化，2018 年，第 309～346 页）。在这一脉络下，不仅是安史政权，之后五代沙陀系王朝也受到了更多的重视。

研究只是将安史之乱作为政治史上的一个"关键时刻"加以标识①，讨论更多的其实是安史之乱产生的影响及意义，因而多少忽略了对这一掀起巨大波澜事件过程本身的探究②。如果我们要重新把握安史之乱的性质，尤其是在更长的时间维度上界定其影响，那么重新聚集于燕政权本身，无疑是有必要的。

一、"胡化说"的射程

关于安史之乱爆发的原因，陈寅恪较早提出突厥衰亡后北方胡族的迁入，导致乱前河北地域胡化，这一民族与人口构成的变化，不但为叛乱提供了人员及军事储备，所引发的社会文化变迁，更奠定了之后河朔藩镇长期割据自立的基础。③ 值得注意的是，陈寅恪之说虽然影响深远，但直至 20 世纪 80 年代以前，并未被普遍接受。学者对于安史之乱起因的探讨，早年仍局限在唐代政治史的脉络中，如谷霁光将中晚唐河朔藩镇与唐廷的对立，追溯到唐初以来李唐皇室对河北地域的歧视与防备④，蒲立本《安禄山叛乱的背景》则指出安禄山卷入了玄宗晚年的政争，并承袭谷霁光的看法，强调河北与关中之间的对立⑤。1979 年出版的《剑桥中国隋唐史》对陈寅恪、谷霁光两说皆有批判，认为都缺乏足够的证据，尝

---

① 安史之乱本身只是一个重要的政治事件，但学者往往赋予其更宽泛的象征意义，如本书第二章所论，研究思想史的学者，往往也将其作为唐代思想史的转折点，这种引申有时不免忽略了历史变化的不同节奏。

② 蒲立本早年的名著《安禄山叛乱的背景》主要讨论的其实是玄宗末年唐代政治、经济、军事等方面的变化，并未涉及叛乱本身。直到近年出版的李碧妍《危机与重构：唐帝国及其地方诸侯》一书，分别对河南、关中、河北、江淮四个区域在战争中的政治、军事结构及战后藩镇体制的重组与定型等问题做了细密的研究，在相当程度上弥补了这一缺憾。

③ 陈寅恪：《唐代政治史述论稿》，第 34～47 页。

④ 谷霁光：《安史乱前的河北道》，见《史林漫拾》，福州，福建人民出版社，1982 年，第 229～239 页。

⑤ 蒲立本：《安禄山叛乱的背景》第六、七章，第 133～179 页。

试从玄宗晚年政治—军事结构的变动中寻找原因，并指出随着藩镇体制的建立，以安禄山为代表的职业军人形成了一个与传统官僚集团异质的群体。①《剑桥中国隋唐史》中的这一看法，或许受到日本学者在唐宋变革论的框架下，将武人兴起视为贵族制衰败另一面的影响。如堀敏一以"恩宠"来界定安禄山与玄宗的关系，并讨论了藩镇内义父子这一类人身关系的发展，认为这与均田制、府兵制衰败一起显示出时代变革的特征。② 尽管安禄山的胡人出身众所周知，不过起初学者至多仅将其视为叛乱的原因之一。③

最近二十余年来，随着大量考古发现及石刻资料的刊布，学者已充分认识到自北朝隋唐以来，不仅从安西四镇至河西走廊的西北边境，其实长安、洛阳、并州、代州、相州、魏州、恒州、定州、幽州、营州这一系列北方腹地的重要城市中都活跃着相当数量的胡人群体④，在此背景下，安禄山本人的种族及宗教信仰乃至其叛乱所依赖的蕃部将士⑤，受到了较之以往更广泛的瞩目。这一最初沿着中西交通史、民族史脉络兴起的研究浪潮，充分利用出土资料，大大丰富了我们对"唐人大有胡

---

① 彼得森：《中唐和晚唐的宫廷与地方》，见崔瑞德编：《剑桥中国隋唐史》，第 479～482 页。

② 堀敏一：《唐末諸叛乱の性格——中国における貴族政治の没落について》，《唐末五代変革期の政治と経済》，東京，汲古書院，2002 年，第 269～284 页。堀敏一将杨贵妃收养安禄山为养子，与安禄山以张忠志、王守忠等为义子、豢养八千曳落河等相提并论，视为一种新的人际结合方式。

③ 如栗原益男把安禄山等胡人将领的活跃视为唐王朝具有世界帝国性格的表现，将安史之乱爆发的原因与府兵制瓦解、节度使权力膨胀等相联系（《安史の乱と藩鎮体制の展开》，《岩波講座世界歴史》第 6 册，第 161～163 页）。

④ 其中以粟特聚落及人群被讨论最多，综合性的论考可参读荣新江：《北朝隋唐粟特人之迁徙及其聚落》《北朝隋唐粟特聚落的内部形态》，见《中古中国与外来文明》，第 37～168 页；《北朝隋唐粟特人之迁徙及其聚落补考》，见《中古中国与粟特文明》，第 22～41 页。

⑤ 代表性的研究可参读荣新江：《安禄山的种族、宗教信仰及其叛乱基础》，见《中古中国与粟特文明》，第 266～291 页；钟焓：《安禄山等杂胡的内亚文化背景——兼论粟特人的"内亚化"问题》，载《中国史研究》2005 年第 1 期，第 67～84 页。

气"这一断语的认识，也从实证角度为陈寅恪之说提供了支持。而日本学者提出的将安史之乱视为征服王朝前奏的看法，无疑也是建筑在这一系列研究所揭载的唐代社会新样貌之上。

需要指出的是，既往基于实证研究所揭示胡人活跃的景象，无疑构成了唐前期帝国图景中的重要组成部分，但是否足以改写之前学者对安史之乱性质的判定，甚至进而构拟出另一条历史演进的线索，恐怕不能仅仅偏执于图景中的一面，还需结合其他相关的研究予以通盘检讨。由于陈寅恪秉持"种族与文化"观，所以他谈及的胡化，虽然也包含胡族迁入导致人口结构改变等方面，但更关键的恐怕仍在于文化风貌乃至社会心理的变化，这构成了乱后河北"俗谓禄山、思明为'二圣'"认同的基础。因此陈氏之说大约可以抽绎出两个层面来加以讨论，一是对胡化范围及程度的考辨，二则是如何理解中晚唐长安士大夫眼中河北社会所呈现出的"异质感"①。

首先，关于胡族迁入及活跃的地域，李碧妍近年根据出土胡族墓志分布的情况指出，在安史之乱前，胡化的区域主要集中在幽、营等沿边诸州，对于河北南部的种族构成影响不大②，而幽州节度使治下的羁縻府州已被公认是安禄山起兵时蕃部将士的主要来源③。至于安史乱后的情况，毛汉光更早就注意到滹沱河以南地方较为汉化，而河北中部与南部的情况也有所不同，提出要将河北北部、中部及南部分开讨论。④ 廖幼华综合气候、地理、历史等方面的记载，指出西汉末至隋初，受小冰期的影响，农牧线南移，造成河北北部胡汉混杂的局面，对此做了更细

---

① 此即陈寅恪自己所言"故论唐代河北藩镇问题必于民族及文化二端注意。"（《唐代政治史述论稿》，第25页）。

② 李碧妍：《危机与重构：唐帝国及其地方诸侯》，第261~271页。

③ 李鸿宾：《安史之乱反映的蕃族问题》，见《唐朝中央集权与民族关系——以北方区域为线索》，北京，民族出版社，2003年，第120~140页；森部丰：《ソグド人の東方活動と東ユーラシア世界の歴史の展開》，第78~87页。

④ 毛汉光：《论安史乱后河北地区之社会与文化——举在籍大士族为例》，见《晚唐的社会与文化》，第99~111页。

密的讨论，但大致仍把滹沱河一带视为重要的分界线。① 这一系列研究都已揭示了河北地域本身自然条件、种族及文化的多样性，随着讨论的深入，学者也越来越意识到河朔三镇之间的区别，而"胡化"作为一个主观性较强的概念已很难涵括事实本身的复杂。另一方面，随着新出墓志的大量刊布，可以注意到在安史乱后确有不少胡人军将活跃于河北乃至更南方的藩镇中②，但个案式的讨论并无助于对胡化范围及程度的辨析。

以下笔者尝试从两个层面入手把"胡化"这一描述性的概念化约为更有效的分析工具。众所周知，唐人中带有胡人血统者为数不少，时人便有"千年之狐，姓赵姓张；五百年狐，姓白姓康"之说③，可知即使在常见的汉人姓氏中亦不乏先世出身胡族者。但这种血统上的混杂恐怕不能被简单地比定为"胡化"，是否维持部落形式恐怕才是判定胡化程度的重要标尺。

> 自燕以下十七州，皆东北蕃降胡散诸处幽州、营州界内，以州名羁縻之，无所役属。安禄山之乱，一切驱之为寇，遂扰中原。至德之后，入据河朔，其部落之名无存者。④

而恰恰是在安史之乱的过程中，安禄山与唐廷两方各自驱策原本隶属东北、西北藩镇之下的蕃部进入中原参战，在长期的战乱中，这些蕃部原有的部落形式逐渐被打散⑤。因此尽管在安史乱后，河朔藩镇中活

---

① 廖幼华：《中古时期河北地区胡汉民族线之演变》，新北，花木兰文化出版社，2010 年。

② 森部豊：《ソグド人の東方活動と東ユーラシア世界の歴史的展開》，第123～181 页。

③ 《太平广记》卷四五〇引《广异记》，第 3678 页。

④ 《旧唐书》卷三九《地理志》，第 1527 页。

⑤ 方积六在《唐代河朔三镇"胡化"说辨析》一文中已经注意到部落兵离散的重要性（《纪念陈寅恪教授国际学术讨论会文集》，第 438～439 页）。李碧妍《危机与重构：唐帝国及其地方诸侯》一书对安禄山军队中蕃部构成及离散过程有详细（转下页）

跃着大量蕃兵蕃将，但仍以部落形式存在者似相当罕见。① 安史乱前，内附蕃部往往以羁縻府州的形态寄居于北方沿边州镇，由于其维持了部落②，居住的形态大体仍是胡汉分离的。随着胡人在动乱中涌入，乱后胡族分布的地域尽管伸展到了更南的地方，但由于部落形式的解散，胡人大多作为"原子化"的个体或家族仕宦于藩镇。③因此，对比安史乱前与乱后，胡族分布地域的扩展与部落形式的离散实互为

（接上页）的讨论（第 261～296 页）。而作为平叛主力的西北藩镇，初期也辖有大量的蕃部，如哥舒翰守潼关时，"领河陇诸蕃部落奴剌、颉、跌、朱邪、契苾、浑、蹛林、奚结、沙陁、蓬子、处蜜、吐谷浑、恩结等一十三部落"（《安禄山事迹》卷中，第 97 页）；关于朔方军的构成可参见王永兴《论唐朔方军》，（《陈门问学丛稿》，南昌，江西人民出版社，1993 年），第 412～421 页。而近年利用石刻资料的个案研究皆证实了在乱中蕃部渐被打散的情况，可参读荣新江对河西铁勒的研究（《唐代河西地区铁勒部落的入居及其消亡》，见费孝通主编：《中华民族研究新探索》，北京，中国社会科学出版社，1991 年，第 281～304 页）；沈琛对吐蕃论氏的讨论（《入唐吐蕃论氏家族新探——以〈论惟贞墓志〉为中心》，载《文史》2017 年第 3 辑，第 81～101 页）；仇鹿鸣对吐谷浑慕容氏的分析（《读吐谷浑、吐蕃入唐家族碑志丛札》，见《纪念西安碑林 930 周年华诞论文集》，西安，三秦出版社，第 208～217 页）。陈寅恪早就指出"蕃将之所以被视为重要者，在其部落之组织及骑射之技术"（《论唐代之蕃将与府兵》，《金明馆丛稿初编》，第 301 页）。而在部落形态瓦解后，如何来认识蕃将的作用是一个值得思考的问题。

① 少数个案如赵振华据曹太聪墓志，认为志主之父曹法真所任舍府刺史是保持了部落形态的羁縻府（《唐代易州一个汉化的突厥化粟特裔部落——〈高阳军马军十将曹太聪墓志〉研究》，见荣新江、罗丰主编：《粟特人在中国：考古发现与出土文献的新印证》，北京，科学出版社，2016 年，第 685～697 页）。按赵文仍存两个疑问，志文中所谓舍利府中的"利"字乃作者所补，无其他凭据，此外曹太聪本人仅为高阳军马军十将，未袭羁縻府刺史之职。

② 如荣新江曾在实地考察的基础上，对唐前期六胡州的部落形态及所需的农牧环境有所讨论（《唐代六胡州粟特人的畜牧生活形态——2007 年西北农牧交错地带城址与环境考察纪略》，见《中古中国与粟特文明》，第 64～78 页）。

③ 例如据论博言及妻刘氏墓志可知，论博言作为论惟贞之孙，安史乱后，随着原有部落形式的离散，晚唐移居幽州，仕至檀州刺史、威武军使，并与当地军将家族通婚（《全唐文补遗》第 7 辑，第 141～142 页。）另参见沈琛：《入唐吐蕃论氏家族新探——以〈论惟贞墓志〉为中心》，载《文史》2017 年第 3 辑，第 98～100 页。

因果①，伴随着唐王朝前后期政治结构的巨变，呈现出两种不同的形态，而非简单的"胡化深浅"问题。从目前出土的碑志来看，在安史乱后，仍较多保留了蕃部组织的方镇，并非由安史余部所建的河朔三镇，而是西北各镇及河东北部的代北，无论是近年学者讨论较多的自河西迁入的铁勒②，还是在唐末五代掀起巨大波澜的沙陀，皆活跃在这一线。这也从侧面印证所谓"胡化"并非河北地域独有的标签，另一方面也提示我们注意维持部落组织所需的农牧条件，已在客观上限制了部落化胡人分布的范围。③

　　除了族群分布与组织形态所呈现出的复杂性，河朔藩镇前后期的变

---

　　① 张国刚《唐代的蕃部与蕃兵》一文指出尽管也有直接征发蕃兵的情况，但大多数情况下，唐廷征调的是缘边军州管押的蕃部（《唐代政治制度研究论集》，台北，文津出版社，1994 年，第 93～112 页）。因此在安史乱中，对双方军队构成的描述习用"蕃汉"一词，如"范阳节度使安禄山率蕃、汉之兵十余万，自幽州南向诣阙""朔方节度郭子仪以朔方蕃、汉二万人自土门而至常山"等，可知当时蕃军出自附塞部落，故仍独立编组成军，而安史乱后的河朔三镇中反而看不到这样的现象，"蕃汉"一词出现的频率也大为降低。少量的案例也出自边州，如奉天定难，盐州刺史戴休颜以所部蕃汉三千人号泣赴难。

　　② 苏航：《唐后期河东北部的铁勒势力——从鸡田州的变迁说起》，见《唐研究》第 16 卷，北京，北京大学出版社，2010 年，第 261～278 页；山下将司：《唐の"元和中興"におけるテュルク軍團》，《東洋史研究》72 卷 4 号，第 553～557 页；西村陽子：《唐後半華北諸藩鎮の鐵勒集團：沙陀系王朝成立の背景》，《東洋史研究》74 卷 4 号，第 678～715 页。

　　③ 唐代前期曾多次尝试迁胡族于内地，如张说平定康愿子之乱后，开元十年九月"诏移河曲六州残胡五万余口于许、汝、唐、邓、仙、豫等州，始空河南朔方千里之地"（《旧唐书》卷八《玄宗纪》，第 184 页）。但不久之后，这些不乐居于南方的六州胡便陆续逃归，显示出部落化的胡人无法适应农业地带的生活，进而提示我们定居南部的胡人无论是居住形态还是生活习惯恐怕是更为汉化的。另一事件留给当地的最重要的历史记忆或是关于安禄山出生在邓州的传说（参见范摅撰、唐雯校笺：《云溪友议校笺》，北京，中华书局，2017 年，第 2～5 页）。除此之外，学者已指出粟特人因商业或信仰的缘故在城市中也会维持部落或半部落的形态，并不完全依赖游牧这一外部环境，但即使在敦煌这样的边州，城市内部落化的胡人从长远来看，依旧会逐渐汉化（参见池田温：《八世纪中叶敦煌的粟特人聚落》，见《唐研究论文选集》，北京，中国社会科学出版社，1999 年，第 3～67 页）。

化同样值得关注。以学者公认较多继承了安史军事遗产的成德为例，早期成德军队以善于野战著称①，因精骑闻名于世②，这构成李宝臣"勇冠河朔诸帅"的资本③，背后无疑熏染了胡风。但至唐末已被目为"镇、定之士，长于守城，列阵野战，素非便习"④，这一军事传统的巨变，透露出藩镇内部种族构成及文化风貌的变易。事实上，末代成德节度使王镕，虽然先世出自回鹘阿布思部⑤，但行事"仁而不武"，"高屏尘务，不亲军政"，沉溺于追求长生之道，"常聚缁黄，合炼仙丹，或讲说佛经，亲受符箓"，早已毫无塞外武夫的雄豪之气，藩府中"人士皆褒衣博带，高车大盖，以事嬉游"⑥，一派恂恂若儒生的模样。同时代的魏博罗绍威虽然世为武人，但在"当时藩牧之中，最获文章之誉。每命幕客作四方书檄，小不称意，坏裂抵弃，自擘笺起草，下笔成文，虽无藻丽之风，幕客多所不及"⑦，不仅好文，自己也不乏捷才。幽州节度使刘济早年居留长安时，还曾科举中第，"始以门子横经游京师，有司擢上第"⑧。这种文质化的转变，也与节帅本人在培养子弟时，注重对其文书行政能力的训练

---

① 《资治通鉴》卷二三一："或谓滔曰：'武俊善野战，不可当其锋。'"（第7431页）

② 相对而言更南边的魏博，则以步兵见长，如田承嗣曾语李宝臣曰，"公以精骑前驱，承嗣以步卒继之"，反映出不同的构造（《资治通鉴》卷二二五，第7231页）。

③ 《旧唐书》卷一四二《李宝臣传》，第3866页。

④ 《旧五代史》卷五六《周德威传》，第870页。按成德军事特点前后期的转变，参见李碧妍：《危机与重构：唐帝国及其地方诸侯》，第298～313页。

⑤ 早期的成德节度使，如出身契丹的王武俊则对自己的民族身份有明确的自觉，如自云"仆虏将，尚知存抚百姓"，"虏性直，不欲曲在己"（《旧唐书》卷一四二《王武俊传》，第3874页）。而当时人亦目之为夷狄，贾林曾游说王武俊："公异邦豪英，不应谋中夏。"（《新唐书》卷二一一《王武俊传》，第5953～5954页）按"异邦"，《旧唐书》作"冀邦"。

⑥ 《旧五代史》卷五四《王镕传》，第843页。

⑦ 《太平广记》卷二〇〇引《罗昭威传》，第1507～1508页。按"昭"疑系"绍"之讹，从文字来看，《太平广记》所引当是罗绍威的实录本传。

⑧ 权德舆：《唐故幽州卢龙节度副大使知节度事管内支度营田观察处置押奚契丹两番经略卢龙军等使开府仪同三司检校司徒兼中书令幽州大都督府长史上柱国彭城郡王赠太师刘公墓志铭并序》，见《权德舆诗文集》，第319页。

有关。何弘敬墓志云："闻何某教诸子，皆付与先生，时自阅试，苟讽念生梗，必加捶挞。今虽儒流寒士，亦不能如此。"①毕竟作为专制一方的诸侯，若要长期维系统治，不可能仅凭骑射之长。因此到了唐末五代，燕蓟已以多文士闻名②。

　　其次，则可尝试探索胡人对种族及文化身份的自我界定。既往关于胡化问题的讨论，通常借助对传世文献及石刻资料的爬梳，识别胡人种族身份，但囿于史料不足，这种借助姓氏、婚姻等信息判定族属的方式不免带有推论色彩，而且除了血统之外，并无法反映本人的认同及前后变化③。近年来学界关于民族建构问题的讨论越来越强调"主观认同"在其中起到的作用④，对此治民族史者也有相当的自觉。如罗新指出历史视野里的所谓民族"都是以政治关系和政治权力为纽带构建起来的社会团体，尽管这种团体总是要把自己打扮成以血缘关系为基础的、具有生物学意义上紧密联系的社会群体"⑤，而陈寅恪的"种族与文化"观强调文化认同的作用，也蕴有类似的含义。尽管这类主观认同的材料相对难以觅获，但也并非无迹可寻，如之前学者多注意到安禄山等粟特胡人通过对郡望的改造⑥，掩饰其出身。这种对郡望及先世谱系的重构，一方面反映出胡人对汉人郡望知识的熟稔，但另一方面或仍有为规避安史乱后排

①　《唐代墓志汇编续集》咸通 032，第 1060 页。
②　《旧五代史》卷六〇《王缄传》："缄博学善属文，燕蓟多文士，缄后生，未知名。"（第 934 页）
③　关于这一研究方法的弊端，可参读钟焓对森部丰的批评（《重释内亚史：以研究方法论的检视为中心》，"从森部丰看日本粟特研究的新动向"，北京，社会科学文献出版社，2017 年，第 365～368 页）。
④　较具综合性的评述可参读安东尼·D. 史密斯：《民族认同》，王娟译，南京，译林出版社，2018 年，第 89～151 页。
⑤　罗新：《中古北族名号研究》前言，北京，北京大学出版社，2009 年，第 1～2 页。
⑥　唐长孺：《跋唐天宝七载封北岳恒山安天王铭》，见《山居存稿》，北京，中华书局，2011 年，第 295～297 页。

斥胡人的风潮，不得以为之的一面。① 如近年发现的郑岩墓志，学者据其六世祖名盘陀才考知其粟特后裔的身份，而无论是郑岩本人的仕宦经历，还是娶张说之女的婚姻缔结，皆与汉人士族无异。② 试想郑岩本人及同时代的士人，恐怕也不会在意甚至知晓他的粟特出身③，此事恰可为唐人"千年之狐，姓赵姓张"之语添一注脚，而上文提及文质彬彬的王镕、罗绍威大约也可以归入此类。

当然，对"五百年狐，姓白姓康"之类还能明确识别出族属及血统的胡人，如何判读其"主观认同"，学者恐较难达成共识，但仍不无可以讨论的余地。如日本学者近年来日渐强调五代沙陀系王朝的影响，将之纳入征服王朝的谱系中。④ 如何理解沙陀王朝的性格，仅仅是基于皇室的血统，还是尝试触及其文化认同，问题恐相当复杂。例如李存勖称帝后，分别追尊其父李克用、祖李国昌、曾祖朱邪执宜为太祖、献祖、懿祖，与唐高祖、太宗、懿宗、昭宗并立为七庙。⑤ 至愍帝继位之初，因明宗祔庙，议及祧迁次序：

① 荣新江：《安史之乱后粟特胡人的动向》，见《中古中国与粟特文明》，第88～100页。
② 赵振华：《唐代少府监郑岩及其粟特人祖先》，载《中国国家博物馆馆刊》2012年第5期，第69～76页。
③ 事实上，由于现代学者掌握了较为充分的史料，并不断运用各种手段排比考证，某种程度上可能比古人自己更了解其先世及族属。如唐人李守素精通谱牒之学，时有"肉谱"之誉(《新唐书》卷一○二《李守素传》，第3978页)。而现代学者援据传世文献及大量出土墓志，对各士族谱系的掌握恐怕并不逊于李守素之辈，因此可以轻易地发现古人撰写墓志中世系排列的错误。
④ 中文世界对后唐政权特征的描述以樊文礼的"代北集团"说为代表，主张这一集团构成了后唐、后晋、后汉三朝的主要基础。它是一个以牙军为核心的军人统治集团，从民族上看，以沙陀三部落为核心，融合了奚、突厥、回鹘、吐谷浑、鞑靼以及汉等多种民族成分在内；从地域上看，它以代北人为核心和骨干，吸收了河东人及其他外来人员参加(《唐末五代的代北集团》，北京，中国文联出版社，2000年，第50～107页)。此说较好综合了族属、政治结构、军事组织、官僚来源等诸方面的因素，而日本学者对沙陀系王朝的强调很大程度上仍基于"血统主义"。
⑤ 《旧五代史》卷二九《唐庄宗纪》，第461页。

应顺元年正月，中书门下奏："太常以大行山陵毕祔庙。今太庙
见享七室：高祖、太宗、懿宗、昭宗、献祖、太祖、庄宗，大行升
祔，礼合祧迁献祖，请下尚书省集议。"太子少傅卢质等议曰："臣等
以亲尽从祧，垂于旧典，疑事无质，素有明文。顷庄宗皇帝再造寰
区，复隆宗庙，追三祖于先远，复四室于本朝，式遇祧迁，旋成沿
革。及庄宗升祔，以懿祖从祧，盖非嗣立之君，所以先迁其室。光
武灭新之后，始有追尊之仪，此祇在于南阳，元不归于太庙，引事
且疏于故实，此时须禀于新规。将来升祔先庙，次合祧迁献祖，既
协随时之义，又符变礼之文。"从之。①

我们可以注意到后唐君臣在议定祧庙先后时，首先被迁出的是与后唐皇
室有血缘关系的朱邪执宜、李国昌，须知恰恰是朱邪执宜、赤心父子奠
定了沙陀自河东崛起的基础，而继续保留的倒是唐之四室。尽管当时人
也意识到"将朱耶三世与唐室四庙连叙昭穆，非礼之甚也"，但即使反对
此议者，亦肯定唐懿宗赐姓朱邪执宜为"李"，构成了后唐正统性所自，
只是认为，"议祧者不知受氏于唐懿宗而祧之，今又及献祖。以礼论之，
始祧昭宗，次祧献祖可也，而懿祖如唐景皇帝，岂可祧乎"②，主张因朱
邪执宜为获姓之始，当为不祧之祖。由此可见，后唐君臣对祧迁次序的
考虑不是基于血缘远近，而是考虑如何承续李唐正统，维持宗法秩序。
联系到李存勖称帝后一系列以复兴唐室自命的举措③，若要推论后唐的

---

①　《五代会要》卷二，第29～30页。
②　《五代会要》卷二，第30页。
③　关于此点，笔者将另撰文讨论，以下仅举一细节。后唐立国后曾纂修功臣
列传，此书便是《通鉴考异》引述过多次的《唐庄宗功臣列传》，功臣传原列92人，入
传的标准便是是否曾参与中兴之业。长兴四年正月史馆奏："其间亦有不是中兴以来
功臣，但据姓名，便且分配修撰。将求允当，须在品量。其间若实是功臣，中兴社
稷者，须校其功勋大小，德业轻重，次第纂修，排列先后。今请应不是中兴以来功
臣，泛将行状送馆者，若其间事有与正史实录列传内事相连络者，则请令附在纪传
内。"（《五代会要》卷十八，第303页）则后唐将一般臣僚传记编存实录，而特别将预
中兴之业者另编次功臣传加以表彰，透露出其塑造"中兴"形象的政治目的。

文化认同，我们恐怕很难将之与征服王朝联系起来。

毫无疑问，后唐仍保有不少塞外旧俗。① 以祀典为例，清辑本《旧五代史·周太祖纪》云："寒食无事时，即仰量事差人洒扫，如无人去，只遥祭。"今检《永乐大典》可知"遥祭"本作"遥破散"②，四库馆臣辑录时大约已不知"破散"之意，故径改为"祭"。《五代会要》卷三小注云："人君奉先之道，无寒食野祭，近代庄宗每年寒食出祭，谓之破散，故袭而行之。"③寒食破散或系沙陀旧俗，故自后唐至后周相习不辍。不过寒食断火最早起源于山西一带，属汉地风俗，寒食祭祖的习惯则至少可以追溯至北魏，但形式上似为庙祭。④ 因此"寒食破散"大约是沙陀入居河东后杂糅胡汉的"传统发明"。

事实上，若依据魏特夫"征服王朝"与"渗透王朝"的两分⑤，在进入中原前曾有长期附塞及仕唐经历、谙熟汉地政治与文化传统的沙陀，恰恰属于典型的渗透王朝。⑥ 因此，我们才能够解释为何入宋之后不久，沙陀就完全融入汉地社会，迅速失去了民族特征。另一方面至宋代，北朝隋唐以来较具实指意味的"胡—汉"分野，被相对抽象的"华—夷"之别

---

① 类似的例子能找到不少，如唐明宗天成二年六月，"庚子，幸白司马陂，祭突厥神，从北俗之礼也"，十一月，"帝祭蕃神于郊外"，举行的频率可能也不低（《旧五代史》卷三八《唐明宗纪》，第 599、604 页）。

② 《旧五代史》卷一一三《周太祖纪》，第 1750 页。按点校修订本已据《永乐大典》恢复了《旧五代史》原貌。

③ 《五代会要》卷三，第 49 页。

④ 《魏书》卷一〇八《礼志》，第 2749 页。另参张勃：《唐代以前寒食节的传播与变迁——主要基于移民角度的思考》，见《唐代节日研究》，北京，中国社会科学出版社，2013 年，第 357～373 页。

⑤ 关于"征服王朝"与"渗透王朝"的不同特征，魏特夫在《中国社会史——辽（907—1125）》总论中有系统论述（见王承礼编：《辽金契丹女真史译文集》，长春，吉林文史出版社，1990 年，第 1～44 页）。

⑥ 关于沙陀早期在河东地区的活动，新近较具综合性的讨论可参见李丹婕：《沙陀部族特性与后唐的建立》，载《文史》2005 年第 4 辑，第 229～244 页；西村阳子：《唐末五代代北地区沙陀集团内部构造再探讨——以〈契苾通墓志铭〉为中心》，载《文史》2005 年第 4 期，第 211～228 页。

所取代，其间虽有思想文化转变的因素，恐怕也与唐末至宋初华北地域的民族交融，消弭了胡汉之别有关。① 而素来喜欢强调夷夏之辨的宋人虽尝痛诋石敬瑭对契丹称臣，但亦非从其夷狄族属入手，反而目后晋为华夏，契丹为夷狄②，这种出自同时代人的观察无疑更值得重视。而五代沙陀王朝以华夏自居的立场，从基本因袭五代各朝实录文字改写而成的《旧五代史》中也可以看得很清楚。③

因此，与安禄山借用五星会聚作为起兵的政治宣传一样④，李存勖同样以"应天象之虏"自居，将"唐咸通中，金、水、土、火四星聚于毕、昂"作为其受命的依据⑤，而辽、金、元这样典型的"征服王朝"都是较晚才学会利用这类意识形态工具来建构王朝的正统性。⑥ 尽管近年来的研究日益放大了安史之乱的意义及影响，但受制于史料，对燕政权正面的

---

① 邓小南：《试谈五代宋初"胡/汉"语境的消解》，见《朗润学史丛稿》，第74～94页。

② 刘浦江：《正统论下的五代史观》，见《正统与华夷：中国传统政治文化研究》，第55～60页。

③ 由于清人辑录《旧五代史》时对涉及民族问题的地方做了相当多的讳改，因此目前所见文本并非《旧五代史》原貌，但从《永乐大典》残卷、《册府元龟》等书保存的文字来看，五代政权以华夏自居，斥契丹为夷狄的立场是非常明确的，参见陈垣：《旧五代史辑本发覆》，《陈垣学术论文集》第2集，北京，中华书局，1982年，第148～203页。

④ 出自安史系统的田承嗣、李宝臣等同样擅长利用谶言制造舆论，如《旧唐书》卷一四二《李宝臣传》："又知范阳宝臣故里，生长其间，心常欲得之，乃勒石为谶，密瘗宝臣境内，使望气者云：'此中有王气。'宝臣掘地得之，有文曰：'二帝同功势万全，将田作伴入幽、燕。'二帝，指宝臣、正己也。"（第3867页）这反映出安史集团对这一政治文化传统的熟稔。

⑤ 《旧五代史》卷二九《唐庄宗纪》，第459～460页。

⑥ 陈学霖：《大宋"国号"与"德运"论辩述义》，见《宋史论集》，第31～40页；陈学霖：《"大金"国号之起源及释义》，见《金宋史论丛》，第1～32页；刘浦江：《德运之争与辽金王朝的正统性问题》，见《正统与华夷：中国传统政治文化研究》，第88～115页。值得注意是，后赵石勒作为一个浸染汉文化较深的君主，便较早意识到运用天象来宣传天命，参见胡鸿：《能夏则大与渐慕华风：政治体视角下的华夏与华夏化》，"星空中的华夷秩序：两汉至南北朝时期有关华夷的星占言说"，北京，北京师范大学出版社，2017年，第88～114页。而十六国在魏特夫的分类中亦属于"渗透王朝"。

论述反而相对较少。本书的前三章以石刻资料为基础，尝试从安史、唐廷及一般民众三个不同的维度来勾勒燕政权的面貌，所发掘的以下几个特质，或许在既往的研究中尚措意不多。燕政权在合法性的建构上熟练运用了汉式的政治象征符号，无论是对"金土相代"的宣传，还是避讳更名等举措的推行，皆属此类；同时燕政权的构成从安禄山至史思明存在着明显的变化，这从政治、军事结构乃至庶民墓志中对前燕、后燕的区分皆可以看出；尽管安禄山在军事上有依赖蕃部兵将的一面，但燕政权的文官体系依然承唐之旧观，政治文化上因袭的一面亦不可忽视，这从严庄为其父归葬洛阳的安排、史思明陵墓的营建等方面皆可窥见一斑①；而从时人自身的观察与行为而言，无论是大量投附安史的唐廷高官及其子弟，还是生活在洛阳的普通吏民，对燕政权都没有明显的"异质感"，不过视之为普通的王朝更迭而已，而同时及稍后大量出自不同社会阶层的墓志文本亦不过将安史描述为"叛乱"。

尽管安禄山、史思明皆是出身边塞的胡人，但之前曾长年沉浮于唐王朝的官僚体系中，对这一套政治体制的运作了然于胸，唐的各项制度无疑是燕政权重要的效法对象。② 我们恐怕不能仅因时间上的连续性或兴起地域的邻接性，简单地将安史之乱、沙陀王朝与之后的辽、金等王朝相提并论，构拟出一条"连续"的历史线索，进而忽视了这类宏大历史叙事中存在着大量有待实证研究填补的空隙。③ 不可否认，正如一些治

① 沈睿文《安禄山服散考》第 11 章"陵墓"中指出丰台史思明墓明显有仿照唐帝陵石室墓规制的一面，包括随葬的玉册、铜龙、铜牛等。反而是作者认为表现出祆教信仰的一些葬俗，推测成分相对较多，第 294～308 页。
② 例如从保留下的石刻材料来看，燕政权的官僚体系包括军事组织在内基本承袭唐之旧制，并无草原特征，这与被视为渗透王朝的北魏前期相比亦有很大的区别，类似如文成帝南巡碑碑阴出现的大量胡族官名从未出现在行用安史年号的石刻中。
③ 因此陈寅恪所谓"其言论愈有条理统系，则去古人学说之真相愈远"一语仍不无警醒的意味（《冯友兰中国哲学史上册审查报告》，见《金明馆丛稿二编》，第 280 页）。

民族史的学者所批评的那样，汉文史料以"中华主义"为中心，存在一定的偏见，尤其在叙述中国与外族的关系时，受"中心—四夷"观念的支配，不无掩饰、增润之处。即使排除掉这些有意构拟的历史叙述，庞大的汉文史料仍有大量可供发掘之处。本书所利用的史料或是如严复墓志那样出自安史官方之手，或是借助无意留存的史料考索普通吏民的生活状态，结合"自证"与"默证"，辅之传世文献中的记载，差可形成史料与逻辑上的闭环。同时也需要指出的是，近年来国际汉学界受文化相对主义的影响，对中文学界习用的"汉化"一词有较多的批评与反思。① 过去有意无意地将汉化视为进步或历史发展方向的研究预设，作为"线性史观"的一种，无疑应当被抛弃，但中国历史上曾反复出现的作为"史实"的汉化，恐怕也不能避而不谈。日本学者尝试从欧亚史的宏大视野重新思考中国与内亚各政治体的互动，固然有承袭百余年以来日本汉学重视北方民族及内亚研究传统的一面，但恐怕也是受到了世界范围内"全球史"兴起的影响，意欲借此超越既往以中国为本位的"唐宋变革论"窠臼，勾勒全新的历史演进线索。但在具体研究手段上，似乎仍强调对胡族族属、血统及文化风俗等方面的识别，对"认同"的探讨则措意无多，而在强调文化相对主义的人类学研究中，"主位观察"则是基本的视角之一。客观而言，既往对"胡化""汉化"这些名词的运用，固然有概念界定不够清晰、主观判断较多的弊病②，但已蕴有超越"血统主义"，以"认同"等文化表征来

---

① 这种因研究预设转变所引发的分歧，在近年来围绕"新清史"产生的论战中显得尤为明显，参读罗友枝的《再观清代：论清代在中国历史上的意义》，何炳棣的《捍卫汉化：驳罗友枝之〈再观清代〉》，两文的中译本收入刘凤云、刘文鹏编：《清朝的国家认同——"新清史"研究与争鸣》，北京，中国人民大学出版社，2010年，第1～52页。甚至在西方的学术语境下，由于汉族是当代中国的主体民族，中国学者强调"汉化"本身便是民族主义史观不自觉的产物，暗含了政治不正确。

② 苏航《"汉儿"歧视与"胡姓"赐与——论北朝的权利边界与族类边界》一文指出，北魏、北齐时期的"汉儿"仅指中原地区的汉人或具有汉文化面貌的人群，而将南朝人称为"吴儿"，再次提示了在史料寡少的情况下，仅凭指称确定"民族"或"文化集团"的危险性，研究中应考虑文化、政治、血统等诸方面的因素（《民族研究》2018年第1期，第92～109页）。

界定族属的可能，仍是不可轻忽的学术遗产。①

学者已经注意到中国所处的欧亚大陆东部，农业社会与游牧社会都拥有各自广阔的发展腹地，两种文明的形态都比较纯粹且规模庞大、发展水平较高，由此产生的冲突非常剧烈，交流也格外频繁。② 农业帝国与游牧帝国的南北对峙，在更广阔的空间维度中影响了中国历史的演进，而从安史之乱至澶渊之盟的近三百年间，河北地域民族混杂的形态③，便是这种互动的产物。在此背景下，如何进一步廓清概念，在更广泛的利用各种材料，尤其注意区分主观的历史叙事与无意留存的史料之间不同信度的基础上，整体性地思考"胡化"与"汉化"的关系，仍有待将来进一步努力。

二、长安与河北之间

陈寅恪另一重要论断则是抉出中晚唐河北地区与两京之间文化风尚的不同，他援据杜牧《唐故范阳卢秀才墓志》、韩愈《送董邵南游河北序》等材料指出河朔"民间社会亦未深受汉族文化之影响，即不以长安、洛阳

① 需要反思的是，陈寅恪"李唐一族之所以崛兴，盖取塞外野蛮精悍之血，注入中原文化颓废之躯，旧染既除，新机重启，扩大恢张，遂能别创空前之世局"一语虽广被征引（《李唐氏族之推测后记》，见《金明馆丛稿二编》，第244页），实则蕴意模糊，对去除旧染、开辟新机的过程与机制并无阐发，甚至不免有蹈入"血统主义"的危险，远不及其一贯所强调的"种族与文化"观具有解释力。更值得注意的是由陈寅恪等前辈学者所形塑的民族史研究的传统，并不单一地强调"汉化"，而是对"胡化"现象有大量的揭示。近年来学者亦强调内亚因素对中国历史的影响，参见罗新：《黑毡上的北魏皇帝》，北京，海豚出版社，2014年。

② 李硕：《南北战争三百年：中国4—6世纪的军事与政权》，上海，上海人民出版社，2018年，第121页。作者进一步指出中亚农业文明的核心区较小，游牧民族对农耕社会保持压倒性优势，在西欧，广袤的森林充当了农业文明与游牧文明的过渡缓冲地带，都未如中原与蒙古草原一样形成两种文明形态的长期对抗。

③ 对于这一历史过程的简明综述，参见张广达：《从"安史之乱"到"澶渊之盟"：唐宋变革之际的中原与北方》，黄宽重主编《基调与变奏：七至二十世纪的中国》第3册，台北，政治大学历史学系等，2008年，第1～20页。

之周孔名教及科举仕进为其安身立命之归宿"①。这种"异质感"在出土墓志中亦有体现，典型者如郑澥及妻崔氏墓志所云："镇冀之间，自为一秦，颇禁衣冠，不出境界。"②但随着材料的增益，我们对这一问题的复杂性可以有更深入的认识，以陈寅恪所举几个例子而言，目前皆可借助新材料做进一步的申说。

杜牧《唐故范阳卢秀才墓志》云卢霈"生年二十，未知古有人曰周公、孔夫子者，击球饮酒，马射走兔，语言习尚，无非攻守战斗之事"，直到镇州儒者黄建告其"先王儒学之道"，鼓励他离开河朔进学。由于杜牧并未提及黄建的身份，仅云"镇人敬之，呼为先生"③，容易让读者以为这位儒者黄建大约只是一位生活在河朔武夫世界中的隐者，而出土的成德节度使王元逵墓志署"故吏节度掌书记承议郎监察御史里行赏紫金鱼袋黄建撰"④，即其人。由此可知黄建是成德军中文胆，与王氏家族关系密切，本人就是河朔藩镇体制中的重要一员，这不免让人怀疑杜牧所述有夸大的成分。⑤ 另一方面，我们也可以注意到，河朔藩镇掌书记一职历来注重辟用有名的文士，至后期尤甚，并没有与长安进士文化隔绝。如本书第七章讨论罗让碑的撰者公乘亿虽是魏州人，早岁垂三十举不第，与妻子阔别十余年，以至于乡人谣传他已病故于长安，其妻闻讯，自河北赶来迎丧，夫妻方获重逢。⑥ 可知公乘亿曾长年客居长安以求一第，与家人不通音讯，可以说是中唐以降崇重进士氛围下的极端个案。直至

① 陈寅恪：《唐代政治史述论稿》，第 25～27 页。

② 《唐代墓志汇编》大和 049，第 2130 页。关于这方墓志的讨论，参见牟发松：《墓志资料中的河北藩镇形象新探——以〈崔氏合祔墓志〉所见成德镇为中心》，载《陕西师范大学学报》2008 年第 3 期，第 117～123 页。

③ 杜牧：《唐故范阳卢秀才墓志》，见《杜牧集系年校注》，第 768 页。

④ 《唐代墓志汇编》大中 096，第 2324 页。

⑤ 事实上，杜牧文集中对河北风土的描述有不少夸大的地方，若将《唐故范阳卢秀才墓志》与其另一篇名文《燕将录》比读，不难注意到运用了类似的修辞策略。陆扬《论冯道的生涯——兼谈中古晚期政治文化中的边缘与核心》一文对此已有注意（《清流文化与唐帝国》，第 167～169 页）。

⑥ 王定保：《唐摭言》卷八，第 121 页。

咸通十一年高湜主选时，公乘亿方获及第，曾入易定节度使之幕，任万年县尉①，乐彦祯喜儒术，引公乘亿、李山甫在幕府。可知公乘亿虽系河北当地人，但深受进士文化的影响，及第后迁官入幕的经历也与一般进士无异。而罗绍威倾慕钱镠幕中罗隐之才，"特遣使币交聘，申南阮之敬"的故事更为人所熟知。② 唐人自己也对河朔藩镇有"辟用文儒之士以缘饰政令"的现实需求早有注意。③

中唐之后，入幕成为士人在守选期间获得收入乃至获得更快擢升的重要途径。④ 陈寅恪所举韩愈《送董邵南游河北序》及李益佐于幽州刘济幕府两事皆可在此背景下获得理解。董邵南累举进士不第，"连不得志于有司"，不得已才去河北节度幕府谋求出路，除求官之外，维持生计恐怕也是重要的考虑之一。⑤ 李益的情况则较为复杂，涉及士人在进士及第后，如何通过入幕选择获得更好的仕途机遇问题。由于近年李益墓志的出土⑥，我们对李益远赴幽州的背景有了更清晰的了解。李益渭南尉任满守选期间，获幽州使府之辟，"弓旌累招，首为卢龙军观察支使，假霜棱，锡朱绂，以地非乐土，辞不就命"。正是由于河朔藩镇与唐廷关系疏远，远赴幽州幕下对仍力图在长安官场上进一步寻找机会的李益而言自

---

① 参见《唐才子传校笺》第 4 册"公乘亿"条，第 30～34 页。据《唐摭言》卷二，乾符四年公乘亿任万年尉，按赤尉是进士及第后第二、三任官的美选，中间当有一次守选的经历，推测其入易定幕或在其前。另参赖瑞和：《唐代基层文官》，北京，中华书局，2008 年，第 107～138 页。

② 《太平广记》卷二〇〇引《罗昭威传》，第 1508 页。另陶岳《五代史补》卷一记有另一则罗绍威厚遇罗隐的故事（《五代史书汇编》，第 2481 页）。

③ 柳宗元：《送文畅上人登五台遂游河朔序》，见《柳宗元集校注》，第 1667 页。

④ 参见石云涛：《唐代幕府制度研究》，第 311～377 页；赖瑞和：《唐代基层文官》，第 203～266 页。

⑤ 不仅是河朔，淮西等骄藩也是士人游宦的选择之一，杨元卿墓志云，"少倜傥有大志，不为章句儒。好兵法，达吏理。弱岁，侍奉之官，滞游汝南"，为吴少诚所辟。从志文的描写中也可以看出杨元卿行事迥异于科举文化影响下的一般士大夫（《全唐文补遗》第 8 辑，第 150 页）。

⑥ 王胜明：《新发现的崔郾佚文〈李益墓志铭〉及其文献价值》，载《文学遗产》2009 年第 5 期，第 130～133 页。

然并非佳选，因而婉拒辟命。改应山南东道、鄜坊、邠宁等府之请："山
南东道洎鄜畤、邠郊皆以管记之任请焉，由监察、殿中历侍御史，自书
记参谋为节度判官。"至贞元中，李益再次获幽州之辟，才终于决定北走
河朔①，"复为幽州营田副使、检校吏部员外郎，迁检校考功郎中，加御
史中丞，以金印紫绶副焉"。陈寅恪认为李益因宦途失意，才选择北上幽
州。考李益一生行迹，他于大历四年，年始弱冠，便进士及第，之后又
连中书判拔萃、制举，所历河南府参军、郑县主簿、渭南尉等职皆是美
授，可谓少年得志。但李益的宦途约在德宗初遭遇挫折，渭南尉考满后，
辗转多个幕府，未再获授实职。在此期间李益曾两次获幽州辟命，他一
拒一受，主要还是从自己的宦途得失考量。最后应幽州之征，固有失意
于长安的成分，也与德宗晚年藩镇与中央关系改善的大趋势有关："始以
幽燕气雄，蛇豕作固，虽大君有命，尚守正不行。后密旨敦谕，往践乃
职，卒使逆流再顺，寒谷生和。"②另一方面，刘氏家族统治下的幽州一
直以延揽到李益这样的知名文士而沾沾自喜，刘济墓志中还特意将此事
表出，"陇西李益、乐安任公叔，皆以宾介荐延至郎吏二千石，为近臣良

_____

① 按李益北上幽州的具体时间不详，韦应物《送李侍御益赴幽州幕》，旧说认
为系贞元四年送李益入刘济幕所撰(孙望校笺：《韦应物诗系年校笺》，北京，中华
书局，2002年，第410页)。卞孝萱谓韦诗乃建中三年送李益赴幽州朱滔幕作，今
据李益墓志可知其带侍御史衔在第一次拒幽州征辟之后，卞说不确。唯关于韦诗
所撰具体时间仍缺乏证据，卞孝萱据李观《邠宁庆三州节度飨军记》考知李益贞元
七年仍在邠宁幕中，而将赴幽州系于贞元十二年邠宁节度使张献甫卒后，取其下
限。参见《李益年谱稿》，《卞孝萱文集》第6册，南京，凤凰出版社，2010年，第
358～359页。
② 李益仕途突然受挫的具体原因不明，本传仅云："然少有痴病，而多猜忌，
防闲妻妾，过为苛酷。"(《旧唐书》卷一三七《李益传》，第3771页)因此遭士大夫清议
鄙薄，故久不得调。更深层次的原因恐怕还是卷入了党争，德宗、宪宗皆赏识其才
华，墓志云："德宗皇帝统临万方，注意六义，诏征公制述，令词臣编录，阅览终
夕，精微动天，遂以副本藏于天禄石渠之署。"宪宗继位后，征拜都官郎中，有意命
其掌制诰，但不久即遭攻讦，云其在幽州所作"感恩知有地，不上望京楼"一联语涉
怨望，"未及真拜，出为河南少尹"。

守。此又烈丈夫、大君子旷度荦荦之为也"①，并无自外于长安士大夫文化之意。而士大夫之所以视北走河朔为畏途，恐怕根本原因在于河北藩镇与长安的疏离，任职幕府的经历及经营的人际网络并无助于自己日后的升迁，因此才将其作为退而求其次的选择。

同样，我们也可以注意士人对远走河朔认识前后期的变化。安史乱平后，即有部分"贰臣"并未归唐，而是选择辗转仕于河朔藩镇。如窦全交出身外戚窦氏家族，玄宗生母昭成皇后系其诸姑，伪燕署尚食奉御、恒州别驾，"蹉跎十载，沉滞河朔"。之后成德节度使李宝臣奏其为定州别驾，窦全交未及赴任便卒于恒州，至永泰二年方归窆洛阳。② 韩愈所撰毕垌墓志则记载了兄弟两人不同的出处选择：

> 家破时，（毕）垌生始四岁。与其弟增以俱小，漏名籍，得不诛，为赏口贼中。宝应二年河北平，宗人宏以家财赎出之，求增不得。增长为河北从事，兼官至御史中丞。垌既至长安，宏养于家，教读书……历尉临涣、安邑、王屋，年六十一，以元和六年二月二日卒于官。③

毕垌之父毕炕曾任广平太守，在安史乱中殉国，诸子离散，毕垌幸为宗人毕宏赎出，长于长安。弟毕增虽与安禄山有覆族之恨，仍仕于河北藩镇，可知当时士人并未将河北视为化外，恐也未直接把河朔三镇等同于安史余孽。同时代的相卫节度使薛嵩不但高选士人萧放为僚佐，更因爱

---

① 权德舆：《唐故幽州卢龙节度副大使知节度事管内支度营田观察处置押奚契丹两番经略卢龙军等使开府仪同三司检校司徒兼中书令幽州大都督府长史上柱国彭城郡王赠太师刘公墓志铭并序》，见《权德舆诗文集》，第319页。除了李益外，著名诗人王建也曾入刘济之幕，参见谭优学：《王建行年考》，见《唐诗人行年考续编》，成都，巴蜀书社，1987年，第108～109页。

② 窦全交墓志，拓本刊《洛阳流散唐代墓志汇编》，第406页。

③ 韩愈：《唐故河南府王屋县尉毕君墓志铭》，见《韩愈文集汇校笺注》，第1689页。

惜其才而将女儿相嫁。① 除了文士之外，亦不乏做出类似选择的武人。周玚之祖周知远曾任朔方兵马副使，"殉节于京洛之间"，父周道荣曾受岭南东道节度使赵昌之辟，任广州司马，其家族与河朔并无渊源。周玚元和中接受刘总辟命，来到幽州，此后便定居于此，直至大中十年（856）去世，仕至平州刺史。②

郑溧及妻崔氏墓志则透露了河朔藩镇前后期变化的时间节点。郑溧出身荥阳郑氏③，"大历初，偶因薄游，滞留河北"，受王武俊赏识，奏授冀州信都县尉等职。志文云"当时国家化流八表，仁人之谊，先浸于河朔，求名学宦之士，如不失疆理矣"，可知安史乱后，士人仍继续游于河北，寻找仕宦机会，其中不乏进士及第者。如郑云逵大历初中进士后，客游两河，为朱泚重用，"乃表为节度掌书记、检校祠部员外郎，仍以弟滔女妻之"④。直至德宗继位后⑤，随着唐廷与河朔藩镇间矛盾的激化，战争爆发，形势丕变，才出现了郑溧及妻崔氏墓志所云隔绝局面："从建中初，镇冀之间，自为一秦，颇禁衣冠，不出境界，谓其弃我而欲归还。府君与夫人男女，戢在匪人之土矣。暂谓隔王化于三千里之外，离我戚于五十年间，府君至于身殁，不遂却返。"郑云逵亦被迫"遂弃妻子驰归长安"。而我们读到河朔藩镇墓志中语涉悖逆的一些文字大都也出现在这一

---

① 萧放墓志，《全唐文补遗（千唐志斋新藏专辑）》，第348~349页。按萧放为梁皇室远裔，志文云："于经书中有所不了义，仆射于高会次第发问，公随节目应对如响，四座叹伏。仆射礼待加等，则以爱女妻之。"则薛嵩于经学似颇有造诣，或有夸大之嫌，但婚姻的缔结足以证明当时长安与河北之间并无异质感。甚至如以跋扈著称的田季安，仍欲婚对于两京名族，元稹曾弹劾"田季安盗娶洛阳衣冠女"（《旧唐书》卷一六六《元稹传》，第4337页）。按"盗娶"当是指唐律中"违律为婚恐喝娶"，疏议曰："'强娶者，又加一等'，谓以威若力而强娶之，合徒一年半"（刘俊文笺解：《唐律疏议笺解》，第1070页）。田季安所强娶者大约是士大夫的女儿。

② 周玚及妻刘氏墓志，《唐代墓志汇编续集》大中056，第1009~1010页。

③ 郑溧墓志云："至国朝开元末，割荥阳县两乡属河南府，今为汜水人也。"（《唐代墓志汇编》贞元110，第1916页）

④ 《旧唐书》卷一三七《郑云逵传》，第3770页。

⑤ 贞元四年，张遵因"亲裴氏怀恋伯兄，遣省伯舅于镇州"，为王武俊所辟，可知人员往来亦未完全中断（《唐代墓志汇编续集》大和032，第905页）。

时期，如建中四年(783)刘如泉墓志云："伊唐季复兴，大君雍王立，礼乐征伐自诸侯出。"①除此之外，张遵墓志云其元和中先以"妻子男女悉留镇州"为人质，获允护送母亲灵輲归葬东都，"葬毕，犹隐居故里。无几，诏追起复，授宁远将军、守左武卫将军、检校大理卿、兼侍御史"，借机逃离成德归阙，但其家属则遭扣留，直至"镇帅祥斋大增先福，以公一家维絷，尽放南归"。② 所记恰可与郑滦及妻崔氏墓志相发明："帅殒而子承元以顺逆自谕，举军来王。司马扶板舆出乎虎口，持小辈附于骥尾，其余血属姊弟，数年之内，稍稍而至。"③可知这一局面直到王承元归阙后才得到缓和。而至长庆之后，随着河朔故事的定型，唐与藩镇之间的关系趋于稳定，"镇冀之间，自为一秦"的阻隔便不复存在④，河朔与长安之间也恢复了人员的流动。如张建章大和四年(830)因"博陵歘"而北游幽州，为节度使李载义所辟，仕至幽州节度副使、摄蓟州刺史。⑤

如果我们从更长的时间维度上观察长安与河北之间的关系，不难注意到河北相对而言长期处于帝国政治版图的边缘，这种文化上的"异质感"并非缘于河朔三镇的成立，而可以追溯到安史之乱前。⑥ 本书第一章通过对严庄、高尚等安禄山心腹谋士家世的考察，勾画了河北普通士人

① 刘如泉墓志，拓本刊《新中国出土墓志·北京壹》，北京，文物出版社，2003年，第12页。

② 张遵墓志，《唐代墓志汇编续集》大和032，第905页。

③ 郑滦及妻崔氏墓志，《唐代墓志汇编》大和049，第2130页。

④ 与其说"镇冀之间，自为一秦"显示出河朔藩镇的胡化与封闭，倒不如说成德在与唐廷对立期间，为了防止士人流失，不得已而采取的措施，恰恰反映了文化上有相近的一面。

⑤ 张建章墓志，《唐代墓志汇编》中和007，第2511页。按辟举张建章的李载义以恭顺著称，但大和五年即被杨志诚政变所推翻，如下文所论杨志诚以跋扈闻名，但并未影响张建章在幽州镇内的升迁，可知节帅与唐廷的关系与其对文士的态度并无关联。

⑥ 如本书第一章论及陆据这一案例所示，安禄山本人也曾留心征辟长安的士人精英入幕，但构成其核心的则是更具吏干的河北地方士人，这点在安史乱前及乱后具有延续性。

面貌，若进而将之与唐末五代以冯道为代表的河北士人群体并观①，或可勾画出一条与"崇重进士"为表征的长安士大夫文化并行但隐而不彰的"潜流"。相形而言，中晚唐的河北虽然也受到两京精致的清流文化熏习②，但由于河北士人大都身处这一政治文化的边缘，加之多仕于藩镇幕府，有明习吏事的现实需求，故而保留了允文允武的特征。这批具有钱粮刀笔之才的河北地方士人更能适应唐末天下大乱的格局③，因此才能借机浮出水面，成为五代各朝文职官僚的主流。④

三、藩镇研究史的反思

藩镇作为中晚唐历史研究中的核心问题，历来受到学者的广泛关注。⑤ 既往研究总体上将藩镇割据视为导致唐王朝衰落的重要原因，近年来学者则在实证的基础上对这一历史图景提出了较多的修正，认为唐

---

① 关于冯道生长的文化环境，陆扬《论冯道的生涯——兼谈中古晚期政治文化中的边缘与核心》一文有系统论述（《清流文化与唐帝国》，第165～210页）。除了冯道这样最终站在金字塔尖的人物之外，出土墓志勾画了一般河北地方士人的形象，透露了长期存在的社会文化结构，典型者可举出李潘墓志（《唐代墓志汇编》开成050，第2205～2206页）。

② 中晚唐因崇重进士而形成的一系列风俗，学者早有系统揭示，参见傅璇琮：《唐代科举与文学》，西安，陕西人民出版社，2003年，第288～326页；陆扬进一步将这种"崇重进士"及"文"的士大夫文化定义为清流文化，并论述了其扩散乃至对河北地区的影响（《唐代的清流文化——一个现象的概述》，见《清流文化与唐帝国》，第248～263页）。

③ 张天虹曾以"书剑双美"概括河北藩镇武人的特征（《"书剑双美"：唐河朔藩镇的军事技能培养与文化教育——基于社会流动的视角》，载《南京大学学报》，2011年第6期，第99～110页）。若对此做进一步的引申，文武未有明显分途或是河北社会的一个重要特征。

④ 学者基于统计的研究皆证实了此点，参见毛汉光：《五代之政治延续与政权转移》，《中国中古政治史论》，第418～474页；王赓武：《五代时期北方中国的权力结构》，胡耀飞、尹承译，上海，中西书局，2014年，第199～202页。

⑤ 较为简要的学术史回顾参见胡戟等主编：《二十世纪唐研究》，"藩镇问题"条，北京，中国社会科学出版社，2002年，第50～59页。

帝国实际上相当成功地应对了安史之乱引发的危机，特别是穆宗以后，朝廷与藩镇之间建立了一套较为有效的政治运作模式，维持了长期的稳定。① 除此之外，大量藩镇个案研究的积累，虽有"千镇一面"之虞，但也使我们几乎对每个藩镇的建立、分合、衰落过程及内部构造都有了较为明晰的认知。在此基础上，我们或可尝试重新审视藩镇在中晚唐历史上的位置。

将藩镇视为决定中晚唐历史走向的关键因素，这一看法并不完全是现代学术的产物，至少可以追溯到宋人。欧阳修纂修《新唐书》时将原本散布在《旧唐书》各卷的骄藩节帅传记重新排列，编次为《藩镇传》五卷，置于外戚、宦者传之后，突厥、吐蕃等四裔传之前，并在传前撰写了批判性的序论。中国传统史学具有两种重要的现实功用，一是塑造本朝合法性的"正统论"，二则是发挥以史为鉴的"鉴戒论"作用。这一传统将秉笔直书与微言大义交织在一起，使历史记载充溢着后见之明，往往轻忽了过程的复杂与多歧。若取新旧《唐书》藩镇的相关传记比读，或可留意到《新唐书》"事增而文省"的背后，埋藏着简明而更具目的论色彩的叙事脉络。②

---

① 较具代表性的研究可举出陆扬《9世纪唐朝政治中的宦官领袖——以梁守谦和刘弘规为例》《西川和浙西事件与元和政治格局的形成》两文，分别从内廷和藩镇的个案入手，揭示了宪宗时期唐廷内外政治运作方式的深刻变革（见《清流文化与唐帝国》，第19~58、87~164页）。李碧妍《危机与重构：唐帝国及其地方诸侯》一书则对在安史之乱冲击下，内地藩镇体制建立、调整与定型的过程做了细致的讨论，唯其书名中"重构"一词容易让读者误以为藩镇体制是唐王朝有计划应对叛乱的产物，事实上，内地普立藩镇最初无疑是一种应急的政治举措，因此前期藩镇随着政治、军事形势的变化分合不定，最终在动态的博弈过程中唐廷与藩镇之间达成了均势。

② 《旧唐书》中藩镇节帅传记散见于各处，其中河朔三镇节帅传记分布相对集中，主要位于卷一四一至卷一四三、卷一八〇至卷一八一，但大体仍以年代先后为序。而《新唐书·藩镇传》不但将骄藩节帅传记归并，"今取擅兴系世嗣者，为藩镇传"，而且明确以其对唐廷的态度划分去取标准，"若田弘正、张孝忠等，暴忠纳诚，以屏王室，自如别传云"（《新唐书》卷二一〇《藩镇魏博传》，第5923页）。不仅如此，《新唐书·藩镇传》虽大体依据《旧唐书》相关人物的本传改写，兼据碑志、小说增补事迹，但叙事风格上带有强烈的"鉴戒论"色彩，如《田承嗣传》最后总括云："承嗣盗有贝、博、魏、卫、相、磁、洺七州，而未尝北面天子。凡再兴师，会国威中夺，穷而复纵，故承嗣得肆奸无怖焉。"（第5926页）也正因如此，后世学者对其传中所收人物的去取标准亦存訾议，参见赵翼：《陔余丛考》卷十《新唐书编订之失》，第160页。

《新唐书·藩镇传》的成立，不仅是传统史学"鉴戒论"的产物，也成为后世在"统一与分裂"的框架下理解藩镇问题的滥觞，影响延续至今。例如，作为中文世界最具分量的藩镇研究著作之一，1969 年初版的王寿南《唐代藩镇与中央关系之研究》便以中央与藩镇的关系为主线贯穿全书。① 更值得注意的是，中央集权与地方坐大作为中国历史上反复出现的一对矛盾，使得后世学者对藩镇的评论往往带有"借古讽今"的色彩。如顾炎武《日知录》云："世言唐亡于藩镇，而中叶以降，其不遂并于吐蕃、回纥，灭于黄巢者，未必非藩镇之力。"顾炎武摈斥陈说，对藩镇的作用有所肯定。但需要指出的是其持论的背景是基于对明朝覆亡原因的反思，因此才在"国朝大患，大略与宋同"的脉络下，对宋、明两代"强干弱枝"、加强中央集权的举措提出批评，最终指向的是"陆士衡所谓'一夫纵横，而城池自夷'，岂非崇祯末年之事乎"的当代教训。② 因此，古人的史论文字固然有不少值得现代学者汲取的洞见，但严格而言不能算是一种"学术化"的思考③，我们引述其观点时尤需解明成说的时代背景与现实关怀。④

----

① 作者在书后附录的《唐代藩镇总表》中也将藩镇对中央的态度专列一栏，分叛逆、跋扈、恭顺三类加以统计，参见王寿南《唐代藩镇与中央关系之研究》中的相关章节。

② 顾炎武著、黄汝成集释：《日知录集释》卷九，第 559～565 页。

③ 中文世界学者行文时多习惯引述古人的史论文字为论据，不无接榫古今学术的意味，但需要指出的是古代学者的评论，优点或在于去古未远，有抵近历史现场的一面，缺点则是所述大多未经系统论证，只是一种"意见"，而非严格意义上的"学术观点"。而现代学术的重要特征之一便是通过规范化的研究手段将某种"意见"上升为"观点"，并经得起其他学者的检视与批评，如陈寅恪从朱熹"唐源流出于夷狄，故闺门失礼之事不以为异"一语入手，探考李唐的族属与源流，便是经典的案例。另张天虹《唐代藩镇研究模式的总结和再思考——以河朔藩镇为中心》一文提出藩镇研究要把传统学问与现代学术相连接，文中对宋至民国学者对藩镇的评论枚举较多（《清华大学学报》2011 年第 6 期，第 55～65 页）。

④ 例如近年学者多注意到藩镇对维系唐王朝统治的正面作用，故宋人尹源《唐说》中"世言唐所以亡，由诸侯之强，此未极于理。夫弱唐者诸侯也，唐既弱矣，而久不亡者，诸侯维之也"一语多被引录，但皆未触及尹源观点的时代或个人思想背景（《宋文鉴》卷一〇五，第 1485 页）。据笔者所见，前引顾炎武《日知录》是较早引用尹源观点者。

　　而在现代学术研究中，唐宋变革论作为理解这一时期种种变化的统摄性框架长期以来具有巨大的影响力，不过在这一框架中藩镇并不处于显要的位置①，因此如何把藩镇与这一时期的其他变化相联系，进而确认其在中晚唐历史中的作用及影响成为学者思考的重要方向。日野开三郎1942年出版的通论性著作《中国中世的军阀》将藩镇分成玄宗及安史乱中藩镇体系的形成、代宗德宗时藩镇的跋扈及宪宗的抑制、晚唐藩镇的复振三个阶段来加以论述，并强调两税三分等改革对中央与藩镇间实力消长的影响②，奠定了之后理解唐代藩镇历史的经典体系，至20世纪70年代出版的《岩波讲座世界历史》《剑桥中国隋唐史》仍大体袭之。③日野开三郎对唐代藩镇历史的概述大体以政治史为线索，尽管重视两税法等经济、制度因素的作用，着眼点仍在于比较中央与藩镇实力的消长，因此也旁及神策军的发展、藩镇内部的构造及对所属州县控制的强化、均田制瓦解后流民的增加对藩镇尤其唐末动乱的影响等议题，总体而言时代分期论的色彩并不强烈。栗原益男在《岩波讲座世界历史》中对唐代藩镇面貌的总括，除了沿袭这些议题之外，所增加者大约包括三个方面，藩镇中"义父子"等拟制血缘关系的发展，贵族出身藩镇节度使幕府的构成与朝廷党争，唐末藩镇与地方土豪阶层的关系。这些成果反映出日本

---

　　①　尽管藩镇自宋以来便被视为决定中晚唐历史走向的关键因素，但在唐宋变革论的体系中则缺乏明确的位置，藩镇及唐末的动乱一般被置于贵族制衰落的背景下加以理解。参见内藤湖南：《中国近世史》第二章"贵族政治的崩溃"，见《中国史通论——内藤湖南博士中国史学著作选译》，北京，社会科学文献出版社，2004年，第335～343页。李华瑞主编《"唐宋变革"论的由来与发展》一书回顾了唐宋变革论在各具体研究领域中的影响，而藩镇仅作为军政制度演变的一隅而被提到，主要涉及五代至宋禁军的形成、节度使制度的演变、唐末南方藩镇与十国的承继关系等方面。参见曾瑞龙、赵雨乐：《唐宋军政变革史研究述评》，见李华瑞编：《"唐宋变革"论的由来与发展》，天津，天津古籍出版社，2010年，第63～113页。

　　②　日野开三郎：《支那中世の軍閥》，《唐代藩镇の支配体制》，第24～171页。

　　③　栗原益男：《安史の乱と藩镇体制の展开》，《岩波講座世界歴史》第6册，第161～196页；彼得森：《中唐和晚唐的宫廷与地方》，见《剑桥中国隋唐史》，第472～573页。

学者在战后二十余年的研究中尝试将藩镇构造与人身支配关系的演变、贵族制瓦解及地方土豪层的兴起等论题相连接①，定位藩镇在唐宋变革中的作用，从而将这一议题打上战后时代分期论争的烙印。② 同时代的中国学者虽然没有这么明确的时代分期关怀，但因时代风气熏染，亦习惯于探究藩镇割据局面形成背后的经济社会基础，多认为藩镇割据与大土地所有制的发展有关③，或将之与新兴商人阶层的崛起相联系④；亦

① 这方面较有代表性的通论性研究可举出堀敏一：《唐末諸叛乱の性格——中国における貴族政治の没落について》，《唐末五代变革期の政治と经济》，第 266～310 页。

② 即使在一些实证研究中也渗透了理论关怀，例如堀敏一《藩镇亲卫军的权力结构》一文，尽管表面看来是对中唐至五代藩镇牙军来源、构造及作用的实证研究，但开篇就驳斥了藩镇与唐宋变革毫无关系的说法，认为中晚唐藩镇牙军与五代藩镇牙军存在不同，前者常与节帅对立，削弱了藩镇的势力，后者作为与节帅紧密相联的私兵，成为之后五代各王朝的核心，并强调藩镇与土豪、商人阶层的关系（《日本学者研究中国史论著选译》第 4 卷，第 585～648 页）。因此，对于类似的现象，学者往往做出不同的解读，如对藩镇中拟制血缘关系的性质，堀敏一、栗原益男等皆将其视为节帅对属下的一种人身支配，栗原益男更将五代常见君主赐予节度使铁券的现象理解为这一人际关系的延伸。参见堀敏一：《唐末諸叛乱の性格——中国における貴族政治の没落について》，《唐末五代变革期の政治と经济》，第 292～297 页；栗原益男：《唐五代の仮父子的结合の性格——主として藩帥的支配权力との关连において》《铁券授受现象からみた君臣关系について——唐朝・五代を中心として》，《唐宋变革期の国家と社会》，第 159～192、223～280 页。谷川道雄则对此提出反驳，强调河朔藩镇节度使与部属关系中较为平等的一面，参见《河朔三镇における節度使权力の性格》，《名古屋大学文学部研究論集》74 期，第 5～24 页。而增渊龙夫对拟制血缘关系两面性的评论颇值得注意，认为"建立在个人相互信赖基础上的情义结合关系，决不能呆板地理解为一种平等关系"（《中国古代的社会与国家》，上海，上海古籍出版社，2017 年，第 20～21 页）。其实"义儿"这类拟制血缘关系在唐末五代的流行并不是现代学者的发现，欧阳修《新五代史》专门为此立有《义儿传》，若比较欧阳修着眼人伦对义儿现象的批评与现代学者的多种解读，便不难注意理论框架对史家解释历史现象潜移默化的影响。

③ 代表性的意见可举出韩国磐：《唐末五代的藩镇割据》，见《隋唐五代史论集》，第 310～313 页。

④ 魏承思：《略论唐五代商人和割据势力的关系》，载《学术月刊》1983 年第 2 期，第 39～42 页。张剑光《唐代藩镇割据与商业》对此已有驳论，指出商人的活跃并不意味着成为藩镇割据的基础（《文史哲》1997 年第 4 期，第 74～80 页）。

有学者从封建社会结构变迁的视角讨论唐末五代豢养义子的风气，指出其保留了奴隶制与村社制的残余①，或认为这是作为私人募佣兵制的伴生物而存在。②

  日本学者从 20 世纪 70 年代开始，对笼罩在唐宋变革论框架下的藩镇研究模式有所反思，大泽正昭系统评述了堀敏一关于晚唐五代藩镇一系列论文后，提出要从地域差别入手开拓藩镇研究的新方向。③ 此后，日本学者陆续发表一系列不同时段、不同地域藩镇个案研究论文，将研究范围扩展到了"顺地"及南方藩镇，对河朔三镇的不同也有更明确的区分，研究时段上则从中唐延及唐末及五代。④ 虽然所述及一些论题，如唐末南方藩镇与在地豪强的关系及向十国、宋代转变的历史过程，仍有受唐宋变革框架影响的一面⑤，但总体而言，与时代分期论争渐次脱节。进入 80 年代后，中国学者同样逐渐展开对藩镇分期、分类型的细化研

---

  ① 傅衣凌：《唐末五代义儿考》，见《傅衣凌治史五十年文编》，北京，中华书局，2007 年，第 62～73 页。

  ② 谷霁光从唐前期国家征发的义务兵制、中唐至五代藩镇的私人募佣兵制至宋代国家募佣兵制的线索中来理解"义儿"及"义儿军"的形成（《泛论唐末五代的私兵和亲军、义儿》，载《历史研究》1984 年第 2 期，第 21～34 页）。另参张国刚：《唐代兵制的演变与中古社会变迁》，载《中国社会科学》2006 年第 4 期，第 178～189 页。

  ③ 大沢正昭：《唐末・五代政治史研究への一視點》，《東洋史研究》31 卷 4 号，第 123～131 頁；另参大沢正昭：《唐末藩鎮の軍構成に関する一考察——地域差を手がかりとして》，《史林》58 卷 6 号，第 140～156 頁。

  ④ 较有代表性的论文可以举出辻正博：《唐朝の對藩鎮政策について——河南"順地"化のプロセス》，《東洋史研究》46 卷 2 号；第 326～355 頁；中砂明德：《後期唐朝の江淮支配：元和時代の一側面》，《東洋史研究》47 卷 1 号，第 30～53 頁；渡辺孝：《魏博と成徳——河朔三鎮の権力構造についての再検討》，《東洋史研究》54 卷 2 号，第 96～139 頁。20 世纪 80 年代之后日本学者探讨藩镇问题时，从既往常见的唐代财政、兵制变化入手者渐稀，但藩镇辟召制与幕职官、藩镇与新兴社会阶层及地方社会的关系等问题讨论者仍较多。

  ⑤ 相关的研究综述可参读清水和惠：《藩鎮の研究史》，《龍谷史壇》第 80 号，第 53～62 頁；伊藤宏明：《唐末五代政治史に関する諸問題——とくに藩鎮研究をめぐって》，《名古屋大学文学部研究論集》86 期，第 121～139 頁；高瀬奈津子：《第二次大戦後の唐代藩鎮研究》，堀敏一：《唐末五代変革期の政治と経済》，第 225～253 頁。

究，并对之前藩镇研究中大而化之的经济基础等命题有所反思。① 其中
张国刚根据唐代藩镇的不同功能，将其分为河朔割据型、中原防遏型、
边疆御边型、东南财源型等四类②，进而将藩镇视为中晚唐历史中的一
种结构性存在来分析其作用，摆脱了既往研究中"藩镇割据"这一平面化
的描述，颇具影响。此后随着理论的退潮，学者已不再热衷于探讨藩镇
割据的社会基础这类宏大的命题，精细化的个案研究成为主流。

个案研究的浪潮及对墓志资料的运用虽然在某些方面推动了藩镇研究
的深入，但同时也造成了议题的碎片化③，而近年来中日学者研究的分途
亦日趋明显。中国大陆学者更关注对中央与藩镇关系的动态把握及运用

---

① 此后的讨论或强调多种因素的共同作用，代表性的研究有方积六：《论唐代
河朔三镇的长期割据》，载《中国史研究》1984 年第 1 期，第 33～46 页；或对把藩镇
割据现象与某种经济形态加以直接联系的做法有所反思，如杨志玖、张国刚：《藩镇
割据与唐代的封建大土地所有制——再论唐代藩镇割据的社会基础》，载《学术月刊》
1982 年第 3 期，第 45～50 页(按此文修订后改题为《唐代藩镇割据的社会基础》，收
入《唐代藩镇研究(增订版)》，第 31～41 页)。

② 张国刚：《唐代藩镇的类型分析》，见《唐代藩镇研究》，第 42～59 页。此后
仍有不少关于藩镇分类的讨论，但大体不脱张氏的框架，如王援朝在《唐代藩镇分类
刍议》一文中将藩镇分为五类，主要是进一步区分了长期割据与一度割据两种形态
(《唐史论丛》第 5 期，西安，三秦出版社，1990 年，第 106～129 页)。其实更早大泽
正昭 1973 年发表的《唐末の藩鎮と中央権力——徳宗、憲宗朝を中心として》一文中
便已将德宗、宪宗时的藩镇划分为分立志向型、权力志向型、统一权力支持型三类
加以讨论(《東洋史研究》32 卷 2 号，第 1～22 页)。杜希德虽没有专门给藩镇分类，
也谈及河北、河南、南方及四川岭南藩镇在中晚唐的不同作用(Denis C. Twitchett,
"Varied Patterns of Provincial Autonomy in the T'ang Dynasty", John Curtis Perry,
Bardwell L. Smith. ed *Essays on T'ang Society*：*The Interplay of Social*，*Political
and Economic Forces*，Brill，1976，pp. 90-109)。需要指出的是，这种分类研究的方
法仍多停留在静态描述的层面，未能勾勒出藩镇的动态演变。

③ 与唐史研究的其他领域一样，新出墓志成为近年来被利用较多的史料，学
者借此对藩镇内部的人际网络、军将阶层的来源及族属、军队的组织结构、文人入
幕与官职迁转等问题有更精细的分析，但相对而言，研究议题较为碎片化，缺少整
体性的观照。

新出墓志展现藩镇内部的构造。① 中国台湾学者则日渐强调摆脱原有"中央与地方"关系的视角，主张从地方史的角度来观察藩镇，这一提法本身并无问题，但也与台湾本土意识的勃兴有关②，落实在具体研究中不免有"以偏纠偏"之嫌。③ 日本学者则站在欧亚史的立场上，强调游牧帝国对中原王朝的影响，试图借此突破既往以中国为中心唐宋变革论的框架，构筑新的历史叙事，在这一潮流中北方藩镇内的突厥、粟特、铁勒、沙陀等胡人群体被凸显。④

---

① 陆扬曾敏锐地指出："藩镇本身不断根据他们所理解的政治行为模式来决定其应对朝廷权威的方针，并调整和朝廷的关系。而且各个藩镇基于自身性质和传统的不同，其举动的弹性空间也自有不同。"（《西川和浙西事件与元和政治格局的形成》，见《清流文化与唐帝国》，第19～20页）

② 王晴佳《台湾史学史》及许倬云为该书写的序中都指出，1949年后台湾史学研究的几次转向动力并非完全出自本身学术传统的演变，而是受台湾本身社会文化氛围变化及欧美学术潮流的双重影响所致。参见王晴佳：《台湾史学史：从战后到当代》序及相关章节，上海，上海古籍出版社，2017年。

③ 较有代表性的是卢建荣《地方军事化对唐代后期淮北地区政治与社会的冲击》（《台湾师范大学历史学报》第27期，第2～38页）、《唐后期河北特区化过程中的抗争文化逻辑——兼论唐廷与河北为虎从主义关系说》（《中华民国史专题论文集第五届讨论会》，台北，"国史馆"，2000年，第397～458页）两文，作者后来在此基础上扩展成两本叙事性较强的著作：《咆哮彭城：唐代淮上军民抗争史（763—899）》《飞燕惊龙记：大唐帝国文化工程师与没有历史的人（763—873）》。但彼得森早年的判断仍然值得重视，即很难在文献中找到藩镇是否获得本地吏民支持的证据（《剑桥中国隋唐史》，第532～533页）。尽管随着墓志大量的发现，我们对藩镇内部的了解大大超过既往，但仅依据这些碎片化的材料，加上墓志文本中格套化叙事的阻碍，亦难以勾勒出完整的面貌。从本书所揭示的河北藩镇内部的复杂性来看，任何对单一面向的过度强调皆有失偏颇。

④ 山根直生《藩镇再考》一文中以高井康行、森部丰两人研究为例对这一趋势做了展望，谈及将"征服王朝论"与"唐宋变革论"结合的研究前景（《七隈史学》第16号，第216～214页）。不过在这一历史线索下河北藩镇往往被认为受到更北面的游牧帝国蝴蝶效应的影响，例如新见まどか《唐代後半期における"華北東部藩鎮連合體"》一文考索代宗、德宗时河朔三镇节帅间的通婚网络，指出存在着一个密切结合的华北东部藩镇的连合体，共同抗衡唐廷，但仅依据李宝臣曾为安禄山养子，便指认在这一连合体中成德居于核心的位置，结论有些跳跃，恐难让人信服（《東方學》第123辑，第20～35页）。同样在这一研究浪潮中，日本学者的立论大体建立在对胡族相关石刻史料巨细靡遗的整理与研究的基础上，进而将藩镇内胡人的动向与北方游牧国家的兴衰、人群迁徙等相勾连，但对数量更为庞大的藩镇中汉族官吏、军将的墓志则措意无多，其所描摹的中晚唐藩镇图像很难说是全面的。

作为一个有着深厚积累的学术议题，藩镇研究已走过近百年的历程，庞大的先行研究与主干史料的相对有限，加之前辈学者对一些类似现象不同甚至相反的解读，使得更年青一代的学者进入这一领域时，不免有无所适从之感，或因此转而更多地仰赖新出石刻展开细部的讨论，回避了对藩镇问题整体性的把握。如果我们将既往的研究划分为三个层次，即对具体史料的解读，利用互有联系的史料群对某一较为复杂历史现象的描述与复原，解释某一历史现象的作用、意义及影响，或不难发现争议主要集中在第三个层面，即如何来为某一历史现象"赋义"，建立起关联性或因果性的解释，进而将其纳入某一统摄性的框架或拟构出连续的历史线索。在此情况下，我们或当先将藩镇研究与或新或旧的理论框架脱嵌，尽可能回到史实本身，完成对前两个层次问题的清理，尝试描摹藩镇自身的"生命周期"。[1]

四、重绘中晚唐历史线索的尝试

本书主体由安史之乱爆发前后至唐末一系列个案研究构成，其中涉及的不少问题，如安史集团的构造，分别被视为河朔骄藩和防遏型藩镇典型的魏博、昭义两镇的演变，其实之前学者已积累了相当多的讨论。笔者在保留传统唐廷与藩镇的研究框架之外，尝试引入内部观察的视角，讨论燕政权及藩镇的结构，展现更为立体的历史图景。或许对石刻资料的运用也可以被视为本书的重要特色，但笔者的本意不仅在于借助新出碑志提供更丰富的历史细节，而试图在描摹政治过程复杂性的同时，进一步展现中晚唐长安与河北之间互动的实质及藩镇内部的多元结构，并在此基础上勾勒出稍具整体性的线索。

---

[1] 毫无疑问在现代史家看来，大凡进入第二个层次，即尝试在不同史料间建立联系，便已不自觉受到某种观念或理论的支配，但笔者的反思仍集中于第三个层次，首先值得注意的是既往研究中由于受理论预设的影响，在"史实"与"解释"之间存在着的"跳跃"与"空隙"，其次则是简单地将藩镇与同时期其他历史变化进行联系。

如本书第二章所论，《旧唐书》将河朔三镇的形成归咎于仆固怀恩的纵敌，导致尾大不掉的局面。这一类从政治斗争、人事关系出发的解说，无疑是传统史学中常见的叙事格套，多为现代学者所不取，但需要警醒的是后来研究者从经济、社会、文化诸方面对河北社会的探讨，尽管在论述上更加科学而成系统，但仍不脱历史辉格解释的色彩，即试图将一个已存在的历史现象加以合理化。事实上，河朔三镇的形成并不是一个自然的过程：

> （史）朝义走投汴州，汴州伪将张献诚拒之，乃渡河北投幽州。二年正月，贼伪范阳节度李怀仙于莫州生擒之，送款来降，枭首至阙下。又以伪官以城降者恒州刺史、成德军节度张忠志为礼部尚书，余如故；赵州刺史卢淑、定州程元胜、徐州刘如伶、相州节度薛嵩、幽州李怀仙、郑州田承嗣并加封爵，领旧职。①

仆固怀恩收复洛阳后，秉承唐廷的怀柔政策，对投降的安史将领皆不做触动，委以旧任，这一领有旧职的范围要大于河朔三镇。如第二章中所述，汴州节度使张献诚从出身履历而言，与李怀仙、李宝臣等别无二致，但汴州最终成为顺地，张献诚累迁山南东道、剑南东川等镇。原本仅为莫州刺史的田承嗣②，后得领魏州刺史、贝博沧瀛等州防御使，系奉朝廷之命。魏博的成形，盖源于唐廷主动的政区调整，而非对既成事实的承认。更遑论河北原置四镇，大历八年薛嵩去世后，相卫内部生变，遭魏博与唐廷的分割而瓦解，一部被魏博鲸吞，剩余三州与泽潞合并后演变为防遏河北的重镇昭义。因此所谓河朔三镇的成立，幽州本为玄宗朝的旧镇，成德承自安史，魏博系乱后唐廷新置，相卫则遭分割，并非燕

---

① 《旧唐书》卷二〇〇上《史朝义传》，第5382页。
② 按上文所引《旧唐书·史朝义传》及《旧唐书·田承嗣传》作"郑州"，检裴抗《魏博节度使田公神道碑》云："即日除户部尚书御史大夫莫州刺史。复以莫州地编，不足安众，特迁魏州刺史、贝博沧瀛等州防御使。"（《文苑英华》卷九一五，第4816页）《新唐书·田承嗣传》或据之作"莫州"，疑"郑州"系"莫州"之讹。

政权的遗产，而是乱平后十余年中一系列政治博弈及各种偶然因素叠加的产物。① 既往学者多关注河朔藩镇作为安史继承者的一面，强调两者的延续性，忽略了河朔三镇形成的复杂过程。

若将追求节帅世袭作为河朔藩镇的重要特征，那么在安史之乱平定后，有类似诉求的藩镇并不局限于河北，山南东道梁崇义、淄青李正己及稍后淮西李希烈皆属其列。其中梁崇义系安史之乱中崛起的地方实力派，李正己、李希烈则出自因忠于唐廷而从安史阵营中分出的原平卢军系统。② 可以说双方在乱中是各为其主的敌手，但乱后却因同样的目标而结成同盟，《旧唐书·李宝臣传》云其"与薛嵩、田承嗣、李正己、梁崇义等连结姻娅，互为表里，意在以土地传付子孙，不禀朝旨，自补官吏，不输王赋"③。这一现象与河北地区的种族、文化等特征关系不大，而是战争中地方势力膨胀的结果，除了以上几个方镇之外，西川韦皋、徐州张建封等，乃至中兴功臣李光弼晚年多少都有跋扈之举。④ 几乎与此同时，藩镇中的骄兵也开始浮出水面，出于自利的目的拥立或废逐主帅。代宗、德宗时期，藩镇坐大、骄兵跋扈及引发的与唐廷或隐或显的冲突，具有相当的普遍性，也成为后世熟悉的藩镇时代的标准像。但这并不完全是安史的遗产，而是长年战争与动乱的后遗症。同样，节度使本人的态度对于藩镇传统的塑造也起到了重要作用。例如，同为安史降将的滑州节度使令狐彰，临终前"诫子以忠孝守节，又举能自代"，尽管去世后也出现了"滑三军逼夺情礼"，试图拥立其子令狐建袭位的情况，但令狐

<hr>

① 如《资治通鉴》卷二二二："抱玉等已进军入其营，按其部伍，嵩等皆受代；居无何，仆固怀恩皆令复位。"(第7136页)此事在"后见之明"的投影中成为仆固怀恩心怀贰心的证据，但也透露出河朔藩镇的形成过程中交杂的偶然因素。
② 关于平卢系藩镇的成立及与唐廷关系，参见李碧妍：《危机与重构：唐帝国及其地方诸侯》，第57~111页。
③ 《旧唐书》卷一四二《李宝臣传》，第3866页。
④ 这些跋扈现象按程度不同，大约可以分为三类：如李光弼晚年不奉朝命、不入朝；其次如韦皋专制西川二十一年，久于任；再则如张建封卒后，部下拥立其子张愔袭位。虽表现程度有参差，但本质上都是乱中地方坐大的结果。

建恪守父志，抵死不从，举家归阙。①

在安史之乱平定初年，藩镇体制仍分合未定，此时河朔藩镇同样尚待定型，无论是其内部的结构及与唐廷的关系，尚未发展出独特的地域性。② 正如陆贽所言："往岁为天下所患，咸谓除之则可致升平者，李正己、李宝臣、梁崇义、田悦是也。往岁为国家所信，咸谓任之则可除祸乱者，朱滔、李希烈是也。既而正己死，李纳继之；宝臣死，惟岳继之；崇义卒，希烈叛；惟岳戮，朱滔携。然则往岁之所患者，四去其三矣，而患竟不衰；往岁之所信者，今则自叛矣，而又难保。"③乱平之后，各藩镇往往依据形势的变化选择不同的行为模式，时而"合纵"对抗唐廷，时而与唐廷"连横"，参与平叛。这种基于自利取向的结盟与反复，造成了这一时期藩镇叛顺无常的混沌面目，也是唐廷与藩镇之间不断相互试探、尚未形成稳定政治关系的表现。

经历了乱后怀柔与低烈度冲突交替的相对平静，战争中坐大的地方势力欲传位子孙的野心与意欲重致一统的唐廷，因各自追求不同的政治目标，无可避免地走向进一步的对立，进而爆发了多场激烈的战争，以"四王二帝"连兵，德宗仓皇出奔奉天为标志，唐廷与藩镇间矛盾达到了顶点。也正是长期的战争使双方都更加清楚地认识到各自的力量边界，最终导向了利用一系列不成文的政治惯例与默契来重新界定唐廷与藩镇间的关系，形成了所谓"河朔故事"。④ 这一政治默契的有效运作，使得

---

① 《旧唐书》卷一二四《令狐彰传》，第3529~3530页。

② 某种意义上而言，河朔三镇的独特性，因元和中兴唐廷削平河南才真正得以凸显。河南当运河通路，因此成为唐廷亟须控制的对象，对其地投入了更多的精力。参见辻正博：《唐朝の對藩鎮政策について——河南"順地"化のプロセス》，《東洋史研究》46卷2号，第326~355页。而即使在宪宗一朝，唐廷对河北施加的压力仍有限，仅有两次成德之役。

③ 陆贽：《论关中事宜状》，《陆贽集》卷十一，第345~347页。

④ 《唐大诏令集》卷六四《赐李纳王武俊田悦等铁券文》云，"功书鼎彝，名藏王府。子孙代代，为国勋臣。河山带砺，传祚无绝"，承认了河朔藩镇世袭的特权，构成了河朔故事的核心（第354页）。

唐廷与河朔藩镇之间产生了良性的互动。例如李德裕会昌伐叛期间，以禁军不出山东为条件，换取魏博、成德两镇出兵攻取邢、洺、磁三州，河朔藩镇攻拔三州后，如期将三州交还唐廷。若将此与代宗时田承嗣趁相卫内乱，攻取四州相比，不啻有天壤之别，反映出了"故事"的效力。随着河朔故事的形成，一方面唐廷默许河朔三镇半独立的地位，仅以官爵等羁縻之①，构成了一种礼仪性的君臣关系；另一方面则促使唐廷与河朔藩镇的关系从对抗转向共生，间接导致了河朔藩镇前后期的变化，对中晚唐历史的走向影响深远。

中晚唐史料数量并不算少，但由于欠系统记载，而且在具体的政治运作中，"惯例"取代"制度"发挥着更加重要却又隐而不彰的作用，使我们对当时政治结构及运行的观察尚缺乏整体性。从大量的具体政治行为与文本中发现潜藏着的"默契"，勾勒"默契"形成中的博弈及定型后对唐廷与藩镇双方行动的制约，是本书试图达成的重要目标。

既往的研究大体仍将中晚唐置于一个伟大王朝的余晖下来呈现其缓慢而又无可挽回的衰落过程，藩镇坐大这一触目的现实似乎也映照出唐廷权力下降这一无可置辩的事实，但需要分梳的是"朝廷"与"皇权"是否能完全等量齐观。之前学者的研究已揭示了中晚唐皇权运作中某些鲜明的特征，如以翰林学士与内廷宦官为代表的皇帝侧近群体政治地位的崛起，并日渐演化成制度性的权力。② 较之于唐前期三省六部的整齐划一，中晚唐名目繁多的使职出现实际上增加了皇帝运转权力的自由度③，叶

① 《资治通鉴》卷二二三："朝廷专事姑息，不能复制，虽名藩臣，羁縻而已。"但唐廷较为成功地阻止了仅能"羁縻"藩镇的增加（第7175页）。

② 这方面以翰林学士与内廷枢密使的制度化为典型，参见毛蕾：《唐代翰林学士》，第60～116页；李全德：《唐宋变革期枢密院研究》，北京，国家图书馆出版社，2009年，第41～111页。

③ 刘后滨：《唐代中书门下体制研究》，济南，齐鲁书社，2004年，第207～221页。

炜近年来对制度实际运作过程的一系列研究，也支持了这样的判断。① 正是由于中晚唐朝廷面临着更多的内外挑战、更繁剧的各类事务，产生了更有效率地获取信息、运转皇权的需求，因此在前期制度化、程式化的政务运作形式遭破坏的同时，皇帝与大臣小范围或个别的沟通变得普遍。某种意义上而言，应对中央权力衰落的各项举措反而刺激了皇帝个人权力的强化。

而对于"皇权"这一概念，我们或可尝试进一步将其分解为"权力"与"权威"两个不同的层面。② 传统制度史研究，无论是对具体职官起源、功能、作用的静态解剖，还是对制度实际运作过程的复原，所关注者多集中在"权力"这一维度，即分析权力的制度化及如何有效运作。因此，既往对唐廷与藩镇关系的论述，大体上仍基于对双方实力消长的分析，而对政治权威在其中的作用着墨无几。

本书第四章以德政碑的颁授为例，探讨了唐廷与藩镇如何借助政治景观的建造来界定、调整双方的关系。作为政治景观的石碑、礼制建筑等，无论其物质形态如何，都是作为政治权威的承载物而发挥作用。事实上，除了视觉可见的象征物，抽象的政治符号也能发挥类似的功用。我们暂且将视线从熟悉的那些藩镇中移开，观察一下与唐廷纯粹只有羁縻关系的敦煌归义军，可以留意到唐廷授予的检校官职也是归义军历任节帅汲汲以求的对象，因此敦煌文书中提及的"检校尚书""检校司空""检校司徒"这类头衔便成为千余年后学者为之编年的重

---

① 叶炜：《唐代"批答"述论——以地方官所获"批答"为中心》，载《北京大学学报》2010年第2期，第87~95页；叶炜：《信息与权力：从〈陆宣公奏议〉看唐后期皇帝、宰相与翰林学士的政治角色》，载《中国史研究》2014年第1期，第49~67页；叶炜：《唐代集议述论》，见王晴佳、李隆国编：《断裂与转型：帝国之后的欧亚历史与史学》，上海，上海古籍出版社，2017年，第166~190页；叶炜：《论唐代皇帝与高级官员政务沟通方式的制度性调整》，见《唐宋历史评论》第3辑，北京，社会科学文献出版社，2017年，第49~72页。

② 陆扬《清流文化与唐帝国》序言中已谈及作为个人的皇帝与作为一种制度的皇帝间的区分，并指出制度化的皇帝权威的巨大象征意义和积极作用，是唐后期政治局面得以维持的秘诀之一（第6~7页）。

要线索。① 而阅读河朔藩帅的碑志，这类之前认为不过是虚衔检校官的授予，也是志文中着意铺陈的一面，巨细靡遗。何弘敬去世前甚至以"吾不为生太尉也必矣"为憾事②，可见其并非徒具缘饰，而有实际的政治功能。③ 由此我们再来重读表面看起来意思相反的两段记载：

> 自用兵以来，河北三镇每遣使者至京师，李德裕常面谕之曰："河朔兵力虽强，不能自立，须借朝廷官爵威命以安军情。归语汝使：与其使大将邀宣慰敕使以求官爵，何如自奋忠义，立功立事，结知明主，使恩出朝廷，不亦荣乎！"④

> 五年正月，幽州军乱，逐其帅李载义。文宗以载义输忠于国，遽闻失帅，骇然，急召宰臣谓之曰："范阳之变奈何？"（牛）僧孺对曰："此不足烦圣虑。且范阳得失，不系国家休戚，自安、史已来，翻覆如此。前时刘总以土地归国，朝廷耗费百万，终不得范阳尺帛斗粟入于天府，寻复为梗。至今志诚亦由前载义也，但因而抚之，俾扞奚、契丹不令入寇，朝廷所赖也。假以节旄，必自陈力，不足以逆顺治之。"⑤

一般认为对藩镇的不同态度，是牛李两党的重要分野，引文中李德裕、

---

① 如张淮深求取朝廷节钺、检校官不成，则在归义军内部自称御史大夫、户部尚书、河西节度使等官衔，以强化其统治的合法。参见荣新江：《归义军史研究——唐宋时期敦煌历史考索》，第60～62、78～88页。
② 《唐代墓志汇编续集》咸通032，第1059页。何弘敬对太尉一职的企羡，反映出他谙悉唐廷制度，比读李德裕《让太尉第二表》，可知其中关窍，"伏见国初已来，授此官惟有七人，尚父子仪，犹以恳辞而免。近者智兴、载义，皆超拜太傅太保。只缘朝廷重惜此官，裴度守司徒十年。竟不迁授，以臣僭越，必致颠挤"（《李德裕文集校笺》，第354页）。学者之前对何弘敬墓志的讨论，多注意其族属婚姻，强调出身粟特的一面，但对志文所透露汉化的一面则措意较少，而此条大约可以算作无意识留存的史料，而非墓志刻意塑造的形象，值得重视。
③ 王永兴较早就注意到方镇节帅带检校官在唐后期成为惯例，但对这一现象的功能未做解说（《关于唐代后期方镇官制新史料考释》，见《陈门问学丛稿》，第395～400页）。
④ 《资治通鉴》卷二四八，第8010页。
⑤ 《旧唐书》卷一七二《牛僧孺传》，第4471页。另参《旧唐书》卷一八〇《杨志诚传》，第4675页。

牛僧孺的立场虽截然相反，一主控驭，一主姑息，但政见对立的两人都意识到了朝廷官爵对河朔藩镇的重要性。① 牛僧孺"假以节旄，必自陈力"的实质是李德裕"河朔兵力虽强，不能自立，须借朝廷官爵威命以安军情"的翻版，至于李德裕提及"使大将邀宣慰敕使以求官爵"，节帅通过贿赂中使求取的便是检校官之类的头衔。另一个更有意思的案例则与牛僧孺执政时逐李载义而据幽州的杨志诚有关：

> 七年，转检校吏部尚书。诏下，进奏官徐迪诣中书白宰相曰："军中不识朝廷体位，只知自尚书改仆射为迁，何知工部转吏部为美？且军士盛饰以待新恩，一旦复为尚书，军中必惭。今中使往彼，其势恐不得出。"及使至，其傔奔还，奏曰："杨志诚怒不得仆射，三军亦有怨言。春衣使魏宝义、兼他使焦奉鸾尹士恭，并为志诚縶留矣。"志诚遣将王文颖谢恩，并让官，复赐官告批答，文颖不受而归。朝廷纳裴度言，务以含垢，下诏谕之，因再遣使加尚书右仆射。②

较之于李载义的恭顺，杨志诚则以跋扈闻名，据说曾"造衮龙衣二副及被服鞍辔，皆绣饰鸾凤日月之形，或为王字"③。即使这样一位骄横的节帅，仍需借唐廷的检校官衔强化其统治的合法性，只是手段从乞请变成强索。所谓"军中不识朝廷体位，只知自尚书改仆射为迁，何知工部转吏部为美"，可知官爵虽授于节帅，但作为"名号"，真正的作用在于让普通军士闻知，并理解其象征意义，因此"工部转吏部"便不及"尚书改仆射"来得显豁明了。而"盛饰以待新恩"云云，则暗示每一次中使到来，宣敕新加检校官的场合，都会成为节帅借机宣示其政治权威的舞台。

这一类现象的出现不但反映出政治权威如何落实到王朝日常统治的层面，也提示我们再次思考唐廷与河朔藩镇"羁縻"关系的实质及变化，

---

① 张国刚较早注意到河朔藩镇游离性与依附性并存的特点（《唐代藩镇研究》，第48～50页）。

② 《旧唐书》卷一八〇《杨志诚传》，第4675页。

③ 《旧唐书》卷一八〇《杨志诚传》，第4676页。

以下以幽州节度使张仲武为例略作剖析。

> 初，陈行泰逐史元忠，遣监军傔以军中大将表来求节钺。李德
> 裕曰："河朔事势，臣所熟谙。比来朝廷遣使赐诏常太速，故军情遂
> 固。若置之数月不问，必自生变。今请留监军傔，勿遣使以观之。"
> 既而军中果杀行泰，立张绛，复求节钺，朝廷亦不问。会雄武军使
> 张仲武起兵击绛，且遣军吏吴仲舒奉表诣京师，称绛惨虐，请以本
> 军讨之……德裕奏："行泰、绛皆使大将上表，胁朝廷，邀节钺，故
> 不可与。今仲武先自表请发兵为朝廷讨乱，与之则似有名。"乃以仲
> 武知卢龙留后。仲武寻克幽州。①

张仲武得位遵循了藩镇内部自行推举节帅并报朝廷认可的"河朔故事"，
也与本书第五、六章所论相符，暂以亲王遥领作为过渡，"乃授兵马留
后，诏抚王纮遥领节度"②。值得注意的是在恪守河朔故事的大前提下，
唐廷借助对节钺授予时间的选择，成功地强化了在幽州的政治权威。陈
行泰、张绛先后自立为留后期间，皆循成例，通过监军上奏，请求唐廷
认可。李德裕则一反常态，主张以拖待变，观察形势，并且拒绝派遣中
使前往幽州宣慰。③ 比对第六章中论及王协所云"严奉监军，厚遗敕使，
四境勿出兵，城中暗为备而已"的宝历年样，可知作为皇帝侧近群体的宦
官提供的信息是藩镇节帅更迭过程中朝廷决策的重要依据。④ 未派遣中

---

①　《资治通鉴》卷二四六，第7955～7956页。

②　《旧唐书》卷一八〇《张仲武传》，第4677页。

③　李德裕对幽州事的处置，或有故意反牛僧孺之道而行之的用意。平定刘稹
时，他曾特别抉出李载义、杨志诚两人作为对比，"李载义在幽州，为国家尽忠平沧
景，及为军中所逐，不失作节度使，后镇太原，位至宰相。杨志诚遣大将遮敕使马
求官，及为军中所逐，朝廷竟不赦其罪"，告诫河朔藩镇恭顺朝命，而杨志诚便是因
牛僧孺的姑息而得掌幽州（《资治通鉴》卷二四八，第8010页）。

④　对于宦官尤其是监军在唐廷与藩镇间的作用，之前学者研究已有涉及，参
见矢野主税：《唐末監軍使制について》，長崎大学学芸学部《社會科學論叢》第7期，
第17～25页；张国刚：《唐代藩镇宦官监军制度》，见《唐代藩镇研究》，第102～120
页。近年来随着出土墓志资料的增加，这一问题仍有较大拓展余地，本书各章也有
零星涉及，笔者将另撰文讨论。

使前往范阳，虽使中央无法获得藩镇内部的情报，不过唐廷流露的暧昧态度足以使陈行泰很快被新的政变推翻。此时觊觎节帅之位的雄武军使张仲武派遣吴仲舒前往长安，报告幽州内部的形势，使武宗君臣得悉"行泰、绛皆游客，故人心不附"，"张绛初处置陈行泰之时，已曾唤仲武，欲让与留务，只是衙门内一二百人未肯"等重要讯息①，而张仲武在取得朝廷的支持后，起兵讨伐张绛成功，成为新的幽州节度使。

李德裕会昌伐叛之初强调"先是河朔诸镇有自立者，朝廷必先有吊祭使，次册赠使、宣慰使继往商度军情。必不可与节，则别除一官；俟军中不听出，然后始用兵。故常及半岁，军中得缮完为备"②，主张迅速用兵，不给刘稹以喘息之机，而稍前在处置幽州军乱时，又主张持重待变。手法表面看起来一快一慢，实际上都反映出李德裕对既往唐廷处理类似问题所形成惯例的反思，一方面打破常规，不再让宦官垄断情报来源，上下其手，以外朝主导其事③，同时也让藩镇总结的"宝历年样"无用武之地。其实，李德裕的政敌牛僧孺也注意到了朝廷官爵对于藩镇的价值，不同的是李德裕大胆地抓住了这一政治机遇，通过一系列的折冲尊俎，

---

① 《资治通鉴》卷二四六，第 7956 页；李德裕：《论幽州事宜状》，见《李德裕文集校笺》，第 322 页。

② 《资治通鉴》卷二四七，第 7984 页

③ 以中使伺察藩镇动向，辅助朝廷决策的传统至少可以追溯到德宗时："贞元中，每帅守物故，必先命中使侦伺其军动息，其副贰大将中有物望者，必厚赂近臣以求见用，帝必随其称美而命之。"（《旧唐书》卷一四七《杜黄裳传》，第 3974 页）更早则仍以朝廷大臣充使，如李涵大历三年"以幽州之乱，充河朔宣慰使"（《旧唐书》卷一二六《李涵传》，第 3561 页）。这一传统的形成也为藩镇通过贿赂中使、影响决策提供了机会，王协"宝历年样"绝非昭义镇独得之秘，而是在各个藩镇得到普遍奉行。李德裕"河朔兵力虽强，不能自立"的评论虽已被学者广泛引用，但之后"与其使大将邀宣慰敕使以求官爵，何如自奋忠义，立功立事，结知明主，使恩出朝廷，不亦荣乎"所体现的宦官在唐廷与藩镇沟通中的关键作用，尚有待发覆。李德裕在会昌主政期间，深受武宗信任，独揽大权，使之有机会绕开宦官，打破成例，按照自己的设想处置藩镇事务。即便如此，宦官在其中的作用仍不容忽视，似先义逸墓志云："张司空仲武初领幽州，公往授节。虽张公之志励诚顺，其位极公台，道光史册。存则灭北房，破东胡，殁能使其子归阙，亦由公之善诱也。"（《全唐文补遗》第 7 辑，第 126 页）

成功地使礼仪性的政治权威在某种程度上转化成实际的政治权力，"遂于首乱之邦，先有纳忠之帅"①，强化了唐廷对幽州的控制。在见识了李德裕的手腕之后，张仲武终其一生皆以恭谨闻名，并在抵御回鹘一事上与唐廷通力合作。

古人就已注意到在晚唐，既往跋扈的河朔藩镇转而对朝廷恭顺有加，"自张仲武、王元逵、何敬弘归命以来，皆有效顺之成劳，无抗衡之异志"②，甚至在黄巢乱后犹存遗意，"及广明之后，关东无复唐有，方镇相侵伐者，犹以王室为名"③。这一变化当然不能简单地归因于节帅个人的取向，而是折射出唐廷政治权威发挥的作用。或许可以说李德裕在会昌年间的成功，关键在于他敏锐地觉察并把握了中央赋予的政治权威对藩镇节帅正变得愈加重要的历史趋向，这一变化的出现则与本书第六章讨论"骄兵化"所造成藩镇形态的改变有关。正如上文所述，骄兵挟持甚至变易主帅的现象在安史乱后便已出现④，学者也已指出军队的地方化以及因此而产生的地方军人集团的形成是骄兵产生及难以根除的原因。⑤但需要进一步申论的是，在藩镇的权力结构中，骄兵为何最终能凌驾于节帅及军将群体之上，不受约束，兴风作浪。至少直到元和末，军将阶层仍被视为河朔藩镇的主导力量。

> 仍籍军中宿将尽荐于阙下，因望朝廷升奖，使幽蓟之人皆有希羡爵禄之意。及疏上，穆宗且欲速得范阳，宰臣崔植、杜元颖又不为久大经略，但欲重（张）弘靖所授，而未能省其使局，惟瀛、漠两

---

① 李商隐：《太尉卫公会昌一品集序》，见《李商隐文编年校注》，第1634页。
② 王夫之：《读通鉴论》卷二七，第826页。
③ 尹源：《唐说》，《宋文鉴》卷一〇五，第1485页。
④ 如《旧唐书》卷一四〇《刘辟传》："臣不敢反，五院子弟为恶，臣不能制。"（第3828页）按方镇骄兵现象，自古以来注意者甚多，如赵翼《廿二史札记》中便枚举多例（第431页）。骄兵作为中晚唐藩镇中的一种结构化存在，除了描述其现象、探究其成因外，更重要的是如何解明这一结构，并探究其功能。
⑤ 孟彦弘：《论唐代军队的地方化》，见《中国社会科学院历史研究所学刊》第1集，第287～291页。

州许置观察使，其他郡县悉命弘靖统之。时（刘）总所荐将校，又俱在京师旅舍中，久而不问。如朱克融辈，仅至假衣丐食，日诣中书求官，不胜其困。及除弘靖，又命悉还本军。克融辈虽得复归，皆深怀觖望，其后果为叛乱。①

刘总归朝前，先将幽州悍将朱克融等送入长安，以绝后患。可见在谙于河北形势的刘总心中，军将阶层才是动乱的源头，一旦去其根本，则太平可致。而成德王承元归阙前，同样先召集诸将晓谕祸福，"牙将李寂等十数人固留承元，斩寂等，军中始定"②，亦可证明军将群体在藩镇中举足轻重的地位。结合本书第五、六章对田氏魏博、刘氏昭义权力构造的分析可知，河朔三镇乃至藩镇整体在前期都具有相当的同构性，由节帅及军将阶层主导。但到了唐后期，藩镇的面貌发生了明显的转变，经历普遍的"骄兵化"之后，前期藩镇节帅与军将阶层密切结合，积极进取乃至挑战唐廷权威的局面已不复存在，节帅转而受藩镇内部骄兵的掣肘，节帅渐渐变为维护骄兵利益、填充欲壑的代理人，举动稍不称其意，便遭逐杀，于是如本书第七章所论，唐廷的政治权威对于维系节帅统治的意义反而被放大。骄兵作为在中晚唐历史上被反复提及但面貌模糊的群体，其行动逻辑为何，以下以唐末西川突将变乱事件为例再略作分梳：

夏，四月，突将作乱，大噪突入府廷；（高）骈走匿于厕间，突将索之，不获。天平都将张杰帅所部数百人被甲入府击突将，突将撤牙前仪注兵仗，无者奋梃挥拳，乘怒气力斗，天平军不能敌，走归营。突将追之，营门闭，不得入。监军使人招谕，许以复职名禀给，久之，乃肯还营。天平军复开门出，为追逐之势；至城北，时方修毬场，役者数百人，天平军悉取其首，还，诣府，云"已诛乱者"。骈出见之，厚以金帛赏之。明日，牓谢突将，悉还其职名、衣

---

① 《旧唐书》卷一四三《刘总传》，第3903页。
② 《旧唐书》卷一四二《王承元传》，第3883～3884页。

粮。自是日令诸道将士从己来者更直府中，严兵自卫……辛未，高
骈阴籍突将之名，使人夜掩捕之，围其家，挑墙坏户而入，老幼孕
病，悉驱去杀之，婴儿或扑于阶，或击于柱，流血成渠，号哭震天，
死者数千人，夜，以车载尸投之于江。①

这一事件本身不过是中晚唐林林总总骄兵驱逐主帅闹剧中的普通一出，
并无特殊之处。但值得关注的是，在高骈与突将的冲突中，代表皇帝权
威的监军使调和其中，成为动乱平息的关键人物。同样我们也可以留意
到，突将尽管颇具战斗力，击溃了高骈从郓州带来的亲随，几近政变成
功，但作为一个缺乏明确政治目标的自利群体，以保守自己的既得利益为
目的，其行动完全是逐利性的，无序而短视。加之士兵们出身低微，政变
时必须要在军将阶层中找到合作者作为代言人，无法真正站到政治前台，
因此一旦"许以复职名禀给"，便偃旗息鼓，最终被高骈反噬，惨遭屠戮。

　　如果我们将政治人物假定为"理性人"，则可注意到骄兵作为群氓，其
行动逻辑受理性制约较少，往往受短期利益或好恶驱使，小小的不快甚至
流言都能成为引发骚乱的导火索。事实上，被史籍记载的大都已是升级为
动乱的重要事件，可以想见未造成严重后果的骚动发生的频次更高，进而
形成骄兵频繁而无序地制造骚乱，一旦满足其诉求，又迅速绥服直至下一
次爆发的循环。中晚唐由骄兵越来越频繁制造的"经济性骚乱"作为附生藩
镇身上的结构性存在，不但规训了节帅们的行为②，也如同一个个旋涡，
驱迫藩镇转向内在，使之不再具有向外扩张的动力与能力。如本书第七章
所论，河朔藩镇尽管仍维持了表面上的强大，但至五代乱世则完全失去争
雄天下的能力，只是这一历史变化的线索之前被大量藩镇骚动的琐碎记载
所掩盖，未为史家注意。

---

　　①　《资治通鉴》卷二五二，第 8178～8180 页。
　　②　此处"规训"一词系指频繁爆发的经济性骚乱使得节帅无论原来出身、行事
风格如何，受制于时代背景及普遍的社会心理，一旦出掌藩镇，大都不由自主地转
而通过赎买手段笼络骄兵，维系节帅之位，表现出相似的行动逻辑。

唐廷与藩镇作为中晚唐历史上的主角，双方间的博弈与制衡构成了一个稳定存在的结构。如果说唐廷在缓慢地走向衰落，中央权力最终因黄巢起兵而土崩瓦解，那么作为对手的藩镇事实上也经历了同样甚至更快的衰落过程。受困于镇内骄兵的河朔藩镇根本无力外顾，主导五代历史的是朱温、李克用这样的新军阀，这些在黄巢乱后废墟上建立的藩镇，成为后来五代十国各政权乃至北宋立国的基础。观察这些新藩镇的构造，大体通过主帅与军将阶层之间的密切结合①，运转高效，驱策麾下士兵作战，不再受到骄兵的困扰，可以放手争雄天下。某种意义上而言，这是安史之乱后田承嗣、李希烈这些枭雄故事的重演②，开启了新的藩镇生命周期。在中央失驭的同时，以河朔三镇为代表的旧藩镇也已夕阳西下，趁势而起的新藩镇填补了其中的空隙，而当唐廷的政治权威瓦解后③，一个真正的群雄逐鹿的时代浮出了水面。

唐宋变革论作为一种统摄性的解释框架，映照出了唐与宋之间巨大变化的同时，又如黑洞一般，诱使学者自觉或不自觉地将纷繁复杂的历史过程抽绎成直线发展的线索，纳入其中。④ 对于这样的宏大叙事，我们在承认其价值的同时，亦需保持警惕，至少尝试观察历史演进中的不同节奏。⑤

---

① "义父子"这样的拟制血缘关系便成为这一时期常见的节帅与军将的结合方式。

② 因此堀敏一认为唐和五代之间藩镇亲卫军的结构有很大的变化，其实是忽略了中唐至晚唐，牙军从主帅的私兵变为自利的骄兵这一过程（《藩镇亲卫军的权力结构》，《日本学者研究中国史论著选译》第4卷，第585~648页）。

③ 唐王朝中央权力的瓦解也包括了不再具备进行实际统治的能力与政治权威的消失两个层面，唐廷对地方的控制公认在黄巢乱后便已无力维系，但政治权威仍延续了一段时间，因此形成了前引尹源《唐说》观察到的那种现象，"广明之后，关东无复唐有，方镇相侵伐者，犹以王室为名"。

④ 包弼德《唐宋转型之反思——以思想的变化为主》一文批评了唐宋变革论框架中蕴含的历史目的论色彩（《斯文：唐宋思想的转型》附录，第524~533页）。正是这种目的论，才使唐宋变革论变成了一种试图统摄各种变化的解释模型。

⑤ 柳立言曾指出，即使承认唐宋变革，政治、社会、经济、军事、思想乃至法律都可以有各自不同的变革期（《何谓"唐宋变革"》，见《宋代的家庭和法律》，第19~20页）。

以本书所讨论的课题而言，五德终始说影响的衰落与"忠"的观念的变迁，大约能较好地契入唐宋变革论的框架之中，但变化的消息仍不是一律的。包括河朔三镇在内的旧藩镇则与唐王朝一起走完自己的"生命周期"。唐末动乱所引发新藩镇的崛起，并不是对之前藩镇体制的简单继承或再编①，两者之间存在着断裂，一个新的时代揭开了帷幕。

<hr>

① 唐末五代新藩镇由节帅及军将阶层主导的模式，与中唐藩镇的结构有类似之处，但这并不是简单的历史重演。作为五代十国各政权基础的新藩镇，承唐末动乱而起，节帅、军将多出于底层，背后反映出的社会阶层变动远大于安史之乱后。但在文化上亦不无延续性的一面，如前蜀王建、吴越钱镠分别起自群盗，至其子孙则摇身一变，成为右文之主，吴越钱氏甚至成为中国历史后期延绵不绝的文人家族之一。这一"由武入文"的迅速转变或许与唐末士大夫文化及河朔藩镇的文质化有关。总之，唐末五代这些新旧交织的面向，尚有待进一步研究的揭示。

参考文献

一、史料

《史记》，北京，中华书局，点校修订本，2014 年。

《汉书》，北京，中华书局，1962 年。

《后汉书》，北京，中华书局，1965 年。

《宋书》，北京，中华书局，1974 年。

《梁书》，北京，中华书局，1973 年。

《魏书》，北京，中华书局，1974 年。

《周书》，北京，中华书局，1971 年。

《隋书》，北京，中华书局，1973 年。

《南史》，北京，中华书局，1975 年。

《北史》，北京，中华书局，1974 年。

《旧唐书》，北京，中华书局，1975 年。

《新唐书》，北京，中华书局，1975 年。

《旧五代史》，北京，中华书局，点校修订本，2016 年。

《新五代史》，北京，中华书局，点校修订本，2016 年。

《资治通鉴》，北京，中华书局，1956 年。

《续资治通鉴长编》，北京，中华书局，1979 年。

《建炎以来系年要录》，北京，中华书局，1988 年。

《通典》，北京，中华书局，1988 年。

《唐六典》，北京，中华书局，1992 年。

《唐会要》，上海，上海古籍出版社，2006 年。

《五代会要》，上海，上海古籍出版社，1978 年。

《宋会要辑稿·崇儒》，开封，河南大学出版社，2001 年。

《唐大诏令集》，北京，中华书局，2008 年。

刘俊文笺解：《唐律疏议笺解》，北京，中华书局，1996 年。

《天一阁藏明钞本天圣令校证（附唐令复原研究）》，北京，中华书局，2006 年。

《册府元龟》，北京，中华书局，1960 年。

《宋本册府元龟》，北京，中华书局，1989 年。

《太平御览》，北京，中华书局，1966 年。

《太平广记》，北京，中华书局，1961 年。

张国风会校：《太平广记会校》，北京，北京燕山出版社，2011 年。

林宝撰，岑仲勉校记，郁贤皓、陶敏整理：《元和姓纂（附四校记）》，北京，中华书局，1994 年。

刘知幾撰，浦起龙通释：《史通通释》，上海，上海古籍出版社，1978 年。

李吉甫撰，贺次君点校：《元和郡县图志》，北京，中华书局，1983 年。

莫休符：《桂林风土记》，明谢氏小草斋钞本。

王象之撰，李勇先校点：《舆地纪胜》，成都，四川大学出版社，2005 年。

顾祖禹撰，贺次君、施和金点校：《读史方舆纪要》，北京，中华书局，2005 年。

《大名府志》，《天一阁藏明代方志选刊》第 3 册，上海，上海古籍书店，1981 年。

洪家禄等：《大名县志》，《中国方志丛书》165 册，台北，成文出版社，1968 年。

永瑢编：《四库全书总目》，北京，中华书局，1965 年。

余嘉锡：《四库提要辨证》，北京，中华书局，2007 年。

沈炳震撰，丁小鹤补正：《唐书合钞》，北京，书目文献出版社，1992年。

顾炎武著，黄汝成集释：《日知录集释》，上海，上海古籍出版社，2006年。

赵翼著，王树民校证：《廿二史札记校证》，北京，中华书局，2013年。

赵翼：《陔余丛考》，石家庄，河北人民出版社，1990年。

王夫之：《读通鉴论》，北京，中华书局，1975年。

邓之诚：《骨董琐记全编》，北京，北京出版社，1996年。

永田英正编：《汉代石刻集成》，京都，同朋舍，1994年。

欧阳修：《集古录跋尾》，北京，人民美术出版社，2010年。

赵明诚撰，金文明校证：《金石录校证》，桂林，广西师范大学出版社，2005年。

陈思：《宝刻丛编》，丛书集成初编，北京，中华书局，1985年。

佚名：《宝刻类编》，丛书集成初编，北京，中华书局，1985年。

王昶：《金石萃编》，西安，陕西人民美术出版社，1990年。

樊彬：《畿辅碑目》，《石刻史料新编》第2辑第20册，台北，新文丰出版公司，1979年。

毕沅：《关中金石记》，《石刻史料新编》第2辑第14册，台北，新文丰出版公司，1979年。

吴式芬：《金石汇目分编》，《石刻史料新编》第1辑第27册，台北，新文丰出版公司，1982年第2版。

叶昌炽撰，柯昌泗评：《语石 语石异同评》，北京，中华书局，1994年。

河南省文物研究所、河南省洛阳地区文管处编：《千唐志斋藏志》，北京，文物出版社，1984年。

北京图书馆金石组、中国佛教图书文物馆石经组编：《房山石经题记汇编》，北京，书目文献出版社，1987年。

洛阳市文物工作队编：《洛阳出土历代墓志辑绳》，北京，中国社会科学出版社，1991年。

周绍良主编：《唐代墓志汇编》，上海，上海古籍出版社，1992年。

周绍良、赵超主编：《唐代墓志汇编续集》，上海，上海古籍出版社，2001年。

石永士等编：《河北金石辑录》，石家庄，河北人民出版社，1993年。

张沛编著：《昭陵碑石》，西安，三秦出版社，1993年。

李百勤编：《河东出土墓志录》，太原，山西人民出版社，1994年。

黄明兰、朱亮编著：《洛阳名碑集释》，北京，朝华出版社，2003年。

中国文物研究所、北京石刻艺术博物馆编：《新中国出土墓志·北京壹》，北京，文物出版社，2003年。

邓文华编著：《景州金石》，北京，中国文史出版社，2004年。

赵力光主编：《西安碑林博物馆新藏墓志汇编》，北京，线装书局，2007年。

北京市通州区博物馆编：《记忆——石刻篇之一》，北京，北京出版社，2010年。

故宫博物院编：《故宫博物院藏历代墓志汇编》，北京，紫禁城出版社，2010年。

赵君平、赵文成编：《秦晋豫新出墓志蒐佚》，北京，国家图书馆出版社，2011年。

贾振林编著：《文化安丰》，郑州，大象出版社，2011年。

西安市长安博物馆编：《长安新出墓志》，北京，文物出版社，2011年。

齐运通编：《洛阳新获七朝墓志》，北京，中华书局，2012年。

胡戟、荣新江主编：《大唐西市博物馆藏墓志》，北京，北京大学出版社，2012年。

王兴、李亚编：《邯郸运河碑刻》，石家庄，河北美术出版社，2012年。

毛阳光、余扶危主编：《洛阳流散唐代墓志汇编》，北京，国家图书馆出版社，2013年。

《山东石刻分类全集》编辑委员会编著：《山东石刻分类全集》第5卷《历

代墓志》，青岛，青岛出版社；济南，山东文化音像出版社，2013年。

李家骏编：《西安交通大学博物馆藏品集锦·碑石书法卷》，西安，陕西人民美术出版社，2013年。

陕西省考古研究院、陕西省铜川市药王山管理局编：《陕西药王山碑刻艺术总集》，上海，上海辞书出版社，2013年。

赵力光主编：《西安碑林博物馆新藏墓志续编》，西安，陕西师范大学出版社，2014年。

任乃宏编著：《邯郸地区隋唐五代碑刻校录》，北京，中国文联出版社，2014年。

赵文成、赵君平编：《秦晋豫新出墓志蒐佚续编》，北京，国家图书馆出版社，2015年。

李明、刘呆运、李举纲编：《长安高阳原新出土隋唐墓志》，北京，文物出版社，2016年。

陕西历史博物馆编：《风引葳歌：陕西历史博物馆藏墓志萃编》，西安，陕西师范大学出版社，2017年。

齐运通编：《洛阳新获墓志二〇一五》，北京，中华书局，2017年。

周阿根辑校：《五代墓志汇考》，合肥，黄山书社，2012年。

孙诒让：《墨子间诂》，北京，中华书局，2001年。

刘勰撰，詹锳义证：《文心雕龙义证》，上海，上海古籍出版社，1989年。

王通撰，张沛校注：《中说校注》，北京，中华书局，2013年。

慧立、彦悰：《大慈恩寺三藏法师传》，北京，中华书局，2000年。

圆仁撰，白化文等修订校注：《入唐求法巡礼行记校注》，石家庄，花山文艺出版社，1992年。

瞿昙悉达：《开元占经》，北京，中国书店，1989年。

余嘉锡：《世说新语笺疏》，上海，上海古籍出版社，1993年。

张鷟：《朝野佥载》，北京，中华书局，1979年。

姚汝能：《安禄山事迹》，北京，中华书局，2006年。

封演撰，赵贞信校注：《封氏闻见记校注》，北京，中华书局，2005 年。

范摅撰，唐雯校笺：《云溪友议校笺》，北京，中华书局，2017 年。

韦绚：《刘宾客嘉话录》，陶敏主编：《全唐五代笔记》第 2 册，西安，三秦出版社，2012 年。

段成式撰，许逸民校笺：《酉阳杂俎校笺》，北京，中华书局，2015 年。

李绰：《尚书故实》，《唐五代笔记小说大观》，上海，上海古籍出版社，2000 年。

夏婧辑考：《新辑玉泉子》，《奉天录（外三种）》，北京，中华书局，2014 年。

裴庭裕：《东观奏记》，北京，中华书局，1994 年。

李冗：《独异志》，北京，中华书局，1983 年。

郑綮：《开天传信记》，《教坊记（外三种）》，北京，中华书局，2012 年。

李涪：《刊误》，《苏氏演义（外三种）》，北京，中华书局，2012 年。

王定保：《唐摭言》，西安，三秦出版社，2011 年。

王仁裕：《开元天宝遗事》，北京，中华书局，2006 年。

孙光宪：《北梦琐言》，北京，中书书局，2002 年。

钱俨：《吴越备史》，傅璇琮等编：《五代史书汇编》，杭州，杭州出版社，2004 年。

王谠撰，周勋初校证：《唐语林校证》，北京，中华书局，2008 年。

方勺：《泊宅编》，北京，中华书局，1983 年。

庞元英：《文昌杂录》，《全宋笔记》第 2 编第 4 册，郑州，大象出版社，2006 年。

吕颐浩：《燕魏杂记》，丛书集成初编，上海，商务印书馆，1936 年。

王铚：《默记》，北京，中华书局，1981 年。

陆游：《老学庵笔记》，北京，中华书局，1979 年。

傅璇琮编：《唐才子传校笺》，北京，中华书局，1990 年。

杨炯撰，祝尚书笺注：《杨炯集笺注》，北京，中华书局，2016 年。

张说撰，熊飞校注：《张说集校注》，北京，中华书局，2013 年。

张九龄撰，熊飞校注：《张九龄集校注》，北京，中华书局，2008 年。

杜甫撰，谢思炜校注：《杜甫集校注》，上海，上海古籍出版社，2016 年。

高适撰，刘开扬笺注：《高适诗集编年笺注》，北京，中华书局，1981 年。

王维撰，陈铁民校注：《王维集校注》，北京，中华书局，1997 年。

颜真卿：《颜鲁公文集》，四部丛刊本。

韦应物撰，孙望校笺：《韦应物诗系年校笺》，北京，中华书局，2002 年。

陆贽撰，王素点校：《陆贽集》，北京，中华书局，2006 年。

权德舆撰，郭广伟校点：《权德舆诗文集》，上海，上海古籍出版社，2008 年。

王建撰，尹占华校注：《王建诗集校注》，成都，巴蜀书社，2006 年。

张籍撰，徐礼节、余恕诚校注：《张籍集系年校注》，北京，中华书局，2011 年。

元稹撰，周相录校注：《元稹集校注》，上海，上海古籍出版社，2011 年

白居易撰，谢思炜校注：《白居易文集校注》，北京，中华书局，2011 年。

韩愈撰，方世举编年笺注：《韩昌黎诗集编年笺注》，北京，中华书局，2012 年。

韩愈撰，刘真伦、岳珍校注：《韩愈文集汇校笺注》，北京，中华书局，2010 年。

柳宗元撰，尹占华、韩文奇校注：《柳宗元集校注》，北京，中华书局，2013 年。

刘禹锡撰，瞿蜕园笺证：《刘禹锡集笺证》，上海，上海古籍出版社，1989 年。

李翱：《李文公集》，四部丛刊本。

李德裕撰，傅璇琮、周建国校笺：《李德裕文集校笺》，石家庄，河北教育出版社，2000年。

李商隐撰，刘学锴、余恕诚校注：《李商隐文编年校注》，北京，中华书局，2002年。

李商隐撰，刘学锴、余恕诚集解：《李商隐诗歌集解》，北京，中华书局，2004年。

杜牧撰，吴在庆校注：《杜牧集系年校注》，北京，中华书局，2008年。

司空图撰，祖保泉、陶礼天笺校：《司空表圣诗文集笺校》，合肥，安徽大学出版社，2002年。

王禹偁：《小畜集》，四部丛刊本。

《文苑英华》，北京，中华书局，1966年。

姚铉编：《唐文粹》，四部丛刊本。

董诰等编：《全唐文》，北京，中华书局，1983年。

吴钢主编：《全唐文补遗》第3辑，西安，三秦出版社，1996年。

吴钢主编：《全唐文补遗》第4辑，西安，三秦出版社，1997年。

吴钢主编：《全唐文补遗》第6辑，西安，三秦出版社，1999年。

吴钢主编：《全唐文补遗》第7辑，西安，三秦出版社，2000年。

吴钢主编：《全唐文补遗》第8辑，西安，三秦出版社，2005年。

吴钢主编：《全唐文补遗（千唐志斋新藏专辑）》，西安，三秦出版社，2006年。

吴钢主编：《全唐文补遗》第9辑，西安，三秦出版社，2007年。

陈尚君辑校：《全唐文补编》，北京，中华书局，2005年。

吕祖谦编，齐治平点校：《宋文鉴》，北京，中华书局，1992年。

张彦远：《法书要录》，上海，上海书画出版社，1986年。

武亿：《授堂遗书》，北京，北京图书馆出版社，2007年。

张鉴等撰，黄爱平点校：《阮元年谱》，北京，中华书局，1995年。

二、近人研究论著

(一)中文、日文部分

包弼德著，刘宁译：《斯文：唐宋思想的转型》，南京，江苏人民出版社，2017年。

北京市文物研究所：《北京丰台唐史思明墓》，《文物》1991年第9期。

卞孝萱：《李益年谱稿》，《卞孝萱文集》第6册，南京，凤凰出版社，2010年。

岑仲勉：《通鉴隋唐纪比事质疑》，北京，中华书局，1964年。

陈侃理：《儒学、数术与政治：灾异的政治文化史》，北京，北京大学出版社，2015年。

陈磊：《唐长庆元年幽州的军变——从史料撰写的层面看》，《兴大历史学报》第25期，2012年。

陈弱水：《唐代文士与中国思想的转型》，桂林，广西师大出版社，2009年。

陈尚君：《贞石诠唐》，上海，复旦大学出版社，2016年。

陈雯怡：《从朝廷到地方——元代去思碑的盛行与应用场域的转移》，《台大历史学报》第54期，2014年。

陈雯怡：《从去思碑到言行录——元代士人的政绩颂扬、交游文化与身分形塑》，《历史语言研究所集刊》第86本第1分。

陈翔：《陈翔唐史研究文存》，新北，花木兰文化出版社，2013年。

陈学霖：《宋史论集》，台北，东大图书公司，1993年。

陈学霖：《金宋史论丛》，香港，中文大学出版社，2003年。

陈寅恪：《唐代政治史述论稿》，上海，上海古籍出版社，1997年。

陈寅恪：《金明馆丛稿初编》，北京，生活·读书·新知三联书店，2001年。

陈寅恪：《金明馆丛稿二编》，北京，生活·读书·新知三联书店，2001年。

陈寅恪：《读书札记一集》，北京，生活·读书·新知三联书店，2001年。

陈垣：《陈垣学术论文集》第2集，北京，中华书局，1982年。

陈志远：《晋宋之际的王权与僧权——以沙门不敬王者之争为中心》，《中国社会科学院历史研究所学刊》第10集，北京，商务印书馆，2017年。

陈遵妫：《中国天文学史》，上海，上海人民出版社，2006年。

成一农：《唐代的地缘政治结构》，李孝聪编：《唐代地域结构与运作空间》，上海，上海书店出版社，2003年。

成一农：《古代城市形态研究方法新探》，北京，社会科学文献出版社，2009年。

程章灿：《尤物：作为物质文化的中国古代石刻》，《学术研究》2013年第10期。

程章灿：《传统、礼仪与文本——秦始皇东巡刻石的文化史意义》，《文学遗产》2014年第2期。

程章灿：《景物：石刻作为空间景观与文本景观》，《古典文献研究》第17辑下卷，南京，凤凰出版社，2015年。

程章灿：《神物：汉末三国之石刻志异》，《南京大学学报》2017年第2期。

池田温：《唐研究论文选集》，北京，中国社会科学出版社，1999年。

崔瑞德编：《剑桥中国隋唐史》，北京，中国社会科学出版社，1990年。

大同市考古所：《山西大同西北郊五代墓发掘简报》，《文物》2016年第4期。

大沢正昭：《唐末·五代政治史研究への一視點》，《東洋史研究》31卷4号。

大沢正昭：《唐末の藩鎮と中央権力——徳宗、憲宗朝を中心として》，《東洋史研究》32卷2号。

大沢正昭：《唐末藩鎮の軍構成に関する一考察——地域差を手がかりとして》，《史林》58 卷 6 号。

邓小南：《朗润学史丛稿》，北京，中华书局，2010 年。

丁俊：《李林甫研究》，南京，凤凰出版社，2014 年。

丁永俊：《唐高瀚及夫人崔缜墓志考释》，《河洛春秋》2002 年第 2 期。

冻国栋：《中国中古经济与社会史论稿》，武汉，湖北教育出版社，2005 年。

冻国栋：《读〈大燕故魏府元城县尉卢府君（况）墓志序〉书后》，《魏晋南北朝隋唐史资料》第 26 辑，武汉大学文科学报编辑部，2010 年。

渡辺孝：《魏博と成德——河朔三鎮の権力構造についての再検討》，《東洋史研究》54 卷 2 号，1995 年。

杜希德著，黄宝华译：《唐代官修史籍考》，上海，上海古籍出版社，2010 年。

樊文礼：《唐末五代的代北集团》，北京，中国文联出版社，2000 年。

樊英民：《山东兖州的四件唐代碑志》，《唐研究》第 8 卷，北京，北京大学出版社，2002 年。

方积六：《论唐代河朔三镇的长期割据》，《中国史研究》1984 年第 1 期。

方积六：《唐代河朔三镇"胡化"说辨析》，《纪念陈寅恪教授国际学术讨论会文集》，广州，中山大学出版社，1989 年。

方积六：《唐及五代的魏博镇》，《魏晋南北朝隋唐史资料》第 11 辑，武汉，武汉大学出版社，1991 年。

房锐：《从王铎死因看晚唐藩镇之祸及落第士人的心态》，《天津大学学报》2002 年第 1 期。

冯汉骥：《前蜀王建墓发掘报告》，北京，文物出版社，2002 年。

冯金忠：《唐代河北藩镇研究》，北京，科学出版社，2012 年。

福建省博物馆、福州市文物管理委员会：《唐末五代闽王王审知夫妇墓清理简报》，《文物》1991年第5期。

傅璇琮：《李德裕年谱》，石家庄，河北教育出版社，2001年。

傅璇琮：《唐代科举与文学》，西安，陕西人民出版社，2003年。

傅璇琮：《唐代翰林学士传论》，沈阳，辽海出版社，2005年。

傅衣凌：《唐末五代义儿考》，《傅衣凌治史五十年文编》，北京，中华书局，2007年。

傅增湘：《文苑英华校记》，北京，北京图书馆出版社，2006年。

甘怀真：《唐代家庙礼制研究》，台北，台湾商务印书馆，1991年。

高柯立：《宋代的粉壁与榜谕：以州县官府政令传布为中心》，邓小南主编：《政绩考察与信息渠道：以宋代为重心》，北京，北京大学出版社，2008年。

高瀬奈津子：《第二次大戦後の唐代藩鎮研究》，堀敏一：《唐末五代变革期の政治と経済》，東京，汲古書院，2002年。

葛晓音：《诗国高潮与盛唐文化》，北京，北京大学出版社，1998年。

葛兆光：《中国思想史》，上海，复旦大学出版社，2001年。

谷川道雄：《河朔三鎮における節度使権力の性格》，《名古屋大学文学部研究論集》74期，1978年。

谷川道雄：《北朝末—五代の義兄弟結合について》，《東洋史研究》39卷2号，1980年。

谷霁光：《史林漫拾》，福州，福建人民出版社，1982年。

谷霁光：《泛论唐末五代的私兵和亲军、义儿》，《历史研究》1984年第2期。

古正美：《从天王传统到佛王传统：中国中世佛教治国意识形态研究》，台北，商周出版社，2003年。

顾颉刚：《五德终始说下的政治与历史》，《古史辨》第5册，上海，上海书店出版社，1992年。

郭正忠：《三至十四世纪中国的权衡度量》，北京，中国社会科学出版社，2008年。

韩国磐：《隋唐五代史论集》，北京，生活·读书·新知三联书店，1979 年。

韩昇：《南北朝隋唐士族向城市的迁徙与社会变迁》，《历史研究》2003 年第 4 期。

河北省文物研究所：《五代王处直墓》，北京，文物出版社，1998 年。

何灿浩：《唐末政治变化研究》，北京，中国文联出版社，2001 年。

何冠环：《北宋武将研究》，香港，中华书局，2003 年。

洪长泰：《地标：北京的空间政治》，香港，牛津大学出版社，2011 年。

侯旭东：《北朝村民的生活世界》，北京，商务印书馆，2005 年。

呼啸：《新发现大燕〈赵府君墓志铭〉浅析》，《碑林集刊》第 17 辑，西安，三秦出版社，2011 年。

胡宝国：《虚实之间》，北京，社会科学文献出版社，2011 年。

胡鸿：《能夏则大与渐慕华风：政治体视角下的华夏与华夏化》，北京，北京师范大学出版社，2017 年。

胡戟等主编：《二十世纪唐研究》，北京，中国社会科学出版社，2002 年。

胡云薇：《千里宦游成底事，每年风景是他乡——试论唐代的宦游与家庭》，《台大历史学报》第 41 期，2008 年。

黄宽重：《宋代的家族与社会》，北京，国家图书馆出版社，2009 年。

黄楼：《唐宣宗大中政局研究》，天津，天津古籍出版社，2011 年。

黄楼：《碑志与唐代政治史论稿》，北京，科学出版社，2017 年。

黄清连：《王铎与晚唐政局——以讨伐黄巢之乱为中心》，《历史语言研究所集刊》第 63 本第 2 分。

黄一农：《社会天文学史十讲》，上海，复旦大学出版社，2004 年。

黄永年：《文史存稿》，西安，三秦出版社，2004 年。

黄宗智：《清代的法律、社会与文化：民法的表达与实践》，上海，上海书店出版社，2001 年。

霍巍、李永宪：《西藏吉隆县发现唐显庆三年〈大唐天竺使出铭〉》，

《考古》1994 年第 7 期。

贾宪保：《从〈旧唐书〉〈谭宾录〉中考索唐国史》，《古代文献研究集林》第 1 集，西安，陕西师范大学出版社，1989 年。

江晓原、钮卫星：《回天：武王伐纣与天文历史年代学》，上海，上海人民出版社，2000 年。

金子修一：《中国古代皇帝祭祀の研究》，東京，岩波書店，2001 年。

金子修一著，肖圣中等译：《古代中国与皇帝祭祀》，上海，复旦大学出版社，2017 年。

井上秀雄等：《岩波講座世界歷史》第 6 册，東京，岩波書店，1971 年。

堀敏一：《藩镇亲卫军的权力结构》，刘俊文主编：《日本学者研究中国史论著选译》第 4 卷，北京，中华书局，1992 年。

堀敏一：《中國古代史の視點》，東京，汲古書院，1994 年。

堀敏一：《唐末五代变革期の政治と経済》，東京，汲古書院，2002 年。

柯马丁著，刘倩译：《秦始皇石刻：早期中国的文本与仪式》，上海，上海古籍出版社，2015 年。

来国龙：《记忆的惩罚：春秋时期铜器上有意磨毁改刻的铭文》，朱渊清、汪涛编：《文本·图像·记忆》，上海，华东师范大学出版社，2015 年。

赖瑞和：《唐代基层文官》，北京，中华书局，2008 年。

郎洁：《唐中晚期昭义镇研究》，李鸿宾主著：《隋唐对河北地区的经营与双方的互动》，北京，中央民族大学出版社，2008 年。

劳格、赵钺：《唐尚书省郎官石柱题名考》，北京，中华书局，1992 年。

雷闻：《郊庙之外：隋唐国家祭祀与宗教》，北京，生活·读书·新知三联书店，2009 年。

雷闻：《牓文与唐代政令的传布》，《唐研究》第 19 卷，北京，北京大学出版社，2013 年。

李碧妍：《危机与重构：唐帝国及其地方诸侯》，北京，北京师范大学出版社，2015 年。

李丹婕：《沙陀部族特性与后唐的建立》，《文史》2005 年第 4 期。

李德辉：《唐代交通与文学》，长沙，湖南人民出版社，2003 年。

李豪：《唐蒋清史事考订》，《唐史论丛》第 20 辑，西安，三秦出版社，2015 年。

李鸿宾：《唐朝中央集权与民族关系——以北方区域为线索》，北京，民族出版社，2003 年。

李华瑞编：《"唐宋变革"论的由来与发展》，天津，天津古籍出版社，2010 年。

李锦绣：《唐代制度史略论稿》，北京，中国政法大学出版社，1998 年。

李锦绣：《唐代财政史稿》，北京，北京大学出版社，2001 年。

李全德：《唐宋变革期枢密院研究》，北京，国家图书馆出版社，2009 年。

李树桐：《论唐代的魏博镇》，傅乐成教授纪念论文集编辑委员会编：《中国史新论——傅乐成教授纪念论文集》，台北，学生书局，1985 年。

李硕：《南北战争三百年：中国 4—6 世纪的军事与政权》，上海，上海人民出版社，2018 年。

李孝聪：《中国城市的历史空间》，北京，北京大学出版社，2015 年。

栗原益男：《唐宋変革期の国家と社会》，東京，汲古書院，2014 年。

梁勇：《正定巨碑主人及被毁原因初探》，《文物春秋》2000 年第 5 期。

廖幼华：《中古时期河北地区胡汉民族线之演变》，新北，花木兰文化出版社，2010 年。

廖宜方：《唐代的历史记忆》，台北，台湾大学出版中心，2011 年。

林志宏：《民国乃敌国也：政治文化转型下的清遗民》，北京，中华书局，2013 年。

刘凤云、刘文鹏编：《清朝的国家认同——"新清史"研究与争鸣》，北京，中国人民大学出版社，2010 年。

刘复生：《宋朝"火运"论略——兼谈"五德转移"政治学说的终结》，

《历史研究》1997年第3期。

刘后滨：《唐代中书门下体制研究》，济南，齐鲁书社，2004年。

刘浦江：《正统与华夷：中国传统政治文化研究》，北京，中华书局，2017年。

刘淑芬：《北齐标异乡义慈惠石柱——中古佛教社会救济的个案研究》，《新史学》第5卷第4期，1994年。

刘淑芬：《玄奘的最后十年》，《中华文史论丛》2009年第3期。

刘馨珺：《从生祠立碑看唐代地方官的考课》，高明士编：《东亚传统教育与法制研究（二）》，台北，台湾大学出版社中心，2005年。

刘馨珺：《从唐代"生祠立碑"论地方信息法制化》，《法制史研究》第15期，2009年。

刘馨珺：《"唐律"与宋代法文化》，嘉义，嘉义大学出版社，2010年。

刘兴超：《论唐代厅壁记》，《四川大学学报》2008年第3期。

柳立言：《宋代的家庭和法律》，上海，上海古籍出版社，2008年。

楼劲：《北魏开国史探》，北京，中国社会科学出版社，2017年。

卢建荣：《地方军事化对唐代后期淮北地区政治与社会的冲击》，《台湾师范大学历史学报》第27期。

卢建荣：《唐后期河北特区化过程中的抗争文化逻辑——兼论唐廷与河北为扈从主义关系说》，《中华民国史专题论文集第五届讨论会》，台北，"国史馆"，2000年。

卢建荣：《北魏唐宋死亡文化史》，台北，麦田出版社，2006年。

卢建荣：《飞燕惊龙记：大唐帝国文化工程师与没有历史的人（763—873）》，台北，时英出版社，2007年。

卢建荣：《咆哮彭城：唐代淮上军民抗争史（763—899）》，台北，五南图书出版公司，2008年。

卢建荣：《聚敛的迷思：唐代财经技术官僚雏形的出现与文化政治》，台北，五南图书出版公司，2009年。

卢向前：《卢从史出兵山东与唐宪宗用兵河朔三镇之关系》，《中华文史论丛》2007 年第 3 期。

陆扬：《清流文化与唐帝国》，北京，北京大学出版社，2016 年。

路育松：《从对冯道的评价看宋代气节观念的嬗变》，《中国史研究》2004 年第 1 期。

罗新：《十六国北朝的五德历运问题》，《中国史研究》2004 年第 3 期。

罗新：《中古北族名号研究》，北京，北京大学出版社，2009 年。

罗新：《黑毡上的北魏皇帝》，北京，海豚出版社，2014 年。

洛阳市文物考古研究院：《唐代洛州刺史贾敦颐墓的发掘》，《中国国家博物馆馆刊》2013 年第 8 期。

洛阳市文物考古研究院：《洛阳唐代达奚珣夫妇墓发掘简报》，《洛阳考古》2015 年第 1 期。

吕博：《唐代德运之争与正统问题——以"二王三恪"为线索》，《中国史研究》2012 年第 4 期。

马骥：《西安新出柳书"唐回元观钟楼铭碑"》，《文博》1987 年第 5 期。

马金南编：《邯郸古迹名胜》，北京，国际文化出版公司，1996 年。

马雍：《新疆巴里坤、哈密汉唐石刻丛考》，文化部文物局古文献研究室编：《出土文献研究》，北京，文物出版社，1985 年。

毛汉光：《中国中古政治史论》，上海，上海书店出版社，2002 年。

毛汉光：《中国中古社会史论》，上海，上海书店出版社，2002 年。

毛汉光：《论安史乱后河北地区之社会与文化——举在籍大士族为例》，淡江大学中文系编：《晚唐的社会与文化》，台北，学生书局，1990 年。

毛蕾：《唐代翰林学士》，北京，社会科学文献出版社，2000 年。

妹尾达彦：《长安：礼仪之都——以圆仁〈入唐求法巡礼行记〉为素材》，《唐研究》第 15 卷，北京，北京大学出版社，2009 年。

妹尾達彦等：《中華の分裂と再生》，《岩波講座世界歷史》第 9 册，東京，岩波書店，1999 年。

孟彦弘：《论唐代军队的地方化》，《中国社会科学院历史研究所学刊》第 1 集，北京，社会科学文献出版社，2001 年。

孟彦弘：《"姑息"与"用兵"——朝廷藩镇政策的确立及其实施》，《唐史论丛》第 12 辑，西安，三秦出版社，2010 年。

牟发松：《墓志资料中的河北藩镇形象新探——以〈崔氏合祔墓志〉所见成德镇为中心》，《陕西师范大学学报》2008 年第 3 期。

聂顺新：《唐玄宗御容铜像广布天下寺观考辨》，《唐史论丛》第 21 辑，西安，三秦出版社，2015 年。

内藤湖南著，夏应元监译：《中国史通论——内藤湖南博士中国史学著作选译》，北京，社会科学文献出版社，2004 年。

内藤湖南著，林晓光译：《东洋文化史研究》，上海，复旦大学出版社，2016 年。

彭文峰：《唐代墓志中的地名资料整理与研究》，北京，人民日报出版社，2015 年。

蒲立本著，丁俊译：《安禄山叛乱的背景》，上海，中西书局，2018 年。

齐东方：《唐代的丧葬观念习俗与礼仪制度》，《考古学报》2006 年第 1 期。

秦中亮、陈勇：《从两次兴兵成德看元和政治规范的形成》，《厦门大学学报》2016 年第 4 期。

清水和惠：《藩鎮の研究史》，《龍谷史壇》第 80 号。

邱靖嘉：《天文分野说之终结——基于传统政治文化嬗变及西学东渐思潮的考察》，《历史研究》2016 年第 6 期。

邱添生：《唐宋变革期的政经与社会》，台北，文津出版社，1999 年。

仇鹿鸣：《新见〈姬总持墓志〉考释——兼论贞观元年李孝常谋反的政治背景》，《唐研究》第 17 卷，北京，北京大学出版社，2011 年。

仇鹿鸣：《读吐谷浑、吐蕃入唐家族碑志丛札》，《纪念西安碑林 930 周年华诞论文集》，西安，三秦出版社，2018 年。

饶宗颐：《从石刻论武后之宗教信仰》，《历史语言研究所集刊》第 45

本第 3 分。

饶宗颐：《中国史学上之正统论》，上海，上海远东出版社，1996 年。

任士英：《唐代玄宗肃宗之际的中枢政局》，北京，社会科学文献出版社，2003 年。

日野開三郎：《唐代藩鎮の支配体制》，東京，三一書房，1980 年。

荣新江：《归义军史研究——唐宋时代敦煌历史考索》，上海，上海古籍出版社，1996 年。

荣新江：《中古中国与外来文明》，北京，生活·读书·新知三联书店，2001 年。

荣新江：《中古中国与粟特文明》，北京，生活·读书·新知三联书店，2014 年。

荣新江：《唐代河西地区铁勒部落的入居及其消亡》，费孝通主编：《中华民族研究新探索》，北京，中国社会科学出版社，1991 年。

荣新江：《石碑的力量——从敦煌写本看碑志的抄写与流传》，《唐研究》第 23 卷，北京，北京大学出版社，2017 年。

荣新江、张志清主编：《从撒马尔干到长安——粟特人在中国的文化遗迹》，北京，北京图书馆出版社，2004 年。

芮传明：《丝路古史散论》，上海，复旦大学出版社，2017 年。

森安孝夫著，张雅婷译：《丝路、游牧民与唐帝国》，台北，八旗文化，2018 年。

森部丰：《唐后期至五代的粟特武人》，荣新江等主编：《粟特人在中国——历史、考古、语言的新探索》，北京，中华书局，2005 年。

森部豐：《ソグド人の東方活動と東ユーラシア世界の歴史的展開》，大阪，関西大学出版部，2010 年。

山根直生：《唐朝军政统治的终局与五代十国割据的开端》，《浙江大学学报》2004 年第 3 期。

山根直生：《藩鎮再考》，《七隈史学》第 16 号。

山下將司：《唐の"元和中興"におけるテュルク軍團》，《東洋史研究》72 卷 4 号。

杉山正明著，乌兰、乌日娜译：《疾驰的草原征服者：辽 西夏 金元》，桂林，广西师范大学出版社，2014 年。

沈琛：《入唐吐蕃论氏家族新探——以〈论惟贞墓志〉为中心》，《文史》2017 年第 3 期。

沈睿文：《安禄山服散考》，上海，上海古籍出版社，2016 年。

寺地遵著，刘静贞、李今芸译：《南宋初期政治史研究》，上海，复旦大学出版社，2016 年。

安东尼·D. 史密斯著，王娟译：《民族认同》，南京，译林出版社，2018 年。

矢野主税：《唐末監軍使制について》，長崎大学学芸学部《社會科學論叢》第 7 期。

石云涛：《唐代幕府制度研究》，北京，中国社会科学出版社，2003 年。

辻正博：《唐朝の對藩鎮政策について——河南"順地"化のプロセス》，《東洋史研究》46 卷 2 号。

苏航：《唐后期河东北部的铁勒势力——从鸡田州的变迁说起》，《唐研究》第 16 卷，北京，北京大学出版社，2010 年。

苏航：《"汉儿"歧视与"胡姓"赐与——论北朝的权利边界与族类边界》，《民族研究》2018 年第 1 期。

孙爱芹、于康唯、郑洪全：《读江苏徐州新出土"太原王公德政碑"》，《东南文化》2014 年第 1 期。

孙继民、李伦、马小青：《新出唐米文辩墓志铭试释》，《文物》2004 年第 2 期。

孙继民：《唐何进滔德政碑侧部分题名释录》，《唐史论丛》第 9 辑，西安，三秦出版社，2007 年。

孙继民：《中古史研究汇纂》，天津，天津人民出版社，2016 年。

孙英刚：《神文时代：谶纬、术数与中古政治研究》，上海，上海古籍出版社，2014 年。

孙正军：《二王三恪所见周唐革命》，《中国史研究》2012年第4期。

谭优学：《唐诗人行年考续编》，成都，巴蜀书社，1987年。

唐兰：《〈刘宾客嘉话录〉的校辑与辨伪》，《文史》第4辑，1962年。

唐雯：《盖棺论未定：唐代官员身后的形象制作》，《复旦学报》2012年第1期。

唐雯：《从新出王宰墓志看墓志书写的虚美与隐恶》，《复旦学报》2014年第5期。

唐长孺：《魏晋南北朝史论拾遗》，北京，中华书局，1983年。

唐长孺：《魏晋南北朝隋唐史三论》，武汉，武汉大学出版社，1993年。

唐长孺：《山居存稿》，北京，中华书局，2011年。

唐长孺：《山居存稿续编》，北京，中华书局，2011年。

陶敏：《全唐诗人名汇考》，沈阳，辽海出版社，2006年。

陶敏：《唐代文学与文献论集》，北京，中华书局，2010年。

陶敏：《全唐诗作者小传补正》，沈阳，辽海出版社，2010年。

涂宗呈：《洛阳万安山南原的姚崇家族墓地——以墓志和神道碑为中心》，《中国中古史研究》第4卷，北京，中华书局，2014年。

汪篯：《汪篯隋唐史论稿》，北京，中国社会科学出版社，1981年。

汪文学：《"唐承汉统"说的理论意义和实践意义》，《西南民族大学学报》2004年第2期。

王承礼编：《辽金契丹女真史译文集》，长春，吉林文史出版社，1990年。

王德权：《唐代律令中的"散官"与"散位"——从官人的待遇谈起》，《中国历史学会史学集刊》第21期，1989年。

王德权：《李华政治社会论的素描：中唐士人自省风气的转折》，《政大历史学报》第26期，2006年。

王德权：《为士之道：中唐士人的自省风气》，台北，政大出版社，2012年。

王赓武著，胡耀飞、尹承译：《五代时期北方中国的权力结构》，上海，中西书局，2014年。

王国尧：《李德裕与泽潞之役——兼论唐朝于9世纪中所处之政治困局》，《唐研究》第12卷，北京，北京大学出版社，2006年。

王翰章：《唐东渭桥遗址的发现与秦汉以来的渭河三桥》，中国考古学会编：《中国考古学会第三次年会论文集》，北京，文物出版社，1984年。

王静：《唐长安城中的节度使宅第——中晚唐中央与方镇关系的一个侧面》，《人文杂志》2006年第2期。

王楠、史睿：《洛阳九朝刻石文字博物馆藏唐志书家丛考》，《书法丛刊》2017年第2期。

王晴佳：《台湾史学史：从战后到当代》，上海，上海古籍出版社，2017年。

王赛时：《论唐朝藩镇军队的三级构成》，《人文杂志》1986年第4期。

王赛时：《唐代中后期的军乱》，《中国史研究》1989年第3期。

王胜明：《新发现的崔郾佚文〈李益墓志铭〉及其文献价值》，《文学遗产》2009年第5期。

王寿南：《唐代藩镇与中央关系之研究》，台北，大化书局，1978年。

王寿南：《唐代公主之婚姻》，中国唐代学会编：《唐代研究论集》第1辑，台北，新文丰出版公司，1992年。

王寿南：《唐代人物与政治》，台北，文津出版社，1999年。

王勋成：《唐代铨选与文学》，北京，中华书局，2001年。

王永兴：《陈门问学丛稿》，南昌，江西人民出版社，1993年。

王永兴：《陈寅恪先生史学述略稿》，北京，北京大学出版社，1998年。

王子今：《"忠"观念研究：一种政治道德的文化源流与历史演变》，长春，吉林教育出版社，1999年。

韦兵：《五星聚奎天象与宋代文治之运》，《文史哲》2005年第4期。

魏承思：《略论唐五代商人和割据势力的关系》，《学术月刊》1983年第2期。

温海清：《文天祥之死与元对故宋问题处置之相关史事释证》，《文史》2015 年第 1 期。

巫鸿：《美术史十议》，北京，生活·读书·新知三联书店，2008 年。

巫鸿：《中国古代艺术与建筑中的"纪念碑性"》，上海，上海人民出版社，2009 年。

吴光华：《唐代幽州地域主义的形成》，淡江大学中文系编：《晚唐的社会与文化》，台北，学生书局，1990 年。

吴景山、张洪：《〈索勋纪德碑〉辨正》，《敦煌学辑刊》2012 年第 1 期。

吴景山、张洪：《〈大唐都督杨公纪德颂〉碑校读》，《西域研究》2013 年第 1 期。

吴丽娱：《终极之典：中古丧葬制度研究》，北京，中华书局，2012 年。

吴其昱：《薛廷珪朔方节度使韩逊生祠堂碑敦煌残卷考》，《庆祝潘石禅先生九秩华诞敦煌学特刊》，台北，文津出版社，1996 年。

吴廷燮：《唐方镇年表》，北京，中华书局，1980 年。

吴羽：《五音姓利与北朝隋唐的葬埋择吉探微》，《中山大学学报》2017 年第 2 期。

吴雪杉：《长城：一部抗战时期的视觉文化史》，北京，生活·读书·新知三联书店，2018 年。

吴宗国：《唐代科举制度研究》，沈阳，辽宁大学出版社，1992 年。

西村陽子：《唐後半華北諸藩鎮の鐵勒集團：沙陀系王朝成立の背景》，《東洋史研究》74 卷 4 号。

西村阳子：《唐末五代代北地区沙陀集团内部构造再探讨——以〈契苾通墓志铭〉为中心》，《文史》2005 年第 4 期。

夏婧：《柳怀素墓志所见武周改立"二王三恪"史事考》，《中国史研究》2017 年第 1 期。

谢思炜：《拟制考》，《文学遗产》2009 年第 1 期。

新见まどか：《唐代河北藩鎮に対する公主降嫁とウイグル》，《待兼山論叢》47 卷。

新見まどか:《武宗期における劉稹の乱と藩鎮体制の変容》,《史學雑誌》第 124 号。

新見まどか:《唐代後半期における"華北東部藩鎮連合體"》,《東方學》第 123 輯。

徐冲:《中古时代的历史书写与皇帝权力起源》,上海,上海古籍出版社,2012 年。

徐俊:《鸣沙习学集》,北京,中华书局,2016 年。

徐松撰,孟二冬补正:《登科记考补正》,北京,北京燕山出版社,2003 年。

严耕望:《唐代交通图考》,上海,上海古籍出版社,2007 年。

严耕望:《唐仆尚丞郎表》,上海,上海古籍出版社,2007 年。

严耕望:《严耕望史学论文集》,上海,上海古籍出版社,2009 年。

杨俊峰:《我曹之春秋:盛唐至北宋官厅壁记的刊刻》,《政大历史学报》第 44 期。

杨向奎:《中国古代社会与古代思想研究》,上海,上海人民出版社,1961 年。

杨志玖:《论唐代的藩镇割据与儒家学说》,《南开学报》1980 年第 3 期。

姚薇元:《北朝胡姓考》,北京,中华书局,2007 年。

叶国良:《石学蠡探》,台北,大安出版社,1989 年。

叶国良:《宋代金石学研究》,台北,台湾书房,2011 年。

叶炜:《唐代"批答"述论——以地方官所获"批答"为中心》,《北京大学学报》2010 年第 2 期。

叶炜:《信息与权力:从〈陆宣公奏议〉看唐后期皇帝、宰相与翰林学士的政治角色》,《中国史研究》2014 年第 1 期。

叶炜:《唐代集议述论》,王晴佳、李隆国编:《断裂与转型:帝国之后的欧亚历史与史学》,上海,上海古籍出版社,2017 年。

叶炜：《论唐代皇帝与高级官员政务沟通方式的制度性调整》，《唐宋历史评论》第 3 辑，北京，社会科学文献出版社，2017 年。

叶炜：《试析北朝隋唐墓志文中的不书志主名字现象》，《唐研究》第 23 卷，北京，北京大学出版社，2017 年。

哈罗德·伊尼斯著，何道宽译：《传播的偏向》，北京，中国人民大学出版社，2003 年。

伊沛霞著，范兆飞译：《早期中华帝国的贵族家庭：博陵崔氏个案研究》，上海，上海古籍出版社，2011 年。

伊藤宏明：《唐末五代政治史に関する諸問題——とくに藩鎮研究をめぐって》，《名古屋大学文学部研究論集》86 期。

殷宪：《大同新出唐辽金元志石新解》，太原，三晋出版社，2012 年。

尤李：《〈悯忠寺宝塔颂〉考释——兼论安禄山、史思明宗教信仰的多样性》，《文史》2009 年第 4 辑。

游自勇：《礼展奉先之敬——唐代长安的私家庙祀》，《唐研究》第 15 卷，北京，北京大学出版社，2009 年。

游自勇、赵洋：《敦煌写本 S. 2078V"史大奈碑"习字之研究》，《魏晋南北朝隋唐史资料》第 30 辑，上海，上海古籍出版社，2014 年。

余欣：《符瑞与地方政权的合法性构建：归义军时期敦煌瑞应考》，《中华文史论丛》2010 年第 4 期。

郁贤皓：《唐刺史考全编》，合肥，安徽大学出版社，2000 年。

袁进京：《唐史思明玉册试释》，于炳文编：《跋涉集》，北京，北京图书馆出版社，1998 年。

增渊龙夫著，吕静译：《中国古代的社会与国家》，上海，上海古籍出版社，2017 年。

查屏球：《从游士到儒士——汉唐士风与文风论稿》，上海，复旦大学出版社，2000 年。

张勃：《唐代节日研究》，北京，中国社会科学出版社，2013 年。

张忱石：《〈大燕严希庄墓志〉考释》，《中华文史论丛》2008 年第

3 期。

张达志：《唐代后期藩镇与州之关系研究》，北京，中国社会科学出版社，2011 年。

张达志：《肥乡之役与孟州之置——唐武宗朝地方秩序的重整》，《史林》2015 年第 1 期。

张广达：《史家、史学与现代学术》，桂林，广西师范大学出版社，2008 年。

张广达：《从"安史之乱"到"澶渊之盟"：唐宋变革之际的中原与北方》，黄宽重主编：《基调与变奏：七至二十世纪的中国》第 3 册，台北，政治大学历史学系等，2008 年。

张国刚：《唐代藩镇研究》（增订版），北京，中国人民大学出版社，2010 年。

张国刚：《唐代政治制度研究论集》，台北，文津出版社，1994 年。

张国刚：《唐代兵制的演变与中古社会变迁》，《中国社会科学》2006 年第 4 期。

张嘉凤、黄一农：《中国古代天文对政治的影响——以汉相翟方进自杀为例》，王健文主编：《台湾学者中国史研究论丛·政治与权力卷》，北京，中国大百科全书出版社，2005 年。

张剑光：《唐代藩镇割据与商业》，《文史哲》1997 年第 4 期。

张建宁：《从〈李宝臣纪功碑〉看成德军的早期发育》，李鸿宾主著：《隋唐对河北地区的经营与双方的互动》，北京，中央民族大学出版社，2008 年。

张明：《唐〈姚辟墓志〉考释》，《唐史论丛》第 24 辑，西安，三秦出版社，2017 年。

张荣芳：《唐代长安刑场试析》，《东海学报》第 34 期，1993 年。

张天虹：《"河朔故事"再认识：社会流动视野下的考察——以中晚唐五代初期为中心》，严耀中主编：《唐代国家与地域社会研究》，上海，上海古籍出版社，2008 年。

张天虹：《唐代藩镇研究模式的总结和再思考——以河朔藩镇为中心》，《清华大学学报》2011年第6期。

张天虹：《"书剑双美"：唐河朔藩镇的军事技能培养与文化教育——基于社会流动的视角》，《南京大学学报》，2011年第6期。

张正田：《"中原"边缘——唐代昭义军研究》，台北，稻乡出版社，2007年。

张忠纲：《杜甫献〈三大礼赋〉时间考辨》，《文史哲》2006年第1期。

章群：《通鉴、新唐书引用笔记小说研究》，台北，文津出版社，1999年。

赵超：《古代墓志通论》，北京，紫禁城出版社，2003年。

赵和平：《赵和平敦煌书仪研究》，上海，上海古籍出版社，2011年。

赵君平、赵武卷：《大燕〈严希庄墓志〉三考》，《河洛春秋》2008年第2期。

赵园：《明清之际士大夫研究》，北京，北京大学出版社，1999年。

赵钺、劳格：《唐御史台精舍题名考》，北京，中华书局，1997年。

赵贞：《唐宋天文星占与帝王政治》，北京，北京师范大学出版社，2016年。

赵振华：《唐代少府监郑岩及其粟特人祖先》，《中国国家博物馆馆刊》2012年第5期。

赵振华：《唐代易州一个汉化的突厥化粟特裔部落——〈高阳军马军十将曹太聪墓志〉研究》，荣新江、罗丰主编：《粟特人在中国：考古发现与出土文献的新印证》，北京，科学出版社，2016年。

郑雅如：《亲恩难报：唐代士人的孝道实践及其体制化》，台北，台湾大学出版中心，2014年。

中国人民政治协商会议河北省大名县委员会文史学习宣传委员会编：《大名文史资料》第7辑，1999年。

钟焓：《安禄山等杂胡的内亚文化背景——兼论粟特人的"内亚化"问题》，《中国史研究》2005年第1期。

钟焓：《失败的僭伪者与成功的开国之君——以三位北族人物传奇性事迹为中心》，《历史研究》2012 年第 4 期。

钟焓：《重释内亚史：以研究方法论的检视为中心》，北京，社会科学文献出版社，2017 年。

中砂明德：《後期唐朝の江淮支配：元和時代の一側面》，《東洋史研究》47 卷 1 号。

周相录：《元稹年谱新编》，上海，上海古籍出版社，2004 年。

周一良：《魏晋南北朝史札记》，北京，中华书局，1985 年。

周铮：《司马垂墓志考证》，《中国历史博物馆馆刊》1996 年第 1 期。

朱刚：《唐宋"古文运动"与士大夫文学》，上海，复旦大学出版社，2013 年。

朱玉麒：《汉唐西域纪功碑考述》，《文史》2005 年第 4 期。

朱玉麒：《从告于庙社到告成太学：清代西北边疆平定的礼仪重建》，《高田時雄教授退職記念東方學研究論集》，京都，臨川書店，2014 年。

佐藤将之：《中国古代的"忠"论研究》，台北，台湾大学出版社中心，2010 年。

(二)英文部分

Antonino Forte, *Political Propaganda and Ideology in China at the End of the Seventh Century*, Italy School of East Asian Studies, Kyoto，2005.

Jr. Robert E. Harrist, *The Landscape of Words：Stone Inscriptions from Early and Medieval China*, University of Washington Press，2008.

Denis C. Twitchett, "Varied Patterns of Provincial Autonomy in the T'ang Dynasty," John Curtis Perry, Bardwell L. Smith. ed. *Essays on T'ang Society ：The Interplay of Social，Political and Economic Forces*, Brill，1976.

本书各章初载刊物及修改情况

　　第一章原以《五星会聚与安史起兵的政治宣传——新发现燕〈严复墓志〉考释》为题，发表于《复旦学报》2011 年第 2 期，收入本书时做了大幅度的增订。

　　第二章原以《一位"贰臣"的生命史——〈王伷墓志〉所见唐廷处置陷伪安史臣僚政策的转变》为题，发表于《文史》2018 年第 2 期，收入本书时做了大幅度的增订。

　　第三章原以《墓志书写与葬事安排——安史乱中的政治与社会一瞥》为题，发表于《唐研究》第 23 卷，收入本书时有少量增补。

　　第四章原以《权力与观众——德政碑所见唐代的中央与地方》为题，发表于《唐研究》第 19 卷，收入本书时做了较多的增订。

　　第五章原以《政治的表达与实践：田氏魏博的个案研究》为题，发表于《中古中国研究》第 1 辑，收入本书时做了较多的增订。

　　第六章原以《刘广之乱与晚唐昭义军——兼论唐代藩镇变乱模式的演化》为题，发表于《中华文史论丛》2017 年第 3 期，收入本书时做了较多的增订。

　　第七章原以《从〈罗让碑〉看唐末魏博的政治与社会》为题，发表于《历史研究》2012 年第 2 期，收入本书时做了较多的增订。

后 记

　　呈现在读者面前的这本小书是我近十年来关于中晚唐历史思考的结集。2008年毕业留校任教后，有幸参加《旧唐书》、新旧《五代史》的重新点校工作，这一工作虽然占据了我大部分的精力，但促使我有意识地将研究重心转向唐代，开拓新的研究议题，也间接催生了本书。从我个人的工作习惯而言，面对新的研究领域，喜欢从具体个案入手，犹如石油勘探，须先试钻一二，尝试深浅，才能判断某一题目的潜力，加上日常工作时间已被校勘填满，仅在假期中稍有余暇作文，无力做系统地搜检与思考。因此本书各章最初都是作为独立论文撰写的，并没有形成一本专著的设计。直到最近两年，随着具体研究积累稍丰，渐渐觉得对中晚唐历史演进的大势有所心得，才决意将之前分散的研究改撰成书，因此各章收入本书时都做了篇幅不小的增订，亦请学者引用时以书中的观点为准。

　　布罗代尔曾谈及："在谈到各个帝国和它们的兴衰的时候，也许应该注意到促使这些国家诞生的命运，也就是说，不要混淆时期，不要过早去察觉那些与日俱增后来变得强大的事物的巨大威势，也不要过早去预示那些随着岁月流逝后来不再强大的事物的衰落。"(《地中海与菲利普二世时代的地中海世界》第二卷，中译本第7页)而中晚唐在中国历史上的特殊之处便在于这是长达一个半世纪缓慢的"衰落"，甚至可以略作夸张地说将这一过程描述为"衰落"是后世史家提供的标签。至少在同一时期，唐王朝的内外敌人，无论回鹘、吐蕃，还是河北藩镇，也经历了类似的"衰落"过程。至晚唐，唐王朝敌人们的境况甚至比唐王朝更为窘迫，如果不是黄巢起兵这一稍显意外的冲击，历史的走向或许仍悬而未决。因此，本书的讨论虽仍集矢于唐廷与藩镇这一旧议题，但观察的角度力求与前人有所不同，尝试从政治的动态演变与藩镇内部的变迁入手，勾勒与以往稍具不同的历史演进线索。另一方面，尽管中晚唐的史料总体而言不算寡少，新出石刻资料可资参酌者亦不胜枚举，但这些史料多较为零散，缺乏成系统的记载。因此本书结论总括的线索，虽从具体的研究抽绎而出，无疑仍待进一步的补充与修正，尤其期待更多的实证研究来加以证明或证否。

陈尚君老师在我工作的最初几年，不断提示我值得注意的碑志材料，本书最早完成的罗让碑一篇，便是在他的建议下撰写的。在陈老师的影响下，我也开始有意识地记录新出墓志中较有价值者，聚沙成塔，渐对唐代墓志较为熟悉并稍有心得，可以说没有陈老师的垂范与指点，我转向唐代研究之路会曲折很多。感谢邓小南、渠敬东、朱天飚、陆扬等老师的照拂，使得我有机会先后假座浙大高研院、北大文研院，稍获安静读书作文的机会，书中二、五两章初稿得以在此期间草成。本书大多数章节之前都曾在各种学术会议上报告过，受到过与会学者或温柔或严厉的批评与指正，陈尚君、荣新江、陆扬、张学锋、游自勇、史睿、雷闻、任乃宏、陈侃理、赵晶、唐雯、夏婧、李碧妍、聂顺新、陈志远等师友或对书中具体内容有所匡正，或提示相关资料；杨俊峰、张达志、梁辰雪、管俊玮协助复印了部分参考资料；学棣吴晓丰校核了部分引文并编制了参考文献的初稿；夏婧、李碧妍、饶佳荣通读了全书，对具体表述提供了一些建议，在此一并致谢。

本书的出版，要感谢谭徐锋兄的鼓励与敦促。我和谭兄最初仅在网上稍有联络，未曾谋面。当时我恰好听闻李碧妍《危机与重构》一书已辗转几家出版社，虽颇受好评，但因无出版资助，皆遭婉拒，因感不平，转而向谭兄推荐。谭兄读毕书稿后，立刻允诺出版。或许正是谭兄当年的慨然一诺，奠定了他在我心中有担当出版人的形象，促成了本书出版的缘分。近十年来，随着各个层级学术资助的大幅增加，学术显得繁荣，出版变得容易，但景气不可能永远持续，尤其是当这种景气仰赖的是公共财政的扩张。热闹过后能留下什么，作为体制中人，保持适度的自省，或仍不无必要。

作为中国"数三数四"的高校，复旦其实不可能自外于热闹，反而是热闹的所在，好在我们平日点校所用光华楼 27 楼北侧的四间办公室，大约是人来人往的光华楼中最冷清的角落。如果说光华楼是一个光鲜的学术剧院，那么这个角落恰好位于舞台的背面，不过在我看来，这种冷和寂才更接近学术的本真。学校内外两个非体制化的、松散的学术社群，中国中古史青年学者联谊会与复旦大学中古中国共同研究班，对我近十年来的学术成长提供了巨大的帮助，许多不成熟或带有试验性的想法，最初是在与这些同仁直率地讨论中逐步成型。我去年从联谊会"退休"时曾感慨，在目前名目繁多的各种学术会议中，联谊会或许是名目最不正式，但与会学者态度最为认真的学术会议。在万花筒般的当下学界，学术的"名与实"或许会是未来学术史研究中有趣的课题。

在"微近中年"时出版的这本小书，可以算作我"走出"博士论文努力的一份答卷，其中的得失，当然有待学界同仁的批评，好在尚无"几茎白发"，还可以拼命向前。

仇鹿鸣记于 2018 年 8 月 17 日晚

图书在版编目(CIP)数据

长安与河北之间：中晚唐的政治与文化 / 仇鹿鸣著. —北京：
北京师范大学出版社，2018.11(2024.6重印)

（新史学&多元对话系列）

ISBN 978-7-303-24073-9

Ⅰ.①长… Ⅱ.①仇… Ⅲ.①政治制度史－研究－中国－
唐代 Ⅳ.①D691

中国版本图书馆 CIP 数据核字(2018)第 183683 号

营 销 中 心 电 话 010-58808006
北京师范大学出版社新史学策划部微信公众号 新史学1902

CHANGAN YU HEBEI ZHIJIAN

出版发行：北京师范大学出版社 www.bnupg.com
　　　　　北京市西城区新街口外大街 12-3 号
　　　　　邮政编码：100088
印　　刷：唐山玺诚印务有限公司
经　　销：全国新华书店
开　　本：730 mm×980 mm　1/16
印　　张：24.5
插　　页：4
字　　数：420 千字
版　　次：2018 年 11 月第 1 版
印　　次：2024 年 6 月第 6 次印刷
定　　价：78.00 元

策划编辑：谭徐锋　　　　　　责任编辑：王艳平
美术编辑：王齐云　　　　　　装帧设计：王齐云
责任校对：段立超　陈 民　　责任印制：马 洁　赵 龙